Der Ring des Kaisers

Titelbild:	iStock.com/iconogenic © Historisches Museum der Pfalz Speyer (2021) Fotograf: Peter Haag-Kirchner
Titel:	Der Ring des Kaisers
Autorin:	Cornelia Renger-Zorn
Herstellung:	verlag regionalkultur
Satz:	Moritz Noll, vr
Umschlaggestaltung:	Andrea Sitzler, vr
Endkorrektorat:	Julia Berger, vr

ISBN 978-3-95505-285-0

Bibliografische Information der Deutschen Bibliothek:
Die Deutsche Bibliothek verzeichnet diese Publikation in der Deutschen Nationalbibliografie; detaillierte Daten sind im Internet über http://dnb.de abrufbar.

Diese Publikation ist entsprechend den Frankfurter Forderungen auf alterungsbeständigem und säurefreiem Papier (TCF nach ISO 9706) gedruckt.

verlag regionalkultur
Heidelberg – Ubstadt-Weiher – Stuttgart – Speyer – Basel

Verlag Regionalkultur GmbH & Co. KG
Bahnhofstraße 2 • 76698 Ubstadt-Weiher • Telefon (07251) 36703-0 • Fax 36703-29
E-Mail: kontakt@verlag-regionalkultur.de • Internet: www.verlag-regionalkultur.de

Cornelia Renger-Zorn

Der Ring des Kaisers

verlag regionalkultur

Der junge König

Worms, Juni 1069

Alles wartete auf den König. Dicht gedrängt stand die Menge, die sich schon in den Nachtstunden an der Straße zum Dom gesammelt hatte, um ihn beim feierlichen Einritt in die Stadt zu sehen. Die nächtliche Kühle war noch nicht verflogen, der ausgestoßene Atem bildete immer noch feine weiße Nebel vor den Mündern. Dabei warf das Licht der aufgehenden Sonne schon einen rötlich-gelben Schein über den Horizont, der Tag versprach warm und strahlend zu werden. Die zunehmende Helligkeit erfüllte die Menschen mit neuen Lebensgeistern, viele rieben sich die Hände oder pressten die Arme um den Leib, um sich warm zu halten. Die wogende Menschenmasse, die eben noch fast mit der massigen und alles beherrschenden schwarzen Silhouette des Domes verschmolzen war, wurde bei zunehmendem Licht zusehends bunter und quirliger. Vornehme Handelsherren der Stadt, Handwerker, Händler, Bauern aus dem Umland, Dienstboten, arme Tagelöhner, Bettler, Dirnen – alle waren gekommen, um Heinrich zu sehen, den jungen König. Alle Welt sprach bewundernd von ihm, nur manche flüsterten sich auch Gerüchte über unfassbare Verbrechen zu, die er angeblich begangen haben sollte.

Zusammen mit ihrem Onkel Jakob stand Mirjam am Rand der Straße, auf der sich der Zug des Königs bald nähern musste. Den guten Platz hatten sie ergattert, da sie schon kurz nach Mitternacht gekommen waren. Beide trugen unter ihren weiten Obergewändern aus feinem Wollgewebe noch warme Unterkleider aus Wolle und darüber gefütterte Mäntel, um die nächtliche Kälte so gut wie möglich fernzuhalten. Als Juden waren sie es gewohnt, was andere bisweilen durch Rücksichtslosigkeit, Frechheit und Gewalt erreichen mochten, sich durch Geduld, Ausdauer und Ergebenheit zu erkämpfen. Sie kannten das und beklagten sich nicht. Dem Herrn sei Dank, war das Leben in Warmaisa – so nannten die jüdischen Bewohner ihre Heimatstadt Worms – eigentlich sehr angenehm. Der Bischof als Stadtherr schätzte sie als tüchtige Bürger, die gutes Geld in seine Kasse brachten. Bei den christlichen Mitbewohnern waren sie anerkannt und geachtet. Jakob handelte mit begehrten und wertvollen Luxuswaren, darunter Seidenstoffe und seltene Gewürze wie Safran, Pfeffer, Zimt und Ingwer. Mirjam selbst war von ihrem Vater als Ärztin ausgebildet worden und hatte einen ausgezeichneten Ruf in der Stadt. Auch vielen Christen hatte sie schon geholfen, die andere Berufskollegen aufgegeben hatten.

Von einem plötzlichen heftigen Stoß im Rücken getroffen, fuhr Mirjam unwillig herum.

„Habe ich Euch gestoßen! Bitte, verzeiht mir! Das wollte ich nicht", entschuldigte sich der bäurisch gekleidete Mann dicht hinter ihr und zog unwillkürlich den Bauch ein. Seine Miene schien ehrlich besorgt. Schon wollte er ihr seine Hand in einer Geste der Entschuldigung auf die Schulter legen, da besann er sich im letzten Moment eines Besseren. Bei einer so vornehm gekleideten Dame wäre jede Berührung unschicklich gewesen.

„He, drängelt nicht so unverschämt", schrie der Bauer dann gegen diejenigen, die dicht hinter ihm standen. Als er sich wieder nach vorn drehte, bedachte er Mirjam mit einem verlegenen Lächeln.

„Nein, nein! Es ist nichts passiert! Hab vielen Dank für deine Besorgnis!", erwiderte Mirjam mit erhobener Stimme, um der bewaffneten Patrouille in ihrer Nähe anzudeuten, dass kein Grund zum Einschreiten vorlag. Einer der Soldaten des Bischofs, die an den Straßenrändern aufgestellt waren, um für Ordnung zu sorgen, hatte bereits forschend das Gesicht in ihre Richtung gewandt. Die Jüdin wollte auf gar keinen Fall die Aufmerksamkeit der Truppe auf den Vorfall lenken. Das hätte für den Landmann eventuell übel ausgehen können. Die Soldaten des Bischofs waren strengstens angewiesen, die jüdischen Mitbürger vor jeglichen Belästigungen und Anfeindungen zu schützen. Mirjam war aber fest überzeugt, dass diese vom Stadtherrn angeordnete Sicherheitsmaßnahme keineswegs der einzige Grund war, warum sie und die übrigen Hebräer stets überall mit Zuvorkommenheit behandelt wurden. Mit vielen der christlichen Mitbürger pflegte ihre Familie gute Beziehungen, ja Freundschaften. Auch in dem Gesicht des Bauern, der sie eben angerempelt hatte, war nicht die geringste Spur von boshafter Absicht zu erkennen gewesen.

Einige aus der nächsten Umgebung drehten die Köpfe nach dem vermeintlichen Herd der Unruhe, wandten sich aber, da sich offenbar nichts Sensationelles ereignet hatte, gleich wieder der Straße zu. Die Menschen standen nun, die Körper dicht an dicht aneinandergedrängt, noch wagte es niemand, sich ungebührlich weiter nach vorn zu schieben. Die Männer der bischöflichen Truppe waren soeben noch von Kriegern der königlichen Leibgarde verstärkt worden, die sich, dem gaffenden Publikum zugewandt, ebenfalls an den Straßenrändern postiert hatten, um jede Annäherung an die geheiligte Person des Königs zu verhindern.

Mirjam hatte Verständnis für diese Vorsichtsmaßnahmen. Das gewöhnliche Volk zeigte bei öffentlichen Veranstaltungen und Feiern meist so wenig Disziplin, dass es ohne Anwendung roher Gewalt oft nicht abging. Sie hoffte trotzdem auf einen friedlichen Verlauf und lächelte ihrem Onkel zu, der vorsichtshalber ihren Arm genommen hatte.

In Warmaisa empfand man das gute Zusammenleben von Judäern und Christen als selbstverständlich, aber aus anderen Teilen des Reiches erreichten sie zuweilen beunruhigende Nachrichten. An anderen Orten hatte man die Juden angeblich schon beschuldigt, sie hätten den Propheten Jesus ermordet, den die Christen für den Sohn Gottes und den Messias hielten. Für Mirjam klang dieser Vorwurf absurd, aber er hatte bei ihr doch ein ungutes Gefühl hinterlassen. Was sollte man dieser Verleumdung entgegensetzen, wenn sie denn jemals ernsthaft erhoben würde?

Mittlerweile war die Sonne höher gestiegen, es wurde wärmer. Mirjam begann in ihrem gefütterten Mantel zu schwitzen. Die Menschen hinter ihr wurden zunehmend unruhiger. Abgerissene Gesprächsfetzen, Gelächter und Hin- und Herrufen über die Köpfe hinweg verdichteten sich zu einer betäubenden Geräuschkulisse. Das Warten wurde jetzt fast unerträglich. Die Anspannung stieg von Minute zu Minute.

Viele harrten nicht nur aus Neugier aus, sondern angetrieben von verzweifelter Hoffnung. Allein dem König ins Gesicht zu sehen, noch besser den Saum seines Gewandes zu berühren – schon das konnte von Krankheiten und Leiden befreien! Wurde dem Herrscher nicht von alters her eine heilbringende Kraft zugeschrieben? Ging von ihm nicht das Königsheil aus und breitete sich wie ein Segen über sein Volk aus? Bei vielen war dieser Glaube noch tief verwurzelt.

Mirjam sah, wie einige aus der Menge die Lanzen der Wachen mit bloßen Händen ergriffen und versuchten, sie beiseite zu schieben, um auf die Straße hinaus zu gelangen. Ganz in der Nähe bemühte sich ein einbeiniger Krüppel verzweifelt, einen der Posten zum Nachgeben zu bewegen. Schreiend und flehend schlug er mit seiner knotigen Faust auf die Brust des Gepanzerten ein. Der stieß ihn weg wie eine leblose Gliederpuppe, wobei der Mann seine Krücke verlor und umfiel. Wie in einer Wellenbewegung wichen die Menschen halbkreisförmig um den am Boden Liegenden zurück. Die Wache brüllte einen Befehl, darauf kamen zwei weitere Soldaten gelaufen und zerrten den Mann weg. Die Menge schloss sich wieder am Rand der Straße.

„Wohin bringen sie ihn?" Fragend blickte Mirjam ihren Onkel an. Schon machte sie eine Bewegung, als wolle sie dem Verletzten folgen, aber Jakob hielt sie mit eisernem Griff am Arm zurück und schüttelte den Kopf.

„Jetzt nicht!", formten seine Lippen, seine Miene war ausdruckslos. Er kannte die an Naivität grenzende Hilfsbereitschaft seiner Nichte, aber es gab Gelegenheiten, da musste man sein Herz verleugnen, das lehrte die Erfahrung. Manchmal hatte er aber den Verdacht, dass sie diese Lektion, die doch die Klugheit gebot, einfach nicht lernen wollte.

Es hatte Mirjam fast körperlichen Schmerz verursacht, die brutale Misshandlung des Krüppels mit anzusehen. Der Mann tat ihr leid. Andererseits hatte seine abergläubische Verzweiflung auch einen gewissen Widerwillen in ihr erregt. Konnte sich ein vernünftiger Mensch wirklich ernsthaft einbilden, allein durch den Anblick des Königs oder durch die bloße Berührung von dessen Kleidung von seinen Leiden geheilt zu werden? Mirjam glaubte nicht an diese Dinge. Sie hatte schon zu viel von der Welt gesehen, um solchen Vorstellungen nachzugeben. Ihr Vater war ein bekannter Arzt in Warmaisa gewesen und hatte seine Tochter von Kindesbeinen an in die Grundlagen der Heilkunde eingeweiht. Ihre Mutter hatte das alles für überflüssig gehalten und hätte es lieber gesehen, wenn sie sich auf Haus und Küche konzentriert, einen guten Mann genommen und viele Kinder bekommen hätte.

„Das kann sie doch immer noch", hatte ihr Vater sie beschwichtigt, wenn sich die Diskussion zwischen den Eltern innerhalb der heimischen vier Wände wieder einmal entzündet hatte. „Aber erst soll sie etwas Vernünftiges lernen. Außerdem habe ich so ein Gefühl, sie hat die Gabe, anderen Menschen zu helfen. Warum also nicht, Frau?"

Der Vater war bei diesen Auseinandersetzungen immer ganz sanft und leise geblieben, wie es überhaupt seine Art war. Meist hatte er die Mutter nach diesen Worten lange mit einem forschenden Blick angeschaut. Die Mutter, die im Grunde ihres Herzens wusste, dass ihr Mann Recht hatte, pflegte dann, die Stirn skeptisch zu runzeln und zu schweigen.

„Wir haben doch noch zwei andere Töchter", hatte ihr Vater dann meist seine Rede fortgesetzt. „Finde gute Männer für sie!"

Das hatte die Mutter dank ihrer guten Beziehungen und ihrer Umtriebigkeit auch getan. Und wenn sie doch einmal wieder auf die Verheiratung der letzten Tochter zu sprechen kam, pflegte der Vater sein bestes Argument vorzubringen, und seiner Frau die Stifterinschrift an der Wormser Synagoge ins Gedächtnis zu rufen. Vor 35 Jahren war diese Synagoge mit dem Geld des Jakob ben David und seiner Frau Rahel erbaut worden und damit hatten sich die Spender, so war es an der Synagoge für die Nachwelt zu lesen, ein Denkmal geschaffen, das dauerhafteren Ruhm einbringen würde als die Zeugung von Söhnen und Töchtern.

Die Mutter hatte dann immer leicht geseufzt, eine resignierte Miene aufgesetzt und geschwiegen. Im Grunde konnte sie ihrem Mann kein überzeugendes Argument entgegenhalten, außer der Tatsache, dass ein Leben als unverheiratete Frau eben nicht der Norm entsprach.

„Denk an die vielen Nonnen bei unseren christlichen Nachbarn", schob der Vater dann oft nach. „Bei denen gilt das als besonders fromm, wenn sie nicht heiraten und sich der Gelehrsamkeit und dem Gebet widmen anstatt Küche, Haus, Kindern und unersättlichen Ehemännern!"

Mirjam sah das halb entrüstete, halb ärgerliche Gesicht ihrer Mutter vor sich, mit dem sie auf dieses Argument zu reagieren pflegte: „Was redest du nur wieder! Als ob die Christen für uns ein Vorbild sein könnten!" Wenn der Disput an diesem Punkt angekommen war, wurde ihre Mutter grundsätzlich kurz angebunden. Sie war, anders als ihr Vater, von der Vereinbarkeit von christlichen und jüdischen Grundsätzen und Lebensweisen entschieden nicht überzeugt, wusste aber, dass sie ihrem Gatten im gelehrten und geistvollen Disputieren nicht gewachsen war. Also verschwand sie in der Küche oder in einem anderen Teil des Hauses, um es nicht zu ernsthaftem Streit kommen zu lassen.

Auf diese Weise war der Druck hin zu Verehelichung und Kindersegen von Mirjam genommen worden, was es ihr ermöglichte, ihrem Vater nachzufolgen. In seinem Kräutergarten vor der Stadtmauer hatte sie schon früh mitgeholfen. Sie hatte zugesehen, wie die einzelnen Teile der Pflanzen wie Blüten, Blätter, Stängel und Wurzeln geerntet, gepresst, getrocknet und dann mittels Hinzugabe geeigneter Stoffe zu Salben, Pasten, Tinkturen und Ölen verarbeitet wurden. Jede Pflanze hatte ihre ganz eigene Wirkung und oft musste man sie für ein gutes Rezept auch kombinieren, um dem Patienten zu helfen. All die so hergestellten Arzneien bewahrte ihr Vater in einer eigens dafür reservierten Kammer im Haus auf. Auf langen, übereinander angeordneten Regalen standen da im Halbdunkel die sorgfältig beschrifteten Krüge, Tiegel und Gläser, von denen betörende Düfte ausströmten. Die Rezepte wurden in dicken Folianten gesammelt, dazu waren dort auch etliche medizinische Werke antiker Autoren zu finden.

Mirjam liebte die Pflanzen und hatte sich im Lauf der Zeit immer tiefer in die geheimen Kenntnisse ihres Gebrauchs hineingearbeitet. Nun, da ihr Vater seit einem Jahr tot war, pflegte sie hingebungsvoll selbst den Garten und bereitete die Arzneien zu. Fast alle Patienten des Vaters hatte sie übernommen und so viele neue hinzugewonnen, dass sie Mühe damit hatte, sie alle zu versorgen. So war die Zeit wie im Flug vergangen und mittlerweile stand die Ärztin nicht weit vor ihrem dreißigsten Lebensjahr.

Für eine kleine Weile hatte sie das Gedränge hinter sich vergessen und sich ihren Gedanken hingegeben. Ihr Gesicht hatte dabei einen träumenden, fast entrückten Ausdruck angenommen. Ihr Onkel betrachtete sie wachsam, dann drückte er ihren Arm, ein wenig fester als nötig.

„Wach auf!“, schnaubte er. „Da hinten gibt es Unruhe. Der Zug scheint sich zu nähern! Sonst verpasst du den König! Du träumst mit offenen Augen vor dich hin!“

Mirjam verzog ihre Miene in scheinbarer Hilflosigkeit. „Ja, Onkel, verzeih mir“, schrie sie ihm ins Ohr, um den umgebenden Geräuschpegel zu übertönen. „Ich sinniere.“

„Ja, das scheint mir auch“, erwiderte der Onkel, ebenfalls direkt in ihr rechtes Ohr. Wenn ihre grünbraunen Augen sich so verschleierten und in unerreichbare Fernen blickten, dachte er bei sich, dann wirkte ihr Gesicht auf geheimnisvolle Art zeitlos. Schon oft hatte er sich gefragt, woher dieser

Ausdruck kam. Es schien ihm, als ob diese unergründlichen Augen Tore seien, Tore zu einer seit Jahrtausenden angesammelten Weisheit. Noch lag das Strahlen der Jugendlichkeit auf ihrem geschwungenen Mund und den schimmernden, leicht bräunlichen Wangen. Aber in den umschatteten Augen spiegelte sich noch etwas Tieferes, etwas, das bis an die Wurzeln des Volkes Israel hinab reichte. Dass er selbst mit seinen fünfundfünfzig Jahren in seinen seltenen Anfällen von gerechtem Zorn auf andere wie Moses vor dem Pharao wirkte, das hatte er sich schon anhören müssen, aber das war etwas anderes: Er war schließlich ein Mann.

„Komm jetzt, aufgepasst! Gleich ist es soweit!" Jakob zog die Nichte enger an sich. Dabei durchströmte ihn ein Gefühl der Dankbarkeit. In Mirjam hatte er trotz der eigenen Kinderlosigkeit jemanden, der ihm wie eine Tochter war und dem er Fürsorge und Unterstützung angedeihen lassen konnte. Er selbst war unverheiratet geblieben. Sein mit vielen Reisen verbundenes Dasein als Fernhändler hatte ihn stets davon abgehalten, sich mit Frau und Kindern zu belasten, wie er sich ausdrückte. Außerdem hatte er ja Mirjam, die er schon immer wie ein eigenes Kind geliebt hatte und auf die er genauso stolz war wie ihr eigener Vater, sein verstorbener Bruder.

Durch seine Handelsgeschäfte mit seltenen Luxusgütern hatte sich Jakob ein Vermögen verdient. Einen großen Teil des Jahres war er auf den Fernstraßen des römisch-deutschen Reichs und weit darüber hinaus unterwegs. Das große, sich über ganz Europa erstreckende Netzwerk seiner Handelspartner und Freunde funktionierte hervorragend und ließ ihm regelmäßig die neuesten Nachrichten zukommen. Auf diese Weise war Jakob über die wichtigen Entwicklungen im Reich und die darüber kursierenden Kommentare und Einschätzungen stets auf dem Laufenden.

Aus diesem Grund machte er sich im Augenblick auch so große Sorgen. Der gegenwärtige König Heinrich hatte eine schwierige Kindheit und Jugend gehabt. Beim Tod seines Vaters war er noch keine sechs Jahre alt gewesen. Mit elf Jahren hatte ihn eine Gruppe der mächtigsten Reichsfürsten in ihre Gewalt gebracht und damit seiner Mutter entzogen, die damals die Regentschaft für ihn führte. Der Heranwachsende war zwischen Interessengruppen wie ein Spielball hin und her gestoßen worden und hatte unter diesen Umständen kaum die Möglichkeit gehabt, einen gefestigten Charakter zu entwickeln. Jetzt war er achtzehn und was man von ihm zu erwarten hatte, das war mehr als unsicher. Nach all dem, was Jakob zu Ohren gekommen war, schienen die Aussichten eher trübe. Die scheußlichsten Berichte über die Abartigkeiten des jungen Herrschers hatte er seinen Angehörigen verschwiegen. Jakob blickte auf seine Nichte herunter und fragte sich, ob das ein Fehler gewesen war.

„Er soll seine eigene Schwester vergewaltigt haben", zischte eine unangenehm schnarrende Stimme dicht über ihr. Mirjam zuckte zusammen und drehte instinktiv den Kopf zur Seite. Dicht vor sich, fast direkt vor ihrer Nase, schimmerte ein Stück grünes Atlastuch in der Sonne. Offenbar gehörte es zu einem männlichen Oberkleid. Mirjams Blicke wanderten aufwärts, sie erstarrte. Ein schmierig grinsender, beleibter Kerl blickte auf sie herunter. Sein fauliger Atem wehte sie an. Sie fühlte sich angegriffen, wollte reagieren, aber Jakob, wachsam wie immer, handelte bereits. Entschlossen fasste er sie an den Schultern und schob sie vor sich her auf seine andere Seite hinüber, so dass er selbst direkt neben dem grün geschnürten Fettwanst zu stehen kam.

Der Provokateur war überrascht und wollte zurückweichen, was aber wegen des Gedränges nicht möglich war. Da Jakob üblicherweise die Schultern etwas hängen ließ, hatte der fette Grobian ihn nicht beachtet oder unterschätzt. Jetzt sah er sich plötzlich mit einem hoch aufgerichteten, ihm an Körpergröße ebenbürtigen Mann konfrontiert, dessen finster glühende Augen auf ihn gerichtet waren. Jakob taxierte sein Gegenüber eine Weile mit diesem für ihn typischen, auch in seiner eigenen Familie gefürchteten Prophetenblick, dann wandte er sich brüsk ab. Der Fettwanst drehte den Kopf weg und tat, als sei nichts gewesen. Offenbar war er zu allem Überfluss auch noch ein Feigling. Mirjam stand immer noch starr und klammerte sich an ihren Onkel. Die Begegnung hatte ihr Ekel eingeflößt, aber was noch schlimmer war: Die Bemerkung dieses Menschen hatte eine Frage aufgeworfen, die sie beschäftigte.

In diesem Augenblick ging es wie ein Ruck durch die Menge.

„Er kommt! Er kommt!", flog der Ruf durch die Reihen. Alle reckten die Köpfe und starrten angespannt in die Richtung, aus der man den Zug erwartete. Mirjam stellte sich auf die Zehenspitzen und reckte den Hals, soweit es ihr irgendwie möglich war.

Hufgetrappel näherte sich, plötzlich ging alles ganz schnell. Die Jüdin fand kaum die Zeit, alles gleichzeitig zu erfassen, was es zu schauen gab. Soldaten der gepanzerten Leibgarde, weltliche Herren in kostbaren Gewändern, Geistliche in goldbestickten Roben, alle auf herausgeputzten Rössern, zogen in mehreren Reihen dicht an ihnen vorbei. Ein mächtiger Sog ging von dem prächtigen Schauspiel aus. Mirjam fühlte den Druck von hinten, der die vordersten Zuschauer mit zunehmender Gewalt auf die Reihe der gepanzerten Wachen und ihre Lanzen zuschob.

In diesem Moment gelang es zwei Männern, aus der Menge auszubrechen und auf die Straße zu gelangen. Ihr plötzlicher Vorstoß hatte die Wachen überrumpelt, die so damit beschäftigt waren, die andrängende Masse einzudämmen, dass sie mit einem so tollkühnen Unterfangen nicht gerechnet hatten. Die Störer stürmten jäh in den Zug hinein auf einen Reiter zu, der von Soldaten umgeben war. Sie hofften wohl, durch ihre Schnelligkeit in dem kurzzeitig entstandenen Durcheinander ihr Ziel zu erreichen, aber die Panzerreiter reagierten sofort. Zwei von ihnen scherten aus der Kolonne aus und trieben die Unglücklichen mit ihren Schwertern zurück in die Arme der bischöflichen Wachen, die sie brutal niederstießen.

Aus dem Publikum stiegen entsetzte Schreie auf, auf der Straße gab es einen Tumult, und der Zug geriet kurzzeitig ins Stocken. Etliche Pferde stiegen auf. Neben gebrüllten Befehlen war lautes Wiehern und Schnauben zu vernehmen. Der Reiter, auf den es die Angreifer abgesehen hatten, befand sich in unmittelbarer Nähe der beiden Juden. Mirjam bemerkte, dass sich die ungeteilte Aufmerksamkeit der Menschen um sie herum auf ihn gerichtet hatte. Sein Pferd verdrehte die Augen, wieherte und wollte aufsteigen. Allerdings unterwarf der Reiter das Tier so rasch und vollkommen seinem Willen, dass es sich nur ein- oder zweimal um sich selbst drehte und nach einigem Tänzeln und Schnauben wieder zur Ruhe kam.

Seit dem Beginn des Tumults hatte Mirjam den Reiter keinen Augenblick aus den Augen gelassen. Fasziniert hatte sie beobachtet, wie fest er sein Ross im Zaum hielt, es beherrschte, eins mit ihm war. Er trug einen purpurfarbenen Mantel, der seine Gestalt in weichen Falten umfloss und zum Teil noch die Kruppe des Pferdes bedeckte. Er schien ihr groß, nicht so groß wie Onkel Jakob, aber größer als die meisten anderen Männer, die sie kannte, und gut proportioniert, mit auffallend langen, kräftigen Beinen, mit denen er die Weichen des großen Pferdes zusammenpresste. Sie suchte sein Gesicht und erschrak, als sie in ein Paar ins Dunkelblau spielender, großer Augen sah, die genau auf sie gerichtet waren. Dabei hatte er offenbar für einen Moment nicht auf sein Pferd geachtet. Sofort begann es wieder zu schnauben und versuchte erneut auszubrechen, er wandte den Blick ab und zog die Zügel an. Dann war er auch schon vorbei.

Mirjam hielt die Augen zwar weiter auf den jetzt wieder fließenden Zug gerichtet, nahm aber von den nachfolgenden Würdenträgern nur noch schemenhafte Eindrücke wahr. Die Augen dieses Reiters ließen sie nicht los. Hatte ihm nicht die Aufmerksamkeit der Menge gegolten? Er hatte einen purpurnen Mantel getragen! Das musste der König gewesen sein. König Heinrich, noch keine neunzehn Jahre alt! Sie hatte sich von den Augen eines Jungen einfangen lassen! Unwillkürlich verzog sie das Gesicht. Halb ärgerlich, halb ungläubig versuchte sie, die Erinnerung an den Vorfall abzuschütteln.

Jakob drückte ihren Arm. „Mirjam! Was ist mit dir? Der Zug ist vorbei. Die werden jetzt alle in die bischöfliche Pfalz ziehen. Da ist das gemeine Volk nicht mehr zugelassen. Gehen wir nach Hause!"

Eine Weile warteten sie noch, bis sich die Menge langsam auflöste, um nicht in allzu großes Gedränge zu geraten. Viele standen noch in Gruppen beisammen und besprachen das Gesehene. Auch einige von Jakobs und Mirjams Nachbarn hatten sich das Schauspiel nicht entgehen lassen. Sie winkten ihnen ausgelassen zu. Andere wandten sich den Geschäften am Dom zu. Es wirkte fast unheimlich, wie die bis in den Himmel ragende Westfassade der Gottesburg unmittelbar hinter der Reihe der vorgebauten Häuser aufstieg und sie im Vergleich auf die Größe von Spielzeugklötzchen zusammenschrumpfen ließ. Die Kaufleute und Handwerker bemerkten die Einzigartigkeit des Bauwerks gar nicht mehr, denn sie hatten es jeden Tag vor Augen. Eilig begannen sie, die Läden vor ihren Fenstern, die gleichzeitig als Verkaufstische dienten, herunterzuklappen und darauf ihre Waren auszulegen. Der bevorstehende Hoftag würde viele Besucher und Fremde in die Stadt spülen, die Aussicht auf gute Geschäfte beflügelte alle.

Mirjam hätte gerne noch ein bisschen bei den Ständen verweilt, aber der Onkel zog sie in Richtung der alten Römerstraße, die sich in Nord-Süd-Richtung durch die Stadt zog. Dann strebten sie durch ruhige Seitenstraßen der nördlichen Stadtmauer zu, wo sich, nahe der Synagoge, das Haus der Familie Kalonymos befand. Manche der Judäer wohnten auch mitten in der Stadt, Tür an Tür mit ihren christlichen Nachbarn, das war hier nichts Ungewöhnliches. Bald hatten sie das Gemeindehaus erreicht, passierten die Synagoge und waren in ihrer Gasse. Die Häuser auf der Nordseite trennte auf der Rückseite nur ein schmaler Zwischenraum von der dahinter aufragenden Stadtmauer.

Bei dem Sturmschritt, den der Onkel auf der Römerstraße vorgelegt hatte, war Mirjam nicht zum Nachdenken gekommen. Als er das Tempo verlangsamte, je näher sie der Synagoge kamen, ließ sie das eben Erlebte noch einmal vor ihrem inneren Auge ablaufen. Eigentlich hatte sie das Geschwätz um die Reichsangelegenheiten bis dato nicht allzu sehr gekümmert. Das Reich! Die Fürsten! Was konnte das alles schon am Schicksal der normalen Leute ändern, besonders wenn sie krank waren! Hatte sie zumindest bis jetzt gedacht. Sie war so um das Wohl ihrer Patienten bemüht gewesen, dass ihr für andere Dinge wenig Zeit geblieben war. Aber nun war sie plötzlich neugierig geworden. Brocken von Gesprächen, die sie in der letzten Zeit aufgeschnappt hatte, kamen ihr in den Sinn.

„Ich habe gehört, in der Bischofspfalz wird in den nächsten Tagen noch ein Hoftag abgehalten. Weißt du, worum es da geht?“, fragte sie ihren Onkel. Wenn jemand etwas wusste, dann er. Seine zahlreichen Informanten trugen ihm so manches zu. Außerdem reiste er auch noch viel im Reich und auch außerhalb der Grenzen herum, traf dabei Gott und die Welt und hörte eine Menge.

Und noch eine andere Frage drängte sich plötzlich wieder in den Vordergrund, eine unangenehme und beunruhigende Frage. „Hat er wirklich seine Schwester vergewaltigt?“

Jetzt hatte sie es selbst ausgesprochen, diese in ihren Augen ungeheuerliche Verleumdung, die ihr im Gedächtnis haften geblieben war. Ein König, der seine Schwester vergewaltigt haben sollte! Und noch dazu ein Achtzehnjähriger! Wie sollte das möglich sein? Fragend blickte sie zu ihrem Onkel hoch.

Der wandte, wie aus Angst vor möglichen Lauschern, rasch den Kopf sichernd in alle Richtungen. „Leise", warnte er. „Es steht uns nicht zu, über solche Dinge zu sprechen. Er ist der oberste Herr, wir sind zwar freie Leute, aber müssen doch froh sein, wenn er uns unter seinen Schutz stellt. Wir sind nicht befugt, über seine Verfehlungen zu urteilen."

„Ja, aber ...", Mirjam wollte sich nicht so einfach abspeisen lassen. Jakob legte ihr den Finger auf den Mund und zog sie weiter. „Zu Hause", meinte er, „zu Hause, gedulde dich!"

Daheim angekommen, wurden Jakob und Mirjam erst einmal von Lea, Mirjams Mutter, in Beschlag genommen. Sie öffnete die Tür des zwar schmalen, aber über zwei Stockwerke in die Höhe strebenden Hauses, bevor sie noch anklopfen konnten, und winkte sie an sich vorbei ins Innere. Kaum hatte sie die Tür wieder geschlossen, stellte sie fast in einem Atemzug gleich mehrere Fragen auf einmal.

„Wie war es? Habt ihr ihn gesehen? Den König? Was macht er für eine Figur? Ich habe ihn noch nie gesehen, außer als kleinen Jungen", sprudelte sie hervor. Aber bevor eine Antwort erfolgen konnte, waren schon wieder andere Dinge wichtiger: „Aber jetzt geht euch erst einmal waschen und die Kleider wechseln, es gibt gleich Essen!", forderte sie die beiden Ankömmlinge auf.

Für Lea zählte nur das Wohl der großen Familie, das wusste Mirjam, und dieser selbstlose Verzicht auf eigene Bedürfnisse erstaunte sie immer wieder und nötigte ihr großen Respekt ab. Jetzt warf sie ihrer Mutter, die gerade ihre persönliche Neugier der Sorge ums Essen untergeordnet hatte, einen liebevollen Blick zu. Das gutmütige, rundliche Gesicht war noch erstaunlich glatt, aber um die Augen herum war die mürbe Haut in viele feine Fältchen gekräuselt und um den Mund hatten sich tiefe Kerben und Linien eingegraben, die besonders auffielen, wenn sie sich aufregte oder ärgerte.

Mirjam wusch sich Hände und Gesicht in einem Becken, das mehrfach am Tag geleert und mit Brunnenwasser neu gefüllt wurde. Dann wechselte sie das Gewand in ihrer Kammer im zweiten Geschoss und stieg zum Essen wieder eine Etage hinunter, voller Neugier, den Onkel endlich eingehend befragen zu dürfen. Aber die ganze Familie, ihre beiden Schwestern, ihre Schwäger und deren Kinder hatten schon am Tisch in der großen Stube Platz genommen. Da war an solche Themen nicht zu denken.

Mirjam aß gehorsam ihren Tzimmes, eine Art Auflauf aus Möhren und Fleischstückchen, und versuchte, dem Gespräch zu folgen, um nicht durch geistige Abwesenheit aufzufallen. Aus Erfahrung wusste sie, dass sie dadurch nur umso mehr in den Fokus der allgemeinen Aufmerksamkeit geraten würde, was normalerweise Fragen nach ihrer eigenen Befindlichkeit nach sich zog, deren einsilbige Beantwortung als unhöflich galt.

Nach dem Essen stieg Mirjam in Jakobs Geschäftskontor hinunter, das sich mit einigen Lagerräumen im Erdgeschoss des Hauses befand. Sie platzte vor Spannung.

„Wie kann ein Mensch so gehässig sein! Gegen seinen eigenen König! Der Mann hat doch gelogen", überfiel sie ihren Onkel, der sich auf einem Stuhl hinter seinem Pult niedergelassen und begonnen hatte, in einem dicken, in Rindsleder eingebundenen Buch Eintragungen vorzunehmen.

„Vielleicht", meinte Jakob bedächtig und wiegte seinen Kopf. „Vielleicht aber auch nicht." Und dann, ohne im Schreiben innezuhalten, befahl er: „Mach die Tür zu!"

Kaum war die Tür geschlossen, zog die Nichte fragend die Schultern hoch. „Aber du hast ihn doch auch gesehen! Er macht einen durchaus edlen und beherrschten Eindruck! Der Vorwurf ist doch völlig absurd!" Mirjam hatte die Hände auf dem Schreibtisch abgestützt und beugte sich in Richtung ihres dahinter sitzenden Onkels vor.

Der ließ endlich von seiner Schreiberei ab und hob den Kopf. Eine Weile sah er sie prüfend an. Dann meinte er mit gutmütigem Spott in der Stimme: „Du hast ihm zu tief ins Auge geschaut!"

Der Schlag hatte gesessen. Mirjam fühlte, wie ihr die Röte ins Gesicht stieg. „Und wenn schon, was hat das damit zu tun", blaffte sie beinahe wütend zurück, um die jähe Anwandlung zu überspielen.

„Wir hätten nicht in der ersten Reihe stehen sollen. Ich hätte es wissen müssen", murmelte Jakob. Er strich sich mit Daumen und Zeigefinger über die geschlossenen Augenlider und presste die Finger schließlich über der Nasenwurzel zusammen. Dann stöhnte er leise und öffnete die Augen wieder. Jetzt kneteten seine Finger die Unterlippe.

„Du könntest für eine Weile nach Mainz zu unseren Verwandten gehen", überlegte er. „Aufbruch sofort. Was hältst du davon?"

„Gar nichts! Wieso denn?" Mirjam verstand die Welt nicht mehr. Warum sollte sie plötzlich nach Mainz? Sie hatte Patienten in Worms, die sie dringend brauchten.

„Oder nach Speyer", überlegte er. „Dort gibt es zwar noch keine jüdische Gemeinde, aber ich habe einen guten Bekannten, einen Geschäftspartner mit großer Familie. Dort könntest du eine Weile unterkommen. Um deine Patienten könnte sich der alte Salomon so lange kümmern. Wir sagen, du seist auf einer Reise ins Ausland." Jakob stand auf, zog einen Stuhl heran und bedeutete seiner Nichte, sich zu setzen.

„Du bist dem König aufgefallen, das habe ich genau bemerkt. Und er hat einen gewissen Ruf, musst du wissen." Jakob stand auf und begann, die Hände auf dem Rücken, im Zimmer hin und her zu marschieren, wie er es tat, wenn er einen Brief diktierte.

„Schon seit frühester Jugend soll er sich zügellosen Ausschweifungen hingegeben haben. Seit vier Jahren ist er mündig, aber an seinem Lebensstil hat sich nichts geändert. Zwei oder drei Konkubinen soll er gleichzeitig haben. Seine Gemahlin, die kleine Bertha von Turin, die ein wenig jünger ist als er, lässt er links liegen und rührt sie nicht an. Aber wenn er hört, jemand habe eine junge und hübsche Tochter oder Frau, befiehlt er, sie ihm mit Gewalt vorzuführen. So erzählt man sich jedenfalls." Der Onkel war nach dieser ausführlichen Schilderung vor Mirjam stehen geblieben, wippte auf den Fußspitzen und schaute auf sie herunter.

„Und das glaubst du?" Die Nichte schnaubte verächtlich. „Was für ein neidisches Geschwätz! Woher wollen diese Schandmäuler wissen, dass er seine Gemahlin nicht anrührt?"

„Bis dato sind noch keine Kinder gekommen", meinte der Onkel, und nahm seinen Gang wieder auf.

„Aber das kann alle möglichen Ursachen haben", empörte sich Mirjam. „Und wenn er daneben noch die eine oder andere Liebschaft hätte - er ist ein junger Mann! Wie viele junge Frauen haben mir schon ihr Leid geklagt über die Seitensprünge ihrer Männer! Da kann ihre Kirche noch so viel predigen!"

„Ja, ja, du hast sicher Recht, wenn du meinst, dass nicht alles von diesen furchtbaren Gerüchten wahr ist", fuhr der Onkel beschwichtigend fort. „Aber wo Rauch ist, da ist auch Feuer ..."

Jakob wurde durch lautes Pochen am Eingang des Hauses unterbrochen. Mirjams Schwäger tauchten an der Tür vom Kontor zum Korridor auf, der durch die gesamte Tiefe des Hauses verlief und von dem die einzelnen Zimmer und Kammern abgingen.

„Jakob, was sollen wir tun?", flüsterte einer der Männer. „Es sind Soldaten des Bischofs! Was können die von uns wollen?"

Jakob gebot ihnen mit einer Hand zu schweigen, die andere hielt er lauschend ans Ohr, wobei er sich leise der Haustür näherte.

Von draußen ließ sich eine Stimme vernehmen: „Öffnet der Wache des Bischofs! Sonst werden wir uns Zugang verschaffen!"

„Rasch, nach oben", befahl Jakob. „Alle Frauen hinauf! Beeilt euch!"

Erneut hämmerte eine Faust gegen das Türblatt. Dann, nach einer kleinen Weile, war wieder dieselbe Stimme zu hören: „Jakob Kalonymos, öffnet uns, wenn Ihr zuhause seid. Es ist dringend! Befehl des Bischofs!"

„Wartet, ihr Herren! Wollt einen alten Mann, ich bitt Euch mit allem Respekt, nicht so ungebührlich drängen! Ich bin nicht mehr so schnell wie Ihr, edler Hauptmann!"

Jakob hoffte, durch Betonung seines nicht mehr jugendlichen Alters auf Zeit spielen zu können, obwohl er wusste, dass dem Hauptmann der Wache, dessen Stimme er erkannt hatte, seine Person bestens bekannt war. Aber auch für die Gegenseite erkennbare falsche Selbsteinschätzungen konnten gelegentlich nützlich sein, wenn sie höflich genug vorgebracht wurden und dem Betroffenen schmeichelten. Diese Taktik hatte er bereits viele Male erfolgreich erprobt. Nachdem er sich durch einen Blick überzeugt hatte, dass seine Nichte mit ihren Schwestern und der Mutter auf der Treppe in die oberen Stockwerke verschwunden war, drehte Jakob den Schlüssel mehrfach umständlich im Schloss herum. Die Tür schwang quietschend auf, davor standen drei Mann der bischöflichen Garde.

Der Hauptmann trat vor. „Jakob, Euer ergebener Diener, verzeiht unser Vorgehen, aber wir brauchen dringend einen Arzt! Wo ist Frau Mirjam?"

„Wollt Ihr nicht erst einmal hereinkommen?“ Jakob hielt mit der einen Hand die Tür auf und machte mit der anderen eine einladende Geste, aber vergeblich. Die Soldaten rührten sich nicht.

„Wer ist denn krank, und warum hat es eine solche Eile!“ Der Kaufmann versuchte weiter, Zeit zu gewinnen. „Normalerweise schickt Bischof Adalbert uns einen seiner Kammerdiener vorbei, wenn er ärztlichen Beistand braucht.“

Der Hauptmann räusperte sich, machte aber vorerst keine Anstalten, das Haus zu betreten. Unbehaglich blickte er an den Fassaden der benachbarten Häuser hoch, wo er bereits Dutzende von neugierigen Augenpaaren auf sich gerichtet vermutete. Nervös trat er von einem Bein aufs andere.

„Wir haben keine Zeit für Höflichkeiten, verzeiht, Jakob Kalonymos! Wir sind auch nicht befugt Auskunft zu geben. Unser Befehl lautet, so rasch wie möglich Frau Mirjam in die Bischofspfalz zu bringen. Bitte lasst Eure Nichte holen! Sonst müssten wir Euer Haus durchsuchen!“ Bei diesen Worten trat er über die Schwelle und warf einen prüfenden Blick ins Innere.

In diesem Augenblick erschien Mirjam oben auf der Treppe. „Hier bin ich“, rief sie. Eine Hand am Geländer, mit der anderen das lange Obergewand gerafft, eilte sie die hohen ausgetretenen Stufen hinunter.

„Wer braucht mich?“, fragte sie mit einem energischen Unterton. „Der Bischof war das letzte Mal, als ich ihn besuchte, in leidlich guter Verfassung.“ Die Befürchtung, dass der Bischof jederzeit seiner krankhaften Fettleibigkeit zum Opfer fallen konnte, behielt sie für sich.

„Einer seiner Geistlichen leidet an Krämpfen im Leib, sehr schmerzhaft“, entgegnete der Anführer verlegen. „Bitte beeilt Euch!“

„Ich hole nur schnell meine Tasche“, rief Mirjam und verschwand in den Tiefen des Korridors. Nach kurzer Zeit kam sie zurück. Ein dunkler Kapuzenmantel umgab ihre Gestalt, in der Hand hielt sie eine große Ledertasche. Jakob wollte ihr die Arzttasche abnehmen, aber der Anführer hielt ihn zurück. „Das Handwerkszeug tragen wir!“, befahl er, während er der Ärztin mit einem raschen Griff die Tasche entwand. Bevor sie protestieren konnte, hob der Hauptmann die Hand, und die beiden Bewaffneten nahmen die Frau in ihre Mitte. Mirjam fühlte die Ahnung einer ungewöhnlichen Bedrohung in sich aufsteigen, unterdrückte aber entschlossen alle Bedenken und ließ sich widerstandslos eskortieren.

Auf der Straße schlug der Trupp sogleich ein scharfes Tempo an, Mirjam musste laufen, um mit ihnen Schritt zu halten. Jakob zog von außen die Tür hinter sich zu und beeilte sich, den Soldaten zu folgen, wobei er den Vorauseilenden absichtlich einen gewissen Vorsprung ließ. Mirjam ergriff die vermeintliche Gelegenheit, abrupt blieb sie plötzlich stehen. „So könnt ihr einen alten Mann nicht behandeln! Ihr seht doch, dass er keine Luft mehr bekommt!“, herrschte sie den Anführer wider besseres Wissen an.

„Euer Onkel ist kein gebrechlicher Greis. Er bekommt noch sehr gut Luft“, erwiderte der Hauptmann scharf. „Außerdem ist er bei diesem Besuch nicht vorgesehen. Ich würde Euch raten, unsere Ankunft nicht zu verzögern. In der Pfalz wartet man nicht gerne!“ Mittlerweile hatte der Onkel aufgeschlossen, die beiden Wachen griffen auf einen Wink ihres Offiziers hin Mirjam an den Unterarmen und zogen sie weiter.

Zum zweiten Mal an diesem Tag liefen die beiden Juden über die Römerstraße, diesmal in umgekehrter Richtung von Norden nach Süden. Dann bogen sie nach Westen ab in Richtung Dom und Bischofspfalz. Ein tunnelartiges Rundbogenportal führte von Osten her auf einen großen, von Gebäuden umstandenen Platz, dessen nördliche Seite an das südliche Seitenschiff der Bischofskirche grenzte. Auf der gegenüberliegenden Seite des Platzes befand sich die Pfalzkapelle, rechts und links des Portals im Osten zwei repräsentative steinerne Gebäude, direkt an den Dom anschließend die Aula Minor für kleinere Versammlungen und zur Unterbringung vornehmer Gäste, auf der anderen Seite des Tores die Aula Major, ein dreistöckiger, palastartiger Bau mit einer fast über das gesamte Hochparterre reichenden Halle, die über eine Freitreppe vom Hof aus zu erreichen war. Dieser aufwändige Bau war für Hoftage und Bischofssynoden vorgesehen. Im Westen des Platzes gab es einige größere Gebäude zur Unterbringung der Dienstboten und Bewaffneten, Stallungen, Scheunen zur Einlagerung von Vorräten, etliche Werkstätten sowie einen großen Küchentrakt, der separat errichtet worden war, um die Brandgefahr zu minimieren.

„Wir werden erwartet“, grüßte der Hauptmann die Torwächter, die an den aufgeschobenen hölzernen Torflügeln Haltung annahmen, dann betrat er hinter den beiden Soldaten mit Mirjam in der Mitte den schattigen und zugigen Durchgang. Jakob wollte sich anschließen, da drehte sich der Anführer auf dem Fuß um und hielt ihn mit ausgestrecktem Arm zurück.

„Ihr nicht, Jakob Kalonymos! Ihr habt heute keinen Zutritt. Ich habe meine Befehle, bitte versteht das. Und Ihr braucht auch nicht zu warten, es wird länger dauern."

Dann ließ er den Hebräer stehen und folgte seinem Trupp, der bereits auf der anderen Seite des Tunnels in die Helle des großen Platzes hinausgetreten war. Die Torwächter traten an Jakob heran und kreuzten ihre Spieße vor ihm zum Zeichen, dass sie ihn nicht passieren lassen würden. Dann nahmen sie wieder ihre Posten rechts und links des Tores ein.

„Macht Euch nichts draus, die feinen Herren wollen unter sich sein", meinte der ältere der beiden Wächter in dem Bemühen, etwas Positives von sich zu geben. „Eure Nichte war doch schon oft hier, also macht Euch keine Sorgen!", schob er noch vertraulich nach.

Jakob schaute ratlos an der glatten Mauer des hohen steinernen Bauwerks hoch. Nach außen hin durchbrachen nur schmale schlitzförmige Öffnungen die Wand aus großformatigen sorgfältig behauenen Quadern.

„Hab Ihr eine Ahnung, welchen Abt da gerade die Kolik erwischt hat?", fragte er den Wächter leichthin und bemühte sich, seiner inneren Anspannung Herr zu werden und seiner Stimme einen scherzenden Tonfall zu geben.

„Abt?" Der Torwächter runzelte die Stirn und lachte. „Na, wundern tät' es mich nicht, wenn es ein Abt wär', so wie die fressen können!" Offenbar berührten ihn die Befindlichkeiten der hohen Herrschaften herzlich wenig. Stattdessen fragte er den Kaufmann, das Thema wechselnd: „Habt Ihr demnächst wieder etwas von diesem feinen roten Wolltuch?" Der zweite Wächter, ein noch junger Mann, blickte mit plötzlich erwachendem Interesse auf.

„Das hat meinem Weib immer so gut gefallen. Auch wenn es nicht billig war!", erklärte der Ältere nun etwas verlegen und zwinkerte dem Judäer mit einem zweideutigen Grinsen zu, wobei er sich schwer auf seinen langen Spieß stützte.

„Das rote Tuch", wiederholte Jakob mechanisch, wobei er fieberhaft überlegte und wie absichtslos näher an den Soldaten herantrat. „Das rote

Tuch, das kann ich Euch besorgen", meinte er dann geschäftsmäßig in gedrosselter Lautstärke, bevor er noch leiser und vertraulich hinzufügte: „Sagt mir, wie viel. Wenn Ihr mich hinein bringt, mache ich Euch einen guten Preis." Im selben Augenblick hätte er sich auf die Zunge beißen können, weil er wusste, dass er einen Fehler gemacht hatte.

Der Torwächter lächelte schief. „Das hab' ich mir schon immer gedacht, dass ihr Juden verschiedene Preise für verschiedene Leute macht", murmelte er und lachte kehlig auf. Als er bemerkte, dass der andere Wächter begonnen hatte, der Unterhaltung zu lauschen, räusperte er sich und spuckte zur Seite auf den Boden aus.

Jakob begann vor aufgestauter Ungeduld, mit den Händen seine Oberarme zu schlagen, als sei ihm kalt. „Ich wollte zu gern wissen, was da drin vorgeht!", wagte er einen neuen Versuch in der Gewissheit, dass er seine Chance verspielt hatte, wenn er denn jemals eine gehabt hatte.

Entweder der Torwächter war wirklich ahnungslos, oder er stellte sich unwissend. „Es ist doch nicht ungewöhnlich, dass jemand da drin unpässlich ist. Besonders jetzt, wo wegen des Hoftages so viele Gäste anwesend sind", versuchte er erneut, in seiner plumpen Art, den Hebräer zu beruhigen.

Der jüngere Wächter auf der anderen Seite der Durchfahrt, der offenbar zu viel von dem vorangegangenen Gespräch mitbekommen hatte, betrachtete Jakob nun betont eingehend und grinste hämisch.

„Machst du dir etwa Sorgen um deine Nichte, weil sich der junge König im Palast aufhält?", fragte er mit einem lauernden Unterton. Jakob tat, als habe er die vertrauliche Anrede nicht gehört, die in diesem Fall als reine Unhöflichkeit gemeint war. Da fuhr der Mann bereits mit einer Drohung fort: „Davon würde ich dir schwer abraten, wenn du nicht schnurstracks ins Loch wandern willst, alter Wucherer!"

Der ältere Wächter warf dem so Geschmähten einen entschuldigenden Blick zu und hob kaum merklich die Achseln. Jakob wusste, dass es besser gewesen wäre, auf dem Absatz kehrt zu machen und sich zu entfernen. Stattdessen wandte er sich dem Jüngeren zu und fragte kühl: „Was führt dich zu dieser Einschätzung, junger Freund?" Das Gesicht des Wächters verzerrte sich: „Mein Schwager hat Geld bei dir geliehen. Jetzt hat er immer mehr Schulden, weil er deine Zinsen nicht bezahlen kann!"

Jakob überlegte kurz. „Handelt es sich bei deinem Schwager um den Zimmermann in der Hauptstraße nahe dem Dom?", fragte er dann. Ein Blick auf sein Gegenüber verriet ihm, dass er richtig lag. Wie gut, dass er die laufenden Außenstände immer im Kopf hatte!

„Der Zimmermann brauchte dringend Geld, um anderes Geld zurückzugeben, das er, was ich beim Geschäftsabschluss nicht wusste, unrechtmäßig erworben hatte und das ihn vor das Gericht gebracht hätte", fuhr Jakob sachlich fort.

„Euer Schwager überschrieb mir zur Sicherheit die Erlöse aus einem Auftrag für eine Herberge in der Stadt. Allerdings erledigte er diesen Auftrag nur unvollkommen, so dass der Auftraggeber die Zahlung verweigerte und die angefertigten Stücke wieder zurückgab."

Jakobs Vortrag war nüchtern und von einer unerbittlichen Logik. Der Wächter folgte seinen Worten mit zusammengekniffenen Augen.

„Da ein Kaufmann solche Fälle immer mit einkalkulieren muss", fuhr der Judäer fort, „hatte ich monatsweise Zinsen verlangt, die Euer Schwager auch in der ersten Zeit bezahlt hat. Da ich durch die Schuld Eures Schwagers nun vermutlich demnächst das gesamte Darlehen abschreiben muss, habe ich einen Teil zumindest durch die Zinsen abgedeckt und daher wenigstens meinen Verlust verkleinert."

Nachdem er seine Ausführungen in dieser Weise abgeschlossen hatte, verbeugte er sich knapp und ging davon. Keiner der beiden hatte ihn während seiner Rede unterbrochen, keiner wagte es, ihn aufzuhalten. Wahrscheinlich würden seine Argumente bei diesen verblendeten Leuten langfristig nichts nutzen. Unfähigkeit, Selbstüberschätzung und Hass waren schlechte Ratgeber. Aber er hatte es wenigstens versuchen müssen, besonders auch zur Wahrung seines eigenen Rufes, da hier klar zutage lag, dass die Behauptung des angeblich Geschädigten falsch war.

Auf dem Heimweg überfiel den Kaufmann ein Gefühl wachsender Niedergeschlagenheit. Er musste sich endgültig damit abfinden, dass er nichts mehr für seine Nichte tun konnte. Mirjam war jetzt auf sich selbst gestellt. Tatsächlich war sie schon öfter zum Bischof gerufen worden und hatte seine Schmerzen, die zu einem Teil von einer außergewöhnlichen, durch ungesunde Ernährung und Krankheit hervorgerufenen Fettsucht herrührten, bis jetzt immer lindern können, wofür der Kirchenfürst sich stets erkenntlich gezeigt hatte. Dem Hebräer war sehr wohl bewusst, dass dies zum großen Teil der Heilkunst seiner Nichte zu verdanken war, zu einem großen Teil aber auch dem Glück. Schließlich war nicht gegen alle Krankheiten ein Kraut gewachsen, und die Launen der Hochgestellten, besonders unter dem Einfluss von Schmerzen, hatten sich schon allzu oft als unberechenbar erwiesen. Der Arztberuf war daher nicht einer der ungefährlichsten. Je besser der Arzt, desto nobler die Kundschaft und desto größer das Risiko, bei mangelndem Erfolg in Misskredit zu geraten. Jakob hoffte inständig, es würde auch diesmal alles gut abgehen. Bis zum gegenwärtigen Zeitpunkt hatten sich alle am Bischofshof vorkommenden Leiden als behandelbar erwiesen. Die Fälle, in denen aus unabwendbaren und unzweifelhaft nicht dem Arzt anzulastenden Gründen schließlich der Tod eingetreten war, hatten sich in engeren Grenzen gehalten.

Zurück in seinem Kontor, wanderte Jakob stundenlang in dem kleinen Raum hin und her und wartete auf die Rückkehr seiner Nichte. Der Rest der Familie war es gewohnt, dass Mirjam in ihrer ärztlichen Funktion auch hin und wieder in die Bischofspfalz gerufen wurde, und machte sich keine Sorgen, auch als sie gegen Abend immer noch nicht zurück war. Seine Schwägerin kam, um Jakob zum Nachtessen zu holen. Er schlug die Einladung aber aus. Er konnte im Moment nichts essen. Nur ein einziger Gedanke zermarterte ihm das Hirn: Was mochte jetzt in der Bischofspfalz vor sich gehen?

Hinter der Tordurchfahrt führten die bischöflichen Soldaten Mirjam bis zur Aula Major der Bischofspfalz und machten dort abwartend neben der großen Freitreppe Halt.

„Wir werden erwartet“, wiederholte der Hauptmann mit einem entschuldigenden Unterton zu der Jüdin. „Ihr werdet nicht lange warten müssen.“ Er stellte die Arzttasche, die er bis jetzt getragen hatte, vorsichtig auf dem Boden ab.

Mirjam stellte fest, dass sich von dieser Stelle aus ein guter Blick auf den weiten Platz im Schatten des Doms bot, wo ein brodelndes Leben und Treiben herrschte. Bauern trugen Fässer und beladene Körbe auf den Schultern. Pferde wurden von Stallknechten am Halfter zur Tränke geführt. Während sie bei den saufenden Tieren warteten, nutzten sie die Pause zum Schwatzen. Mirjam stellte sich vor, worüber sie wohl reden mochten. Wahrscheinlich darüber, was den hohen Herren an neuen Anordnungen gerade wieder eingefallen war, welches Missgeschick dem oder jenem Geistlichen oder Höfling passiert war oder wer mit wem gerade ein unerlaubtes Verhältnis unterhielt. Mägde eilten vorüber, beladen mit Eimern, die sie rechts und links an Stangen auf den Schultern balancierten und aus denen gelegentlich das Wasser heraus schwappte. Gerade sprengte ein vornehm gekleideter Herr durch das Tor und wirbelte eine Menge Staub auf. Vor dem Stallgebäude schwang er sich vom Pferd und warf die Zügel einem der Knechte zu, bevor er über den Hof eilte und über die steinerne Außentreppe ungehindert im Palas verschwand. Offenbar ein Bote oder Vertrauter aus der Umgebung des Königs oder des Bischofs.

Mirjam rätselte noch, in welcher Mission der Bote wohl unterwegs gewesen war, als sich im Erdgeschoss neben der Freitreppe eine Tür öffnete. Heraus traten zwei Männer. Der eine, ein älterer Domgeistlicher, war an seiner knöchellangen schwarzen Kutte und dem ebenfalls schwarzen Skapulier mit Kapuze zu erkennen. Der andere trug eine blaue, um die Mitte mit einem Ledergürtel gehaltene Tunika, die ihm bis zu den Waden reichte. Die Beine waren mit Wollbändern umwickelt und steckten in wadenhohen Lederstiefeln. Am Wehrgehenk um die Hüften hing das Schwert zu seiner Linken.

Den Geistlichen kannte Mirjam, es war Pater Burchard, der Vorsteher der Domschule und ein persönlicher Vertrauter von Bischof Adalbert. Den jungen Mann hatte sie nie zuvor gesehen.

„Seid willkommen im Palast des Bischofs, Frau Mirjam aus der edlen Familie des Kalonymos“, sprach Burchard die Ärztin respektvoll an und deutete eine Verbeugung an.

„Hauptmann“, wandte er sich dann an den Offizier der bischöflichen Wache, die Mirjam hergebracht hatte. „Du und deine Leute, ihr seid entlassen. Ich danke euch im Namen des Bischofs für eure Dienste. Geht in die Küche und lasst euch etwas Gutes vorsetzen! Ihr habt es euch verdient!“

Das ließen sich die Soldaten nicht zweimal sagen. Der Hauptmann verneigte sich militärisch knapp vor dem Domherrn, dann führte er seine Leute zum Küchengebäude in einem abgelegenen Winkel des großen Hofes.

Mirjam wollte ihre Tasche aufheben, aber Pater Burchard kam ihr zuvor. Nachdem er sich wieder aufgerichtet hatte, sah er sie mit ernstem Gesicht an. „Heute wartet eine nicht ganz einfache Aufgabe auf Euch", setzte er vorsichtig an.

„Wieso?", entgegnete die Ärztin. „Ist der Anfall seiner Exzellenz diesmal noch schlimmer als sonst? Mehr Extrakt der Giftblume kann ich ihm nicht geben! Das würde ihn schädigen! Er muss sich vernünftig ernähren, übermäßigen Fleischgenuss meiden, und nicht zu viel von dem reinen Rheinwein in sich hineinschütten!"

Sie schmunzelte über das zufällige Wortspiel, dann nahm ihre Miene einen ehrlich besorgten Ausdruck an. Gerade öffnete sie den Mund zu einer weiteren Tirade, da fiel ihr der Pater ins Wort.

„Nein, nein, nicht der Bischof!" Er schüttelte den Kopf. „In letzter Zeit hält er sich wohl an Eure Ratschläge", beruhigte er sie. „Zumindest meistens", setzte er dann noch einschränkend hinzu. „Aber nun kommt, Frau Mirjam", drängte er sie. „Wir müssen uns beeilen! Bitte! Fragt jetzt nicht! Ich werde Euch alles später erklären!"

Als ob er es vergessen hätte, wandte er sich kurz zu seinem schweigsamen Begleiter um: „Das ist übrigens der junge Herr Udalrich von Godesheim, der Adjutant einer unserer weltlichen Gäste." Udalrich verneigte sich, ohne ein Wort zu verlieren. Mirjam fragte sich, wozu seine Anwesenheit hier nötig war. Als ihr Blick erneut auf das Schwert an seiner Seite fiel, stieg ein Verdacht in ihr auf.

Während Burchard sich schon anschickte weiterzugehen, machte sie keine Anstalten, ihm zu folgen. Als der Pater sich noch einmal umdrehte, sah er sie wie angewurzelt stehen, die Brauen gerunzelt und an der Unterlippe nagend.

„Ich tue nichts Unrechtes, ich habe einen Eid geschworen, ihr wisst das, Pater Burchard! Einen Eid, nur zum Wohle meiner Patienten zu handeln. Wenn ich also etwas tun soll ..."

„Nein, um Gottes Willen!" Er trat auf sie zu. „Frau Mirjam, Ihr sollt einen Menschen behandeln, dem es schlecht geht, sehr schlecht! Wenn ihm noch jemand helfen kann, dann Ihr. Seine eigenen Ärzte haben keinen Einfluss. Nur sollten wir die Einzelheiten nicht hier auf dem Hof erörtern. Bitte folgt mir ins Haus!"

Burchard schaute mit scharfen Blicken um sich, um zu prüfen, ob ihr Wortwechsel von einem Dritten gehört worden war. Das war offenbar nicht der Fall gewesen, nicht zuletzt weil Udalrich sich rasch vor sie hingestellt und sein Schwert mit einem schleifenden Geräusch in der Scheide auf und ab gezogen hatte, als ob er einen unliebsamen Widerstand prüfen wolle.

„Ich habe Euer Wort?", versicherte sich Mirjam noch einmal. „Das habt Ihr, Frau Mirjam, Gott soll mein Zeuge sein", antwortete ihr der Geistliche mit ernster Stimme. „Bitte folgt mir nun!"

In dem Gang hinter der Tür herrschte Halbdunkel. Sie befanden sich in einem leeren Wachlokal. In einer Ecke öffnete sich ein Treppenturm. Pater Burchard stieg als erster die Stufen hinauf, die in den großen Saal im ersten Stock führten. Dort herrschte gedämpftes Stimmengewirr und geschäftiges Treiben. Mindestens ein Dutzend Bedienstete war dabei, Geschirr und Essensreste hinauszuschaffen und die Tafel abzuräumen.

Kaum war Mirjam aus dem Treppenschacht heraus, fiel ihr Blick auf eine Gruppe vornehm gekleideter Männer, die am anderen Ende des Saales vor einer Fensternische zusammenstanden und sich unterhielten. Einer schaute gelangweilt im Raum herum, Mirjam fühlte plötzlich seinen Blick auf sich. Sie bemerkte aus den Augenwinkeln, wie er seinen Nachbarn in die Seite stieß und mit dem Kinn in ihre Richtung stieß. Der Nachbar sah kurz auf, lachte und schüttelte den Kopf. Mirjam kannte ihn, es war der Kommandant der Leibgarde seiner Eminenz, des Bischofs von Worms. Wahrscheinlich hatte er den misstrauischen Frager gerade von der Harmlosigkeit und Nützlichkeit ihrer Person überzeugt.

Sie huschte hinter Pater Burchard her, der den rechteckigen, weiten Saal nun an einer der beiden Schmalseiten schnell durchmaß, um zum Eingang in den nächsten, ihnen gegenüber liegenden Treppenturm zu gelangen. Da die Diener das Stiegenhaus auf der anderen Schmalseite der Halle benutzten, kamen sie auf diesem Weg glücklicherweise niemandem in die Quere.

Mirjam folgte dem Pater auf dem Fuß und hielt instinktiv den Blick gesenkt, als ob sie der Aufmerksamkeit der Leute um sich herum auf diese Weise entgehen würde. Hier kannten sie zwar fast alle, daher erregte ihre

Gestalt kaum einen Verdacht. Aber sie wusste nicht, was auf sie zukommen würde, also war es wohl besser, möglichst wenig Aufsehen zu erregen.

Das nächste Treppenhaus führte sie in einem zugigen, von zu wenigen Fackeln in eisernen Wandhaltern sporadisch erleuchteten Turm in engen Windungen nach oben. Ein Blick zurück offenbarte der Ärztin, dass Udalrich ihnen nicht mehr folgte. Seit wann er nicht mehr hinter ihr war, hätte sie nicht sagen können. Wieder überkam sie ein ungutes Gefühl, das sie aber rasch beiseite schob.

Als sie am oberen Ende aus dem Schacht heraustraten, öffnete sich ein kleiner, behaglich eingerichteter Raum vor ihnen. In dem halb mannshohen Kamin auf der gegenüber liegenden Längsseite knisterte ein munteres Feuer, dessen angenehme Wärme bis zum Treppenabsatz zu spüren war. Vor dem Kamin standen ein blankpolierter hölzerner Tisch und zwei Armstühle, an der Stirnseite nicht weit davon ein Bettgestell, das mit daunengefüllten Leinenbezügen anstatt mit Strohsäcken gepolstert schien und mit weichen wollenen Decken belegt war.

„Setzt Euch, Frau Mirjam!" Pater Burchard wies auf einen der mit Kissen belegten Armstühle und wartete, bis sich die Besucherin darauf niedergelassen hatte. Mirjam wäre lieber stehen geblieben, aber sie hatte das unbestimmte Gefühl, dass es in diesem Fall besser war, sich den am Hof üblichen Gepflogenheiten anzupassen. Sie beherrschte ihre Ungeduld und beobachtete, wie der Pater die Tasche, die er bis jetzt getragen hatte, zu ihren Füßen absetzte. „Es wird Euch zu gegebener Zeit jemand hier abholen", erklärte er dann steif.

Das war nun doch entschieden zu viel der höfischen Etikette! Verärgert fuhr die Jüdin auf. „Jetzt sagt mir doch endlich, wen ich behandeln soll!", herrschte sie den Domgeistlichen an. „Vor allem", fuhr sie fort, „unter welchen Beschwerden dieser Mensch leidet! Das muss ich doch wissen! Sonst kann ich schwerlich etwas für ihn tun!" In zweifelndem Tonfall setzte sie dann noch hinzu: „Der Hauptmann sprach von einem Domherrn mit einer Kolik. Wieso wird da so ein Geheimnis daraus gemacht?"

Burchard blickte sie gespannt an. „Ihr habt etwas gegen Koliken dabei?", fragte er.

Mirjam nickte. „Natürlich, ein verbreitetes Leiden", bestätigte sie achselzuckend und fixierte den Geistlichen scharf. Warum fragte er so unbedarft? Er wusste doch, dass auch der Bischof darunter litt. Hier wurde irgendein Spiel gespielt, das sie noch nicht durchschaute. Das war ihr klar. Doch welches? Wollte man sie in die Enge treiben mit einem Patienten, der nicht mehr genesen konnte? Bei dem alle ärztliche Kunst von vornherein schon nutzlos sein würde? Aber was hätte das für einen Sinn? Sicher würde Bischof Adalbert auch in Zukunft gern von ihren Fähigkeiten Gebrauch machen wollen, besonders wenn es ihm einmal wieder so richtig schlecht ging, und damit war sicher in Bälde zu rechnen.

Übrigens, Bischof Adalbert. Wo steckte der eigentlich? Wenn es um einen seiner Geistlichen ging, fragte sich die Ärztin, warum war sie dann nicht in den Wohntrakt der Domherren geführt worden, sondern in den Palas und in diesen Raum, der über der großen Halle liegen musste und offenbar nur dem Zweck diente, einem hochgestellten Gast eine angemessene Bequemlichkeit zu bieten.

„Ich muss Euch jetzt allein lassen.“ Mirjam war noch dabei, ihre Gedanken zu sortieren, da sprach der Pater schon weiter.

„Was immer auch kommt, lasst Euch nicht einschüchtern. Überlegt nüchtern und vernünftig, so wie Ihr das sonst auch tut. Gebraucht Euren Menschenverstand, das ist der beste Rat, den ich Euch mit auf den Weg geben kann. Der, dem Ihr begegnen werdet, wird es durchschauen, wenn Ihr die Unwahrheit sagt oder Euch in Schmeicheleien ergeht. Darin hat er Erfahrung.“

Mirjam horchte auf. Was hatte der Onkel ihr erst vor einigen Stunden erklärt? Sie rief sich seine Formulierungen ins Gedächtnis. *Als Kind und Jugendlicher ausgenutzt von egoistischen Machtinteressen, in die Irre geführt von verlogenen und heuchlerischen Reden, Spielball zwischen den Fronten.*

Mirjam glaubte jetzt zu wissen, was sie erwartete, und blickte auf, um den Geistlichen zur Rede zu stellen. Der aber hatte sich bereits abgewandt und war lautlos in der Schwärze des Treppenturms verschwunden. Sie sprang auf, um ihm nachzueilen, aber in diesem Moment schloss sich die Tür, und als Mirjam daran zog, blieb sie unbeweglich. Die Ärztin musste sich der Tatsache stellen, dass sie vorübergehend hier gefangen war. Es war nicht damit zu rechnen, dass es noch einen unverschlossenen Ausgang aus diesem Zimmer gab. Gleichzeitig wurde ihr klar, dass sie jetzt auf alle Fälle die Nerven behalten musste.

Um ihre innere Unruhe in den Griff zu bekommen, beschäftigte sie sich zunächst damit, den Inhalt ihrer Tasche nochmals zu revidieren. Die

Beschäftigung mit ihren Arzneien und Geräten lenkte sie in der Regel von allen anderen Sorgen ab und ließ sich beliebig ausdehnen. Draußen war es inzwischen dämmrig geworden, durch die mit Tierhaut verschlossenen Schlitze in den hölzernen Fensterläden fiel nur noch schwaches Licht. Das Feuer war heruntergebrannt, man hätte ein Scheit nachlegen müssen, um es am Leben zu erhalten.

Nach einer Weile schloss die Jüdin die Tasche wieder und lauschte in die Stille hinein, hörte aber nichts. Kein Laut drang durch die massiven Quadermauern und dicken Eichentüren bis hierher durch. Dann erhob sie sich und wanderte im Raum umher. Zunächst stieß sie auf eine weitere Pforte in der dem Treppenhaus gegenüber liegenden Schmalseite des Raumes, die natürlich ebenfalls verschlossen war, dann auf eine niedrige Tür in der dem Kamin gegenüber liegenden Längsseite. Diese Tür ließ sich erstaunlicherweise öffnen, und Mirjam trat auf einen offenbar der Außenmauer vorgelagerten Gang, der zu einem heimlichen Gemach zur Befriedigung der Notdurft führte. Es war mit einem bequemen Sitz ausgestattet, die Exkremente fielen durch einen Schacht innerhalb der Mauer hinunter. Die Ärztin vermutete, dass sie in einer Jauchegrube landeten, die in Abständen geleert wurde. In dieser Hinsicht würde sie also keine Not leiden, dachte sie in einer Anwandlung von Galgenhumor.

Plötzlich vernahm sie ein Geräusch und eilte in den Raum zurück. Durch die dem Treppenhaus gegenüber liegende Tür betrat gerade eine junge Dienerin das Zimmer. Die makellos saubere Schürze und das reinliche weiße Kopftuch deuteten darauf hin, dass sie dazu bestimmt war, den Gästen des Bischofs aufzuwarten. Während sie ein Tablett mit Speisen, zwei Kannen und mit einem Becher auf dem Tisch absetzte, lächelte sie Mirjam freundlich zu. Dann stocherte sie mit dem Schürhaken im Feuer und schob ein weiteres Holzstück hinein, während die Funken aufstoben.

„Es wird noch etwas dauern, Herrin“, erklärte sie höflich, als sie wieder aufrecht stand. „Macht es Euch inzwischen bequem, esst und trinkt, und wenn Ihr mögt, legt Euch ein wenig hin. Es wird Euch niemand übel nehmen, wenn Ihr Euch ausruht.“ Sie deutete auf das Bett.

„Auf wen muss ich hier eigentlich so lange warten, das hat mir immer noch niemand gesagt!“ Mirjam hoffte, die Bedienstete durch einen strengen Tonfall einzuschüchtern und so zu verunsichern, dass sie sich zu einer weiteren Aussage verleiten ließ.

Die Frau lächelte wieder. „Wenn es Euch noch niemand gesagt hat, wie soll ich es dann wissen?" erwiderte sie dann mit entwaffnender Logik. Dann legte sie kurz den Zeigefinger an die Lippen und schüttelte unmerklich den Kopf. „Versucht es nicht mit den Mitteln der Redekunst. Der König hasst nichts mehr als das. Braucht Ihr noch etwas?" Mirjam schüttelte mechanisch den Kopf, daraufhin verschwand die Bedienstete und schloss fast geräuschlos die Tür hinter sich. Die Jüdin hörte kein Geräusch eines Schlüssels im Schloss, versuchte aber erst gar nicht, die Tür von innen zu öffnen.

Mirjam stand mitten im Raum und überlegte. Ihre Vermutung war richtig gewesen! Die Erkenntnis überraschte sie nicht mehr wirklich. Sie versuchte, sich den jungen Mann mit dem eigenartigen, halb neugierigen, halb herausfordernden Augenpaar ins Gedächtnis zu rufen. Seine Gestalt und seine Haltung hatten sie angezogen, das, was sie über ihn gehört hatte, zutiefst abgestoßen. Sie wusste nicht, was sie in diesem Moment vorgezogen hätte: Ihm zu begegnen oder um die Begegnung herumzukommen.

Um sich weiter zu beschäftigen, stieg Mirjam in die Nische vor den zwei kleinen rundbogigen Fenstern, die nach ihren Berechnungen zum Hof hin liegen mussten. Der aus der Stärke der Mauer ausgesparte Raum war über zwei Stufen zu erreichen. Auf einer Seite der Leibung lud eine mit Decken und Kissen verkleidete steinerne Sitzbank zum Ausruhen ein. Unter anderen Umständen sicher ein lauschiges Plätzchen, kam es der Ärztin unwillkürlich in den Sinn. Aber im Moment stand ihr der Sinn nicht nach lauschigen Momenten. Gerne hätte sie einen Blick aus den Fenstern geworfen, aber sie waren mit hölzernen Läden verschlossen, die innen mit dicken Riegeln festgehalten wurden. Die beiden kleinen, ins Holz hinein geschnittenen Öffnungen waren durch Tierhäute gegen die Kälte verschlossen und hoben sich nun schwarz von ihrer Umgebung ab, was darauf schließen ließ, dass es draußen nun dunkel war. Mirjam bemühte sich, weiter ruhig zu bleiben und ihre Kräfte zu sammeln.

Konzentrier dich auf den Augenblick, schoss es ihr durch den Sinn. War das nicht ein Prinzip, auf das ihr Onkel in schwierigen Situationen immer wieder zurückkam? Wir leben von Augenblick zu Augenblick, hatte er ihr immer wieder eingeschärft. Der Augenblick konnte eine Insel der Ruhe und Kraft sein. Man musste ihn nur als solchen erkennen und richtig nutzen! Das hieß natürlich nicht, dass man langfristig keine Pläne machen sollte. Aber es gab Augenblicke, da schienen diese Pläne sich in nichts aufzulösen. Augenblicke, in denen alles gefährdet schien, was man erreichen wollte! Und in denen man doch nichts tun konnte, um die Gefahr abzuwenden. Augenblicke, in denen viele in Panik und Verzweiflung gerieten, obwohl oft noch gar nichts entschieden war. Alles konnte noch eine Wendung nehmen, mit der niemand gerechnet hatte. Wusste sie, welche Wendung die Lage nehmen würde, in der sie sich gerade befand? Nein! Am besten, sie grübelte nicht darüber nach, sondern blieb gelassen, um bestmöglich gerüstet zu sein auf das, was vor ihr lag, was immer es auch sein mochte. Leib und Seele zusammenhalten, darauf kam es jetzt an.

Mirjams Blick fiel auf die Speisen. Sie hatte seit dem Mittagessen, dem sie vor lauter Anspannung nicht allzu sehr hatte zusprechen können, nichts mehr gegessen. Also setzte sie sich und hob den Deckel von den Schüsseln. In einer befanden sich zwei Pasteten mit einer Füllung aus Fleischmus. Sie hielt ihre Nase daran, es roch köstlich. Sie tippte auf Hühnchen oder Rebhuhn. In der nächsten Schüssel befand sich ein gebackener weißer Käse in einem Mantel aus Kräutern, dazu Scheiben von dunklem und hellem Brot. Eine der beiden Kannen enthielt Wein, die andere Wasser. Eine dritte Schüssel enthielt einen Brei aus Pastinaken.

Mirjam staunte. Das Essen hätte auch einem Kranken nicht geschadet. Offenbar waren in der Küche Kräfte am Werk, die Wert auf eine bekömmliche Ernährung legten. Dann bemühte sie sich, den Speisen zuzusprechen. *Kau jeden Bissen gründlich durch,* ermahnte sie sich. *Lass es über die Zunge gleiten, nimm den Geschmack auf, genieße es!*

Allmählich gelang es ihr, die beunruhigenden Gedanken zurückzudrängen und sich in einen Zustand der Gelassenheit zu versetzen. Der Wein war hervorragend, er kam entweder vom Rhein oder von der Mosel, schätzte sie. Nachdem sie einige kleine Schlucke pur gekostet hatte, verdünnte sie ihn stark mit dem kühlen frischen Wasser aus der feinverzierten, irdenen Kanne.

Da klopfte es an derselben Tür, durch die auch die Bedienstete vorhin gekommen war. Noch bevor Mirjam reagieren konnte, war Pater

Burchard schon eingetreten. „Frau Mirjam, seid ihr bereit?“, stieß er gequält hervor. „Er hält es nicht mehr aus. Es wird immer schlimmer!“

Mirjam verschluckte sich beinahe in dem Bemühen, den Bissen, den sie gerade im Mund hatte, möglichst schnell hinunterzuwürgen. Jetzt wurde es also ernst. „Warum habt ihr mich nicht schon längst geholt?“, fragte sie vorwurfsvoll, während sie aufsprang und nach ihrer Tasche griff. „Lasst uns gehen!“ Plötzlich waren alle Ängste und Bedenken von ihr abgefallen.

Sie folgte Burchard durch ein von Fackeln in zuckendes Licht getauchtes Labyrinth von Stufen und Gängen, bis sie an eine Tür gelangten, vor der zwei Soldaten postiert waren, die sie mit unbewegten Gesichtern passieren ließen.

Mirjam erfasste die Szenerie mit einem Blick. Auf einem niedrigen Bett lag der König. Sein Oberkörper war durch mehrere Kissen hochgebettet, sein Gesicht glänzte vor Schweiß. Mühsam unterdrückte er ein Stöhnen, seine Gesichtszüge waren verzerrt. Neben ihm knieten Udalrich von Godesheim und Kuno, der Leibdiener des Königs. Beide wechselten sich darin ab, das Gesicht ihres Herrn mit einem nassen Tuch zu kühlen.

Pater Burchard räusperte sich. „Majestät, die Ärztin ist da.“ Seine Sprache klang besorgt, er sprach in gedämpftem Tonfall, wie um den Kranken zu schonen. Heinrich hielt die Augen geschlossen, ohne eine Reaktion zu zeigen.

„Ist bekannt, woran er leidet?“, fragte Mirjam, ohne sich damit aufzuhalten, den Kranken, der offenbar nicht antworten konnte, direkt zu befragen. „Hat der König schon einmal ähnliche Beschwerden gehabt? Wenn man Anhaltspunkte hat, geht es schneller“, fügte sie erklärend hinzu.

Burchard schien diese Frage erwartet zu haben. „Vor zwei Jahren lag der König in der Pfalz Fritzlar schon einmal krank mit ähnlichen Schmerzen“, antwortete er. „Alle, auch die Ärzte, dachten, er würde sterben“, fügte er noch in so leisem Tonfall hinzu, dass ihn nur die Ärztin hören konnte. Glaubte er zumindest, aber der König hatte ihn entweder verstanden oder geahnt, was er noch sagen würde.

„Ja, wie die lechzenden Raben haben sie darauf gewartet, dass ich das Zeitliche segne! Damit sie die Herrschaft umso leichter unter sich verteilen können! Den Gefallen habe ich ihnen aber nicht getan", krächzte es vom Bett her.

Heinrich hatte die Augen geöffnet. Die Worte kamen stoßweise aus seinem grimassierenden Mund. Er versuchte sich aufzusetzen. Udalrich und Kuno halfen ihm, indem sie jeweils einen Arm unter seinen Rücken schoben, um ihn anzuheben und die Kissen hinter ihm fester zu stopfen. Burchard eilte ans Bett, um ihnen zu helfen.

Mirjam meinte mit skeptisch zusammengezogenen Brauen: „Aber Majestät, heute Morgen konntet Ihr noch reiten." Ihr Tonfall klang kühl.

„Ja", meinte Heinrich mit einem grimmigen Lachen, wand sich aber schon wieder in einem neuen Anfall von Schmerz. „Aber es hat schon …", er machte eine Pause und blies die Luft aus den Backen. „Es hat schon heute Morgen höllisch weh getan."

Wenn das stimmte, dachte Mirjam, dann musste dieser Mensch eine beachtliche Widerstandskraft besitzen. „Wann hat es angefangen?", fragte sie dann laut und wandte sich mit fragender Miene zu Pater Burchard.

Statt dem Geistlichen antwortete der König: „Gestern Nacht, erst war es nicht besonders schlimm. Wir hielten es für eine vorübergehende Nachwirkung des langen Ritts." In diesem Moment schien ihn erneut eine Schmerzwelle zu überschwemmen. Er zog die Knie an, umklammerte sie mit den Händen und wiegte sich mit geschlossenen Augen hin und her. „Kuno, hilf mir, ich muss raus!", befahl er seinem Leibdiener stockend. „Schnell!"

Heinrich hatte sich mühsam aus eigener Kraft auf dem Bettrand aufgesetzt. Er trug eine einfach geschnittene Tunika aus feinem Stoff, die ihm bis zu den Waden reichte und völlig verschwitzt war. Seine dunklen Haare waren verfilzt und klebten an seinem gesenkten Kopf. „Bringt mir Wasser und Tücher. Und etwas zum Trinken", murmelte er. Kuno und Udalrich, die dem König beim Aufstehen helfen wollten, sahen ihn fragend an, aber er schüttelte den Kopf. Mühsam stand er aus eigener Kraft auf, verharrte einen Moment und hielt sich schließlich doch an Kuno fest, der ihn ins heimliche Gemach führte.

„Er wird sich übergeben", meinte Burchard, zu Mirjam gewandt. „Vielleicht auch entleeren. Obwohl ich nicht wüsste, was noch in ihm sein sollte, so oft, wie sich diese Prozedur heute schon wiederholt hat. Danach lassen die Schmerzen eine Weile nach, aber sie kommen wieder."

Burchard zog heftig an einem gewebten Band neben der Tür, offenbar einem Klingelzug. Beinahe augenblicklich erschien eine Dienerin. „Bring Waschwasser und Tücher“, befahl der Geistliche. „Dazu einen Krug frisches Brunnenwasser und Wein.“ Die Aufwartefrau knickste und wandte sich zum Gehen.

„Halt, warte“, rief Mirjam ihr hinterher. „Bitte bring noch einen Topf mit kochendem Wasser, ein Sieb und einen Becher mit! Für einen Sud“, setzte sie erklärend hinzu. Die Aufwartefrau blickte den Geistlichen fragend an, der nickte ihr zustimmend zu. „Und beeil dich“, mahnte er besorgt. Die Frau verschwand.

Burchard sah die Ärztin fragend an.

„Ihr hattet Recht“, meinte sie. „Der König leidet unter Koliken.“ Sie öffnete ihre Tasche. „Vor zwei Jahren ist er wieder gesund geworden. Was hat ihm damals geholfen?“, wollte sie wissen.

„Nichts. Das Leiden ist von selbst verschwunden“, erklärte Buchard. „Die Ärzte am Hof wussten sich keinen Rat mehr“, erinnerte er sich. „Salomon, der Leibarzt seines Vaters, des dritten Heinrich, war schon verstorben. Der hätte Rat gewusst.“ Mirjam erwiderte nichts und blickte ihn stattdessen nur weiter fragend an.

„Die anderen“, fuhr Burchard fort, „versuchten alles Mögliche.“ Er lachte kurz und freudlos auf. „Zuerst haben sie Purgierungsmittel verabreicht, dann eine Reihe von Aderlässen. Mit der üblichen Begründung, die Körpersäfte seien nicht im Gleichgewicht und so weiter und so weiter. Es ist aber nur immer schlimmer geworden. Zuletzt gab es überhaupt keine Pausen zwischen den Anfällen mehr. Die eine Schmerzwelle ging in die andere über. Es hörte nicht auf.“ Burchard hatte die Hände vor das Gesicht geschlagen und zog sie nun langsam nach unten. Die Bewegung verwandelte sein Gesicht in eine Maske der Trauer. Allein die Erinnerung schien im weh zu tun.

„Der Junge hat es vor Schmerzen nicht mehr ausgehalten. Schließlich vergaß er sich und fing an zu schreien. Die Ärzte waren am Schluss alle nicht mehr da. Es war furchtbar!“ Burchard sprach mehr zu sich selbst als zu Mirjam. Die blickte ihn mitfühlend an. *Junge,* so hatte er den König genannt. Das war ihr aufgefallen.

„Und wie ist es weggegangen?“ fragte sie.

„Es verschwand, wie es gekommen war, ziemlich plötzlich", antwortete der Geistliche mit ungläubigem Kopfschütteln, so als könne er die glückliche Wendung auch im Nachhinein immer noch nicht fassen. „Mit einem Mal gingen die Schmerzen zurück. Er fiel vor Erschöpfung in einen tiefen Schlaf. Als er aufwachte, verlangte er nach einem Bad und seinen Kleidern. Dann trommelte er den Hof zusammen und zog weiter nach Hersfeld."

Die Jüdin begann, in ihrer Tasche zu kramen. „Wie lange war er denn krank", fragte sie, während sie dem Behältnis einen Lederbeutel entnahm und auf den Tisch legte.

„Fast eine Woche", erwiderte Burchard.

„Und woher wisst Ihr das alles so genau? Wart Ihr dabei?" Die Stimme der Jüdin klang kühl, fast ein wenig skeptisch.

„Heinrich lag damals in der Pfalz zu Fritzlar. Ich reiste noch mit dem Hof als einer der Kapläne. Jetzt bin ich hier in Worms an der Domschule tätig."

In diesem Moment klopfte es und die Aufwartefrau kam mit einer weiteren Bediensteten herein. Die beiden stellten Wasserbecken, Krüge, Schalen, Tücher und einen irdenen Topf mit dampfendem Wasser auf den Tisch. Mirjam bedeutete ihnen zu warten, sie gehorchten ihr anstandslos.

„Pater Burchard, seht nach, wo der König bleibt", wandte sie sich zu dem Geistlichen. In diesem Moment kamen Heinrich und Kuno wieder herein. Der König lief allein, dann blieb er stehen und ein Zittern durchlief seinen Körper. Danach holte er tief Luft und meinte, es gehe ihm jetzt deutlich besser. Mirjam musterte ihn zweifelnd vom Kopf bis zu den Füßen. Sein Gewand wies dunkle Flecken auf.

„Holt saubere Gewänder", wies sie die wartenden Mägde an. „Und frische Kissen und Decken", setzte sie noch hinzu. Und zu Burchard und Udalrich gewandt, befahl sie: „Mischt fünf Teile Wasser mit einem Teil Wein in dem großen Becher. Das soll der König gleich trinken, noch bevor Kleider und Decken kommen."

„Nein! Mischt drei Teile Wasser auf einen Teil Wein. Sonst schmeckt es nach nichts!", protestierte Heinrich schwach.

„Nein!" Mirjam sah den König nicht an, aber ihre Stimme klang unnachgiebig. Vorsichtig füllte sie gerade die Schale, in die sie eine Handvoll der Kräuter aus dem Lederbeutel geschüttet hatte, mit dem heißen

Wasser auf. „Fünf zu eins! Ihr habt mich hierher zitiert. Also werdet Ihr tun, was ich sage. Sonst kann ich Euch nicht helfen!“

„Wahrscheinlich könnt Ihr mir auch so nicht helfen“, murrte der König trotz seiner Schwäche mit einer Wut, die an Verzweiflung grenzte. „Genauso wenig wie die anderen Quacksalber!“

Mirjam reagierte nicht auf die Anfeindung. Sie entnahm ihrer Tasche zwei verkorkte Phiolen, träufelte die Substanzen in ein Gläschen aus ihrer Tasche, in das sie vorher etwas Wasser gegeben hatte, und rührte das Ganze mit einem hölzernen Stäbchen um.

Inzwischen hatten die Mägde eine frische Tunika gebracht, Heinrich hatte die Kleidung gewechselt. Das Bett war aufgeschüttelt und mit sauberen Decken belegt worden. Der fertige Sud dampfte auf dem Tisch vor sich hin. Daneben standen das Gläschen und der große Mischkrug mit einem Becher. Heinrich hatte sich auf einen Schemel niedergelassen, die Ellbogen auf die Knie gestützt und den Kopf in den Händen. Dann stand er wieder auf und lief ein paar Schritte auf und ab. Er schien sich ein wenig zu erholen. Mirjam beobachtete ihn aufmerksam.

„Bewegt Euch möglichst viel, Majestät“, meinte sie. „Es tut Euch gut.“

„Die Schmerzen werden wieder kommen“, erwiderte er kopfschüttelnd. „Das war bis jetzt immer so, da brauche ich mir gar nichts vorzumachen.“ Er sah abschätzig auf sie herunter. „Könnt Ihr das verhindern? Wir haben Euch immerhin wegen Eures exzellenten Rufes hierherkommen lassen.“

„Ihr habt Recht“, antwortete Mirjam kühl, wieder ohne auf seine Anfeindung einzugehen. „Der Schmerz wird zurückkehren. Um ihn in Schach zu halten, empfehle ich Euch, zuerst den Sud zu Euch zu nehmen, solange er noch warm ist. Danach so viel zu trinken, wie Ihr nur könnt. Und drittens, wenn Ihr fühlt, dass der Schmerz wieder kommt, dann nehmt Ihr dies“, und sie zeigte auf das Gläschen.

„Und wenn es nicht besser wird“, wollte Heinrich wissen. Sein Tonfall war aggressiv. Seine Augen hatten ein wenig ihres dunkelblauen Glanzes zurückgewonnen. „Woher kommt dieses Übel überhaupt? Könnt Ihr mir das sagen?“

„So wie es aussieht, habt Ihr Steine, vermutlich in Eurer Harnröhre. Die verursachen die Schmerzen. In dem Aufguss da ist neben anderen Substanzen Goldrute, ein bewährtes Mittel dagegen. Ich würde Euch empfehlen, ihn zu trinken." Die Ärztin ergriff die dampfende Schale und reichte sie dem König. Er nahm sie ihr aus der Hand und schnüffelte daran. „Riecht wenigstens nicht schlecht", meinte er. Dann nahm er einen Zug. Udalrich hatte inzwischen einen Stuhl an den Tisch gerückt. Heinrich setzte sich und trank die Schale in wenigen Zügen leer.

„Und jetzt?", fragte er, nachdem er sie auf den Tisch zurückgestellt hatte.

„Jetzt trinkt Ihr den Becher aus." Mirjam schob ihm das Gefäß mit dem Wasser-Wein-Gemisch zu. Burchard stand auf der anderen Seite des Königs und fragte, ob er etwas dazu essen wolle. Heinrich schüttelte den Kopf. Nachdem er getrunken hatte, stöhnte er wütend auf.

„Dieser verfluchte Krampf in der Lendengegend. Jetzt fängt es wieder an." Wieder glänzte Schweiß auf seinem Gesicht. Schwer ließ er die Faust auf den Tisch fallen. Die Jüdin griff rasch nach dem Gläschen, bevor es durch die Erschütterung umkippen konnte.

„Jetzt trinkt das, Majestät", sprach sie in einem sanften Tonfall und reichte ihm das Gefäß hin. Misstrauisch blickte er zuerst auf das Glas, dann auf Mirjam.

„Es nimmt Euch den Schmerz für eine Weile, so dass Ihr schlafen könnt. Danach wird es besser sein", versuchte sie ihm zuzureden.

„Und wenn nicht?", warf er zweifelnd ein. „Treibt der Schlaf die Steine aus?"

Mirjam musste unwillkürlich über die naive Schlussfolgerung lachen, wurde aber gleich wieder ernst. „Nein, verzeiht", antwortete sie schuldbewusst. „Aber das Mittel löst die Krämpfe auf und weitet die Gefäße des Körpers. Ein Stein kann dann leichter von selbst abgestoßen werden. So war es wahrscheinlich auch damals, als Ihr krank in Fritzlar lagt."

Heinrich warf Udalrich, der während der ganzen Zeit kaum von seinem Herrn gewichen war, einen kurzen Blick zu, als gäbe es zwischen den beiden ein stummes Einvernehmen. Dann wandte er sich wieder der Ärztin zu. „Also gut, wir wagen es", meinte er, setzte das Glas an und trank es leer. Mirjam atmete auf. Sie wusste um die rasche Wirkung. Der König brütete vor sich hin, die Ellbogen auf den Tisch gestützt und den Kopf in den Händen. Rasch entfaltete der Mohnsaft seine Wirkung. Nach einer Weile stand er langsam auf, setzte sich auf den Bettrand und legte sich dann hin. Von der Umgebung schien er nichts mehr wahrzunehmen.

Udalrich breitete die Decke über ihn. Pater Burchard hielt Mirjam die Tür auf, die beiden traten, mit einem letzten Blick auf den schlafenden König und den neben ihm knienden Udalrich, auf den Gang hinaus.

Heinrichs Leibdiener Kuno blickte auf. Er hatte seinen gewohnten Posten an der Tür seines Herrn wieder eingenommen. An der Seite bemerkte die Jüdin einige Lagen Decken am Boden ausgebreitet. Als sie Burchard später danach fragte, erklärte er ihr, was es damit auf sich hatte. Kuno schob des Nachts sein Lager direkt vor die Tür seines Herrn. Sein Schlaf, wenn er denn schlief, war sehr leicht und sein blankes Schwert hielt er jederzeit dicht bei sich. Diese Wache, so erzählte Burchard, habe den König bereits mehrfach vor unliebsamen Überraschungen bewahrt.

Mirjam machte sich ihre Gedanken, während sie vorsichtig durch den Treppenturm hinter dem Pater hinabstieg. „Dieser Udalrich ist sicher eine zuverlässige Krankenwache“, meinte sie nachdenklich zu ihm, als sie wieder auf dem fast menschenleeren, dunklen Hof standen, auf dem nur vereinzelt einige Wachtfeuer brannten. „Aber wenn etwas Unvorhergesehenes geschieht, wäre ich trotzdem gern in der Nähe. Kann ich über Nacht in der Pfalz bleiben?“, fragte sie dann den Pater, um noch unvermittelt hinzuzufügen: „Und morgen brauche ich seinen Urin.“ Der Geistliche, nicht weiter überrascht über dieses Ansinnen, rieb sich die Stirn. „Morgen sollte der Hoftag beginnen“, erklärte er. „Die zeremonielle Einholung des Königs hat ja bereits heute stattgefunden. Die Bischöfe, Fürsten, Grafen und Edlen sind versammelt. Man wartet nur noch auf den König.“

Die Ärztin ließ sich nicht aus dem Konzept bringen. „Ich sehe da keinen Zusammenhang, ich meine mit seinem Urin“, bemerkte sie nüchtern. „Falls er überhaupt in der Lage ist, morgen an irgendeiner Versammlung teilzunehmen.“

„Falls er halbwegs in der Lage sein wird, und er kann, wie Ihr sicher bemerkt habt, eine Menge vertragen“, überlegte der Geistliche und rieb sich nachdenklich das Kinn, „wird er Euch, soweit ich ihn kenne, vor der Versammlung nicht mehr vorlassen.“

Mirjam traute ihren Ohren nicht. „Nicht mehr vorlassen?“, echote sie. „Was denkt er sich?“, rief sie entnervt aus. „Wie soll ich ihn denn dann kurieren? Wenn ich mir hier schon Mühe gebe, dann soll es doch auch eine möglichst nachhaltige Wirkung haben!" Vor Empörung blies sie die Backen auf und stieß die Luft geräuschvoll aus.

Pater Burchard musste unwillkürlich lachen. „Ja, so ist er nun mal", meinte er. Dann wurde seine Miene wieder ernst. „Ihr haltet eine Urinschau für nötig?", fragt er.

„Bei Gallen- und Nierenleiden gibt dieses Mittel viel Aufschluss", erklärte Mirjam fest. Pater Burchard steckte die Hände in seine weiten Ärmel. „Wir müssen abwarten, was passiert. Hoffen wir das Beste!" Dann fügte er hinzu: „Natürlich könnt Ihr im Gästehaus schlafen. Kommt mit, ich führe Euch hin und gebe den Mägden Bescheid."

Mittlerweile hatte sich die Nacht über Worms gesenkt. Die massige Silhouette des Doms erhob sich wie der Schatten des Allmächtigen in den Himmel, an dem Myriaden von Sternen glitzerten. Im Hof der Pfalz brannten nur noch vereinzelte Feuer, das Tor war fest verschlossen.

Auch im Haus der Familie Kalonymos an der Stadtmauer war endlich halbwegs Beruhigung eingekehrt, nachdem ein Bote des Bischofs gemeldet hatte, der heikle Gesundheitszustand eines hohen Geistlichen erfordere die Anwesenheit der Frau Mirjam in der Pfalz über Nacht.

In einem anderen luxuriös ausgestatteten Raum des Bischofspalastes lag eine junge Frau auf ihrem Bett und starrte an die Decke. Morgen war der schreckliche Tag! Er würde kommen, sie wusste es. Unerbittlich! Dann würde sie vor aller Welt bloßgestellt werden. Sie fürchtete sich bei dem Gedanken. Und doch musste sie stark bleiben. Unnahbar und würdevoll. Vom Scheitel bis zur Sohle eine Königin. Darauf hatte er sie eingeschworen, das war sie ihm schuldig. Ihm, dem sie schon als kleines Kind zugetan war und den sie innig liebte, seit sie zurückdenken konnte, auch wenn er ihre Gefühle nicht erwidern konnte. Warum das so war, konnte sie sich nicht erklären. War es ihre Schuld? Hatte sie etwas falsch gemacht? Sie setzte sich auf die Bettkante, Tränen liefen ihr über die Wangen. Sie nahm einen Zipfel der Bettdecke, um sie abzuwischen, und schniefte ein paar Mal. Ihr rundliches Gesicht wies, abgesehen von einem jugendlich reinen, hellen Teint, nicht den Glanz raffinierter Schönheit auf, es war besonders jetzt, da es von Tränen verschmiert war, eher nichtssagend. Doch lag in ihm ein Ausdruck von Aufrichtigkeit und Unschuld, der anrührend und anziehend zugleich wirkte.

Die Herren von Michelbach

Michelbach im Murgtal, Juni 1069

„Wo sind meine Schweine!", schrie Neithard, so laut er konnte. „Gebt mir sofort meine Schweine zurück! Ihr habt sie weggetrieben! Das ist Unrecht! Hört ihr mich? Unrecht und Diebstahl!" Immer wieder schlug der Bauer mit seiner knochigen Faust gegen die Tür am Haupthaus des Meierhofs.

Der herrschaftliche Meierhof lag im Talgrund des Michelbaches zu Füßen eines kegelförmigen Hügels, auf dem eine kleine, aber kompakte und abweisend wirkende Burg mit einem sechsstöckigen massiven Wohnturm thronte. Die Straße zog am Hof vorbei weiter hinauf auf die Höhen des Waldes nach Norden und dann hinüber ins Gebiet der Forchheimer Grafen.

„Vater, beruhige dich doch! Lass gut sein!" Franko machte verzweifelte Anstrengungen, seinen Vater Neithard zum Schweigen zu bringen. Mit einer Hand hatte er dessen Schulter gepackt und versuchte, ihn so sanft wie möglich von der Tür wegzuziehen, bevor von drinnen eine Reaktion zu erwarten war.

„Ich hab' dir doch gesagt, der Herr Werinhard ist nicht zu Hause", redete er auf den Vater ein. „Heute Morgen ist er mit seinen Söhnen nach Worms aufgebrochen, ich hab' sie zum Rheintal hinunter reiten sehen", setzte er hinzu, in der Hoffnung, den aufgebrachten Alten zur Vernunft zu bringen.

„Das ist mir gleich", erwiderte der Bauer mit zitternder Stimme. „Er hat mir kein einziges Tier gelassen! Wie soll ich da meinen Hof erhalten?"

In seiner Verzweiflung begann er erneut, sich die Knöchel am Türholz wund zu schlagen. Von den Schweinen hatte er einen Teil verkaufen wollen, sonst würde er die fällige Pacht an den Herrn von Michelbach nicht zahlen können.

In diesem Moment flog die Tür krachend auf und Bernold, der Verwalter des Herrenhofs, trat heraus. Kaum war sein Blick auf die beiden ungebetenen Besucher gefallen, rief er in herrischem Tonfall, den Kopf halb ins Dunkel des Hausflurs gewandt, aber ohne die Bauern aus den Augen zu lassen: „Frutolf! Ekkehart!"

„Was willst du hier? Du solltest lieber arbeiten!", fuhr er gleich darauf den alten Neithard an. „Und der da", dabei zeigte er auf den Sohn, „sollte dir dabei auch besser Gesellschaft leisten! Wenn ihr dem Herrn von Michelbach die schuldige Pacht nicht zahlt, werdet ihr euren Hof bald los sein. Dann könnt ihr als Tagelöhner euer erbärmliches Dasein fristen oder als Bettler verhungern!"

Der Verwalter hatte die Daumen in den Gürtel eingehakt und seine massige, wohlgenährte Gestalt vor den Bauern aufgebaut. Sein von der Sonne gegerbtes Gesicht zeigte keinerlei Regung von Wärme oder Mitgefühl. Im Gegenteil, sein breiter Mund verzog sich zu einem abschätzigen Grinsen, als er die beiden ärmlich gekleideten Männer vor sich demonstrativ von oben bis unten musterte.

Inzwischen waren Frutolf und Ekkehart, zwei von Werinhards bewaffneten Gefolgsleuten, herbeigelaufen. Der Verwalter gab ihnen einen Wink, und sie stellten sich vor den Bauern auf. Zum Umschnallen der Wehrgehenke war ihnen nicht genügend Zeit geblieben, aber Frutolf hielt das blanke Schwert in der Faust. Wahrscheinlich war er gerade dabei gewesen, die Klinge zu polieren.

„Wir wollen die Pacht doch zahlen!", schrie Neithard, jetzt in fast flehendem Tonfall. „Nur lasst uns die Schweine!" Er ahnte jetzt, warum ihm die Knechte des Herrenhofs ausgerechnet die Schweine genommen hatten. Der Verwalter musste herausbekommen haben, dass er den Zehnten schon an das Domkapitel von Speyer abgegeben hatte. Da sowohl Bischof und Domkapitel als auch der Herr von Michelbach Anspruch auf das Land erhoben, auf dem sein Hof stand, hätte er beiden Herren Abgaben zahlen müssen. Das war schwierig. Die Pacht für den Michelbacher hatte er aus einem Teil der Schweineherde erzielen wollen.

Neithard erkannte nun seine ausweglose Lage. Er wollte sich vor Bernold niederwerfen. Frutolf missdeutete die Bewegung und setzte ihm blitzschnell die Spitze seines blanken Schwertes auf den Leib.

„Herr! Wir werden die Schweine verkaufen! Dann haben wir das Geld für die Pacht!", keuchte der alte Bauer im Zurückweichen.

„Das kannst du dir sparen, jetzt haben wir ja die Schweine", dröhnte Bernold. „Hättet ihr euren Zehnten nicht an Speyer gegeben, hättet ihr jetzt keine Schwierigkeiten!", wies er den Alten zurecht.

Neithard raffte sich noch einmal zusammen. „Der Prediger", stieß er hervor. „Der Wanderprediger hat uns gedroht – mit dem Verlust der ewigen Seligkeit! Wenn wir nicht den Zehnten an Speyer geben! Gebt Gott, was Gottes ist, hat er gesagt!" Der Alte streckte in einer erklärenden Geste die Hände aus. Wieder missdeutete Frutolf die Bewegung und stieß ihn zurück, während Ekkehart drohend auf Franko zutrat, um ihn von jeglicher Gegenwehr abzuhalten.

Bernolds Blick ruhte einen Augenblick mit Wohlwollen auf den beiden gerade gewachsenen und wohlgenährten Waffenknechten. Prachtburschen waren das! Jeder von ihnen trug eine blaue, bis ans Knie reichende Tunika aus friesischer Wolle. Die Schenkel waren von geschnürten wollenen Beinlingen umhüllt, die Füße steckten in Lederstiefeln. Das waren keine solchen Hungerleider wie dieses Bauernpack, das über seiner Brotsuppe, dem immer gleichen, ekligen Getreidebrei und dem dünnen Bier allabendlich vor Hunger kaum in den Schlaf kam. Herr Werinhard tat gut daran, sich eine bewaffnete Truppe zu halten! Das war die einzige Sprache, die dieses hinterhältige Bauerngesindel verstand.

„Es ist nutzlos, zu debattieren", stellte Bernold kategorisch fest. „Ihr wisst genau, dass euer Land mitnichten zum Gut Rotenfels gehört, wo die Bauern ihren Zehnten an das Domkapitel von Speyer abgeben müssen. Euer Land gehört dem Herrn von Michelbach. Ihm schuldet ihr die Pacht, und die seid ihr schuldig geblieben. Aus diesem Grund habe ich die Schweine als Pfand beschlagnahmen lassen."

Dann trat er dicht vor Neithard hin und fuhr ihn mit schneidender Stimme an: „Du hast deinen gnädigen Herrn des Diebstahls bezichtigt! Du hättest beinahe die Tür des Herrenhofes eingeschlagen und wolltest Gewalt gegen mich, den Vertreter deines Herrn, ausüben! Warte nur ab, bis Herr Werinhard aus Worms zurück ist! Dann gnade dir Gott!"

Während seiner Rede war er zunehmend lauter geworden. Die letzten Sätze hatte er so gebrüllt, dass sein Gesicht dunkel angelaufen und eine Ader an der Schläfe angeschwollen war. Dabei stieß er seinen Zeigefinger fortgesetzt auf die Brust des alten Neithard, so als wolle er ihn durchbohren.

Dieser unvermittelte, auf die moralische Zermürbung des Gegners angelegte Wutausbruch hatte den alten Mann buchstäblich überrollt und vorübergehend seine Widerstandskraft gebrochen. Im Gesicht des Bauern zeichneten sich Unglauben und Entsetzen ab. Doch Bernold war noch nicht fertig mit ihm. Unvermittelt packte er ihn in Brusthöhe an seinem groben Arbeitskittel und zog den knochigen Mann, der um einiges kleiner war als er selbst, dicht zu sich heran. Die beiden Wachen waren indessen über Franko hergefallen und hielten ihn fest umklammert, so dass er seinem Vater nicht beistehen konnte.

„Du wirst die Disziplin im Tal nicht länger untergraben! Du nicht! Hast du mich verstanden!", fauchte der Verwalter den Bauern an, der ihm mit aufgerissenen Augen ins Gesicht starrte, unfähig etwas zu antworten.

„Ich will wissen, ob du das verstanden hast!", brüllte Bernold ihn erneut an, wobei er begann, dem wehrlosen Alten brutal an seinem Gewand zu reißen und ihn zu schütteln. Neithard wurde hin und her gestoßen wie eine willenlose Holzpuppe.

„Herr! Lasst ihn los!", schrie der Sohn auf. „Um Gottes willen! Er kann sich doch kaum mehr auf den Beinen halten, seht Ihr das denn nicht!"

Der Verwalter stieß den Alten noch ein letztes Mal von sich, dann ließ er ihn los. Neithard sackte am Boden in sich zusammen und blieb regungslos liegen.

Franko nutzte den Moment, in dem die Wachen abgelenkt waren, riss sich los und stürzte mit einem unartikulierten Schrei zu seinem Vater. An seiner Seite kniete er nieder, blickte ihm ins Gesicht und schüttelte ihn dann sachte an den Schultern.

„Vater! Vater! Was ist dir! Sag etwas! Sag doch etwas!" Immer wilder versuchte Franko, den leblosen Alten wieder aufzuwecken. Bald strich er ihm über die runzligen Wangen, bald schüttelte er ihn wieder, doch die Augen des alten Bauern blieben geschlossen.

„Nimm ihn mit nach Hause! Hier kann er nicht liegenbleiben!", maulte der Verwalter übellaunig. Als er sah, dass es wohl länger dauern könnte, wenn er die Aufgabe allein dem Sohn überließ, befahl er den beiden Soldaten: „Frutolf, Ekkehart! Los, schafft den alten Narren in seine Hütte zurück!" Damit war für Bernold die Sache erledigt, er wandte sich wieder dem Haus zu.

Da traf ihn die Stimme wie ein Messer im Rücken. „Er ist tot! Das wisst Ihr! Und Ihr habt ihn getötet!“ Langsam drehte Bernold sich um und heftete seinen Blick auf den am Boden knienden Franko, dem Tränen der Verzweiflung und Wut über die Backen liefen.

„Was hast du da gesagt? Ich bin schuld, dass dein Vater nicht mehr aufsteht? Ich?“, wies Bernold den jungen Bauern zurecht. Er spielte jetzt nicht mehr den Aufbrausenden, sondern gab sich so, wie er wirklich war, völlig beherrscht und eiskalt.

„Dein Vater war es, der mich angegriffen hat“, belehrte er den Jungen unerbittlich. „Ich habe mich nur zur Wehr gesetzt! Alle ehrbaren Anwesenden hier“, dabei blickte er auf Frutolf und Ekkehart, „können das vor jedem Gericht unter Eid jederzeit bezeugen. Also pack dich, bevor ich dich ins Loch stecken lasse!“ Damit wandte er sich ab und verschwand im Haus.

Franko wollte auffahren, aber Frutolf fiel ihm ins Wort. „Gib Ruhe! Du reitest dich nur weiter in Schwierigkeiten!“, ermahnte ihn der Gefolgsmann ärgerlich, aber mit einem gutmütigen Unterton.

„Vielleicht ist dein Alter ja gar nicht tot. Bringen wir ihn erst einmal nach Hause!“, schlug Ekkehart vor. Gemeinsam hievten sie den Körper des Bauern hoch, bis Frutolf seinen Stiernacken darunter schieben konnte.

„Schwer wie ein nasser Sack“, schimpfte er. „Obwohl diese Alten doch nur noch Knochen haben wie die Hühnchen“, setzte er grinsend hinzu.

Dann setzten sich die beiden Soldaten in Bewegung, der eine mit dem leblosen Körper über der Schulter. Franko stolperte wie betäubt hinterher, den Blick auf den Vater gerichtet, dessen Kopf und Arme während des zügigen Marsches hin und her geschleudert wurden. Der kleine Trupp folgte dem Lauf des Michelbaches und wandte sich dann dem Hof am Talausgang zu.

Franko eilte voraus und öffnete das Gatter eines halbhohen Zauns, der eine Ansammlung von kleineren Gebäuden umgab. Das größte maß etwa acht mal sechs Schritte in der Grundfläche. Pfosten aus Eichenholz trugen ein schilfgedecktes Dach, die Wände waren mit lehmverputztem Flechtwerk geschlossen. Offenbar war dies das Wohnhaus, denn der junge Bauer öffnete die niedrige Tür und wartete, bis die Soldaten mit dem leblosen Alten eingetreten waren.

Der junge Bauer ließ die Tür offen, da die winzigen Fenster noch mit Läden verschlossen waren. Das einzige Licht viel durch die offene Tür und das Abzugsloch im Dach, dessen Umgebung durch den abziehenden Rauch der darunter liegenden Feuerstelle schwarz verrußt war. Die Männer brauchten einige Sekunden, um sich an die hier herrschende Dunkelheit zu gewöhnen. Dann fragte Frutolf, zu dem jungen Bauern gewandt: „Wo soll ich ihn hinlegen?" Vergeblich hatte er sich nach einer Lagerstatt umgesehen.

„Dorthin", Franko zeigte auf einen schmalen, mit Stroh gefüllten Holzkasten in einer lichtlosen Ecke des Raumes. Frutolf ließ den Körper einigermaßen sachte auf die über das Stroh gebreitete Decke gleiten, dann wandte er sich dem jungen Bauern zu und mahnte: „Pass auf, was du sagst. Sprich auf keinen Fall schlecht über den Herrn, hörst du? Du weiß doch, wie Bernold ist. Der kennt kein Mitleid und keine Gnade. Wenn du nicht aufpasst und dein Maul nicht hältst, verrottest du im Loch auf der Burg." Wie zur Bestärkung seiner Worte klopfte Frutolf dem jungen Pächter noch einmal beruhigend auf die Schulter, dann winkte er seinem Kumpan: „Komm Ekkehart, wir gehen." Gemeinsam verließen die beiden Gefolgsleute die Hütte.

Franko achtete nicht mehr auf sie, er hatte nur Augen für seinen Vater. Rasch schnitt er ihm mit dem Messer, das er stets am Gürtel trug, das Gewand auf und schob den Stoff beiseite. Als er versuchte zu erkennen, ob sich der Brustkorb noch hob und senkte, glaubte er, eine Bewegung wahrzunehmen. Oder hatte ihn der flirrende Sonnenstrahl getäuscht, der durch das Abzugsloch im Dach hereingefallen war? Franko wiederholte die Prozedur. Abwechselnd lauschte er an der Brust des unheimlich stumm Daliegenden, abwechselnd sprach er ihn an und gab ihm zuerst leichte, dann immer stärkere Schläge auf die Wangen, ohne jedoch eine Reaktion hervorzurufen. Dann raffte er sich auf und rannte aus dem Haus in Richtung Rotenfels, nicht ohne vorher eine Decke über den leblosen Vater gebreitet zu haben.

Der Streit um die beschlagnahmten Schweine vor dem Meierhof in Michelbach hatte einiges Aufsehen erregt. Eine der Mägde, die oben auf der Burg Dienst tat, hatte der Herrin Adelheid von der hässlichen

Szene erzählt. Adelheid, die Frau Werinhards, kannte den alten Bauern, sie wusste, wie schwer er zu arbeiten hatte und empfand Mitleid.

Andererseits konnte sie aber nichts unternehmen. Ihr Gemahl war nicht zu Hause, also hatte Bernold außerhalb der Burg das Sagen. Es hätte zu ungeahnten Komplikationen führen können, wenn sie dem offiziellen Verwalter in den Arm gefallen wäre. Sie hoffte nur inständig, dass der alte Bauer nicht tot war. Wie sie den Sohn Franko kannte, würde der alles für seinen Vater tun, also hatte er sicherlich auch schon Gottschalk, den Geistlichen von Rotenfels benachrichtigt, einen besonnenen Mann, der fast immer einen Rat wusste.

Adelheid saß an ihrem Lieblingsplatz, einer Fensternische ganz oben im Turm, der eine Mischung zwischen Bergfried und Wohnhaus darstellte und nur über einen niedrigeren Vorbau zu erreichen war. Sie hatte den Stickrahmen sinken lassen und schaute nachdenklich aus dem geöffneten Fenster auf das Dorf und seine von hier oben wie Bauklötzchen wirkenden Häuser hinunter. Die dauernden Gewalttätigkeiten zwischen Speyer und ihrem Gemahl empfand sie als quälend. Die Klärung der Rechtsansprüche wollte einfach nicht funktionieren. Der Speyerer Bischof und seine Domherren behaupteten hartnäckig, das ihnen gehörende Gut Rotenfels umfasse das gesamte Murgtal mit allen in letzter Zeit neu erschlossenen, aber auch den noch nicht erschlossenen Waldgebieten.

Ihr Gemahl Werinhard dagegen ging davon aus, dass das Gut Rotenfels nur die zur Zeit der Schenkung im Jahr 1041 kultivierten Ländereien umfasste und betrachtete alle Gebiete im Murgtal, die er selbst gerodet hatte oder noch roden würde, als sein Eigentum.

Außerdem, so überlegte Adelheid weiter, stand die Vogtei über das gesamte Murgtal, auch über das Gut Rotenfels, niemand anderem als ihrem Gatten zu, erstens weil er die tatsächliche Herrschaft ausübte und zweitens, weil die Familie der Werinharde mit dem herrschenden Kaiserhaus der Heinriche verwandt war.

Trotzdem, und das konnte Adelheid bis zum heutigen Tag nicht begreifen, hatte der alte Kaiser Heinrich kurz vor seinem Tod im Jahr 1056 ihrem Gatten befohlen, die gerade neu erbaute Burg am Michelbach bis auf die Grundmauern niederzureißen. Obwohl es doch das Recht jedes Adligen war, in dem Gebiet, in dem er die tatsächliche Herrschaft ausübte, auch eine Befestigung zu errichten!

Werinhard hatte die Burg nach dem plötzlichen Tod des Kaisers einige Jahre später wieder aufgebaut, und zwar noch größer und trutziger als vorher. Die Zeiten waren günstig gewesen. Die in der Umgebung gebrochenen Steine der ersten Burg hatte man wieder verwenden können. Der Sohn und Nachfolger Kaiser Heinrichs war beim Tod seines Vaters erst fünf Jahre alt gewesen. Inzwischen war er achtzehn, aber seine Macht hielt sich noch immer in engen Grenzen. Er hatte nicht verhindern können, dass Werinhard und seine Söhne den Wohnturm ihrer Burg sogar noch aufgestockt und den Mauerring erweitert hatten. Er musste sich glücklich schätzen, wenn ihm das Wohlwollen seiner Verwandten im Murgtal erhalten blieb! Davon war Adelheid jedenfalls überzeugt.

Dennoch sollte man ein gutes Auskommen mit dem Domkapitel suchen, überlegte die Herrin von Michelbach besorgt. Mechanisch nahm sie den Stickrahmen wieder auf, hing aber weiter ihren Gedanken nach, ohne sich auf die Handarbeit zu konzentrieren. Es hatte auf die Dauer keinen Sinn, sich permanent um Rechte und Abgaben zu streiten. Das brachte die Grundholden, also die zinspflichtigen Bauern, die den herrschaftlichen Boden bearbeiteten, hauptsächlich gegen den Herrn von Michelbach auf, da die Speyerer nicht mit Gewalt vorgingen, sondern, viel geschickter, bei Leistungsverweigerung mit dem ewigen Ausschluss von den himmlischen Gnaden drohten. Daher waren viele der Bauern eher dazu geneigt, ihren Zehnten dem Verwalter des Domkapitels in Rotenfels zu geben als dem Verwalter des Herrn von Michelbach.

Adelheid seufzte und ließ ihren Blick wieder aus dem Fenster schweifen. Vielleicht würde das freundliche und warme Wetter ja ihre Stimmung etwas aufheitern. Die nicht mehr junge, aber elegant wirkende Frau hatte die Handarbeit wieder in den Schoß sinken lassen und schaute gedankenverloren hinaus auf die umgebende Landschaft. Ihr Blick fiel auf die Hütten und Scheunen, die am Fuß des Burgbergs und auf den umgebenden Hängen verstreut waren. Einige Frauen gruben in den Gärten, Männer waren dabei, Holz für neue Zäune zu sortieren. Aus der Entfernung wirkten die Menschen wie kleine, herumwuselnde Insekten.

So ähnlich hatte es auch im Tal der Nagold auf der Burg Calw ihres Vaters Adalbert ausgesehen. Über dem lieblichen Flusstal hatte sich die neue befestigte Anlage auf einer kahlen Anhöhe erhoben, zu ihren Füßen eine wachsende Ansiedlung von Bauern und Handwerkern. Der Papst selbst hatte ihren Vater dazu veranlasst, das uralte kleine Kloster in der Nähe wieder herzurichten.

Adelheid hatte miterlebt, wie dort Mönche einer strengen Observanz einzogen, die, ganz im Gegensatz zu den herrschenden Sitten, dort ihr Leben in Armut und Keuschheit verbringen wollten. Sie konnte sich noch gut an die gedrungene Klosterkirche erinnern. Kaum hatte man das Innere durch ein niedriges Rundbogenportal betreten, umfing einen Kühle und Dämmerung. Auf dem Altar brannten die Kerzen, ein Mönch hatte ihr die Hand auf den Kopf gelegt und dann das Kreuzzeichen über sie geschlagen. Adelheid wusste nicht, wie alt sie damals gewesen war, sie kannte ihr genaues Alter nicht. In den Büchern war nur der Namensheilige ihres Geburtstages verzeichnet worden, nicht das Jahr ihrer Geburt. Es mussten aber mindestens fünfunddreißig Sommer sein, die seitdem ins Land gegangen waren.

In ganz jungem Alter, die monatlichen Beschwernisse hatten sich gerade eingestellt, war sie Werinhard von Michelbach als Ehefrau auf dessen Burg gefolgt, so war es der Beschluss ihrer Familie gewesen. Die Grafen von Calw hatten im nördlichen Schwarzwald Macht und Besitz, die Herren von Michelbach ebenfalls. Beide Geschlechter suchten sowohl ihren Besitz wie auch ihren Einfluss noch zu mehren. Alles passte also vorteilhaft zusammen. Sie konnte sich noch gut erinnern. Es war in dem Jahr gewesen, als der gegenwärtige König, der junge Heinrich, geboren wurde. Nach zwei Jahren war sie schwanger geworden und hatte Werinhard einen Sohn geschenkt, der ebenfalls auf den Namen Werinhard getauft worden war. Im Abstand von zwei und vier Jahren waren dann Eberhard und Cuno gefolgt, ihre überlebenden Söhne.

Hoffentlich regnet es nicht wieder, dachte Adelheid. *Damit die Ernte nicht schon wieder vernichtet wird und alles im Schlamm versinkt.* Die Bauern hatten es auch so schon schwer genug. Sie mühten sich jahrein jahraus. Aber das war ihr Los. So war es festgelegt in der göttlichen Weltordnung. Dafür mussten sie sich nicht darum sorgen, wohin sie ihre Kinder zur Ausbildung schickten und auch nicht in den Krieg ziehen. Stattdessen nutzten sie die vielen kirchlichen Festtage im Jahr, um häufige, oft ausufernde Feste zu feiern, bei denen sie sich, soweit sie sich das leisten konnten, der Völlerei, der Trunksucht und anderen Ausschweifungen hingaben.

Ist das ein Wunder, fragte sich die Burgherrin resigniert. Wo sie doch sonst kaum ein anderes Vergnügen kannten und ihre Herren ihnen nicht selten mit schlechtem Beispiel vorangingen?

Adelheid sah unwillkürlich ihren Gemahl vor sich. Bis jetzt war es ihr noch gelungen, fremde Bettgenossinnen im Wesentlichen von ihm fernzuhalten. Obwohl Werinhard mit einer der Mägde bereits einen Bastard gezeugt hatte, der in ihrem Haushalt mit aufgewachsen und später unter die Soldaten eingereiht worden war. Sie wusste, dass es ihre Pflicht war, ihrem Mann zu Willen zu sein. Aber es hatte für ihren Geschmack zu oft zu geschehen und war zu oft mit Unannehmlichkeiten verbunden. Auch das Gefühl der Scham hatte sie sich im Lauf der Jahre noch nicht abgewöhnen können. In den Augen der Kirche taten sie ja nichts Unrechtmäßiges, auch wenn ihr Gatte sich nicht immer an die vielen kirchlich vorgeschriebenen Tage der Enthaltsamkeit halten wollte.

Außerdem war die Geburt jedes Mal eine ernste Gefahr gewesen, die ihr leicht das Leben hätte kosten können. Neben ihren drei Jungen hatte sie auch schon eine Totgeburt erlitten. Mit Schaudern dachte sie an die verzerrten weißen Gesichter der Mägde zurück und an das viele Blut. Ein Kind war auch zu früh gekommen. Ganz still und weiß, wie ein winziger Wurm, hatte es in seiner Wiege gelegen und war nach einigen Stunden, nachdem es wenigstens noch getauft worden war, stumm wieder dahingegangen. Jede Schwangerschaft und Geburt war mit Leiden verbunden gewesen, an die Schmerzen selbst konnte sich Adelheid im Einzelnen nicht mehr erinnern, sie wusste nur noch, dass sie oft geglaubt hatte, im nächsten Moment sterben zu müssen. Manchmal wunderte sie sich, dass sie überhaupt noch am Leben war. Entweder Gott war ihr besonders gnädig gesinnt, das hoffte sie, oder aber er hob sie ein ums andere Mal nur auf, um sie mit neuen, noch schrecklicheren Leiden zu bestrafen. Aber warum hätte er das tun sollen? War sie so sündhaft gewesen?

Die Antwort hatte ihr der Priestermönch Otloh gegeben, der in der Kapelle von Burg Michelbach seinen Dienst versah. Fehlgeschlagene Schwangerschaften waren in seinen Augen besondere Prüfungen und mussten zu Bußübungen und Gewissenserforschungen führen. Das Übel, so hatte er sie belehrt, könne nur von zwei Ursachen herrühren: Entweder, sie habe ihrem rechtmäßigen Ehemann nur widerwillig beigewohnt, oder aber sie habe es mit unerlaubter Lust getan. Die Beiwohnung sei aber für eine Frau nur erlaubt, wenn sie ohne jegliches Lustempfinden geschehe. Nur die Frau sei zu dieser höchsten Form der Vereinigung in der Lage und solle sich deshalb glücklich schätzen, ihre Liebe zu Gott und ihren Gehorsam möglichst oft auf diese Weise unter Beweis stellen zu dürfen.

Adelheid hatte sich bemüht, diesem Ideal zu folgen, aber es war ihr nicht gelungen. Oft hatte sie sich zwingen müssen, ihrem Mann zu gehorchen, das musste sie zugeben. Da er Ausflüchte, deren Begründung nicht ganz offenbar zu Tage lag, eher mit Unwillen aufnahm, war sie im Laufe der Zeit dazu übergegangen, lieber darauf zu verzichten und sich zu fügen. Was ihr öfter die Schamesröte ins Gesicht getrieben hatte, war die Erscheinung, dass sie bisweilen doch von einem dunklen und rauschhaften Gefühl überschwemmt wurde, das ihr ein schlechtes Gewissen verursachte.

In letzter Zeit ertappte sie sich oft bei der Überlegung, wie angenehm doch ein Leben im Kloster sein müsste. Die adligen Frauen, die ins Kloster gehen durften, zum Beispiel weil sich kein geeigneter Gatte gefunden hatte oder weil sie als Witwen zurückgeblieben waren, die konnte man schon beneiden. Nicht nur, dass sie Ruhe vor den beschämenden Forderungen und Zumutungen der Männer und den dauernden Schwangerschaften und Geburten hatten, sie durften auch noch ein gottgefälliges Leben führen. Sie durften ungestört für das Seelenheil ihrer Eltern und verstorbenen Verwandten beten.

Eines von Adelheids Kindern war unmittelbar nach der Geburt gestorben, ohne dass es die heilige Taufe empfangen konnte. Der Vater und Burgherr hatte sogleich das Speyerer Domkapitel damit beauftragt, für das Kind zu beten – gegen Geld. Adelheid war sich nicht sicher, inwieweit Gott das erhören würde. Denn waren nicht alle, die ohne Taufe dahingegangen waren, zur ewigen Verdammnis verurteilt? In wie vielen Nächten hatte sie wach gelegen, und verzweifelt für das verlorene Kind gebetet. Ihr ruheloser Geist war immer wieder von der Vorstellung heimgesucht worden, wie es dagelegen hatte, viel zu klein und fast durchscheinend, eine verlöschende Seele in einem Meer der Finsternis. Wie oft war sie erst spät in einen unruhigen Schlaf gefallen, in dem sich die quälenden Bilder in monströse Träume verwandelt hatten.

Ja, beten, dachte sie jetzt, *das würde ich gerne häufiger und mit mehr Konzentration tun. Wer betet, bewegt sich auf den Himmel zu.* Adelheid schloss die Augen und gab sich, die warmen Sonnenstrahlen auf dem Gesicht, kurzzeitig der angenehmen Vorstellungen hin. Eine Zelle, ein Ort ganz für sie allein. Wo sie für sich sein und ihren Gedanken nachhängen könnte. Und wo sie ungestört für die Errettung ihres ungetauften Kindes und das Seelenheil ihrer Eltern und Voreltern bitten könnte.

In diesem Augenblick klopfte es energisch. Adelheid hatte kaum ein „Herein“ gerufen, da flog die Tür schon auf, und ihr dreizehnjähriger Sohn Cuno stand im Raum.

Die Mutter betrachtete ihn wohlwollend. Von allen Söhnen war ihr dieser jüngste am liebsten. Er war zum Geistlichen bestimmt und lernte an der Domschule in Speyer. Von Zeit zu Zeit bekam er die Erlaubnis, seine Familie in Michelbach zu besuchen. Diese Aufenthalte nutzte er weidlich aus, um sich mit dem Fechtmeister der Truppe im Kampf zu üben und die Gegend zu erkunden. Adelheid bemerkte, dass seine dunklen Locken verschwitzt waren.

„Ich bin mit der Mannschaft geritten. Wir haben einige Höfe weiter hinten im Tal kontrolliert“, platzte es auch schon aus ihm heraus.

„Du weißt, dass du nicht dafür bestimmt bist, mit Bewaffneten zu reiten, mein Sohn!“, tadelte ihn die Mutter in sanftem Tonfall. „Dein Vater würde sich sicher viel mehr freuen, wenn du ihm einige Stellen der Heiligen Schrift auslegen könntest.“

„Vater ist doch in Worms auf diesem wichtigen Hoftag, genauso wie meine Brüder“, belehrte Cuno seine Mutter überflüssigerweise.

„Nun, ich würde mich über ein bisschen Bibelauslegung auch freuen“, antwortete Adelheid lächelnd.

„Wie Ihr wünscht, Mutter“, meinte er höflich und verbeugte sich.

Adelheid, die sich über die Geste ihres Sohnes freute, stellte gleichzeitig wieder einmal fest, wie gut er doch aussah! Für einen angehenden Geistlichen beinahe eine Verschwendung! Gleich rief sie sich wegen dieser lästerlichen Abirrung der Gedanken zur Ordnung. Natürlich war es auch nach dem göttlichen Heilsplan besser, wenn Geistliche nicht nur eine schöne Seele hatten, sondern auch im Äußeren anziehend waren, ermahnte sie sich. Desto leichter konnten sie die Menschen beeinflussen und zu ihrem Seelenheil führen.

Cuno riss sie aus ihren Gedanken. „Die Auslegung des heiligen Augustinus zum ersten Gebot war neulich das Thema in unserer Vorlesung", meinte er. „Wenn Ihr es wünscht, kann ich Euch dazu gerne eine Zusammenfassung geben. Sehr interessant im Hinblick auf all diese Weiber, die behaupten, durch Magie das Wetter und anderes beeinflussen zu können. Haben wir nicht auch so eine in der Siedlung hier in Michelbach?" Die Frage war rein rhetorischer Natur, jeder kannte die merkwürdige Agnes, die in einer kleinen Hütte nahe dem Zaun wohnte, der das Dorf umgab.

Cuno hielt sich aber nicht lange damit auf, sondern kam rasch wieder auf sein Lieblingsthema zurück. „Ihr wisst, liebe Mutter", fuhr er fort, „dass ein Bischof auch das Kriegshandwerk beherrschen muss! Ich bin ein leidlicher Reiter und kenne mich auch im Schwertkampf aus! Gott sei Dank!" Der angehende junge Geistliche ließ sich von seiner Mutter nicht den Wind aus den Segeln nehmen. Er liebte das Leben in der Domschule, er lernte gern und leicht. Und er wollte einmal Bischof werden. Aber reiten und kämpfen können, wenn es darauf ankam, das wollte er auch.

Schon mit sieben Jahren war er kein Muttersöhnchen mehr gewesen. In diesem Alter durften andere Jungen bereits an die Höfe verwandter oder befreundeter Adliger zur Ausbildung! Stattdessen war zu ihm jeden Tag ein Geistlicher gekommen und hatte ihm aus der Bibel und den Schriften der Kirchenväter vorgelesen. Noch dazu auf Latein! Und beten hatte er gelernt – stundenlang, wie es ihm damals vorkam.

Es hatte eine Weile gedauert, bis er begriffen hatte, was es bedeutete, zum geistlichen Stand bestimmt zu sein. Mit zehn war er in die Domschule von Speyer aufgenommen worden. „Du wirst dem Bischof von Speyer und seinem Domkapitel dienen!", hatte ihm sein Vater erklärt. „Das ist eine höchst ehrenvolle Aufgabe! Du wirst ein gelehrter Mann werden und eines Tages, so Gott will, Domherr und Bischof sein."

Cuno erinnerte sich, wie sich sein Vater nach diesen bedeutungsschweren Worten in seinen Stuhl hatte fallen lassen und sich aus einer Kanne Wein einen Becher vollgegossen hatte, während sein Knecht ihm die Stiefel auszog. Dieses für Cuno immer wieder faszinierende Schauspiel der Männlichkeit wurde von seiner Mutter unterbrochen, die ihn die ganze Zeit nicht aus den Augen gelassen hatte.

„Die einzige Möglichkeit für dich, doch noch ein Kriegsmann zu werden“, hatte sie nachdenklich bemerkt, „ist es, wenn deine Brüder vor dir versterben würden und du als einziger übrig bliebest. Willst du das?“

Noch im Nachhinein fühlte Cuno die Welle des Entsetzens in sich aufsteigen, die sich damals auf seinem Kindergesicht gespiegelt haben musste! Die Brüder Werinhard und Eberhard tot? Das hätte er niemals gewollt, unter keinen Umständen! Die Mutter hatte ihm daraufhin beruhigend über den Kopf gestrichen und ihm erklärt, er werde einmal vielen Menschen helfen, das ewige Heil zu erlangen. Dies sei viel mehr wert, als sie mit dem Schwert zu beschützen, was letztlich nur zur Rettung der sterblichen Leiber dienen würde.

Diese Worte der Mutter hatten bewirkt, dass Cuno seiner Bestimmung zum Geistlichen zum ersten Mal eine positive Seite hatte abgewinnen können. Damals hatte er wissen wollen, ob er dann wichtiger sei als der Gefolgsmann eines hohen Herren oder sogar wichtiger als einer der Vasallen des Königs oder Kaisers? Seine Mutter hatte bejaht, und er war glücklich gewesen.

Aber dann war sein Blick vom Lächeln der Mutter abgeglitten und zum Vater gewandert, auf seine hohe, sehnige Gestalt, das scharfgeschnittene Gesicht, aber vor allem auf das Schwertgehenk, das er nachlässig über einen der Stühle geworfen hatte.

Cuno stand noch lebhaft vor Augen, wie er damals beinahe augenblicklich wieder von einer Welle des Widerstands und Trotzes überschwemmt worden war. Er wolle kein Pfaffe werden, war es aus ihm herausgebrochen. Seine Mutter hatte tief Luft geholt, um den Sohn zurechtzuweisen, aber der Vater hatte ihr mit einer Handbewegung Schweigen geboten. Dann hatte er Cuno zu sich herangewinkt, ihn an beiden Armen gepackt und direkt vor sich hingestellt, so dass der Junge seinen Augen nicht ausweichen konnte.

Noch immer war es dem nun Dreizehnjährigen bewusst, wie unangenehm ihm zumute gewesen war und wie er sich unter dem bohrenden Blick seines Vaters gewunden hatte. Aber dann war es doch nicht so schlimm gekommen, wie er befürchtet hatte.

„Du wirst reiten lernen! Du wirst lernen, mit dem Schwert umzugehen!“, hatte sein Vater in festem Ton erklärt, und dann mit erhobener Stimme hinzugesetzt: „Aber in erster Linie wirst du lernen, gelehrt zu schreiben und zu disputieren. Auf Latein! Du wirst die Kunst der Grammatik, der Dialektik und der Rhetorik erlernen. Du wirst in den Wissenschaften wie Arithmetik, Geometrie und Musik bewandert sein. Und du wirst die Theologie studieren. An der Domschule zu Speyer. Nirgendwo wird man dir eine bessere Ausbildung angedeihen lassen als dort. Diese Schule ist berühmt für ihre Gelehrsamkeit! Und später einmal wirst du ein Domherr werden und, wenn alles glücklich verläuft, Bischof. Straßburg ist das vornehmste Bistum im ganzen deutschen Reich! Da kommen nur Leute hin, die adlige Vorfahren über viele Generationen vorweisen können – so wie wir!"

Werinhard hatte seinen Sohn ordentlich geschüttelt. „Hast du mich verstanden? Du wirst ein wichtiger Mann sein. Mit einer sehr großen Verantwortung! Der Bischof von Straßburg ist eine der wichtigsten Stützen des Reiches und Wahrer der Macht des Königs! Das darfst du nie vergessen, hörst du! Niemals! Du bist mein Sohn, auf dir lastet diese Verantwortung. Das war in unserer Familie immer so!"

So hatte sein Vater damals gesprochen, und es war unabänderlich gewesen und das letzte Wort in dieser Sache. Trotzdem hatte er, wie versprochen, auch die Fertigkeiten eines Kriegers erlernt. Von seinem siebten Lebensjahr an hatte sich Cuno drei Jahre lang intensiv darin üben dürfen, ein Pferd zu bändigen und ein Schwert zu führen, auch wenn er ein normales Schwert noch gar nicht hatte halten können. Dann war er mit zehn Jahren auf die Domschule zu Speyer gekommen. Dort hatte er sich doppelt angestrengt, Tag und Nacht über den Büchern gesessen und sich den Ruf eines hervorragenden Schülers erworben. Mit Erlaubnis des viel zu jungen und ziemlich weltlich gesinnten Bischofs Heinrich von Scharfenberg hatte er jedes Jahr viele Male die elterliche Burg in Michelbach besuchen dürfen und dort seine kriegerischen Übungen fortsetzen können. An seine älteren Brüder kam er natürlich nicht heran, aber ganz schlecht im Kampf war er auch nicht.

Cuno riss sich von seinen Erinnerungen los, als er den forschenden Blick seiner Mutter auf sich spürte. Sie hatte die Stirne gerunzelt. „Sorgt Euch nicht, Mutter", meinte er beschwichtigend. „So Gott will, werde ich Bischof werden. Und heute Abend erzähle ich Euch etwas aus der Bibel.

Oder vom heiligen Augustinus. Wie Ihr es wünscht!" Dann verbeugte er sich nochmals höflich und fragte fürsorglich nach, ob er noch etwas für sie tun könne. Als seine Mutter leicht den Kopf schüttelte, verließ er den Raum.

Adelheid blickte ihm sinnend nach. Aus der Bibel zu erklären, gäbe es vieles. Zum Beispiel, wem genau wie viele Abgaben und welcher Teil vom Zehnt zustehen, dachte sie bei sich. Im Tal der Murg gab es seit Jahren Streit um die Abgaben der Siedler. Der Bischof und die Domherren in Speyer beanspruchten ein Zehntel aller landwirtschaftlichen Erzeugnisse und allen Viehs, wobei zwei Drittel des Erlöses direkt nach Speyer gingen und ein Drittel für die Kirche in Rotenfels und die Besoldung des Geistlichen verwendet wurde. Der Priester war ordentlich, gegen seine Lebens- und Amtsführung war nichts einzuwenden. Im Gegensatz zu der des Bischofs, dachte Adelheid säuerlich. Nur gut, dass der junge König im Augenblick mit anderen Problemen beschäftigt war und ihr Gemahl in der Region daher freie Hand hatte, die Dinge nach seinem Willen zu gestalten. Sie hoffte inständig, dass dies so bleiben möge.

Rotenfels im Murgtal, Juni 1069

Der Priester Gottschalk war gerade dabei, seinen Küchengarten zu beharken, als er Franko mit erhitztem Gesicht, wild winkend, am Gartentor erblickte. Augenblicklich ließ er den Spaten fallen und blickte fragend auf. Der junge Bauer erklärte in wenigen, abgehackten Worten, sein Vater liege im Sterben, ja sei vielleicht sogar schon tot. Der Geistliche stellte keine Fragen. Er ging ins Haus, um eine blankpolierte Kupferplatte zu holen. Dann band er sich die Kutte höher und holte sein Maultier aus dem Stall. Wenig später knieten die beiden Männer am Bett des alten Neithard.

Gottschalk hielt dem reglos Daliegenden die Kupferplatte vor den offenen Mund. Es bildete sich kein Beschlag. Der Bauer war offenbar tatsächlich tot.

„Um ganz sicher zu sein", meinte Franko unglücklich, „sollten wir nicht nach Agnes schicken?" Gottschalk schüttelte den Kopf. „Das kannst du gerne tun, aber ich fürchte, es wird nichts helfen", meinte er dann und fragte, wie es passiert sei. Franko erzählte, was vorgefallen war. Dabei redete er sich in Rage und verstieg sich schließlich zu der Behauptung, Bernold habe seinen Vater auf dem Gewissen.

„So, wie du es mir geschildert hast“, bemerkte Gottschalk, „kann das Verhalten des Verwalters nicht allein den Ausschlag gegeben haben. Er hat deinen Vater zwar grob behandelt, aber ihm nicht willentlich etwas getan, was ihn, jedenfalls nicht nach allgemeiner Voraussicht, hätte tatsächlich umbringen können.“

Franko war empört: „Aber er hat ihn so lange geschüttelt, bis er umgefallen ist und tot war!“

„Sicher“, gab der Kaplan mit zweifelnder Miene zurück. „So sah es aus. Zumindest von außen gesehen. Aber der Verwalter wird dagegenhalten, dass von solch einem Schütteln kein normaler Mensch sterben kann, und dass Gottes Hand im Spiel war. Vor Gericht wirst du damit nicht durchkommen. Außerdem wird Herr Werinhard Zeugen stellen, die für Bernold aussagen und seine Unschuld beschwören werden.“

„Und was soll ich deiner Meinung nach tun, um zu meinem Recht zu kommen?“ Frankos Ton war herausfordernd, aber der Geistliche ließ sich nicht aus der Reserve locken. Er wusste, dass es jetzt das Verwerflichste gewesen wäre, das Gefühl des erlittenen Unrechts bei dem jungen Bauern noch zu verstärken. „Willst du den Hof deines Vaters übernehmen?“, fragte er stattdessen und blickte sein Gegenüber erwartungsvoll an.

Franko schien zu zögern. Offenbar war er sich seiner Sache nicht sicher. „Erst muss ich meinen Vater begraben“, meinte er. „Dann werden wir weitersehen.“ Er erhob sich von den Knien, ließ sich auf einen niedrigen Schemel sinken und reckte das Kinn vor. „Vielleicht gehe ich weg“, überlegte er. „Ich bin ein freier Mann, weder ein Höriger des Domkapitels, noch Leibeigener des Herrn von Michelbach.“

Gottschalk sagte nichts, wiegte nur den Kopf, während er auf den Toten blickte. Neithards Arme lagen ausgestreckt rechts und links neben dem Körper. Der Geistliche nahm seine Rechte in beide Hände und drückte sie sacht. „Sie ist schon fast kalt“, stellte er fest. Konzentriert und feierlich schlug er das Kreuzzeichen über dem Verstorben. Dann erhob er sich langsam, steckte die Kupferplatte in den Gürtel und meinte, zu Franko gewandt: „Nimm Abschied. Ich gehe zum Zimmermann, er soll einen Sarg machen. Dann baren wir ihn hier auf, und die Leute aus dem Dorf können ihn noch einmal sehen. Übermorgen beerdigen wir ihn."

Franko stierte vor sich hin. „Bernold will ich auf dem Friedhof nicht sehen", presste er hervor und verengte die Augen zu Schlitzen. Die Finger seiner Hände hielt er dabei wie Eisenklammern ineinander verschränkt.

Der Kaplan blickte mitleidig auf den dichten Schopf des vor ihm Sitzenden hinunter. „Sei nicht albern!", redete er auf den jungen Bauern ein. Mit Trauer erkannte er, dass der, im Moment in einer Art Verstocktheit befangen, sich völlig in seinem Schmerz verrannt hatte. Für vernunftgemäße Argumente war er offenbar vorübergehend unzugänglich. Also musste er streng mit ihm sein.

„Es wird dir nichts anderes übrigbleiben, das weißt du! Also beherrsche dich und zeig' ein gleichmütiges Gesicht! Nachher kann man immer noch überlegen, was man tut. Alles andere wäre Wahnsinn!" Dann fügte er, versöhnlich und mit einer tiefen Wärme in der Stimme, noch hinzu: „Wenn du magst, komm heute Abend zum Essen vorbei. Es gibt nichts Besonderes, aber du wirst satt werden. Und wir können nochmal darüber reden, bevor wir die erste Totenwache halten." Mit einem letzten Blick auf Franko, der stumm da saß, den tief geneigten Kopf in die Hände gestützt, verließ er leise die Hütte.

Zwei Tage später wurde Neithard auf dem Gottesacker beigesetzt, den die Siedler rund um das hölzerne Kirchlein von Rotenfels angelegt hatten. Ein schlichtes Holzkreuz auf seinem Grab zeigte Namen und Jahr seines Todes. Auch Bernold war gekommen und hatte dem jungen Bauern das Beileid ausgesprochen. Gottschalk war es gelungen, Franko davon zu überzeugen, es sei besser, Gefasstheit zu zeigen und mit allen weiteren Schritten bis zur Rückkehr Herrn Werinhards zu warten.

Der Hoftag

Worms, Juni 1069

König Heinrich ließ seine Blicke aufmerksam über den großen Saal der Aula Major schweifen, wobei er sich Mühe gab, sich seine innere Anspannung nicht anmerken zu lassen. Dazu musste er noch fürchten, dass die Schmerzen wiederkommen würden, die ihn gestern heimgesucht hatten. Er wusste nicht, was er dann machen sollte. Besser nicht darüber nachdenken, schärfte er sich immer wieder ein.

Die zahlreich erschienenen Anwesenden, darunter Erzbischöfe, Bischöfe, Herzöge, Grafen und sonstige Herren, waren bei seinem Erscheinen gemäß der Etikette auf ein Knie niedergesunken. Der König schritt, zusammen mit seiner Königin, zu einer erhöhten Estrade an einer der Längsseiten der Halle. Dort war eine Reihe von Armstühlen aufgestellt, von denen die zwei in der Mitte noch mit besonders bestickten und farbig verzierten Behängen ausgestattet waren. Der König wartete, bis seine Gemahlin ihr bodenlanges Gewand gerafft und sich gesetzt hatte, dann nahm auch er Platz und gab den Anwesenden mit einem gnädigen Wink zu verstehen, dass sie sich nun erheben durften.

Noch war der Hoftag nicht offiziell eröffnet worden. Die Besucher standen in Gruppen zusammen. Der König nutzte solche Gelegenheiten gerne, um einzelnen Herren die Gelegenheit zu einem kurzen Gespräch oder zu einer Geste der Ehrerbietung zu geben, auch um die Teilnehmer des Hoftages vor Beginn in Augenschein zu nehmen und zu verfolgen, welche Gruppen gebildet wurden und wer sich mit wem unterhielt. Besonders den Erzbischof Siegfried von Mainz, Bischof Hezilo von Hildesheim und Widerad, den Abt des Klosters Fulda, behielt er wachsam im Auge. Sie hatten ihm vor Jahren durch ihre kindischen Rangstreitigkeiten bei einer ähnlichen Veranstaltung schweren Schaden zugefügt.

Heinrich war nicht bewusst rachsüchtig, und er wusste, dass er sich von diesem niedrigen Laster möglichst fernhalten musste. Es gab manche Herren, denen er ihre Unverschämtheiten und Übergriffe gern heimgezahlt hätte, mit denen er aber weiterhin auskommen musste. Je kühler er sich in diesen Dingen verhielt, desto leichter, das wusste er, würde es ihm fallen, die politisch notwendigen Entscheidungen zu treffen. Das bedeutete aber nicht, dass er je eine Kränkung oder ein Unrecht vergessen hätte! Schon in ganz jungen Jahren hatte er durch schlechte Erfahrungen ein sicheres Gespür dafür gewonnen, wer ihm schaden wollte, und dieses Wissen sorgsam gespeichert. Erfahrung war der nachhaltigste Weg, die Spielregeln des Lebens zu lernen, aber auch der bitterste. Das hatte er schon oft am eigenen Leib erfahren müssen.

Möglichst wenig äußerliche Wirkung zeigen, das hatte sich der junge Herrscher zum Ziel gesetzt. Folglich trug er heute, wie bei allen öffentlichen Auftritten dieser Art, eine beherrschte, betont lässige Haltung zur Schau. Nach außen hin gab er sich kühl, fast ein wenig gelangweilt. Die großen, in ein dunkles Blau spielenden Augen schienen erfüllt von abwartender Neugier. Im Reich wurde dem König nachgesagt, seine Augen könnten die innersten Regungen der Menschen durchschauen und in ihre Herzen blicken. Diese Legende mochte auf den Erzählungen derer beruhen, die ihn als guten Beobachter kennengelernt hatten.

Den rechten Ellbogen auf die Armlehne des Sessels aufgestützt, hielt er die Wange an seine Faust gelehnt, während sein linker Arm ausgestreckt auf der anderen Lehne ruhte. Von Zeit zu Zeit verlagerte er das Gewicht von einer Seite auf die andere und schlug die Beine neu übereinander. Vielleicht lag es auch an den kaum abgeklungenen Schmerzen der vorangegangenen Nacht, dass er mehr Anstrengung aufwenden musste als sonst, um eine einigermaßen würdevolle Haltung zu wahren.

Seiner Gemahlin hatte er bis jetzt noch keinen Blick gegönnt. Sie saß mit gesenktem Blick auf ihrem Thron neben ihm und hielt die kleinen Hände brav im Schoß gefaltet. Hin und wieder hob sie den Kopf, ließ ihre Augen kurz durch den Saal huschen, bevor sie den Blick wieder auf ihre Hände senkte. Selbst einem aufmerksamen Betrachter mochte sie beinah bewegungslos erscheinen.

Das Paar war, dem Anlass entsprechend, in ausgesuchte Gewänder gehüllt. Heinrich trug eine purpurne, mit Goldfäden durchwirkte Obertunika mit langen Ärmeln, deren Saum fast bis zu den Knöcheln reichte, darüber einen langen, violettfarbenen Mantel, der über der rechten Schulter mit einer prächtigen goldenen Fibel geschlossen war. Die aus feiner Seide gewebten Stoffe flossen in reichem Faltenwurf an ihm herab. Seine Waden umhüllten enganliegende rote Strümpfe, die Füße steckten in Schuhen aus schmiegsamem Hirschleder. Auf dem leicht gewellten, kinnlangen Haar glänzte ein schlichter, aber aufwändig gearbeiteter goldener Stirnreif.

Die kleine Bertha umhüllte ein weites violettes Obergewand, das am Saum und an den Ärmeln mit gestickten, glitzernden Goldborten verziert war. Unter dem üppigen Faltenwurf lugten die Spitzen der Lederschuhe hervor, in denen ihre kleinen Füße steckten. Ihren Körper umhüllte ein langer roter Mantel aus Seide. Den feinen weißen Schleier, der ihre Haare bedeckte und bis auf die Schultern fiel, hielt ein schmaler, aber kostbarer Stirnreif, der in Form und Verarbeitung dem ihres Gatten ähnelte.

Heinrich war sich bewusst, wie wichtig die zeremonielle Kleidung war und der Eindruck, den er darin bei den versammelten Großen seines Reiches hinterließ. Würdevoll und wie selbstverständlich bewegte er sich in den opulenten Gewändern, so als trüge er sie jeden Tag seines Lebens. Das war natürlich nicht der Fall, und besonders heute machte ihm der viele Stoff zu schaffen, aber er wusste, dass er es nicht zeigen durfte – um keinen Preis. Vor den Fürsten, den Gliedern und Stützen des Reiches, musste er vor aller Welt seine herausgehobene Stellung zum Ausdruck bringen. Schein und Sein mussten in Übereinstimmung gebracht werden. Der in kostbare Gewänder gehüllte und unter der Krone gehende König stellte seine unantastbare Macht und Würde zur Schau. Es durfte keinen Zweifel geben, dass es in dieser Welt keine höhere Instanz gab, noch geben konnte.

Während er noch seine Blicke schweifen ließ, dachte Heinrich an das Hauptthema der heutigen Versammlung, zu der auf seine Einladung hin viele der großen Magnaten gekommen waren. War es möglich, dass die Fürsten ihm die Gefolgschaft verwehren und ihm die Erfüllung seiner Wünsche verweigern würden? Er konnte es sich nicht vorstellen. Außerdem, hatte er nicht ein Zeichen des Herrn erhalten? Indem die schlimmsten Schmerzen doch noch rechtzeitig zum Beginn des Hoftages gewichen waren? Er biss die Zähne zusammen, und setzte sich aufrecht, legte beide Arme auf die Lehnen und stellte die Füße nebeneinander auf dem Boden auf. Seine Miene war nun hart geworden, fast wie gemeißelt. Die Großen, auch diejenigen, die ihm nicht wohl gesonnen waren, und das waren nicht wenige, sollten lernen, dass sie sich seiner

Macht zu beugen hatten. Seine Herrschaft sicherte den Frieden und die Einhaltung der göttlichen Weltordnung auf Erden. Und nicht nur das. Schließlich war er es auch, der für alle Bewohner seines großen Reiches die Voraussetzungen schuf, ein gottgefälliges Leben zu führen. Er ordnete die Kirche, indem er geeignete Bischöfe einsetzte oder auch aus ihrem Amt entfernte. Sein Vater hatte sogar Päpste abgesetzt und eingesetzt!

Von frühester Jugend an war Heinrich in dieser Überzeugung erzogen und bestärkt worden. Nachdrücklich war ihm bewusst gemacht worden, dass sowohl seine Macht wie auch seine Pflicht über die irdischen Dinge hinausreichten. Dass jenes höchste Gut der Menschen in seinem Reich, nämlich ihr Seelenheil, davon abhing, wie er sein von Gott verliehenes Amt ausübte. Schon immer hatten sich unter den Magnaten Tendenzen geregt, diese Grundfesten der königlichen Herrschaft zugunsten ihrer eigenen Interessen, ihres Besitzstrebens und ihrer Machtgier zu untergraben. Der König hatte das wohl bemerkt. Er wusste, dass er sich Schwäche nicht leisten konnte, ebenso wenig wie seine königliche Gemahlin.

Bertha! Ohne sie anzublicken, meinte er, ihre Güte und ihre Sanftmütigkeit, die sie wie eine Aura umgab, beinah körperlich zu spüren. Warum war sie für ihn immer nur „die Kleine" gewesen, obwohl sie nur ein Jahr jünger war als er selbst? Heinrich wusste es nicht, er wusste nur, dass er mit dieser Frau nicht das tun konnte, was von ihm erwartet wurde. Wahrscheinlich saß sie gerade jetzt wieder in unpassender Bescheidenheit auf ihrem Thron, mit niedergeschlagenen Augen, die Hände im Schoß. Wie eine verängstigte Maus, dachte er unwillig. Dabei ist sie sehr wohl darin unterrichtet worden, wie sich eine Königin und künftige Kaiserin zu benehmen hat.

Ohne die Augen von dem Geschehen vor sich im Saal abzuwenden, neigte er sich zur Königin hin. „Haltet den Kopf nicht gesenkt! Schaut in den Saal hinein, den Fürsten direkt ins Gesicht! Ihr seid die Königin, meine Gemahlin, und damit wie Wir Garantin des Heils für alle Anwesenden!", ermahnte er sie mit unbewegter Miene und mit gedämpfter Stimme, so dass die Worte in der nächsten Umgebung niemand hören konnte.

Über Berthas Gesicht huschte jäh eine schmerzliche Bewegung. Wieder hatte sie in seinen Augen einen Fehler gemacht! Und es war ein schwerer Fehler, das wusste sie. Gerade bei solchen Anlässen wie den politisch so wichtigen Hoftagen musste sie untadelig repräsentieren und an der Seite des Königs ein makelloses und erhabenes Sinnbild der Macht abgeben. Zu jeder Zeit Stärke zeigen, mit hoch erhobenem Haupt, ein huldvolles Lächeln auf den Lippen, in die Runde blicken, jedem Untertanen in dem Moment, in dem sich sein Blick mit dem ihren kreuzte, das Gefühl geben, als stünde er im Mittelpunkt der königlichen Aufmerksamkeit. Und doch keinem mehr Aufmerksamkeit schenken, als ihm zukam. König und Königin waren für alle Untertanen gleichermaßen da.

Und sie hatte Minuten lang mit gesenktem Haupt vor sich hingestarrt und die Menschen im Saal nicht beachtet. Von einem Augenblick zum anderen hätte sie in Tränen ausbrechen können. Aber sie wusste, dass sie ihren Gefühlen nicht nachgeben durfte. Nicht jetzt! Auf gar keinen Fall!

Unwillkürlich straffte sie ihre Schultern, drückte ihren Rücken durch und nahm den Kopf hoch. Sie ließ ihre Blicke durch den Raum schweifen. Was hatte man ihr am kaiserlichen Hof, an dem sie als zukünftige Gemahlin des Thronfolgers aufgewachsen war, immer wieder eingeschärft? Such dir einen der Fürsten aus, richte deinen Blick auf ihn, und wenn derjenige es bemerkt, dann nicke ihm freundlich, aber sehr gemessen zu und wende den Blick wieder von ihm ab, hin zu einem anderen seiner Standesgenossen. Und noch etwas hatten die Berater ihres kaiserlichen Schwiegervaters der kleinen Prinzessin immer und immer wieder gepredigt: Lasst Euch Zeit beim Schauen, kleine Herrin, zeigt niemals Unruhe, Furcht oder Unsicherheit. Gleichgültig, wer Euch gegenübersteht!

Bertha sammelte sich, nahm alle Kraft zusammen und schaute direkt in die Menge hinunter. Der erste, an dem ihr Blick hängenblieb, war ein großer, stattlicher Mensch, der sich im gedämpften Gespräch mit einem anderen Mann befand. Zu spät erkannte sie, wen sie da vor sich hatte! Rudolf von Rheinfelden! Einer der Mächtigsten im Reich. Herrscher in den Ländern am Oberrhein und im alten Königreich Burgund. Seit kurzem auch noch Herzog von Schwaben. Und ansonsten ein Scheusal und ein Wüstling.

Bertha dachte an ihre Schwester Adelheid, die das Unglück gehabt hatte, mit diesem Menschen verheiratet zu werden. Gerade erst hatte er sie von seinem Hof entfernen lassen, mit der Behauptung, sie sei ihm untreu gewesen. Bertha wusste, dass das nicht stimmte. Adelheid hatte bereits einen Prozess angestrengt und wollte, wenn nötig, bis nach Rom pilgern und an den Heiligen Vater appellieren, um sich von diesem infamen Verdacht zu reinigen, den ihr eigener Ehemann gegen sie erhoben hatte.

Aber das war ja die übliche Taktik, dachte Bertha bitter, wenn sich einer der hohen Herren von einer Gemahlin trennen wollte, derer er überdrüssig geworden war oder die ihm politisch nicht mehr als günstige Partie erschien. Entweder man grub eine zu nahe Verwandtschaft aus, oder aber die unliebsam gewordene Gemahlin wurde mit den Vorwürfen der Unzucht und des Ehebruchs überzogen.

Bertha fühlte, wie ihr beim Anblick dieses Mannes das Blut in die Wangen geschossen war. Ihr Herz setzte einen Schlag aus, sie musste ein Zittern mit Gewalt unterdrücken, wollte den Blick rasch abwenden. Im letzten Augenblick erinnerte sie sich daran, dass das nicht möglich war, und erstarrte. Unverwandt hielt sie den Blick auf Rudolf geheftet. Er hatte es nicht bemerkt, noch nicht. Sie nahm alle Kraft zusammen, verzog den Mund zu einem mechanischen Lächeln und drängte die aufsteigende Panik zurück. Als Rudolf aufsah und bemerkte, dass ihn die Königin beobachtete, sah er sie unverblümt aus zusammengekniffenen Augen an.

Er versucht, mich mit seiner Unverschämtheit zu verletzen, schoss es Bertha durch den Sinn. Die Erkenntnis gab ihr neue Kraft. Sie war Heinrichs Frau, sie war die Consors Regni, die Teilhaberin seiner Macht, zumindest war sie es noch! Sie wollte sich nicht mehr verunsichern lassen, von niemandem. Sie verstärkte ihr mechanisches Lächeln, nickte ihrem Widersacher besonders huldvoll und von oben herab zu und ließ ihre Augen weiterwandern. Ihr Innerstes war wie eine Stahlfeder aufs Äußerste angespannt. Aber jetzt hatte sie es geschafft, sie hatte sich auch im Angesicht ihres ärgsten Feindes nichts anmerken lassen.

Plötzlich war eine Bewegung vor den Thronsesseln entstanden. Bischof Adalbert von Worms hatte sich, wegen seiner enormen Leibesfülle beängstigend schnaufend, an die Estrade herangearbeitet. Ächzend verbeugte er sich vor dem königlichen Paar und flüsterte Heinrich etwas zu. Dabei war er aufgrund der erhöhten Position des Thrones gezwungen, obwohl er wahrlich kein kleiner Mann war, zu Heinrich aufzuschauen. Der König neigte sich gemessen zu ihm hinunter. Nachdem er den Worten des Geistlichen eine Weile gelauscht hatte, hob er den Kopf und suchte mit den Augen einen bestimmten Punkt im Saal.

„Werinhard von Michelbach“, murmelte der Bischof. „Er ist gerade gekommen. Ihr wisst es, mein erhabener Herr und König, derjenige, der Eurem Domkapitel in Speyer die Herrschaft im Gebiet Rotenfels streitig machen will. Ihr wisst, Majestät, dieses große Landgut im Tal der Murg, drei Tagesritte nach Süden von Speyer entfernt. Heinrich von Scharfenberg, der Bischof von Speyer, ist heute auch anwesend.“ Bei diesen Worten spähte der Bischof suchend im Raum umher, um sich von der Anwesenheit der erwähnten Personen nochmals zu überzeugen. „Ich hoffe, es kommt nicht zu Misshelligkeiten!“, äußerte er dann besorgt.

Heinrich neigte sich wieder zu dem Wormser Prälaten hinunter. „Schärft Eurem Speyerer Amtsbruder ein, er soll sich ruhig halten.“ Er sprach leise, aber sehr deutlich, mit einer klaren, wohl modulierten Stimme. Wie einer, der schon in jungen Jahren gelernt hat, seine Worte zu setzen und jegliche Emotion aus ihnen herauszunehmen, wenn es sein musste.

„Werinhard ist ein Verwandter Unseres Hauses“, fuhr Heinrich fort. „Wir können ihn nicht von heute auf morgen seiner Macht berauben, aber auf lange Sicht ist Speyer, die Grablege Unserer Ahnen, Unser bevorzugtes und besonders geliebtes Bistum.“ Nach diesen Worten lehnte sich der König wieder zurück und ließ seine Blicke erneut durch den Saal schweifen. Der Prälat hatte die Weisung vernommen, er war entlassen.

Jetzt trat Siegfried von Mainz vor das Podium, als Reichskanzler ranghöchster Erzbischof des Reiches. Da er sich im Einklang mit dem König wusste, hob er nun gebieterisch die Arme. „Es ist Zeit, der Hoftag möge beginnen!“, rief er mit volltönender Stimme in den Saal. „Erweist der königlichen Majestät Ehrfurcht und Ehre und begebt euch auf eure Plätze, damit der Hoftag beginnen kann!“, forderte er die Anwesenden auf.

Die Fürsten mit einer Vorrangstellung saßen auf der Estrade in größerer Nähe zum Königspaar. Für die anderen waren im Parterre Stühle aufgestellt worden. Die weniger bedeutenden Herren verfolgten die Versammlung im Stehen.

Siegfried von Mainz setzte sich als ranghöchster Fürst zuerst, nachdem er sich vor dem königlichen Paar nochmals ehrerbietig verneigt hatte. Sein angestammter Platz war zur Rechten des Königs. Zur Rechten des Mainzers wiederum ließ sich, ebenfalls nach einer tiefen Verneigung vor dem König, Widerad nieder, der Abt des Klosters Fulda. Der König betrachtete ihn kalt, ohne jegliche Regung. Der Mann war ihm in der Seele zuwider. Ein geldgieriger, skrupelloser und verderbter Mensch, der sich nicht gescheut hatte, in einem geweihten Gotteshaus in Anwesenheit des Königs seine Widersacher mit dem Schwert abschlachten zu lassen.

Heinrich schloss die Augen und sah das Geschehen vor sich, als sei es gestern gewesen. Die Gefolgsleute des Bischofs von Hildesheim und des Fuldaer Abts hatten sich in der Pfalzkapelle von Goslar im Streit um die Sitzordnung eine regelrechte Schlacht geliefert. Es hatte Tote und Verwundete gegeben. Er war damals noch nicht volljährig gewesen, hatte aber trotzdem versucht, den Rasenden Einhalt zu gebieten, aber niemand hatte auf ihn, den König, geachtet. Schließlich hatte er sich von einigen getreuen Gefolgsleuten überreden lassen, sich aus dem Chaos zu retten und in der Pfalz Zuflucht zu suchen. Angst hatte er keine verspürt, aber eine ungeheure Wut und Verzweiflung darüber, dass seine königliche Majestät so mit Füßen getreten wurde und er offenbar gar keine Macht hatte, das zu ändern. Die Tatsache, dass er damals erst dreizehn Jahre alt gewesen war, hatte an dieser Demütigung nichts ändern können. Die Szene hatte sich in sein Gedächtnis eingebrannt, er würde sie niemals in seinem Leben vergessen. Unwiderruflich hatte dieser Vorfall das Misstrauen gegen die Menschen in seine Seele gesenkt. Und unglücklicherweise war es nicht die einzige Lektion dieser Art in seinem Leben gewesen.

Das wurde dem König mit brutaler Wucht wieder ins Bewusstsein gerufen, als der nächste Magnat vor ihn trat und ihm seine Reverenz erwies: Anno, der Erzbischof von Köln! Heinrich musste an sich halten. Er hasste diesen Mann aus tiefster Seele. Im Verein mit anderen Großen des Reiches hatte der Erzbischof ihn vor sieben Jahren, als er gerade elf Jahre alt war, seiner Mutter durch einen Gewaltakt entzogen und unter Kuratel gestellt.

In Kaiserswerth am Rhein, wo der Hof gerade Station gemacht hatte, hatten ihn die Verschwörer auf ein mit Wimpeln und Waffen prächtig aufgeputztes, an der Mole der Kaiserpfalz festgemachtes Schiff gelockt. Es war das größte Schiff gewesen, das er bis dahin zu Gesicht bekommen hatte. Heinrich erinnerte sich daran, wie neugierig er damals gewesen war, es zu erkunden. Doch kaum war er an Bord gewesen, hatten Mitglieder der Besatzung die Taue gekappt und die Bordwand mittels Stangen kraftvoll vom Ufer weggedrückt. Augenblicklich hatten sich die Ruderer ins Zeug gelegt und das von seinen Fesseln befreite Boot auf den Fluss hinausmanövriert.

Heinrich wusste noch, dass er die Situation sehr rasch erfasst hatte. Er hatte Panik verspürt und um sein Leben gefürchtet. Von allen Seiten hatten sich ihm die Verschwörer, an ihrer Spitze Erzbischof Anno, genähert, um ihn in die Enge zu treiben und zu ergreifen. Er hatte keine andere Möglichkeit gesehen, sein Leben zu retten, als sich über die niedrige Bordwand zu ziehen und in den Fluss zu stürzen, ohne Rücksicht darauf, dass er nicht schwimmen konnte. Der Aufprall auf das Wasser und die eisige Kälte hatten ihn halb betäubt. Beschwert durch die Kleidung, hatte er wild um sich gestrampelt, hatte versucht zu atmen, aber statt Luft nur Wasser in seine Lungen gezogen. Dann war er ins Dunkel hinabgesunken. Erst im letzten Moment hatten ihn starke Hände wieder nach oben an die Wasseroberfläche getragen. Graf Ekbert von Meißen, ebenfalls ein Teilnehmer des von Erzbischof Anno inszenierten Komplotts, war ihm in voller Montur nachgesprungen und hatte ihn gerettet. Obwohl damit klar war, dass die Verschwörer dem jungen König nicht nach dem Leben getrachtet hatten, war Heinrich nie über dieses Erlebnis hinweggekommen. Sein Hass auf den Drahtzieher Anno war so groß gewesen, dass er am Tag seiner Schwertleite vor vier Jahren, in der Kapelle genau dieser Pfalz zu Worms, auf den Erzbischof losgegangen war, kaum dass man ihm in einer feierlichen Zeremonie das Schwert als Zeichen der Volljährigkeit umgeschnallt hatte. Nur seine Mutter hatte ihn mühsam zurückhalten können. Heinrich fuhr sich mit der Hand über die Stirn, wie um die dunklen Schatten der Erinnerung zu verbannen. Erneut konzentrierte er sich auf das Geschehen vor ihm und blickte ganz bewusst über Anno hinweg.

Der Erzbischof hatte seinerseits seinen Herrn genau beobachtet und ahnte, was sich hinter dessen Stirne abspielte. Dass er den unmündigen Heinrich damals nur aus Sorge um die rechte Regierung des Reiches in seine Obhut genommen hatte, das würde der junge Herrscher vielleicht nie begreifen. Dabei hatte er versucht, ihm die beste Erziehung angedeihen zu lassen, die überhaupt nur möglich war. Er war streng gewesen, zugegeben, aber das war bei dem Jungen auch dringend nötig gewesen angesichts seiner moralischen Verwilderung.

Anno war sich trotz der Feindschaft des Königs seiner Stellung im Reich sicher, Heinrich brauchte ihn als Vermittler gegenüber den widerspenstigen Fürsten. Aber was die Zukunft bringen würde, wie sich der junge König noch entwickeln würde, ob er auf der abschüssigen Bahn vorwärtsschreiten oder sich doch noch zum Guten wenden würde – das alles stand in den Sternen. Anno war mehr als skeptisch.

Das Empfangszeremoniell nahm seinen Fortgang. Die Großen traten einer nach dem anderen vor das Herrscherpaar, sanken mit gesenkten Häuptern ehrerbietig aufs Knie und begaben sich danach an ihre Plätze.

Königin Bertha schenkte jedem der Fürsten tapfer ein zurückhaltendes Lächeln und ein Kopfnicken, Heinrich nahm die Gesten der Ehrerbietung mit regloser Miene entgegen. Nur seine Augen waren hellwach und saugten jede Einzelheit in sich auf.

Jetzt trat Otto von Northeim, einer der mächtigsten Magnaten im Reich, vor den König. Angespannt und mit höchster Aufmerksamkeit verfolgte Heinrich seinen Fußfall. Als Otto sich wieder aufrichtete, blickte er dem König einen Augenblick lang fest in die Augen. Heinrich fühlte, wie seine inszenierte Sicherheit ins Wanken geriet. Der stattliche Mann, der da vor ihm stand, verfügte nicht nur über eine gewaltige Hausmacht in Sachsen, sondern war auch ein erprobter und gefürchteter Krieger, der sich trotz seiner fünfzig Winter immer noch schnell und geschmeidig bewegte. Sein gefurchtes Gesicht umrahmten graumelierte Haare und ein Bart, in dem noch Spuren von Rot aufleuchteten. Der Blick aus den meergrauen Augen war kühl und abwartend. Otto war neben Erzbischof Anno von Köln einer der Drahtzieher bei dem Komplott von Kaiserswerth gewesen. Heinrich musste innerlich alle Kraft aufwenden, um dem Blick des Älteren standzuhalten. Er nickte leicht mit dem Kopf, gab sich ebenso kühl wie sein Gegenüber. So wie er Otto einschätzte, würde der ihm nur so lange dienen, wie er darin einen Nutzen für sich selbst sah.

Als nächster Fürst trat Berthold von Zähringen vor, der Herzog von Kärnten. Dem hatte Heinrichs Vater zu Lebzeiten das Herzogtum Schwaben versprochen. Doch nach dem plötzlichen Tod des Kaisers hatte ihm Rudolf von Rheinfelden, ein Vertreter des schwäbischen Hochadels, den Gewinn weggeschnappt, indem er die kleine Mathilde, die Schwester des Kinderkönigs Heinrich, im zarten Alter von zwölf Jahren zu seiner Frau gemacht hatte. Kaiserin Agnes von Poitou, Heinrichs und Mathildes Mutter, hatte keine andere Lösung gesehen, als zu tun, was der Schwiegersohn von ihr verlangte, nämlich ihn zum Herzog von Schwaben zu ernennen. Den Zähringer hatte man mit dem gerade frei werdenden Herzogtum Kärnten abgespeist, mit dem er aber nicht viel anfangen konnte, da sich dort einheimische Kräfte unkontrolliert und heftig gegenseitig bekriegten.

Das Einführungszeremoniell dauerte noch eine ganze Weile, aber schließlich hatten alle Würdenträger dem Königspaar ihre Reverenz erwiesen. Nun erhob sich Siegfried von Mainz erneut und mit ihm alle Anwesenden. Mit ausgebreiteten Händen flehte der Erzbischof um den Segen des Vaters, des Sohnes und des Heiligen Geistes für den anstehenden Hoftag und ermahnte die Teilnehmer, durch einigen und weisen Ratschluss den König in seiner schwierigen Aufgabe zu unterstützen.

Die physische Präsenz des Erzbischofs, eines großen, massigen Mannes in goldstrotzendem Ornat, war beeindruckend. Das Haupt war bedeckt von einer weißen Mitra. Über der weißen, goldbestickten Tunika trug Siegfried eine rote, mit aus Goldfäden gewebten Borten verzierte Kasel. Das einem Überwurf ähnelnde Gewand war aus einem großen ovalen Stück Stoff gefertigt, das mittels eines Ausschnittes über den Kopf gezogen wurde, so dass die längeren Teile über Brust und Rücken fielen. Unter der fast knöchellangen Tunika konnte man die roten, ebenfalls mit Gold bestickten Pontifikalstrümpfe erkennen, die Füße steckten in Schuhen von feinstem weißen Leder. Während der Bischof seine weiß behandschuhten Hände zum Segen erhob, hielt ein Diakon den in einer vergoldeten Krümme auslaufenden, mannshohen Bischofsstab.

Heinrich fühlte, wie angesichts der erzbischöflichen Prachtentfaltung seine Kiefer mit krampfartiger Gewalt aufeinander mahlten. Noch ein Verräter, dachte er bitter. Auch dieser Siegfried hatte damals an der Verschwörung von Kaiserswerth teilgenommen. Auch er hatte keinerlei Bedenken getragen, den zu verraten, dem er die Treue geschworen hatte. Danach befragt, da war Heinrich felsenfest überzeugt, würde auch er angeben, nur im übergeordneten Interesse des Reiches gehandelt zu haben.

Unwillkürlich hatte sich die Miene des Königs verfinstert. Aber er durfte sich nicht seinen Antipathien hingeben, nicht jetzt. Er suchte sich einen Punkt an der weit entfernten, gegenüberliegenden Wand, konzentrierte seinen Blick, so majestätisch-erhaben wie möglich, auf diesen einen Punkt und versuchte, ruhig zu atmen und alle unguten Gedanken und Gefühle auszuschalten. Diese Übung zur Erlangung der inneren Ruhe, die ihm außerordentlich schwerfiel, hatte ihn ein Würdenträger gelehrt, den er als einen der ganz wenigen wirklich zu seinen Freunden zählte und als einen erkannt hatte, der ihm wohlwollte und es gut mit ihm meinte: Bischof Adalbero von Metz.

Zu Heinrichs Bedauern befand sich Adalbero heute nicht unter den Anwesenden. Schon im fortgeschrittenen Alter, hatte er die lange Reise gescheut. Aber wie zur Ermutigung hatte er dem König seinen Bischofsring senden lassen. Einen riesigen blauen Saphir in einer filigranen durchbrochenen Fassung, flankiert von drei goldenen perlengeschmückten Türmchen. Heinrich trug ihn an der rechten Hand, über dem weißen königlichen Zeremonialhandschuh. Handschuhe und Ring trug der König in Anlehnung an den bischöflichen Ornat. Sie standen symbolisch für seine geistliche Gewalt, aufgrund derer er Bischöfe ein- und auch absetzen konnte. Bei seiner feierlichen Krönung in Aachen, der heiligen Stadt des großen Karl, hatte er die königlichen Insignien erhalten, darunter auch einen Bischofsring, den er allerdings heute gegen den Ring Adalberos ausgetauscht hatte. „Behandle andere nie so, wie du selbst nicht behandelt werden willst“, war einer der Grundsätze gewesen, die ihn der Bischof von Metz gelehrt hatte, als er noch ein Kind war. Und an diesen Grundsatz gedachte er sich zu halten, besonders heute. Heute war ein besonderer Tag, er würde besonderen Schutz brauchen, wenn er sein Anliegen den versammelten Fürsten vortrug.

Bischof Siegfried hatte die Eröffnungszeremonie beendet, die Teilnehmer des Hoftages standen alle noch und warteten auf ein Zeichen des Königs. Heinrich nickte dem Mainzer zu, der daraufhin mit seinem dröhnenden Bass verkündete: „Der Hoftag möge beginnen. Nehmt Platz, verehrte Herren!“ Als nach einem kurzen Rücken der Stühle wieder Ruhe eingekehrt war, entrollte Siegfried ein Pergament und wollte die im Vorfeld abgesprochene Tagesordnung verlesen. Doch der König schnitt ihm unvermittelt mit einer Handbewegung das Wort ab. Ein erstauntes Raunen ging durch den Saal, man konnte förmlich spüren, wie die Anspannung unter den Teilnehmern stieg. Alle Blicke waren jetzt auf den jungen Herrscher gerichtet.

Heinrich begann zu sprechen. Seine Stimme war klar und sicher, jugendlich hell, aber doch männlich und durchdringend.

„Wie ihr alle wisst", hob er an, „sind Wir, Heinrich, von Gott durch seine Gnade erwählter römischer König aller Christgläubigen, seit drei Sommern mit Unserer erhabenen Königin Bertha vermählt, ohne dass Uns ein zur Fortsetzung Unseres Geschlechts notwendiger Sohn, ja überhaupt ein Kind geschenkt worden wäre."

Man hätte das Fallen einer Fibel im Raum hören können, so still war es geworden. Die Gesichter der Anwesenden spiegelten höchste Spannung. War das der Auftakt zu der Erklärung, dass der König beabsichtigte, sich scheiden zu lassen? Nicht ein einziger Besucher des Hoftages zweifelte daran.

„Und daher möchte ich euch, Fürsten und Bischöfe des Reiches, darum ersuchen, meiner Bitte um Aufhebung der Ehe mit meiner Gemahlin Bertha zuzustimmen", fuhr der König fort.

Da war es, das Scheidungsbegehren. Aber wegen fehlender Kinder? Nach drei Jahren? Die Königin war erst siebzehn Jahre alt. Gut, in diesem Alter hatten andere schon Kinder, aber auch mit siebzehn konnte ein Weib noch gebären, man sollte doch nicht zu schnell die Waffen strecken. Das war typisch für die Ungeduld dieses eigensinnigen Jungen auf dem Thron. Den meisten Zuhörern gingen diese oder ähnliche Gedanken durch den Kopf. Siegfried von Mainz erhob sich umständlich, wie um Zeit zu gewinnen, strich die Falten seines Gewandes glatt und öffnete den Mund, um etwas zu sagen, was, seinem gönnerhaften Lächeln nach zu urteilen, beruhigend und salbungsvoll klingen sollte.

Da schnitt ihm Heinrich wiederum mit einer entschiedenen Geste das Wort ab.

„Wartet, Eure Exzellenz, bis Wir zu Ende gesprochen haben", fuhr er fort, ohne den Bischof anzusehen. Kerzengerade saß er jetzt auf seinem Thron, die Augen halb geschlossen und die Hände mit aneinander gelegten Fingerspitzen zu einem Trapez geformt. Ein Bild höchster Konzentration. Die Königin hielt sich ebenso stocksteif, völlig unbewegt, den Kopf erhoben, die Augen starr in den Raum gerichtet, beide Hände auf den Armlehnen.

Die Zuschauer hielten den Atem an. Gespannt wanderten die Blicke zwischen den beiden königlichen Gatten hin und her. Was würde jetzt kommen? Die zu nahe Verwandtschaft des Paares? Berthas erwiesene Untreue? Beide Begründungen dienten höher gestellten Ehemännern in der Regel dazu, sich mit dem Segen der Kirche von ihren unliebsam gewordenen Frauen zu trennen.

Der Erzbischof von Mainz rieb sich das Gesicht. Er schloss, wie überlegend, kurz die Augen, dann öffnete er sie wieder und hielt sie unverwandt auf Heinrich gerichtet. Er kannte diesen Jungen zu gut, um auf die üblichen Argumente zu hoffen. Innerlich machte er sich auf das Schlimmste gefasst. Dieser Herrscher hatte trotz seiner Jugend schon öfter bewiesen, dass er bereit war, notfalls die Grenzen der göttlichen und menschlichen Ordnung zu überschreiten. Was würde jetzt kommen?

Heinrich war sich bewusst, dass das, was er dieser Versammlung jetzt eröffnen würde, bei den meisten an die Grenzen ihres Verstandes stoßen musste. Doch blieb ihm, genau betrachtet, etwas anderes übrig? Er musste sich von Bertha trennen. Aber durfte er sie deswegen der Untreue ihm gegenüber bezichtigen, vor allem wenn dieser Vorwurf völlig aus der Luft gegriffen war? „Tue niemals einem anderen an, was du selbst nicht willst, dass man es dir antue“, so hatte Adalbero ihn gelehrt. Und die zu nahe Verwandtschaft? Ein lächerliches und verlogenes Argument, wie es ihm schien, denn das hätte man ja auch schon vor der Eheschließung wissen können.

Also blieb ihm nichts anderes übrig, als auf die Wahrheit zurückzugreifen.

„Ich kann mit dieser Frau nicht zusammen leben“, hörte er sich kurz darauf selbst sagen.

Der Satz rollte wie ein tonnenschweres Gewicht in den Raum hinunter und schien, nachdem er nach mehreren Erschütterungen zur Ruhe gekommen war, eine giftige Wolke abzusondern, die sich immer weiter ausbreitete. Zuerst spiegelte sich Schock auf den Gesichtern, dann zunehmend Unverständnis. Schon blickten sich die ersten fragend an und begannen die Köpfe zu schütteln. Da griff der Mainzer erneut ein. Um die aufkommende Unruhe im Keim zu ersticken, wandte er sich dem König zu.

„Majestät! Wie dürfen wir das verstehen? Warum meint Ihr, mit Eurer erhabenen Königin nicht leben zu können?“, fragte er gewunden. Dabei neigte er sich, wie lauschend, leicht nach vorn und hielt die Hände verschränkt vor der Brust. Niemandem konnte es entgehen, dass er sich im höchsten Maße unbehaglich fühlte.

Heinrich zögerte einen Augenblick. Er blickte zur Seite und biss sich auf die Unterlippe. Nach einem kurzen Moment des Zögerns straffte er sich, schaute mit gerunzelten Brauen zuerst den Erzbischof an und wandte sich dann den Versammelten im Saal zu. Dann begann er zu sprechen, klar und deutlich, ohne Verlegenheit oder Scham.

„Ich kann mit dieser Frau nicht zusammen leben in einer Weise, dass unsere Verbindung jemals mit Kindern gesegnet werden könnte. Ich …“, er stockte kurz, und in diesem Augenblick erschien er den älteren Würdenträgern, die ihn gut kannten, wie der halbwüchsige und ungebärdige Jugendliche, der er bis vor kurzem noch gewesen war.

„Ich kann es einfach nicht, versteht ihr?“, fuhr Heinrich fort. „Ich kann es nicht. Ich habe mit dieser Frau niemals so Umgang gehabt, wie Mann und Frau miteinander Umgang haben sollten. Daher bitte ich euch, die Stützen meines Reiches und meiner Herrschaft, eure Einwilligung zu geben, dass diese Ehe geschieden wird, damit wir beide die Möglichkeit haben, mit einer anderen Frau und einem anderen Mann noch glücklich zu werden.“

Ungläubig starrten die Fürsten auf ihren Herrn. Die Ungeheuerlichkeit des Gesagten brauchte eine Weile, um in ihr Bewusstsein einzusickern. Während ihre Gehirne die ungewöhnliche Botschaft noch verarbeiteten, hatte der Mainzer, dessen Verstand um Längen schneller war als sein fülliger Wanst, sich am schnellsten gefasst. Um das drohende Aufkommen von Unruhe unter den Teilnehmern zu verhindern, ergriff er rasch wieder das Wort.

„Mein erhabener König, was meint Ihr damit? Wie sollen wir das verstehen? Ich denke“, und dabei blickte er demonstrativ in die Runde, „niemand der hier Anwesenden hätte jemals irgendeinen Makel an der Person der erhabenen Königin bemerkt, noch jemals davon vernommen, dass von einem solchen jemals die Rede gewesen wäre …“ Der Erzbischof verstummte, die Versammlung verharrte schweigend, auf eine Antwort wartend.

„Mein König, Ihr braucht Euch nicht zurückzuhalten, wenn Ihr einen Makel an Eurer Gemahlin bemerkt habt", dröhnte es plötzlich im Brustton der Überzeugung in die ratlose Stille hinein. „Wir, die Fürsten des Reiches, werden jederzeit Verständnis für eine solche Lage zeigen." Die Worte kamen von keinem Geringeren als Rudolf von Rheinfelden. Er hatte sich bei seiner Rede erhoben und deutete mit einer ausladenden Geste in die Runde, bevor er in selbstbewusstem, ja fast überheblichem Tonfall fortfuhr: „Wie Ihr wisst, ist die erhabene Bertha eine Schwester meiner Gemahlin, von der ich mich jüngst getrennt habe."

Bertha sank in ihrem Thronsessel zusammen. Ihre Hände umklammerten krampfhaft die Enden der Armlehnen. Sie starrte blicklos vor sich hin und hatte sichtlich Mühe, die Fassung zu bewahren. Rudolf hatte ihre Schwester Adelheid von seinem Hof gejagt, weil sie ihn angeblich mit einem Höfling betrogen hatte, was aber definitiv nicht der Wahrheit entsprach. Die Bemerkung des Reichsfürsten Rudolf, die andeutete, es könne eventuell eine Ähnlichkeit der Schwestern im charakterlichen Fehlverhalten geben, klang in ihren Ohren ungeheuerlich. Wie konnte ihr Gemahl es zulassen, dass sie so beleidigt wurde? Immer, schon als Junge, hatte er sie, die kleine Fremde, gegen alle Anfeindungen und Neckereien am Hof in Schutz genommen.

„Ihr schließt immer von Euch selbst auf andere, mein bester Rudolf", erwiderte der König mit zusammengekniffenen Augen. Seine Stimme war trügerisch ruhig, in seinem Gesicht lag nun ein lauernder Zug. „Meine Gemahlin Bertha ist niemals vom Pfad der Unschuld und Treue abgewichen, das kann ich mit meinem Leben bezeugen. Aber ich will, wie Ihr es tut, kein falsches Zeugnis gegen das mir angetraute und von Gott anvertraute Eheweib ablegen, sondern Gerechtigkeit üben, wie es sich für einen König gehört."

Nach einem Moment des Schweigens erhob sich wieder das gedämpfte Murmeln, das immer mehr an Lautstärke zunahm.

„Mein König", ließ sich Rudolf von Rheinfelden wiederum mit sonorer Stimme vernehmen. „Bei allem Respekt und aller Ehrerbietung, die ich Euch und Eurer erhabenen Gattin entgegenbringe, ich verstehe Euch nicht! Ihr sprecht von Unschuld? Nach drei Jahren Ehe? Habe ich Euch richtig verstanden?" Dann wandte er sich an die Versammlung: „Oder hat irgendjemand der hier Versammelten die Worte anders verstanden?"

Einige nickten bedeutungsschwer, andere schüttelten die Köpfe oder zuckten die Achseln. Allgemein schien sich eine gewisse Ratlosigkeit auszubreiten. Die meisten hatten immer noch nicht so recht begriffen, auf welche Konsequenz Heinrichs Vortrag hinauslief. Gewisse Extravaganzen war man von diesem König ja gewohnt. Er wählte seine Vertrauten und seinen Umgang sehr eigenwillig aus, oft zum Missfallen seiner Berater, und hatte trotz seiner Jugend schon eine reiche Erfahrung in der geschlechtlichen Liebe hinter sich, wenn auch offenbar nicht mit seinem Eheweib. Was meinte er damit, wenn er Bertha als unschuldig bezeichnete? Wenn sie ihn nicht betrogen hatte, warum wollte er sich dann von ihr scheiden lassen? Eine Ehe war doch keine Liebesaffäre, sondern ein Akt der Vernunft, eine kalkulierte Verbindung von Familien, die einander in Interessen und Landbesitz ergänzten.

Bertha war von Heinrichs Vorgänger und Vater Kaiser Heinrich ausgewählt worden, weil ihre Familie die Pässe in Savoyen beherrschte und so den Weg über die Alpen nach Italien und nach Rom sichern konnte. Schon als ganz kleines Kind war sie an den Hof gekommen und dort, zusammen mit dem ein Jahr älteren Heinrich, gemeinsam erzogen worden. Im Alter von nicht einmal fünfzehn Jahren war sie dann mit ihm verheiratet worden. Dass er sie vielleicht nicht gerade heiß und innig liebte – was machte das schon aus? In der Umgebung des Hofes gab es für das Vergnügen stets genügend willige Schönheiten, die alles getan hätten, um eine angenehme Stunde mit dem König zu verbringen. Auch stellte die Aufgabe, eine ungeliebte Frau zu schwängern, für die meisten der Anwesenden kein allzu großes Problem dar. Auf jeden Fall keines, mit dem ein Mann nicht fertig werden konnte, wenn er sich nur genügend Mühe gab. Es gab sogar den einen oder anderen Kniff, die Sache doch noch etwas interessanter zu gestalten. Wenn ein Weib sich wehrte, dann konnte man Gewalt anwenden, für manche eine prickelnde Vorstellung. Und wenn es „toter Fisch“ spielte, dann musste man eben notfalls auch Gewalt anwenden.

Plötzlich stieß sich der junge König von den Armlehnen ab und schnellte mit einem Ruck aus seinem Thronsessel. Mit zwei raschen Schritten trat er neben den Thron der Königin und nahm ihre Hand in die seine. „Meine Gemahlin Bertha“, erklärte er dann fest, wobei er sehr langsam sprach und jedes Wort einzeln betonte, „ist unschuldig. Genauso unschuldig, wie sie mir vor drei Jahren als Eheweib anvertraut wurde."

Jetzt erhob sich ein Gemurmel, das innerhalb von Sekunden zu einem brausenden Stimmengewirr anschwoll. Der kleinen Bertha war die Schamröte ins Gesicht gestiegen, aber sie verkroch sich nicht mehr in ihrem Sitz, sondern hielt sich aufrecht, als hätte sie einen Stock im Rücken. Heinrich war hinter sie getreten und umspannte ihre Schultern mit seinen Händen. Es war, als ob ein Teil seiner Kraft in sie hineingeflossen wäre. In diesem Moment höchster Peinlichkeit schien es einigen im Saal, als ob die beiden jungen Gatten trotz ihrer behaupteten Unvereinbarkeit einen unüberwindlichen, monolithischen Block gebildet hätten.

Wieder war es der Erzbischof von Mainz, der als Vorsitzender der Versammlung in dieser heiklen Situation das Wort ergriff:

„Mein erhabener König, Ihr wollt sagen, Eure Gemahlin ist noch eine *virgo*, verstehe ich Euch richtig?", fragte er, worauf der König ihm ohne jede Unsicherheit und für alle vernehmlich zur Antwort gab: „Ja, mein ehrwürdiger Kanzler, Ihr habt das richtig verstanden. Sie ist eine Jungfrau."

Siegfried von Mainz schob, um Zeit zu gewinnen, Verständnisschwierigkeiten vor: „Aber warum, Majestät? Soweit ich weiß, seid Ihr nicht krank und habt Eure Fähigkeit in dieser Richtung auch schon bewiesen."

Aus verschiedenen Ecken des Saales stieg anzügliches Gelächter auf. Es war allgemein bekannt, dass Heinrich nicht lange fackelte, wenn ihm eine Schöne nach Geschmack über den Weg lief.

„Ehrwürdiger Siegfried", gab der König dem Erzbischof Bescheid. Seine Brauen waren gerunzelt, seinem Tonfall war zu entnehmen, dass er sich nur noch mühsam im Zaum hielt. „Ich sagte es bereits: Ich KANN mit meiner königlichen Gemahlin Bertha nicht zusammen sein. Ich achte und schätze sie, aber es ist mir absolut unmöglich, mit ihr die Ehe zu vollziehen. Daher bitte ich euch, die versammelten Bischöfe und Fürsten des Reiches, in die Trennung von meiner Frau einzuwilligen, da ich eine so schwerwiegende Entscheidung gemäß der Verfassung des Reiches nicht ohne euren Ratschluss treffen kann."

„Ihr erlaubt, Heinrich, erhabener König, dass wir vorher Eure Gemahlin befragen", ließ sich Rudolf von Rheinfelden mit belegter Stimme vernehmen. Im Grunde war es ein Unding, ja fast ein Sakrileg, seinen

König der Lüge zu bezichtigen, das wusste er. Aber in diesem Fall ging es nicht anders. Das beifällige Gemurmel und Kopfnicken seiner Standesgenossen zeigten ihm, dass er richtig lag.

Die kleine Bertha zeigte große Tapferkeit. Trotz sichtbarer größter Verlegenheit erhob sie sich von ihrem Thronsessel. Mit vor der Brust verschränkten Armen und gesenktem Kopf stand sie da, kaum ragten die beschuhten Spitzen ihrer kleinen Füße unter dem langen Obergewand hervor. Dann hob sie das Gesicht, es war angespannt und bis auf den Hals von glühender Röte übergossen. Eine Weile sammelte sie sich, während alle auf sie starrten und den Atem anhielten. Dann verkündete sie in einem erstaunlich gefassten Tonfall: „Es ist wahr. Der erhabene König Heinrich, mein geliebter Gemahl, spricht die Wahrheit. Er hat mich niemals fleischlich erkannt." Ihre Stimme war mit fortschreitender Rede zunehmend sicherer geworden. „Und ich bekenne vor euch, dass ich auch mit keinem anderen Mann jemals fleischliche Gemeinschaft hatte. Das würde ich jederzeit auf die Heilige Schrift beschwören."

Ungläubig starrten die versammelten Herren auf die junge Frau, die da, klein und zierlich, so aufrecht vor ihnen stand und aussprach, was den meisten schier ungeheuerlich in den Ohren klang.

„Edle Königin! Lag es vielleicht an Euch? Habt Ihr Euren Gatten nicht genügend ..." Siegfried von Mainz unterbrach sich, um dann den Faden nochmals aufzunehmen. „Habt Ihr Euren Gatten vielleicht nicht genügend, nun wie soll ich sagen ..." Der Bischof knetete seine Hände. Wieder war es ihm nicht gelungen, den Gedanken zu formulieren, im Grund wollte er das auch gar nicht. Es schien ihm ungehörig. Die Versammlung verharrte in peinlichem Schweigen. Plötzlich durchschnitt eine jugendliche Stimme die herrschende Stille: „Habt Ihr es vielleicht versäumt, edle Majestät, ihm Eure Bereitschaft genügend anzuzeigen?"

Sofort erhob sich empörtes Gemurmel. Suchende Blicke flogen durch den Raum, den Frechen auszuspähen, der es gewagt hatte, sich zu einer so direkten und unverschämten Äußerung zu versteigen. In Windeseile war der Sünder ermittelt, es war einer, der im Stehen aus dem Hintergrund den Verlauf des Hoftags verfolgt hatte. Jetzt musste er sich, wohl oder übel, zu seinem Wort bekennen und bahnte sich durch die vor ihm zurückweichenden Standesgenossen einen Weg nach vorn an den Rand der Tribüne unterhalb der Sessel des Königspaares.

Eberhard von Michelbach, der zweite Sohn Werinhards, auf dessen ein wenig plattem Gesicht sich nicht das geringste Schuldbewusstsein spiegelte, trat nun mit zur Schau getragener Forschheit vor König und Königin hin und ließ sich, mit gesenktem Kopf, in vorgeschriebener Demutshaltung, auf ein Knie nieder. Er, ein Verwandter des Kaiserhauses, hatte, da war er sich sicher, nur ausgesprochen, was die meisten im Saal dachten, aber aus falsch verstandener Ehrfurcht nicht gewagt hatten offen auszusprechen. Streng genommen hatte er doch nur die Aussage des Erzbischofs präzisiert.

Mit seinen siebzehn Jahren war der Sohn des Herrn von Michelbach offenbar nicht in der Lage gewesen, die Nuancen zu erkennen, die im Unterschied zwischen der schwebend gehaltenen, unausgesprochenen Äußerung eines Erzkanzlers des Reichs und der direkten und plumpen Frage eines zwar hochadligen, aber ansonsten noch unverdienten Adelssprosses lagen. In diesem Moment war sich Eberhard nur über eines im Klaren: Er hatte den Unwillen des Königs erregt. Aber mit der Reaktion der kleinen Königin hatte wohl niemand gerechnet.

Bertha öffnete den Mund, noch bevor der Erzbischof oder der König ihre Überraschung überwunden hatten. Ihre helle, nicht sehr weittragende Stimme klang nicht mehr bescheiden und sanft, sondern hatte einen entschiedenen Tonfall angenommen, aber ohne schrill zu werden oder sich zu überschlagen, obwohl sie, das war ganz offensichtlich, vor Zorn bebte. Sie beugte sich vor. „Ihr seid zwar ein Verwandter des kaiserlichen Geschlechts der Heinriche, aber deshalb seid Ihr keineswegs befugt, alles auszusprechen, was Euch in den verdrehten Sinn kommt. Mit Euren schamlosen Worten habt Ihr die Ehre der königlichen Gemahlin, Unsere Ehre, angetastet und damit gleichzeitig auch Euren König beleidigt." Sie schwieg abrupt, lehnte sich wieder zurück und schloss die Augen, ganz königliche Majestät. Alle Scham und Verlegenheit schienen von ihr abgefallen zu sein.

„Verzeiht, meine erhabene Königin, wenn ich Euch zu nahegetreten bin", ließ sich der Michelbacher nun kleinlaut vernehmen. Beinah wäre er ins Stottern geraten. Beim Auftritt der Königin waren die in seiner nächsten Umgebung Stehenden unwillkürlich zurückgewichen und hatten eine gebeugte Haltung eingenommen. „Ich ...", wollte er fortfahren.

„Schweig!“, unterbrach ihn König Heinrich nun schroff und blickte demonstrativ über den Knienden hinweg. „Die erhabene Königin hat vollkommen Recht! Deine impertinente Rede ist Majestätsbeleidigung, die Strafe darauf kennst du. Wenn du, zu einem gegebenen Zeitpunkt, dich mir und der erhabenen Königin zu Füßen wirfst und um Vergebung flehst, können Wir dir verzeihen – möglicherweise. Jetzt geh Uns aus den Augen und verlass den Saal.“

Zwei der Bewaffneten, die an einer der Längsseiten des Saales während der ganzen Zeit unbeweglich verharrt hatten, traten aus der Reihe, nahmen den jungen Herrn von Michelbach in die Mitte und eskortierten ihn hinaus. Eberhard blickte sich nach seinem Vater um, aber der verzog keine Miene, genauso wie sein neben dem Vater stehender älterer Bruder, der ebenfalls den Namen Werinhard trug.

Die Umstehenden bedachten die beiden Werinharde mit halb mitfühlenden, halb hämischen Blicken, was beide mit einem Achselzucken quittierten. Das Verhalten des Bruders war zugegebenermaßen äußerst töricht und taktlos gewesen. Was er damit bezweckt hatte, konnte sich der Vater in etwa denken. Wahrscheinlich hatte er Öl ins Feuer gießen und einen Keil zwischen die königlichen Ehegatten treiben wollen, in der Erkenntnis, dass ein König mit einem Eheproblem eventuell vom Brennpunkt Murgtal für einige Zeit abgelenkt sein würde.

Die Überlegung an sich, musste der ältere Werinhard zugeben, wäre ja auch gar nicht so falsch gewesen, wenn der Sohn nur erkannt hätte, dass es eines besonderen Keiles zwischen den Ehegatten nach Lage der Dinge hier gar nicht bedurft hätte. Allein die Art, wie der König an die Lösung seines Problems herangegangen war, hatte ihn in eine Lage hineinmanövriert, aus der es fast kein Entrinnen mehr gab. Sein Sohn Eberhard würde noch viel zu lernen haben, und manche Feinheiten der Diplomatie würde er wahrscheinlich nie lernen, resümierte Werinhard Senior bei sich. Nur mit dem Schwert, dachte er, da machte ihm niemand etwas vor. Nun ja, die Fähigkeiten waren immer ungleich verteilt, damit musste man sich abfinden. Er hätte diesen Sohn nicht auf den Hoftag mitnehmen sollen.

Dass sich die Misshelligkeit ohne größeres Aufheben aus der Welt schaffen ließ, davon ging der Michelbacher aus. Eberhard würde sich bei einer geeigneten Gelegenheit vor dem König auf die Erde werfen und ihn unter Tränen um Verzeihung bitten. Darauf würde ihn der König an sich ziehen, ihn umarmen und den Friedenskuss geben. Im Grunde war die Provokation ja eine durch die Unbeherrschtheit und Unerfahrenheit eines jungen Mannes verursachte Lappalie gewesen, die leicht zu verzeihen war. So schien es zumindest dem alten Werinhard. Bei Einhaltung des vorgeschriebenen Unterwerfungszeremoniells blieb dem König hier nur die Verzeihung. Schließlich lag ihm daran, in den Augen der Fürsten und des Volkes als milder und gerechter König zu gelten.

Mittlerweile hatten sich die Anwesenden, darunter auch die beiden Werinharde, wieder der Estrade zugewandt, auf der das Königspaar thronte. Heinrich hatte sich von seinem Sitz erhoben: „Meine Getreuen, ich bitte euch noch einmal dringend um euren Beistand in dieser Angelegenheit!“, wandte er sich beinahe beschwörend an die Versammlung.

Erzbischof Siegfried hielt beide Hände vor sein Gesicht und verharrte einen langen Moment, wie im stillen Gebet, in dieser Haltung. Dann breitete er seine Arme aus, richtete den Blick auf Heinrich und verkündete das weitere Prozedere: „Mein erhabener König, ich denke, alle hier Versammelten werden mir beipflichten, wenn ich feststelle: Ihr verlangt eine so schwierige Entscheidung in einer so unerhörten Sache von uns, dass wir sie unmöglich durch einfache Abstimmung hier und jetzt treffen können. Ich schlage vor, wir befragen zunächst unsere Kanzlei, ob man sich an einen ähnlichen Fall erinnern kann. Währenddessen können sich die versammelten Fürsten und Bischöfe untereinander beraten. Morgen treffen wir uns erneut an diesem Ort und versuchen, zu einer Entscheidung zu kommen.“

Der Vorschlag des Erzbischofs wurde von allen angenommen. Danach verhandelte man noch eine Weile über andere Themen weiter, hauptsächlich ging es um die Frage, wie man am effektivsten die Sicherheit auf den öffentlichen Straßen garantieren und den Reichsfrieden besser sichern könnte. Doch über die Versammlung hatte sich eine eigentümliche Atmosphäre der Zerstreutheit gebreitet. Keiner der Anwesenden, König und Königin eingeschlossen, schien noch mit ungeteilter Aufmerksamkeit bei der Sache zu sein. Die Sitzung schleppte sich noch eine Weile dahin, dann entschloss sich der Erzbischof, den König darum zu bitten, die Versammlung aufheben und auf den nächsten Tag vertagen zu dürfen.

Der in Ungnade gefallene Eberhard von Michelbach war seinem Vater zu treuen Händen übergeben worden, um in der väterlichen Burg einer strengen Aufsicht unterstellt zu werden und zu gewährleisten, dass er den König zu gegebener Zeit um Verzeihung bitten würde. Die drei Michelbacher übernachteten während des Hoftages nicht in der Bischofspfalz, sondern in einer vornehmen Wormser Herberge. Nach der so ergebnislos verlaufenen ersten Sitzung des Hoftages saßen sie in ihrer Unterkunft bei einer Nachtmahlzeit und einem Krug Wein zusammen und besprachen die Lage.

Der alte Werinhard fasste seinen jüngeren Sohn scharf ins Auge. „Es ist dir klar, dass deine Äußerung absolut unpassend war!“, bellte er ihn an. „Du wärst besser zu Hause geblieben! Dein Bruder Cuno hätte eine bessere Figur gemacht, wenn er nur schon mündig wäre.“ Eberhard lief rot an. „Aber ich habe mir doch nur erlaubt zu wiederholen, was der Erzbischof von Mainz praktisch schon ausgesprochen hatte!“, verteidigte er sich trotzig.

Sein Vater schlug mit der flachen Hand auf den Tisch, dass die Schüsseln klirrten. „Mit der Einschränkung, dass der Erzbischof es tatsächlich NICHT ausgesprochen hat, und dass es eben der Erzbischof war“, schnarrte er in tadelndem Ton. „Quod licet Iovi, non licet bovi. Was dem Jupiter erlaubt ist, ist dem Ochsen noch lange nicht erlaubt!“, fügte er vielsagend in Anspielung auf die nicht vorhandenen Lateinkenntnisse seines mittleren Sohnes hinzu.

Der Eklat, den Eberhard auf dem Hoftag provoziert hatte, war dem alten Michelbacher selbst nicht gerade angenehm. Aber er war sich sicher, dass die meisten anderen Herren einen ähnlichen Gedanken gehegt hatten und nur nicht gewagt hatten, ihn auszusprechen. Die verfängliche Äußerung war gänzlich unnötig gewesen, da der König sich von ganz allein durch seine vollkommen unverständliche Naivität in eine Situation hineinmanövriert hatte, aus der er kaum noch unbeschadet und ohne erheblichen Ansehensverlust herauskommen würde. Auf jeden Fall würde er einige Zeit mit diesem Problem beschäftigt sein, was ihm, dem Herrn von Michelbach, wiederum nur nützlich werden dürfte, weil er sich im Murgtal einiges herausnehmen konnte, ohne mit dem Eingreifen des Königs rechnen zu müssen.

Größeres Kopfzerbrechen bereitete dem Michelbacher allerdings, wie er Heinrich von Scharfenberg, den Bischof von Speyer, behandeln sollte. Er war ein Parteigänger und Günstling des Königs, beide waren etwa gleich alt und kannten sich von frühester Jugend an. König Heinrich hatte seinem Vertrauten und Freund das einträgliche Bistum Speyer zugeschanzt, obwohl der Scharfenberger viel zu jung für die Bischofswürde gewesen war. Nach kurzer Zeit hatte er sich als genusssüchtig und korrupt erwiesen, was ihm die Verachtung der Einwohner von Speyer eingetragen hatte. Werinhard nahm einen Schluck vom Wein und überlegte: Der Bischof war weltlichen Vorteilen gegenüber aufgeschlossen, der König hatte bis auf Weiteres andere Sorgen. Da musste sich doch etwas zum eigenen Vorteil bewegen lassen!

„Wir sollten auf dem Heimritt einen Abstecher nach Speyer machen, was meint Ihr, Vater?", ließ sich der ältere Sohn vernehmen, der wie sein Vater den Namen Werinhard trug. Der Vater blickte wohlwollend zu seinem Ältesten hin. Der hatte offenbar verstanden, worum es ging. Der war aus dem rechten Holz geschnitzt, ein Apfel, der nicht weit vom Stamm gefallen war. Nur manchmal etwas zu sehr von den Skrupeln der Nächstenliebe angekränkelt, wie der Vater fand. Aber das Leben würde ihm sein überscharfes Gewissen schon noch genügend abstumpfen.

„Du hast Recht. Genau daran habe ich auch gerade gedacht", antwortete Werinhard Senior zustimmend. Die Einigung mit dem Speyerer Bischof war ein entscheidender Punkt. Wenn die gelang, wäre ihm auch der König nicht mehr im Weg. Besonders da Heinrich und die Werinharde zu ein und derselben großen Familie gehörten. Einer ihrer ruhmvollsten Ahnen war Konrad, genannt „der Rote", gewesen, der als Herzog von Lothringen an der Seite des großen Kaisers Otto vor über einhundert Jahren in der legendären Abwehrschlacht auf dem Lechfeld bei Augsburg gegen die Ungarn sein Leben gelassen hatte und gleich nebenan im hohen Dom beigesetzt worden war. Werinhard beabsichtigte, bei der Versöhnung seines Sohnes mit dem König nochmals auf die gemeinsame Ahnenreihe hinzuweisen. Doch zuerst musste er sich mit dem Scharfenberger einigen. Vielleicht war der Bischof trotz seines lästigen Beharrens auf dem Eigentum am gesamten Murgtal doch offen für ein Arrangement zum beiderseitigen Nutzen.

Auch die Fortsetzung des Hoftags am nächsten Tag sollte kein Ergebnis bringen. Ein Präzedenzfall hatte sich nicht in den Akten gefunden, die Beratungen der Großen hatten zu keinen Ergebnissen geführt. Die Fürsten, allen voran Erzbischof Siegfried von Mainz, waren der Ansicht, das Ansinnen des Königs sei so außergewöhnlich, dass nicht ohne vorherige Befragung des Heiligen Vaters, Papst Alexanders II., ein Urteil gefällt werden könne. Eine Gesandtschaft wurde nach Rom losgeschickt, die Entscheidung auf einen Hoftag verschoben, der im Herbst in Frankfurt am Main anberaumt werden sollte.

Heinrich konnte seine maßlose Enttäuschung kaum vor den versammelten Großen seines Reiches verbergen. Mühsam hielt er an sich, bis die Versammlung aufgelöst war. Bezüglich des nachfolgenden Nachtmahls entschuldigte er sich bei den Anwesenden mit dringenden Geschäften, dann stürmte er hinaus, ohne noch ein Wort mit der Königin gewechselt zu haben. Seine Leibgarde hatte Mühe, Schritt mit ihm zu halten. Manche der Fürsten blickten sich vielsagend an und schüttelten die Köpfe. Über der nachfolgenden Tafel lag eine gedrückte Stimmung, niemand machte, zumindest nicht für die nächste Umgebung vernehmlich, anzügliche Scherze über das Vorgefallene. Die Lage war zu ernst.

Der König eilte in seine Gemächer und knallte die Tür hinter sich zu. Selbst Udalrich und Kuno, die auf ihn gewartet hatten, würdigte er keines Blickes. Kuno nahm gleichmütig seinen Platz vor der geschlossenen Tür ein, Udalrich ergriff die Gelegenheit, nach seinem Pferd zu sehen. Mit seinem Herrn war im Moment nicht zu reden, das wusste er.

Hinter der Tür zerrte sich Heinrich den unbequemen Mantel vom Leib und schleuderte ihn von sich. Klirrend kollerte der Stirnreif auf den Boden. Wieder einmal war die königliche Majestät der Lächerlichkeit preisgegeben worden. Und nur, weil mit Ehrlichkeit, Anstand und Ehre offenbar nichts zu erreichen war, wie er bitter feststellen musste. Sein Blick fiel auf den Ring Bischof Adalberos von Metz. Langsam zog er ihn zusammen mit dem Handschuh vom Finger und betrachtete ihn. War er falsch an die Sache herangegangen?

In diesem Moment pochte es an die Tür. „Herein“, bellte der König unwirsch, und Pater Burchard trat in den Raum. Kuno hatte ihn auf eigenes Risiko passieren lassen.

„Was willst du?“, fragte Heinrich gequält. „Kannst du mich nicht eine Minute in Ruhe lassen?“ Er sank auf dem Bettrand nieder, fuhr sich mit den Fingern durchs Haar und hielt sich eine Weile den Kopf, als wolle er ihn davor bewahren, sich aufzulösen.

Der Geistliche erschrak. „Herr, Ihr habt Schmerzen?“, stellte er mehr fest, als dass er fragte. Heinrich winkte müde ab.

„Die jüdische Ärztin ist immer noch da, sie hat nach Euch gefragt“, bemerkte Burchard vorsichtig.

„Schick sie weg“, befahl der König. „Offenbar brauche ich sie nicht mehr. Das Übel ist von selbst verschwunden.“

Burchard verharrte unschlüssig.

„Was stehst du da?“, fuhr ihn Heinrich übellaunig an. „Du bist doch sonst auch nicht begriffsstutzig!“

„Mit Verlaub …“ Der Geistliche bemühte sich, seine Worte mit Bedacht zu wählen. „Majestät, wäre es nicht besser, dem Übel auf den Grund zu gehen? Anstatt sich immer wieder von neuem davon überraschen zu lassen?“ Einer sachlichen Argumentation konnte sich Heinrich nur selten entziehen, das wusste der Pater, und behielt Recht mit seinem Kalkül.

„Und was soll ich deiner Meinung nach tun?“, murrte Heinrich widerwillig.

„Lasst die Jüdin noch einmal herkommen, ich bitte Euch!“ Erleichtert ergriff Burchard die Chance, die ihm der König bot.

„Meinetwegen“, seufzte der. „Soll sie eben morgen Abend kommen. Aber erst nach Sonnenuntergang, hörst du? Man soll sie so unauffällig wie möglich hineinführen, damit nicht alle Welt denkt, ich sei krank oder so etwas!“

Der König begann, die Speisen zu inspizieren, die auf einem Tisch in einer Ecke des Raumes aufgebaut waren.

Burchard holte Luft und wollte noch einmal zum Sprechen ansetzen, doch der König schnitt ihm, obwohl er mit dem Rücken zu ihm stand, das unausgesprochene Wort ab, als ob er ihn die ganze Zeit genau beobachtet hätte.

„Was gibt es denn jetzt noch?“, fragte er, aufgrund der verbalen Verrenkungen des Geistlichen nun zwischen Verärgerung und Belustigung hin- und hergerissen.

„Die Ärztin benötigt Euren Morgenurin", stieß Burchard hervor, das aufsteigende Gefühl der Peinlichkeit tapfer überwindend. „Also den Urin, den Ihr als erstes abschlagt, nachdem Ihr Euch erhoben habt." Heinrich verdrehte die Augen. „Ich habe schon verstanden", meinte er mit einem schiefen Lächeln. „Ich bin nicht blöd im Geiste." Dann breitete er die Hände aus und seufzte, für seine Verhältnisse unerwartet ergeben: „Es geschehe, wie du es sagst. Aber jetzt lasst mich allein, verehrungswürdiger Burchard!"

Pater Burchard verließ den Raum um ein Vielfaches beruhigter, als er ihn betreten hatte. Es war ihm bewusst, dass der König verzweifelt war und die halbe Nacht grübeln würde. Aber ein Eheproblem, auch wenn es völlig verfahren war, ließ sich immer noch leichter behandeln als eine Krankheit, die immer wieder ausbrechen konnte und einmal sogar fast schon zum Tod geführt hätte.

Für das Auffangen des ersten Urins hatte er dem König ein spezielles Glas hingestellt, das ihm die Ärztin gegeben hatte. Die Aufwartefrau, die morgens freien Zugang hatte, um Speisen und Erfrischungen hineinzutragen, hatte er instruiert, das Gefäß einzusammeln und ihm sofort Bescheid zu geben.

Beim Hinausgehen nickte Burchard dem treuen Kuno erleichtert zu, der wie ein Wachhund vor der Tür seines Herrn lag. Am nächsten Durchgang standen zwei Soldaten der Leibgarde, die ihn anstandslos passieren ließen.

Mirjam wurde nach Sonnenuntergang des folgenden Tages unter dem Vorwand eines Krankenbesuches bei einem Mitglied des Wormser Domkapitels in die Pfalz geleitet und dort unauffällig ins Quartier des Königs geführt.

Der Raum, in den man sie schließlich einließ, war von flackernden Kerzen auf Kandelabern erhellt. Der König saß in bequemer Haltung auf einem Sessel, den Kopf in die Hand gestützt und die langen Beine von sich gestreckt. Licht und Schatten zuckten über sein Gesicht und tauchten es in eine unwirkliche Beleuchtung. Der erste Blick verriet Mirjam, dass seine Stimmung schlecht war. Kein Wunder, dachte sie, angesichts der Gerüchte, die sogar schon bis zu ihr durchgesickert waren.

„Nun? Was sagt Euch das königliche Wasser, das ich heute Morgen auf Euren Wunsch hin abschlug?", fragte der Patient erwartungsvoll und beugte sich in seinem Sessel vor. Mirjam glaubte, einen lauernden Unterton wahrzunehmen. Dabei konnte sie trotz der unsteten Beleuchtung erkennen, dass seine Augen unverwandt auf sie gerichtet waren.

„Majestät, ich kam zu einer äußerst erstaunlichen, durch die Regeln der bekannten Medizin nicht erklärbaren Diagnose, die für meine Begriffe an ein Wunder grenzt, ja im Grunde nach Betrachtung aller Umstände und im Vertrauen auf Gottes unendliche Güte tatsächlich eines sein muss", erklärte Mirjam und legte die Stirn in nachdenkliche Falten. Die blumige Formulierung hatte sie mit Bedacht gewählt. Dann schwieg sie.

„Und weiter?", bohrte der König ungeduldig nach. „Was soll das für ein Wunder sein? Dass der Schmerz nachgelassen hat? Das kann jeder Dummkopf sehen! Dafür braucht man keine Urinschau!" Sein Tonfall war im Verlauf seiner Rede immer ärgerlicher geworden. Die Ärztin meinte jetzt, einen abschätzigen Ausdruck in seinem Gesicht zu erkennen. Sie selbst war nach einigen Schritten auf den König hin stehen geblieben. Als einziges Zugeständnis an die Bequemlichkeit hatte sie sich, obwohl eine ausdrückliche Aufforderung dazu nicht erfolgt war, die Freiheit herausgenommen, ihre schwere Tasche neben sich auf dem Fußboden abzustellen.

Heinrich schnaubte hörbar und lehnte sich wieder zurück. Auch diese Vertreterin ihrer Zunft hatte sich damit in seinen Augen als ein Scharlatan entpuppt, der mit weitschweifigen Erklärungen sein Unwissen zu bemänteln suchte, beziehungsweise den hilflos ausgelieferten Patienten geschickt nach dem Mund redete. Das schien ihm nun immer klarer.

„Majestät", nahm Mirjam den Faden wieder auf. „Wenn Euch meine Beurteilung nicht interessiert und ich also nichts weiter für Euch tun kann, so bitte ich Euch darum, mich zu entlassen."

„Ihr sagtet gerade, dass ein Wunder geschehen sei, da mich das Übel von selbst verlassen habe", resümierte Heinrich. „Das ist nicht eben eine fachkundige Beurteilung, das müsst Ihr zugeben, oder?" Er lächelte freudlos. „Das hätte der fette Bischof oder der nächstbeste Krämer auf dem Markt mir auch sagen können", setzte er dann gehässig hinzu, und Mirjam schien es im Schein der plötzlich unruhig aufflackernden Kerzen, als ob sein Gesicht sich gewandelt und einen fremden Ausdruck angenommen hätte. Ohne dass sie hätte angeben können, wie es geschah, war jede berechenbare, ja jegliche Regung überhaupt daraus gewichen, so als sei die Seele dahinter verschwunden. Erzählte man sich nicht von diesem König, er könne jedes Versprechen jederzeit wieder brechen und sich dabei auf das Recht berufen? Gab es etwas, das die Seele mehr töten konnte, als sich in der Gewissheit des Unrechts auf das Recht zu berufen?

Die Kerzen hörten nicht auf zu flackern, als ob sie ein zunehmender Hauch aus nächtlichen Tiefen streifen würde. Die Jüdin blickte nun in ein maskenhaftes Gesicht, in dem nur noch die unverwandt starrenden Augen zu leben schienen, in ihrem Glitzern aber beinah an ein Reptil erinnerten. So blickten, schoss es Mirjam durch den Kopf, die Augen einer Schlange vor dem Zustoßen. Oder die des im Nilschlamm unbeweglich daliegenden Krokodils, vor dem Gott seinen Knecht Hiob warnte. *Kannst du mit ihm wie mit einem Vogel spielen, bindest du es für deine Mädchen an?* Nein! Bei der leichtesten Berührung würde es seinen Körper mit der Wucht eines Katapultes aus dem Hinterhalt schnellen lassen und den Unvorsichtigen in seinem Rachen zermalmen. Und die Schlange brauchte nicht einmal ein Zucken des Opfers, um es nach der Folter des Wartens mit einem gezielten Biss zu töten. Mirjam beschlich ein Gefühl der Angst.

Eine Weile hatte Schweigen geherrscht zwischen dem König und der Jüdin. Seine Augen hatten ihr während der ganzen Zeit nicht erlaubt, den Blick abzuwenden. Es war ihr fast, als übten sie einen unerklärlichen lähmenden Sog aus, der sie daran hindern sollte, einen klaren Gedanken zu fassen. Das fortgesetzte lauernde Abwarten ihres Gegenübers flößte ihr immer mehr Angst ein. Sie wäre in Panik geraten, wenn sie sich nicht noch rechtzeitig daran erinnert hätte, dass sie sich ihrer Sache fast vollkommen sicher sein konnte.

In einem Akt der Willensanstrengung riss sie sich von seinem Blick los und nahm den Gesprächsfaden wieder auf, als sei nichts gewesen. „Nein, Majestät, da habt Ihr Recht", räumte sie ein. „Das Verschwinden des Übels war kein Wunder. Das habe ich auch gar nicht gesagt! Das habt Ihr gesagt!"

Dann fuhr sie fort: „Ich sage, dass Ihr, auf jeden Fall nach dem zu urteilen, was heute Morgen in dem mir überbrachten Glas war, im achten Monat schwanger seid! Und das ist doch ein Wunder!"

Heinrich sagte nichts. Seine Miene entspannte sich etwas, der gewohnte Ausdruck kehrte in sein Gesicht zurück. Er faltete die Hände und legte die Fingerspitzen an die Lippen. So starrte er die Ärztin eine Weile an. Unvermittelt wollte er dann wissen: „Wie kommt Ihr darauf?"

„Ich bin mir fast sicher", antwortete die Jüdin. „Gewisse typische Inhaltsstoffe weisen darauf hin."

„Hm", machte der König nachdenklich. Dann nagte er an seiner Unterlippe und runzelte die Stirn. „Ihr habt Recht", gab er dann zu. Mirjam tat erstaunt. „Majestät! Ihr seid schwanger?" rief sie in gespieltem Entsetzen.

„Nein, natürlich nicht!", blaffte er zurück. Dann lachte er unvermittelt auf. „Aber eines der hiesigen Dienstweiber hat gerade einen sehr dicken Bauch. Das hat mich auf die Idee gebracht, einmal nachzuprüfen, wie weit Eure Kenntnisse reichen!"

Mirjam hatte so etwas geahnt und ärgerte sich in diesem Moment über die brutale Geringschätzung, die er mit jenem dummen Scherz an den Tag gelegt hatte.

„Aha", sagte sie. „Und da habt ihr die arme Bedienstete beschämt, indem Ihr sie gezwungen habt, das für Euch bestimmte Glas mit ihrem eigenen Urin vollzumachen. Richtig?"

Heinrich zog die Schultern hoch und breitete, wie um seine Unschuld zu beteuern, die Hände aus. „Ja, gelehrte Medica! Aber beschämt habe ich niemanden. Ich habe mich bei der Prozedur umgedreht", versicherte er mit falscher Treuherzigkeit. Dann blickte er Mirjam mit gespieltem Erstaunen an. „Aber Ihr versteht doch, dass ich mich überzeugen musste, dass die gute Frau nicht ihrerseits irgendetwas anderes in dieses Glas füllte, oder?" Heinrich grinste wie ein Satyr.

Die Jüdin stand kurz davor, die Beherrschung zu verlieren und ihn ohne Rücksicht auf Verluste anzufahren. Aber bevor sie den Mund auftun konnte, war der befremdliche Hohn aus seinem Gesicht schon wieder verschwunden und hatte einer entwaffnenden Offenheit Platz gemacht. „Leider ist es mir nicht gelungen, Euch damit vorzuführen", bedauerte er, und es klang aufrichtig. Dann gab er halb widerwillig, halb anerkennend zu: „Wirklich, ich hätte nicht gedacht, dass Ihr erkennen würdet, dass dieses Wasser nicht von mir sein kann und warum! Ihr seid gut in Eurem Fach! Wirklich gut!"

Wieder fixierte er Mirjam eine Weile durchdringend. „Setzt Euch!“, forderte er sie schließlich auf und deutete auf einen zweiten Sessel nicht weit von ihm. Die Jüdin nahm, wie geheißen, Platz und sah den König abwartend und schweigend an.

„Wenn das Übel wiederkommt“, meinte er, nachdem er eine Weile vor sich hin sinniert hatte, „dann weiß ich ja, wo ich Euch finden kann. Wenn ich dann gerade so lange mit dem Sterben warten kann“, setzte er mit einem unfrohen Lachen noch hinzu.

Mirjam schüttelte sacht den Kopf. „Es wäre sicher besser, Majestät, jetzt etwas zu finden, damit es vielleicht gar nicht erst wiederkommt“, warf sie ein.

„Wenn der Schmerz am Morgen des Hoftages nicht von selbst verschwunden wäre, was hättet Ihr dann getan?“, erkundigte er sich stirnrunzelnd, um Sachlichkeit bemüht.

Mirjam beugte sich zu Boden und öffnete ihre Tasche. Dann ließ sie ihre Augen suchend durch den Raum schweifen und entdeckte einen kleinen Tisch in der Ecke, der offenbar zum Anrichten von Speisen gedacht war. Sie zog ihn vor den König, breitete ein Tuch darüber und legte vorsichtig einen länglichen Gegenstand darauf, den sie aus ihrer Tasche gezogen hatte. Dann erhob sie sich und schob den Kandelaber so nah heran, bis das Instrument auf dem Tisch im hellen Kerzenschein aufblitzte. Sie begann zu dozieren, als hätte sie einen Schüler der Medizin vor sich.

„Der Schmerz, der Euch befiel, mein Herr“, erklärte sie, „rührt von Steinen her. Sie können sich in der Blase bilden, wo sich der Urin sammelt, aber auch in der Harnröhre, durch die er dann wandert und nach außen entleert wird. Manchmal lassen sich die Steine durch bestimmte Medikamente ausspülen, manchmal gehen sie durch die natürliche Bewegung des Körpers von selbst ab. Manchmal wird man sie aber nicht so einfach los. Dann kann dies hier helfen.“ Sie deutete auf das Instrument. „Mein Vater hat es nach den Vorgaben des Arabers Abulcasis anfertigen lassen. Der war Leibarzt eines Kalifen in Spanien, hatte viele Schüler und schrieb ein 30-bändiges Werk über die Medizin. Gestorben ist er vor ungefähr 50 Jahren, aber seine Lehren und Methoden haben sich seitdem immer weiter verbreitet.“

„Nie von dem Mann oder dem Buch gehört", meinte Heinrich skeptisch, aber in gewisser Weise doch fasziniert.

„Das glaube ich Euch", lächelte Mirjam. „Es ist in Arabisch geschrieben."

„Könnt Ihr das lesen?", fragte Heinrich erstaunt.

„Mein Vater und mein Onkel haben Wert darauf gelegt, mich in Arabisch, Hebräisch, Latein und Griechisch zu unterrichten", antwortete die Ärztin sachlich. „Das Griechisch ist etwas eingerostet", schob sie dann entschuldigend nach.

„Oh Gott! Von all dem beherrsche ich nur das Latein – halbwegs", stöhnte Heinrich.

Mirjam lächelte. „Majestät! Damit könnt Ihr schon mindestens doppelt so viel wie die meisten Eurer Fürsten!" Sie deutete auf das silberne Röhrchen auf dem Tisch. „Könnt Ihr Euch denken, wozu es gut ist?", fragte sie, wobei sie es sorgfältig in die Hände nahm und hin und her drehte und wendete.

Ohne auf eine Antwort zu warten, erklärte sie weiter: „Nach den Vorgaben von Abulcasis muss es aus Silber gefertigt und eine und eine halbe Handspanne lang sein, was etwa fünf Zoll entspricht. Es muss sehr fein und dünn sein, und innen hohl wie der Kiel einer Vogelfeder. An einem Ende könnt Ihr einen kleinen Trichter sehen. Mit diesem Werkzeug lässt sich die Blase ausspülen.

Heinrich schwieg eine Weile, dann verzog er den Mund. „Aha", kommentierte er trocken. „Ich denke, ich kann nachvollziehen, wie es angewendet wird." Dann fragte er zweifelnd: „Aber habt Ihr das tatsächlich schon mal gebraucht? Ich meine, ohne dass der Patient krepiert ist? Das hält doch keiner aus!"

Mirjam lächelte und beugte sich wieder zu ihrer Tasche hinunter. Sie zog ein weiteres Instrument heraus und legte es auf das Tuch vor Heinrich hin, der sich weit vorgebeugt hatte, um es mit halb fasziniertem, halb angewidertem Gesichtsausdruck zu betrachten. Es handelte sich um ein etwas kürzeres dünnes Rohr aus Silber. An einem Ende befand sich ein hölzerner Griff, am anderen eine winzige Stahlklinge. „Dies ist dazu gedacht, einen Stein, der zu groß ist, um von selbst abzugehen, in der Harnröhre zu zerschneiden und die Teile einzeln herauszuholen."

Jetzt spiegelte sich ungläubiges Entsetzen in der Miene des Königs. „Das kann doch niemand überleben", stellte er unwillig fest. „Ihr könnt mir nicht erzählen, dass Ihr das schon einmal an einem lebendigen Mann erprobt habt!"

„Mit Verlaub, mein König – doch! Es besteht eine gute Chance, Patienten auf diesem Weg zu heilen. Mehrfach habe ich meinem verehrten Vater dabei zugesehen und assistiert. Zuletzt hat er mich das Instrument selbst führen lassen. Wenn man geschickt ist und das Glied richtig abbindet, wird der Kranke den Stein und damit die furchtbaren Schmerzen los." Mirjam ließ dem König Zeit, das Gesehene zu verarbeiten. Dann setzte sie hinzu: „Diese Technik beherrschen allerdings nicht sehr viele Ärzte."

Heinrich stöhnte. „Selbst wenn Ihr sie perfekt beherrschtet – ich wollte sie nicht an mir erproben lassen! Was muss ich tun, um das zu vermeiden?"

Mirjam lachte verhalten. „Seht Ihr, Majestät, jetzt verstehen wir uns." Dann zählte sie an ihren Fingern das weitere Vorgehen auf: „Ihr gebt mir erstens", dabei reckte sie den Daumen in die Höhe, „an einem der nächsten Tage Euren Urin. Und zwar den ersten, den zweiten und den dritten. Ich lasse Euch drei verschließbare Gläser zum Auffangen da." Beim Weitersprechen stellte sie den Zeigefinger auf. „Dann werde ich Euch zweitens einige Rezepte schreiben für die Zubereitung von Medikamenten. Die meisten lassen sich als Sud aufbrühen. Davon trinkt Ihr möglichst viel. Wie viel und wann, das schreibe ich auch genau auf." Sie spreizte den Mittelfinger. „Und drittens dürfte Ihr gewisse Speisen möglichst nicht zu Euch nehmen. Die schreibe ich auch auf."

Mirjam war in der Angelegenheit ihres Patienten völlig aufgegangen. In ihrem Eifer hatte sie nicht bemerkt, dass der König sie bereits seit einer Weile ganz unverhohlen musterte, wobei ein nachdenkliches, aber nicht unfreundliches Lächeln um seinen Mund spielte.

„Schade, dass meine Gemahlin nicht so ist wie Ihr", äußerte er unvermittelt.

Mirjam hob den Kopf und runzelte die Stirn. „Aber Majestät", tadelte sie vorsichtig. „Gegen Eure Gemahlin bin ich ein altes Weib! Ihr müsstet Euch doch glücklich schätzen, eine so junge, blühende und, nach allem, was man hört, geduldige, sanftmütige und herzensgute Gefährtin zu haben!“ Bei der Aufzählung möglichst vieler Tugenden, die sich der Königin zuschreiben ließen, war sie immer lebhafter geworden.

Heinrich machte eine wegwerfende Handbewegung, seine Miene verdüsterte sich. „Das mag ja sein“, knurrte er, „aber ich fühle mich überhaupt nicht zu ihr hingezogen.“ Er umklammerte mit seinen langen kräftigen Fingern die Enden der Armlehnen seines Sessels. Seine im flackernden Licht jetzt dunkel wirkenden Augen waren von Zorn erfüllt.

Also ist es doch wahr, dachte die Jüdin bei sich. Es stimmte offenbar, was man sich an allen Ecken und Enden der Stadt erzählte. Die einen hatten es von geschwätzigen Bediensteten erfahren, die bei der Pfalz die Ohren aufgespannt und das eine oder andere mitbekommen hatten. Andere hatten Beziehungen zu dem einen oder anderen Domherren. Wieder andere hatten in den Schänken der Stadt adligen Herren gelauscht, die sich hinter vorgehaltener Hand den neuesten Tratsch zugeflüstert hatten und bei zunehmendem Weinkonsum immer unvorsichtiger und lauter geworden waren. In den bescheidenen Unterkünften der Bewaffneten und in den Ställen hatte man sich bisweilen sogar auf die Schenkel geschlagen und war in brüllendes Gelächter ausgebrochen.

„Diese verdammte Demut! Diese Bescheidenheit! Diese Unterwürfigkeit!“, bellte Heinrich. „Wenn ich sie nur ansehe, vergeht mir schon jegliche Lust!“ Er schlug beide Hände vor das Gesicht und raufte sich die Haare. „Es sollte doch nicht so schwer sein“, stöhnte er, „aber ich kann es nicht! Ich kann es nicht!“

„Was könnt Ihr nicht, Majestät?“ Mirjam hatte die Hände gefaltet und die Stirn hochgezogen. Der König reagierte nicht, als ob er die Frage nicht gehört hätte. Mirjam wartete, dann schob sie leise nach, obwohl ihr klar war, dass es eigentlich nicht dem Protokoll entsprach, den König mit Fragen zu bedrängen, wenn er offenbar nicht antworten wollte. „Majestät, erlaubt mir, nur aus medizinischen Gründen, nur noch die eine Frage: Wolltet Ihr, dass sie tot wäre, damit Ihr sie los seid?“

Noch immer zeigte der König keine Reaktion, dann hob er den Kopf und fixierte sie, diesmal aus ungläubig zusammengezogenen Augen. „Was habt Ihr da gesagt?“, erkundigte er sich fassungslos. „Wiederholt die Frage!“, verlangte er scharf. „Damit ich weiß, ob ich mich verhört habe, oder ob Ihr unverschämt oder wahnsinnig seid!“

Mirjam hielt seinem Blick stand. Jetzt kam es darauf an, die Worte geschickt zu setzen. „Herr, Ihr würdet Eurer Gemahlin niemals etwas Schlechtes wünschen oder erlauben, dass ihr ein Leid angetan wird. Selbst ihr guter Ruf liegt Euch am Herzen! Ihr habt auf dem Hoftag nicht einmal zu einer der üblichen Lügen gegriffen, um Euch von ihr scheiden zu lassen, was durchaus möglich gewesen wäre. Ist es nicht so?“

„Aha, wie ich sehe, pfeifen es die Spatzen schon von den Dächern! Soviel zur Diskretion des bischöflichen Hofes“, bemerkte Heinrich sarkastisch. Er beugte sich in seinem Sessel vor und starrte die Jüdin an. „Ihr habt Recht! Ich könnte dieser Frau ...“ Er hielt inne, dann verbesserte er sich: „Ich könnte diesem Kind nie etwas Böses antun!“ Leise setzte er hinzu: „Ich kann sie aber auch nicht lieben.“

„Aber Majestät! Bemerkt Ihr nicht den Widerspruch?“ Mirjam lächelte. „Ihr könnt ihr nichts Böses antun, Ihr beschützt ihren guten Ruf – und trotzdem behauptet Ihr, dass Ihr sie nicht lieben könnt?“ Sie schüttelte den Kopf. „Wie soll ich das verstehen?“, stellte sie dann die entscheidende Frage.

„Erklärt Ihr es mir“, antwortete der König mit verständnisloser Miene.

„Majestät, wenn Ihr es mir erlaubt. Soweit ich weiß, kam Königin Bertha schon an den Hof Eures Vaters, als sie noch fast ein Säugling war, und wurde mit Euch zusammen aufgezogen, weil sie Euch schon früh versprochen war. Ist das richtig?“

Heinrich nickte. „Sie war ein Jahr, ich war zwei, als sie an unseren Hof kam. Wir sind aufgewachsen wie Geschwister. Obwohl wir fast im gleichen Alter standen, war sie immer die kleine Schwester für mich.“ Er lachte kurz auf. „Mit sieben Jahren wurde ich mehreren Lehrern übergeben, die mich einen Großteil des Tages schwer beschäftigt und geplagt haben. Bertha blieb bei meiner Mutter und den Damen am Hof. Abends konnten wir uns dann manchmal sehen, aber viel kürzer als vorher. Am Unterricht im Lesen und Schreiben und auch in Latein hat sie oft teilgenommen, und wir durften, natürlich in Begleitung der Diener, auch oft zusammen ausreiten. Einmal trieb ich das Pferd über einen Zaun, sie folgte mir nach, aber ihr Pferd scheute und warf sie ab. Glücklicherweise war ihr nichts passiert, aber ich hatte ein sehr schlechtes Gewissen.“ Heinrich schwieg und schloss die Augen. Offenbar hatte er das Tor zu gewissen Erinnerungen nicht ungern durchschritten.

Mirjam nutzte die vorübergehende Versunkenheit ihres Gegenübers, um ihn mit einer überraschenden Frage zu konfrontieren: „Ist es einem Christen erlaubt, mit seiner Schwester Verkehr zu haben?“

Der König riss sich aus seinen Gedanken. Über sein Gesicht legte sich ein Schatten. „Nein, natürlich nicht! Es ist eine Todsünde! Aber ich bin nicht ihr Bruder!“

„Aber Ihr habt lange Zeit für sie gefühlt, wie ein Bruder für eine Schwester fühlt.“ Die Jüdin machte eine Pause, um die Worte wirken zu lassen. „Und als Euch dann klar wurde, was die Beziehung zwischen Mann und Frau bedeutet, da war das Gefühl für die kleine Schwester so eingewurzelt, dass Ihr es nicht so einfach aus Eurem Herzen herausreißen konntet. Ein Bruder überlässt eine geliebte Schwester nicht gerne einem Mann, der ihr weh tut und sie mit gefährlichen Schwangerschaften belasten muss, die sie leicht das Leben kosten können. Wie viel weniger wird der Bruder selbst das seiner eigenen Schwester antun wollen, oder einem Mädchen, das in seinem Herzen den Platz einer Schwester einnimmt?“ Die Ärztin schwieg. Heinrich stützte das Gesicht gegen die gefalteten Hände und schien nachzudenken.

Mirjam musterte ihn verstohlen. Trotz der äußerlichen Ruhe arbeitete es in ihm. Offenbar war ihr Vortrag nicht wirkungslos geblieben. Sie wusste nicht, ob sie sich beglückwünschen oder eher bedauern sollte. Hinsichtlich seiner leiblichen Beschwerden hatte sie ihn beraten können. Ob sie ihm in den Wirrnissen seiner Seele würde helfen können, da war sie sich nicht so sicher. Auf der einen Seite schien er ihr wie ein typischer Vertreter des Hochadels. Als Sohn eines Königs und Kaisers hatte man ihn entsprechend erzogen und ihm ein hohes Sendungsbewusstsein und Selbstbewusstsein eingepflanzt. Aber da war noch etwas anderes. Obwohl man ihm so viele Ausschweifungen und eine allgemeine charakterliche Verderbtheit nachsagte, hatte er auf dem Hoftag gegenüber seiner Gemahlin einen Anstand gezeigt, der an politischen Selbstmord grenzte. Nach allgemeiner Überzeugung galt er als unüberlegt und impulsiv, „jäh auf der Bahn des Lasters dahin rasend“, wie ein Vertreter der hohen Geistlichkeit sich ausgedrückt hatte.

Mirjam hatte, so dachte sie, ihn wohl gerade von einer anderen Seite kennengelernt. Sie konnte nicht umhin, ihm eine ungewöhnliche Schärfe des Geistes zu attestieren. Dazu besaß er ganz offenbar die Gabe des Zuhörens, die es ihm ermöglichte, seine Gesprächspartner zu taxieren und einzuordnen, was er bei ihrer Person sicher auch schon unternommen hatte. Bei der Vorstellung trat unwillkürlich ein Lächeln auf ihr Gesicht. Plötzlich spürte sie seinen Blick auf sich. Es lag etwas darin, das sie vorher nicht bemerkt hatte, etwas das sie gleichzeitig beunruhigte und anzog.

„Ihr habt mehr Lebenserfahrung als viele von unseren sogenannten Gelehrten", meinte er anerkennend. „Auch habe ich noch nie einen Arzt mit einem solchen Wissen erlebt wie Euch. Abgesehen vom alten Salomon, dem Leibarzt meiner Eltern. Gott habe ihn selig!"

„Eure Anerkennung schmeichelt mir", meinte Mirjam, die ganz gegen ihre Gewohnheit von dem Lob angenehm berührt war. Sie begann, ihre Instrumente wieder in die Tasche zu packen, nicht zuletzt um seinen Augen auszuweichen und in der Hoffnung, damit ihre Entlassung zu beschleunigen.

Doch das Gegenteil trat ein. Heinrich sprang auf und lief in eine Ecke des Raums.

„Gebt mir die Ehre und bleibt noch ein wenig", bat er. „Ich habe noch so viele Fragen! Und beim Reden können wir etwas essen und trinken. Seht her, es ist genug Futter da. Und ein köstlicher Rheinwein!" Während dieser Worte, goss er zwei Becher voll und reichte ihr einen davon.

„Der reine Wein gehört zu den Dingen, die Ihr möglichst nicht zu Euch nehmen solltet, Majestät", erklärte sie kopfschüttelnd. Sie selbst hielt die Nase über den Becher und schnupperte diskret am köstlichen Aroma des Getränks. Schon wollte sie genießerisch die Augen schließen, besann sich aber und unterließ es aus Rücksicht. Stattdessen setzte sie betont sachlich und mit Kennermiene hinzu: „Auch wenn es bei diesem Gewächs schwerfallen sollte! Das stammt sicher noch aus dem Anbau der Römer!"

Wider Erwarten nahm er einen dritten Becher, goss etwas von seinem Becher hinein und füllte mit Wasser auf. „Ich mache mir nichts aus Wein", meinte er achselzuckend. Vor zwei Tagen hatte er trotz Schmerzen zunächst noch auf dem Genuss von fast unverdünntem Wein beharrt. Wahrscheinlich aus reinem Trotz, mutmaßte Mirjam.

„Erzählt mir mehr von diesem, wie hieß er doch gleich, Abulcasis", forderte der König sie unvermittelt auf. „Und von Spanien! Es soll ein Land wie aus dem Märchen sein. Wart Ihr schon einmal dort?"

Mirjam nickte. Onkel Jakob hatte sie auf einige seiner Reisen dorthin mitgenommen. Und während sie dem aufmerksam zuhörenden König davon erzählte, zogen all die Wunder noch einmal vor ihren Augen vorbei, die sie in dem muslimisch beherrschten Land Al-Andalus geschaut hatte. Prächtige Paläste mit unfassbar kostbar ausgestatteten Räumen, sagenhafter Luxus, schattige Innenhöfe und Gärten mit plätschernden Springbrunnen, Labyrinthe von Säulen, in denen man sich hoffnungslos verirren konnte. Sie erzählte von den Gelehrten, die sie getroffen hatten, von berühmten Ärzten, denen ihr Onkel sie vorgestellt hatte und bei denen sie Unterricht hatte nehmen dürfen, von bunten Bazaren voll pulsierendem Leben, in deren Ladenstraßen die Schätze des Orients vor den Augen der Vorübergehenden ausgebreitet gewesen waren. Sie schilderte die sonnendurchglühte Landschaft, die strahlenden Moscheen von Sevilla und Cordoba. Vor allem aber schilderte sie die Menschen, die sich ihnen gegenüber unendlich gastfreundlich gezeigt hatten, deren Blut voller Leidenschaft und Lebensfreude brauste unter einer heißen fernen Sonne, und die sich in schattige Räume voller Bücher zurückzogen, um sich in wissenschaftliche, philosophische und theologische Dispute zu vertiefen.

Die Jüdin hatte sich in Begeisterung hineingeredet, ihr Gesicht leuchtete. Heinrich hatte sie während der ganzen Zeit nicht in ihrem Redefluss unterbrochen. Als sie nun schwieg, griff er nach seinem Becher.

„Wie armselig muss Euch Unser Hof vorkommen“, meinte er nachdenklich und trank einen Schluck. Mirjam wunderte sich über sich selbst, als sie sich dabei ertappte, wie sie der Bewegung seiner Hand folgte. Die Rechte, mit der er jetzt den Becher hielt, war seine Schwerthand. Sie wusste, was es hieß, ein Schwert zu führen. Als ihr Vater einmal einem Krieger nach der Schlacht den Arm amputieren musste, hatte sie nach der Versorgung des Patienten versucht, dessen Waffe aufzuheben. Mit beiden Händen war ihr das schließlich geglückt. Die Hand des Königs, auf die sie den Blick gerichtet hatte, konnte ein Schwert führen. Dennoch war sie nicht grobschlächtig, hatte durchgebildete, kräftige und schlanke Finger. Sie stellte sich vor, wie diese Hand das Heft umspannte und die lange Stahlklinge wie einen leichten Kienspan mit tödlicher Wucht durch die Luft sausen ließ.

Mirjam langte nun ebenfalls nach ihrem Becher. Das undefinierbare Gefühl von eben – jetzt glaubte sie zu wissen, was es bedeutete. Dieser Mann, der um so viel jünger war als sie selbst, hatte sie dazu gebracht, sich zu vergessen. Sie blickte auf, weil sie seinen Blick auf sich fühlte. Er hob den Becher und wartete, bis sie es ihm gleichgetan hatte.

„Euer Hof ist nicht armselig, Majestät. Ganz und gar nicht!", nahm sie seine Bemerkung auf. „Ihr seid König des römischen Reiches und werdet einmal Kaiser sein. Das bedeutet, Ihr habt eine Vorrangstellung unter den Herrschern Europas. Ihr seid für den Frieden und die Sicherheit der Schwachen verantwortlich. Dazu gehört besonders auch mein Volk. Ihr seid unsere Hoffnung auf ein gutes und anständiges Leben. Das dürft Ihr nicht vergessen! Diese Aufgabe ist wichtiger als die Entfaltung von Prunk und Gelehrsamkeit."

Heinrich blickte sie belustigt an, dann wurde sein Gesicht ernst und sein Blick ging über sie hinaus ins Leere. Oder ins Ungewisse? Mirjam hätte es nicht zu sagen vermocht. Ihre Augen hingen wie gebannt an ihm. Das war nicht irgendein junger Mann. Das war der König, die lebende Verkörperung einer für die Christenheit heiligen Institution. Er hatte derjenige zu sein, der seine Feinde zerstreute und für Frieden sorgte, der die Hochmütigen vom Thron stürzte und die Niedrigen beschützte. Plötzlich konnte sie die Last nachempfinden, die auf ihm liegen musste wie ein Gebirge. Wie sollte ein Mensch einem solchen Anspruch jemals gerecht werden? Vor allem einer, der gerade erst einer Kindheit und Jugend entwachsen war, in deren Verlauf er schon so viel Unehrlichkeit, Eigensucht und Verrat am eigenen Leibe erfahren hatte. Mirjam schaute und staunte, wie eine Seele daran nicht zugrunde gehen sollte.

Als er plötzlich vor ihr stand, sich über sie beugte und ihr Gesicht in die Hände nahm, schaute sie immer noch und war seltsamerweise nicht überrascht. Die innere Stimme, die sie warnen wollte, klang wie aus einem fernen Universum und erreichte sie nicht mehr. Vor ihren Augen sah sie die Züge des Jungen sich wandeln in die des Älteren. Sie würden härter werden durch die weiteren schlechten Erfahrungen, durch die er sich würde kämpfen müssen. Durch widrige Umstände bedingt, würde sich der Hang zur Unberechenbarkeit, ja Verschlagenheit, weiter ausprägen.

Aber etwas in diesen forschenden Augen würde sich niemals ändern. Er würde immer bis in den Grund seines Herzens davon überzeugt sein, vor seiner göttlichen Instanz für diese Welt verantwortlich zu sein, gleichgültig, was es ihn kosten würde. Das war seine Bestimmung, dafür würde er kämpfen bis zum letzten Atemzug. Durch einen Zufall hatten sich ihre Wege gekreuzt, oder war es Gottes Wille gewesen? Mirjam wollte ihm nichts entgegensetzen, sie würde ihm das sein, was er brauchte, um sein Schicksal zu erfüllen, er war es wert, vor Gott und den Menschen. Und diese Erkenntnis erfüllte sie in diesem Moment ganz, bis in die verborgenen Tiefen ihres Daseins. Sie fühlte sich wie in einer mächtigen Woge aufgehoben und getragen, im Einklang mit sich selbst.

Michelbach, Juni 1069

Werinhard Senior machte sich nichts vor. Das angestrebte Gespräch mit Bischof Heinrich von Scharfenberg hatte sich in gegenseitigen Höflichkeiten erschöpft und war erschreckend ergebnislos verlaufen. Auch wenn der Michelbacher die Unterredung schon mehrfach rekapituliert hatte, fühlte er immer noch den Ärger in sich aufsteigen. So auch jetzt, während er mit seinen Söhnen und dem kleinen bewaffneten Gefolge auf der alten Römerstraße rechts des Rheins nach Süden zurück ins Murgtal ritt.

Schon in Worms hatte er den Bischof, der ebenfalls zum Hoftag angereist war, um eine Audienz gebeten. Man hatte vereinbart, sich in drei Tagen in der Bischofspfalz von Speyer zu treffen. Werinhard und seine Söhne waren früh aus Worms aufgebrochen und scharf geritten, um dem Bischof und seinem Gefolge nicht auf der Straße zu begegnen. Der Bischof hatte die Nacht auf einem seiner Landgüter verbracht, während die Michelbacher mit einem einfachen Landgasthof vorliebgenommen hatten. Werinhard war einiges gewohnt, spürte aber die mangelnde, beziehungsweise nicht vorhandene Bettfüllung immer noch in seinem Rücken.

In Speyer hatte sie der Bischof zwar förmlich mit allen Ehren aufgenommen und in seiner Pfalz für eine Nacht komfortabel unterbringen und bewirten lassen, sich aber ansonsten in der Sache vollkommen unzugänglich gezeigt. Daran hatten auch die Beziehungen der Familie – Werinhards Sohn Cuno wurde an der Domschule Speyer ausgebildet – nichts geändert. Werinhard hielt abgesehen davon nicht viel von

Bischof Heinrich. Viel zu jung für dieses bedeutende geistliche Amt, war er vor zwei Jahren im Alter von siebzehn Jahren vom König den Speyerern ungefragt als neuer Oberhirte und Stadtherr vor die Nase gesetzt worden.

König und neuer Bischof waren etwa gleichaltrig, beide kannten sich von frühester Jugend an. Dazu stammte der Bischof aus einer Ministerialenfamilie, also einer Familie, die sich aus niederem Stand durch besondere Dienste für eine Adelssippe hochgearbeitet hatte. Für diesen Stand schien König Heinrich eine besondere Vorliebe zu haben, wahrscheinlich, so dachte Werinhard, weil er mit dem Hochadel so schlechte Erfahrungen gemacht hatte.

Nichtsdestotrotz, da war der Michelbacher überzeugt, war die Ernennung des Herrn von Scharfenberg zum Bischof unrechtmäßig gewesen, im Grunde eine reine Vetternwirtschaft, und wahrscheinlich waren von Seiten des Begünstigten auch noch Zuwendungen für die Erlangung des hohen Amtes geflossen. Im Grunde also ein Fall von Simonie, Ämterkauf, der in jüngster Zeit besonders von Rom aus erbittert bekämpft wurde.

Trotz seiner Jugend war Bischof Heinrich kein Gegner gewesen, den man hätte leicht überrumpeln können, sinnierte Werinhard bedauernd. Hinsichtlich der Eigentumsverhältnisse im Murgtal war er zu keinerlei Zugeständnissen bereit gewesen. Auch die Neusiedler jenseits der alten Grenzen des Hofguts Rotenfels betrachtete der Bischof als zu Speyer gehörig. Neben dem Zehnten sollten sie auch noch die üblichen Abgaben wie das Hörigen-Kopfgeld zahlen, bei einem Todesfall das beste Stück Vieh abgeben und bei Bedarf Frondienste auf dem Rotenfelser Fronhof leisten.

So viel Glück wie vor fünfzehn Jahren würde er wohl nicht wieder haben, überlegte der Michelbacher mit Bedauern. Damals war es zu einer gefährlichen Machtprobe mit dem alten Kaiser Heinrich gekommen. Als Herr und Eigentümer von großen Gütern zwischen Kraichgau, Rhein und Schwarzwald hatte er, Werinhard von Michelbach, in dem Bestreben, diese Besitztümer auszudehnen und zu arrondieren, in einem Seitental nahe Rotenfels einen festen Adelssitz erbaut. Da er dieses Seitental mit eigenen Leuten urbar gemacht hatte, war es für ihn selbstverständlich gewesen, das Neuland und die frisch erbaute Burg als sein Eigentum zu betrachten.

Kaiser Heinrich, der Vater des jetzigen Königs, hatte sich aber auf den Standpunkt gestellt, dass der Burgenbau grundsätzlich ein königliches

Recht sei und dass er dem Herrn von Michelbach dazu keine Erlaubnis gegeben habe. Außerdem, so befand der Kaiser, stehe die Burg auf dem Gebiet des Hofguts Rotenfels, das er selbst etwa zehn Jahre zuvor dem Bischof und dem Domkapitel von Speyer geschenkt habe.

Werinhard hatte auf allerhöchsten Befehl hin seine Burg wieder abreißen müssen – ein schwerer Schlag für seine Pläne und das Ansehen in seiner eigenen Familie und bei seinen Standesgenossen! Die Katastrophe hatte sich als schwarzer Tag ins Gedächtnis des Michelbachers eingegraben. Die Rettung aus dieser ausweglosen Lage war ihm wie ein göttlicher Fingerzeig vorgekommen. Für alle völlig unerwartet hatte nämlich dieser übermächtige und unbequeme Kaiser Heinrich nahe seiner Lieblingspfalz Goslar plötzlich und für alle unerwartet in der Blüte seiner Jahre das Zeitliche gesegnet! Sein kleiner Sohn und Nachfolger war noch keine sechs Jahre alt, die Regierung führte die Kaiserinwitwe Agnes. Bald war das Reich von Adelscliquen beherrscht, die sich gegenseitig bekämpften.

Es wäre Dummheit gewesen, diese glänzende Gelegenheit nicht zu ergreifen! Werinhard hatte die Burg am selben Platz wieder aufgebaut und fortan keine Gelegenheit ausgelassen, seine Macht gegenüber Speyer auszubauen und zu festigen. Der Kinderkönig war inzwischen zwar mündig geworden und hatte die Herrschaft selbst ergriffen, war aber sicher für lange Zeit noch mit anderen Problemen wie dem Krieg gegen die Sachsen und der Auflösung seiner unglücklichen Ehe beschäftigt. Sein Auge würde kaum in der nächsten Zeit auf das Murgtal fallen, dachte Werinhard mit grimmiger Freude. Es war zu schade, dass sich seine Hoffnung nicht erfüllt hatte, Bischof Heinrich zu einer gütlichen Einigung zu drängen!

Eberhard, der sein Pferd an die Seite des Vaters gelenkt hatte, unterbrach ihn in seinen Gedankengängen. „Wann, denkst du, Vater, muss ich zu diesem Bußgang antreten?"

Werinhard Senior zuckte die Achseln. „Im Herbst ist noch einmal ein Hoftag in der Nähe angesetzt. Das wäre eine gute Gelegenheit."

„Können wir auf den König überhaupt in nächster Zeit zählen?", wollte Eberhard wissen. „Wie mir scheint, ist der im Augenblick ziemlich in Anspruch genommen."

Sein Vater schnalzte mit der Zunge, dann meinte er ironisch: „Wir können vielleicht nicht auf ihn zählen, wir brauchen ihn aber auch nicht zu fürchten, wenigstens nicht bis auf Weiteres." Eberhard grinste. „Er hat eine jüdische Ärztin kommen lassen, es wird einiges gemunkelt", berichtete er schadenfreudig.

„Ich kenne die Gerüchte", schnitt ihm sein Vater das Wort ab. „Aber auf Gerüchte gebe ich nichts. Untersteh dich, das Geschwätz irgendwo vor fremden Ohren zu wiederholen, hast du mich verstanden?"

Ohne sich von der Warnung des Vaters einschüchtern zu lassen, fuhr Eberhard triumphierend fort: „Ich habe sogar gehört, dass sie ihm auf den nächsten Königshof nachgereist ist!"

Werinhard wandte sich abrupt zur Seite und fuhr seinen Sohn scharf an: „Du hast etwas gehört, na und? Und wenn es so wäre? Der König ist erwachsen, er muss wissen, was er tut."

„Aber sie ist eine Jüdin!" Eberhard spie die Worte fast hervor, in seiner Stimme schwang Empörung. „Die Juden haben unseren Herrn Jesus ans Kreuz genagelt!"

Werinhard schüttelte missbilligend den Kopf. „Von den jetzt Lebenden ist niemand dafür verantwortlich."

Eberhard beharrte hartnäckig auf seiner Sichtweise. „Aber auch die jetzt Lebenden leugnen, dass Christus der Messias war", rief er aus. „Das ist doch, als ob sie ihn nochmal töten würden!"

„Du redest, wovon du nichts verstehst", wies Werinhard seinen Sohn schroff zurecht. „Dieser Emicho von Leiningen mag dich zu einem guten Knappen ausgebildet haben. Aber ich möchte nicht wissen, was dir an diesem Hof sonst noch für Flausen ins Hirn gesetzt worden sind! Die Juden sind Schutzbefohlene des Bischofs, mit dem wir schon genug Ärger haben! Und damit Schluss!" Werinhards Stimme war laut und heftig geworden. Das Thema war damit für ihn erledigt.

Nach einem Moment des Schweigens fiel ihm aber doch noch etwas ein. „Und außerdem sind die Judäer überaus nützlich", setzte er hinzu, mehr zu sich selbst als zu Eberhard, der immer noch neben ihm ritt. Wenn dieser Sohn schon auf politische Zusammenhänge nicht reagierte, dann war er vielleicht für wirtschaftliche Überlegungen empfänglich? Obwohl es dem Vater fast im selben Moment klar war, dass diese Hoffnung wohl eher einem frommen Wunsch entsprach.

„Viele ihrer Kaufleute ziehen durch das Rheintal. Wenn man mit denen ins Geschäft kommen könnte, ..." Werinhard vollendete den Satz nicht, und Eberhard äußerte sich nicht dazu, was der Vater beinahe erwartet hatte. Intellekt und Interesse seines mittleren Sohnes reichten nicht sehr weit. Werinhard seufzte innerlich. Nicht alle Kinder konnten gleich sein. Dafür war Eberhard ein viel bewunderter Kämpfer und Draufgänger, der wie ein Berserker auf seine Gegner eindrosch und sie meist ohne besondere taktische Finessen durch schiere Gewalt niederschlug.

Die Nacht verbrachten die Michelbacher in einem Gasthaus in Bruchsal. Am nächsten Tag, einem Sonnabend, näherten sie sich dem Abzweig, wo es von der alten Römerstraße hinauf zum Dorf Malska und weiter auf die Höhen des Waldgebirges ging. An der Wegkreuzung warteten drei Reiter. Der ältere Werinhard hatte sie trotz der Entfernung als erster erspäht. Er hatte sie irgendwo auf der Strecke erwartet. Aus einem ersten Impuls heraus wollte er sein Pferd anspornen, doch dann beherrschte er sich, zügelte es stattdessen und ließ es gemessen im Schritt gehen. Dafür hob einer der an der Abzweigung wartenden Reiter die Hand, trieb sein Pferd an und ließ es in Galopp fallen. Seine beiden Begleiter folgten ihm. Wenig später zügelte Cuno von Michelbach seinen Braunen und brachte ihn direkt neben seinem Vater zum Halten.

„Mein Vater! Meine Brüder! Lob und Dank sei Gott, dass ihr wohlbehalten zurück seid!", meinte er überschwänglich und strahlte über das ganze Gesicht. Die feine Haut und die schwarzen Locken erinnerten den Vater jedes Mal an seine Gemahlin. Seine wohlwollenden Blicke ruhten auf der schlanken, keineswegs schmächtigen, aber doch mehr zierlichen Gestalt des Dreizehnjährigen. Der Junge war, so stellte er mit einiger Zufriedenheit fest, in Gestalt und Aussehen ganz nach der mütterlichen Sippe geraten. Glücklicherweise, so dachte er, wobei sich ein grimmiges Lächeln auf seinem Gesicht ausbreitete, war er aber nicht nur mit einem eleganten Äußeren, sondern auch noch mit einem beweglichen Geist gesegnet, der die schwierigen Lektionen der Philosophie und Theologie begierig in sich aufsaugen und verarbeiten konnte. Werinhard schwelgte einen Moment lang in einem Gefühl des Stolzes.

Seine Freude wurde allerdings jäh unterbrochen, als Eberhard sein Pferd herandrängte und dröhnend ausrief: „Ich grüße dich, kleines Brüderchen! Ich sehe, du reitest schon fast perfekt und führst zwei

Bewaffnete an“, wobei er das Wort „zwei“ in gespielter Verwunderung besonders betonte! Während der Vater seinen Ärger über Eberhards groben Humor kaum verhehlen konnte, zeigte Cuno keinerlei Anzeichen von Beleidigung oder Missstimmung.

„Du siehst, mein Bruder, ich mache Fortschritte“, erwiderte er unbekümmert lachend, wohl wissend, wie er den Älteren zu nehmen hatte.

Mittlerweile hatten Cuno und seine Begleiter die Pferde gewendet. Cuno ritt an der Seite seines Vaters, hinter ihnen folgten die beiden älteren Brüder, während die beiden Bewaffneten sich zur restlichen Truppe des Michelbachers gesellten. Bis zum Dorf Malska ging es durch die Ebene, dann führte der Weg bergan zu der kleinen Siedlung Adelbreddesweiler. Dort traten sie in den Schatten des unermesslichen Waldes ein, der sich von hier bis Michelbach und weit darüber hinaus dehnte. Die ausladenden Kronen der hohen Buchen ließen nur bisweilen Sonnenstrahlen durch, die helle Flecke auf den Waldboden malten. Wo die Sonne nicht durch das Blätterdach drang, blieb es dämmrig und kühl wie in einem Kirchenraum. Gestrüpp und Unterholz breiteten sich an manchen Stellen so dicht aus, dass ein Durchkommen nur schwerlich möglich war. Niemand drang gerne tiefer in den Wald ein oder hielt sich dort freiwillig für längere Zeit auf, besonders nicht nach Einbruch der Dunkelheit, wenn dort ein verborgenes unheimliches Leben erwachte. Vor allem die Wölfe waren gefürchtet. Aber auch gesetzloses Gesindel versteckte sich oft vor Gericht und Henker in den Tiefen der Forste. Wenn man den Wald betreten musste, dann nur tagsüber und unter bewaffnetem Schutz.

Zunächst stiegen die Michelbacher durch eine von ewigem Dämmer erfüllte Talschlucht weiter steil bergauf, bis sie die Höhe des Scheitelpunktes erreichten, von dem es in einigen Kehren wieder bergab bis Michelbach ging. Der Pfad war schmal und streckenweise überwuchert, so dass sie absitzen und die Pferde am Zügel führen mussten. Dennoch war diese Abkürzung schneller als der Weg über die Rheintalstraße , der erst hinter Malska ins Murgtal abgebogen wäre. Der ältere Werinhard hatte darauf bestanden, diesen Weg zu nehmen, und es hatte niemand gewagt, sich ihm zu widersetzen.

Als sie endlich mit einiger Erleichterung den unheimlichen Wald hinter sich gelassen und über eine sanft ansteigende breite Rampe von

Nordosten her das Burgtor erreicht hatten, war die Sonne schon fast hinter den Horizont gesunken. Im Wald war keine Muße für lange Unterhaltungen gewesen, aber das Wichtigste über die Ereignisse im Dorf hatte sich Werinhard doch von Cuno kurz berichten lassen. Als er vom Tod des alten Neithard und der Unzufriedenheit von dessen Sohn Franko hörte, war ihm, als streife ihn die flüchtige Andeutung eines Gedankens, den er im Augenblick weder festhalten noch näher beschreiben konnte, der aber, das spürte er, wichtig gewesen war und über den er nachdenken musste. Er versuchte, die Spur im Geist noch einmal zurückzuverfolgen, aber es war vergeblich. Hier und jetzt würde ihm das nicht gelingen. Werinhard verschob energisch jede Grübelei auf später. Je weniger er darüber nachdachte, desto eher würde es ihm wieder einfallen, das war bis jetzt noch immer so gewesen. Zu Hause würde mehr Zeit sein.

Im Hof von Burg Michelbach wurden die Reiter von Frau Adelheid und dem Hofgesinde empfangen. Die Heimkehrer schwangen sich in ihren staubigen Kleidern und Stiefeln von den schweißbedeckten und schnaubenden Pferden. Ein jeder klopfte seinem vierbeinigen Gefährten noch mehrfach anerkennend auf den Hals, bevor er die Zügel einem der herbeigeeilten Stallknechte überließ.

Der Burgherr schritt auf seine Frau zu, die ihm entgegenkam und ihm lächelnd den Willkommenstrunk reichte. Cuno verbeugte sich vor seiner Mutter, setzte ein strahlendes Lächeln auf und küsste sie auf die Wange. Seine Brüder taten es ihm nach. Der Älteste neigte ehrerbietig den Kopf. Seine Begrüßung fiel etwas zurückhaltender aus, obwohl er tatsächlich ein gutes Verhältnis zu seiner Mutter hatte. Bei Eberhard war von der Eleganz und Liebenswürdigkeit seines jüngsten Bruders gar nichts mehr zu spüren. Seine eher ungeschickte Vorgehensweise gab dem Akt der familiären Zuneigung eher den Anstrich einer militärischen Pflichtübung.

Bei dem nachfolgenden ausgiebigen Nachtmahl in der großen Halle, an dem die Familie, das Hausgesinde und die Gefolgsleute des Burgherrn teilnahmen, drehten sich die Gespräche überwiegend um die Ereignisse auf dem Hoftag. Die merkwürdige Eheangelegenheit des Königs interessierte alle brennend und man fachsimpelte und diskutierte bis spät in die Nacht. Als die Kerzen heruntergebrannt waren und die lebhaften

Gespräche von einer zunehmenden Einsilbigkeit abgelöst wurden, hob der Burgherr die Tafel auf und stieg mit seiner Frau in die herrschaftlichen Gemächer im obersten Stockwerk des Wohnturms hinauf. Kaum war die Tür hinter ihnen ins Schloss gefallen, ließ sich der Herr von Michelbach mit einem tiefen Seufzer in einen Sessel fallen, während Adelheid auf einem Hocker Platz nahm.

„Was ist Euch, mein Herr", fragte sie förmlich. „Nach allem, was ich eben gehört habe, sind doch mit König Heinrich keine Differenzen zu erwarten, jedenfalls nicht in nächster Zukunft. Oder sollte ich mich da in meinem Urteil getäuscht haben?"

Werinhard betrachtete seine Frau nachdenklich. Ihre Ehe war keine Liebesheirat gewesen, er hatte seine Braut bei der Verbindung durch den Priester vor der Kirche zum ersten Mal gesehen. Aber Liebe war nicht der Sinn einer solchen Veranstaltung, das hatte Werinhard schon damals genau gewusst, obwohl er noch ein ganz junger Mann gewesen war. Adelheid war von seinem Vater ausgesucht worden, und da auch die Familie der Calwer Herren in ihm einen geeigneten Kandidaten gesehen hatte, war die Ehe zwischen den Vätern verabredet worden, ohne dass die zukünftigen Ehepartner daran irgendetwas hätten ändern können.

Die Besitztümer beider Familien hatten sich, so resümierte der Burgherr bei sich, auf ideale Weise ergänzt. Die Herren von Calw hatten ausgedehnte Ländereien mit dazu gehörigen Unfreien sowie Einkünfte und Rechte im Ufgau und nahen Gebieten wie Enz- und Nagoldgau in die Waagschale geworfen. Darüber hinaus konnten sie sich einer hochadligen Abstammung rühmen, ihre Linie ging bis auf den Frankenherrscher Karl den Großen zurück. Auch verwandtschaftliche Beziehungen zum Geschlecht der regierenden Familie der Heinriche waren gegeben. Adelheid war die Urenkelin der Adelheid von Metz, der Mutter von Kaiser Konrad, dem Großvater des jungen Königs Heinrich.

Diesen Vorzügen der Braut stand sein eigenes Geschlecht allerdings in nichts nach. Bei dem Gedanken spielte ein grimmiges Lächeln um Werinhards schmalen Mund. Auch die Herren von Michelbach waren im Ufgau reich begütert, und verfügten darüber hinaus auch im nordwestlich angrenzenden Speyergau über ausgedehnten Besitz. Ihre enge Verwandtschaft mit dem regierenden kaiserlichen Geschlecht der Heinriche stand unbestritten fest.

Gedankenverloren hielt er seinen Blick immer noch auf seine Frau gerichtet, die ihrerseits versuchte, in seinen Mienen zu lesen, ohne eine Frage zu formulieren. Sie wusste, dass es keinen Sinn hatte, Fragen zu stellen. Sie wurden meistens nicht beantwortet. Wenn er ihren Rat wollte, dann würde er irgendwann von sich aus darauf zu sprechen kommen. Wahrscheinlich, so mutmaßte sie, trieb ihn gerade der Gedanke um, wie er dem Speyerer Bistum möglichst große Teile des Murgtals dauerhaft entreißen konnte, wo doch augenblicklich die Lage so günstig war, da der König andere Sorgen hatte und daher mit Sicherheit nicht eingreifen würde.

Werinhard las seinerseits in dem forschenden Ausdruck im Gesicht seiner Frau, dass sie gern eine Frage gestellt hätte, war aber nicht in der Stimmung, lange Erklärungen abzugeben. Weibergeschwätz versuchte er möglichst weit von sich fernzuhalten, obwohl, das konnte er nicht leugnen, von Adelheid gelegentlich gute Anmerkungen kamen, die auf erstaunliche Kenntnisse hindeuteten.

Da er selbst wenig zur politischen Aufklärung seiner Frau beitrug – erstens hatte er noch nie eingesehen, warum ein Weib solche Dinge wissen sollte, zweitens hatte er aufgrund häufiger Abwesenheit von seiner Burg einfach zu wenig Gelegenheit – fragte er sich oft, woher sie diese detaillierten Kenntnisse beziehen mochte. Sein Verdacht richtete sich gegen den Pfaffen, der die Rotenfelser Kirche versorgte, und natürlich gegen seinen jüngsten Sohn Cuno, Adelheids Liebling. Beide, sowohl der Rotenfelser Pfaffe wie auch Cuno, hatten naturgemäß engste Beziehungen zum Hof des Speyerer Bischofs, einem bedeutenden Umschlagplatz von Nachrichten aus dem Reich.

Weitergehende Verdachtsmomente gegen den Rotenfelser Priester hegte er nicht, im Gegenteil. Dieser Gottschalk, der seit einiger Zeit auch in der Kapelle von Burg Michelbach die Messe las, führte sich genauso untadelig wie der kürzlich verstorbene Otloh, und hatte offenbar auch denselben Einfluss auf seine Frau Adelheid. Otloh hatte der Familie über Jahrzehnte als Hauskaplan auf Burg Michelbach gedient. Seinen geistlichen Ermahnungen war es zu verdanken, da war sich Werinhard sicher, dass Adelheid in all den Jahren ihrer Verbindung ein gehorsames Weib gewesen war. Kaum jemals hatte sie sich seinen Wünschen widersetzt, auch wenn er mit der Zeit die Überzeugung gewonnen hatte, dass sie diese Wünsche nicht erwiderte. Etliche Schwangerschaften hatte sie überstanden, auf seine drei überlebenden Söhne durfte er mit Stolz blicken. Und dabei war sie immer noch schön, fuhr es ihm durch den Sinn, und mit Wohlwollen und erwachendem Begehren musterte er ihre Gestalt und ihr von dunklen Locken umrahmtes vornehmes Gesicht. Ein Blick genügte, um zu wissen, von wem Cuno sein anziehendes Äußeres geerbt hatte.

Werinhard stand auf, trat zu seiner Frau und hob sie wortlos auf seine Arme.

Am nächsten Vormittag ließ der Burgherr den jungen Franko zu sich kommen.

„Willst du für den Rest deines Lebens ein unfreier Bauer bleiben?", fragte er ihn unverblümt.

Franko stierte wild und trotzig vor sich hin. „Ich bin ein freier Mann", behauptete er aufbegehrend.

„Sicher", gab Werinhard zu bedenken, während er sich das Kinn rieb und mit grimmiger Ironie hinzusetzte: „Genauso frei, wie dein Vater Neithard es war, meinst du diese Art von Freiheit?"

Franko blickte auf, wie von einer Schlange gebissen. „Euer Verwalter war es doch, der unseren Hof an den Rand des Abgrunds gebracht hat!", warf er seinem Gegenüber vor, indem er die Hände zu Fäusten zusammenkrampfte. „Indem er uns die Schweine weggenommen hat! Wir können nicht Abgaben in dieser Höhe an zwei Herren bezahlen!" Sein Tonfall war bei den letzten Worten immer heftiger und lauter geworden.

„Eure Abgaben an Speyer waren unrechtmäßig", warf Werinhard ein. „Das weißt du genau!"

„Es war der Zehnte, den wir der Kirche schulden", schrie Franko verzweifelt. „Wenn wir ihn nicht zahlen, droht uns der Priester mit dem Verlust der ewigen Seligkeit!"

„Ich sage nicht, dass ihr den Zehnten nicht zahlen sollt", erwiderte Werinhard, ohne auf den ungebührlichen Tonfall des jungen Bauern zu achten. „Ich verlange nur, dass ihr ihn an den richtigen Vertreter der Kirche bezahlt!"

Er lehnte sich in seinem Stuhl zurück und wartete die Wirkung seiner Rede ab. Als er das ratlose Gesicht des Bauern sah, fuhr er fort: „Dein Hof befindet sich nicht auf dem Grund des Hofguts Rotenfels, sondern auf dem Grund, den ich gerodet und besiedelt habe, also auf meinem Grund. Das bedeutet, dass du in erster Linie mir zu Abgaben und Frondiensten verpflichtet bist, und zwar dafür, dass ich dir den Grund geliehen habe, auf dem dein Hof steht. Natürlich bist du auch der Kirche zur Abgabe des Zehnten verpflichtet. Der darf aber nicht von dem Speyerer Meier Wulfhard eingesammelt werden, da er nicht der rechtmäßige Verwalter des Domstifts ist. Rechtmäßiger Verwalter bin ich, daher hättest du den Zehnten an mich, an den rechtmäßigen Vogt, geben müssen. Es ist üblich, dass der Vogt einen Teil des Zehnten für seinen Verwaltungsaufwand zurückbehält, den er dann wieder für sich einsetzen kann, beispielsweise als Saatgut für die Bauern, die den Grund bearbeiten." Werinhard hielt inne und beobachtete Franko, der langsam zu verstehen schien, worauf der Herr von Michelbach hinauswollte.

„Der Bischof wird es anders sehen", meinte der Bauer schließlich mürrisch.

„Bischof Heinrich ist von Jugend an ein Freund des Königs gewesen", erwiderte Werinhard betont sachlich. „Er ist durch diese Beziehung zu seinem Amt gelangt. Wer weiß, wahrscheinlich hat er dem König auch noch die eine oder andere Zuwendung gemacht, das heißt, er ist ein Simonist, also einer, der sein kirchliches Amt durch Gewährung von Vorteilen ergattert hat und nicht durch geistliche Tugenden oder besondere Eignung."

Der Michelbacher beugte sich vor und fuhr in beschwörendem Tonfall fort: „Willst du, Franko, ein freier Bauer, allen Ernstes den zehnten Teil deiner mühsam erwirtschafteten Ernte an eine Kirche geben, deren Oberhirte sich der Simonie, also des Ämterkaufes und damit einer Todsünde, schuldig gemacht hat? Und der dazu noch zu Recht als ein Verschwender verschrien ist, der nur dem Genuss und der Unzucht frönt?"

Franko knetete seine Hände und trat von einem Fuß auf den anderen. „Der Bischof hat mir die Freiheit garantiert", meinte er dann widerwillig.

Werinhard blies verächtlich die Luft aus. „Die Freiheit", rief er aus. „Dass ich nicht lache!" Er beugte sich wieder vor, stützte die Hände auf die Armlehnen und höhnte: „Du wirst so lange frei sein und den Zehnten zahlen, bis die nächste Missernte oder Viehseuche kommt."

„Wenn ich nichts ernte, kann ich auch keinen Zehnten abgeben", hielt Franko dagegen.

„Aber der Bischof wird dich für den Ausfall verantwortlich machen", setzte der Michelbacher nach. „Und wenn er dir unter die Arme greift oder dir neues Saatgut und neue Tiere gibt, dann wirst du dich dafür in seine Abhängigkeit begeben müssen." Der Michelbacher stieß mit dem Zeigefinger auf das Holz der Armlehne ein. „Dann wirst du auf den Stand eines Hörigen herabsinken und dem Fronhof des Domstifts in Rotenfels zu Diensten verpflichtet sein, wann immer es von dir verlangt wird!"

„Dann werde ich hier wegziehen und mein Glück woanders versuchen", erwiderte Franko entschlossen.

Werinhard schüttelte den Kopf. „Warum willst du nochmal von vorn anfangen? Warum nicht hier bleiben?"

Der junge Mann lachte bitter auf. „Und was hätte ich davon? Dann wäre ich Euer Höriger, aber ebenso abhängig, wie wenn ich weiter dem Bischof dienen würde!"

Werinhard kniff die Augen zusammen. „Ich mache dir ein Angebot, hör gut zu. Ich wiederhole es nicht."

Franko musterte den Herrn finster, jede Sehne an seinem Körper schien angespannt.

„Du übergibst mir den Hof", begann Werinhard und brachte den Bauern, der auffahren wollte, mit einer Handbewegung zum Schweigen. „Ich werde einen Hörigen darauf setzen." Dann richtete er den Zeigefinger auf Franko. „Du wirst Mitglied meiner Familia, das heißt, ich nehme dich in mein Hofgesinde auf. Der Hauptmann meiner Truppe wird dich im Reiten und im Schwertkampf ausbilden. Es wird sich zeigen, ob du dich mehr für eine militärische Aufgabe eignest oder mehr für die Stellung eines Boten. Du bist ein starker, entschlossener Kerl, viel zu schade, tagein, tagaus im Schlamm herumzukriechen!"

Franko fuhr sich mit beiden Händen mehrfach durch die Haare. Dann hob er den Kopf und fragte misstrauisch: „Und was verlangt Ihr dafür von mir? Was muss ich dafür zahlen?"

„Nichts", erwiderte der Michelbacher, zufrieden lächelnd. „Du bist mein Gefolgsmann mit freier Kost und Unterkunft und erhältst ansonsten alles, was du brauchst, Kleidung, Wein, ein Pferd und gute Gesellschaft. Und wenn du dich bewährst, steigst du in meinem Dienst auf und wirst ein geachteter Herr."

Franko hielt sein Gesicht in beiden Händen. Dann richtete er seinen Blick ungläubig auf den Herrn. „Ich wäre kein Bauer mehr?"

„Nein", beschied Werinhard. „Du hättest die Möglichkeit, ein Krieger zu werden." Dann schlug er beide Hände flach auf die Armlehnen zum Zeichen, dass er das Gespräch als beendet betrachtete. „Überleg es dir nicht zu lange", meinte er. „Bis morgen will ich deine Antwort!" Mit einer Handbewegung bedeutete er dem jungen Bauern, den Raum zu verlassen.

Am darauffolgenden Montag wurde Franko in das Gesinde des Burgherrn aufgenommen. Den Hof am Ausgang des Michelbaches ins Murgtal übernahm ein Leibeigener Werinhards, der seine Abgaben künftig ohne Widerspruch an seinen Herrn leisten würde, ohne sich um das eigene Seelenheil größere Sorgen zu machen.

Frankfurt am Main, Oktober 1069

Anfang Oktober des Jahres 1069 wurde das Scheidungsbegehren des Königs auf einer Synode in Frankfurt am Main erneut verhandelt. Papst Alexander hatte auf Verlangen von Erzbischof Siegfried von Mainz eigens einen päpstlichen Legaten nach Frankfurt geschickt, und zwar Petrus Damiani, den Kardinal und Bischof von Ostia, einen seiner ehrwürdigsten, angesehensten und fähigsten Kirchenführer.

Petrus, der mehr als dreimal so alt war wie der König und über eine Autorität verfügte, die nicht nur auf enormer Gelehrsamkeit, sondern auch auf Glaubensstrenge und einem untadeligen Lebenswandel beruhte, las Heinrich auf dieser Versammlung vor den zahlreich erschienenen Bischöfen und Fürsten unverblümt die Leviten. Als Legat des apostolischen Stuhles sprach er dabei im Auftrag des Heiligen Vaters. Nach der Überzeugung des römischen Pontifex, so führte er aus, sei das Vorhaben des Königs, sich von seiner Frau Bertha scheiden zu lassen, in höchstem Maße verwerflich und in keiner Weise vereinbar mit dem Verhalten eines Christen, ganz zu schweigen von dem eines christlichen Königs. Wenn ihn schon die menschlichen Gesetze und die Sanktionen des Kirchenrechts nicht abschreckten, ermahnte der Legat den König feierlich, solle er doch wenigstens auf seinen eigenen Ruf und sein Ansehen Rücksicht nehmen und nicht das ganze Volk durch das Beispiel seines eigenen verwerflichen Verhaltens wie mit einem Gift besudeln. Seine königliche Pflicht sei es, Verbrechen zu rächen, und nicht selbst welche zu begehen.

Für den Fall, so fuhr der Legat dann mit einem deutlich drohenden Unterton fort, dass die Ermahnungen des Heiligen Vaters nicht fruchten sollten und sich der König uneinsichtig zeigen würde, werde der Papst die nötigen kirchlichen Strafen über Heinrich verhängen und das geplante Verbrechen durch Anwendung des Kirchenrechts verhindern. Der Papst würde außerdem, und das war für Heinrich die schlimmste Konsequenz, niemals mit seinen eigenen Händen jemanden zum Kaiser weihen, der sich durch ein solch abscheuliches Beispiel vom christlichen Glauben abgewandt hätte.

Am Schluss richtete sich der greise Legat nochmals zu voller Größe auf und breitete die Arme über der Versammlung aus. Seine Augen waren geschlossen, die Anwesenden hielten den Atem an in Erwartung dessen, was nun kommen sollte. Es schien ihnen, als sei in Petrus der Prophet Moses selbst auferstanden, der mit gewaltiger Stimme, jedes einzelne Wort betonend, die unumstößliche Wahrheit des sechsten Gebotes verkündete: Du sollst die Ehe nicht brechen! Wie unheilverkündender Donner rollten die Worte durch den Saal und ließen die Zuhörer erschauern. Und um die Wirkung noch zu steigern und die letzten Zweifler in die Schranken zu weisen, sprach Petrus, noch immer in der entrückten Haltung mit erhobenen Händen, die Worte Jesu nach: *Was Gott verbunden hat, das soll der Mensch nicht trennen.*

Die Rede des päpstlichen Gesandten machte einen gewaltigen Eindruck. Die versammelten Fürsten und Großen des Reiches beschworen den König, an der Ehe mit Bertha festzuhalten. Er dürfe, so baten sie ihn inständig, seine Ehre nicht durch ein solches Verbrechen schänden und die Majestät des königlichen Namens nicht durch eine so schmutzige und schändliche Tat beflecken.

Wahrscheinlich aus Furcht, der junge König könnte sich doch letztlich in seinem Trotz verrennen, brachten die Fürsten am Schluss noch ein sehr pragmatisches Argument ins Spiel. Es sei, so gaben sie zu bedenken, höchst unklug, die mächtige Verwandtschaft der Königin Bertha durch eine solche ihr zugefügte Schmach gegen sich aufzubringen und auf diese Weise den Ausbruch von Unruhen und Krieg im Reich zu riskieren.

Heinrich sah keine andere Möglichkeit, als sich dem allgemeinen, von so vielen mit so großer Überzeugung vorgebrachten Votum zu fügen. Da die Meinung der Fürsten unabänderlich feststehe, so erklärte er schließlich niedergeschlagen, sehe er keine andere Möglichkeit, als sich selbst zu dem gebotenen Verhalten zu zwingen und, so gut er könne, die Last zu tragen, die er nicht niederzulegen vermöge. Nach dieser Erklärung ging ein hörbares Aufatmen durch den Saal.

Heinrich allerdings verließ den Ort dieser entsetzlichen Niederlage unverzüglich. Kaum konnte er sich beherrschen, mit finsterem Gesicht eilte er aus dem Saal. Draußen ließ er, um ja nicht zum Nachdenken kommen zu müssen, hektisch sein engstes Gefolge zusammenrufen. Es wurde Befehl zum Aufsitzen gegeben, dann ging es weiter ins nächste Quartier auf dem Weg nach Goslar. Heinrich fühlte nichts als dumpfe Verzweiflung. Er hatte nicht nur sein Ziel nicht erreicht, sondern war auch noch vor aller Welt bis aufs Tiefste gedemütigt worden. Wie einen dummen Jungen hatte ihn dieser Petrus Damiani behandelt.

Während er sein Tier zu einem halsbrecherischen Galopp anstachelte, dem seine vierzig Ritter nur mit Mühe folgten, stieg ein wilder Zorn in ihm hoch. Er würde ihnen schon zeigen, wozu er fähig war! Die Scheidung hatten sie ihm verweigert, aber sein Eheweib anzurühren, dazu konnten sie ihn nicht zwingen! Gott sei Dank hatte er sie ins Kloster Lorsch bringen lassen, um dort den Ausgang der Eheangelegenheit abzuwarten, so dass er ihr in Frankfurt nicht hatte begegnen müssen. Voll von rasendem Schmerz und Scham stellte er sich vor, wie irgendwelche devoten Hofschranzen ihr von seiner Demütigung berichten würden.

In all der verzweifelten Eile hatte man allerdings etwas sehr Wichtiges, ja für die Legitimation der Herrschaft über das Imperium Unerlässliches vergessen. Die auf den königlichen Reisen durch das Reich normalerweise mitgeführten kostbaren Insignien, die Krone, die heilige Lanze, das Reichsschwert, das Reichskreuz und der Reichsapfel waren versehentlich in Frankfurt zurückgeblieben. Sie lagen immer noch in ihrem sicheren Aufbewahrungsort in der Frankfurter Pfalz. Heinrich und seine Truppe hatten bei ihrem überstürzten Aufbruch schlicht versäumt, sie dort herauszuholen. Ein unglückbringendes Vorzeichen, das den König bei der Entdeckung in noch tiefere Hoffnungslosigkeit stürzte! Wenn er die Krönungsinsignien auf eine so gedankenlose Weise aus seiner Hand geben konnte, schien dann Gott selbst ihm nicht zu bedeuten, seine Herrschaft als König sei illegitim und entbehre jeder Grundlage? Heinrich musste alle inneren Kräfte zusammennehmen, um diese Vorstellung zu überwinden. Bis Goslar war noch ein weiter Weg. Und eine Krone, so dachte er trotzig, konnte im Notfall schließlich neu angefertigt werden.

Schon einige Tage später durfte der König, wenigstens bezüglich dieses Problems, beruhigt aufatmen, wobei die Rettung aus einer Richtung kam, die er nicht erwartet hätte. Königin Bertha hatte nach der Nachricht vom Ende der Synode in Frankfurt Kloster Lorsch mit ihrem Gefolge verlassen und war ihrem Gemahl unter dem Schutz der für sie abgestellten Truppe in gemächlicherem Tempo nachgereist.

Als sie von den Vorgängen im Einzelnen erfuhr, füllte sich ihr Herz mit Trauer und Mitgefühl. Sie wusste, dass Heinrich sie nicht sehen wollte, schon gar nicht jetzt. Daher reiste sie nicht allzu schnell. Der König brauchte jetzt Zeit, um zu sich zu kommen, das wusste sie. Ihr Weg nach Goslar führte über Frankfurt. Dort befahl sie, die Reichsinsignien aus dem Tresor zu holen und auf den Packtieren zu verstauen. Mit eigenen Augen überwachte sie die Ausführung ihres Befehls durch die bewährtesten Männer ihrer Schutztruppe. Einige Zeit später übergab Bertha dem ihr angetrauten Gemahl, von dem sie jetzt wusste, dass er ihr Gemahl bleiben würde, die Abzeichen der Macht, deren Besitz nur dem rechtmäßigen, von Gott auserwählten Herrscher im Reich zustand. Wider alles Erwarten war ihr vor Goslar der König sogar eine Strecke weit zur Begrüßung entgegen geritten.

Das fremde Kind

Mainz, Mai 1070

Bei dem überstürzten Aufbruch aus Frankfurt waren nicht nur die Reichsinsignien aus dem königlichen Blickfeld verschwunden. Nach der Abreise des Königs hatte sich auch Mirjam in die Obhut ihres Onkels zurückbegeben, der während der letzten Monate, die sie in unmittelbarer Umgebung des Königs verbracht hatte, immer in der Nähe zu finden gewesen war. Mit Jakob und einer Gruppe von Kaufleuten war sie zurück nach Worms gereist. Als sie merkte, dass sich ihr Zustand nicht mehr länger würde verbergen lassen, hatte sie sich unter einem Vorwand auf den Weg zu einer mit ihrem Geschlecht eng befreundeten Familie in Mainz gemacht.

Das Haus der Familie Ben Jehuda lag im Nordwesten von Magenza, wie die Juden ihre Stadt nannten, in der Nähe des Handelsviertels, wo Juden und Christen Tür an Tür in der Nachbarschaft von Kirchen und Klöster wohnten.

Eines Abends im Mai des Jahres 1070, die Dämmerung hatte bereits eingesetzt, pochte es wiederholt am Eingangstor. Verstohlene Blicke aus einem der oberen Fenster sollten die Hausbewohner darüber aufklären, wer so kurz vor Einbruch der Dunkelheit Einlass begehrte. Unten auf der Straße standen zwei Männer, die durch ihre Kleidung als Angehörige des geistlichen Standes zu erkennen waren. Neben ihnen hatten zwei Diener eine geschlossene Sänfte abgesetzt, vier Soldaten in Kettenpanzern repräsentierten die bewaffnete Macht des Erzbischofs. Einer der Geistlichen sah suchend zu den Fenstern hinauf. Dann klopfte er nochmals und verlangte energisch um Einlass. Man komme im Auftrag des Erzbischofs.

„Das ist der Archidiakon von Erzbischof Siegfried! Ich kenne ihn!", rief die Hausfrau mit erstickter Stimme und zog sich augenblicklich vom Fenster zurück. Sie wirkte in höchstem Maße beunruhigt. War jemand von ihrer Familie beim Sendgericht angezeigt worden? Aber weswegen? Vermutete man gestohlene Ware in ihrem Haus? Wie sollte man bei einem Geschäft immer zweifelsfrei feststellen, ob die Ware rechtmäßig war?

Mirjam hatte einen kurzen Blick aus dem Fenster geworfen und war dann rasch in den Schatten des Raumes zurückgewichen, wo, so hoffte sie, den anderen die namenlose Angst nicht gleich auffallen würde, die sie ergriffen hatte. Den Archidiakon, vor dem sich die Hausfrau so fürchtete, hatte sie noch nie gesehen. Dafür meinte sie, den anderen Geistlichen erkannt zu haben. Warum man ausgerechnet ihn geschickt hatte, wusste sie nicht. Aber dass ein Augenblick wie dieser eines Tages kommen würde, hatte sie geahnt, das Unvermeidliche aber immer wieder verdrängt und sich eingeredet, es werde nicht so bald geschehen.

„Es ist gut Rahel", sagte sie, um Fassung ringend. „Ich denke, ich weiß, wer das ist. Damit habe ich gerechnet. Es wird euch nichts passieren, fürchtet euch nicht." Sie tat ein paar Schritte auf die Tür zu, stützte sich gegen den Türrahmen und atmete schwer ein und aus, um das heftige Zittern zu unterdrücken, das sie jäh befallen hatte. Alle starrten sie an.

Mirjam blickte in die Runde. „Ihr solltet die Besucher ins Kontor führen", schlug sie vor. „Bitte, ich komme gleich nach. Es wird sich alles klären, ihr werdet sehen." Bei den letzten Worten brach ihre Stimme, als würde ein Kloß in ihrer Kehle stecken. Sie räusperte sich und setzte neu an, um den Satz zu vollenden.

„Kind! Was ist dir?", rief Rahel entsetzt, eilte zu ihr und versuchte, sie in die Arme zu schließen. „Droht dir eine Gefahr? Sollen wir dich durch die Hintertüre hinausbringen?"

Trotz aller Angst musste Mirjam lächeln. Sie schüttelte den Kopf. „Nein, keine Gefahr", versicherte sie.

Als sie den Raum im Erdgeschoss einige Minuten später betrat, erkannte sie, dass sie sich nicht geirrt hatte. Einer der Geistlichen war Pater Burchard. In der Sänfte war offenbar eine weitere Person gewesen, die nun ebenfalls im Raum stand. Sie war klein und gedrungen, trug aber einen weiten Umgang mit einer über das Gesicht gezogenen Kapuze, so dass man nicht sehen konnte, ob es sich um einen Mann oder eine Frau handelte.

„Was verschafft mir die Ehre Eures Besuches, Pater?", fragte sie den Geistlichen förmlich. Statt einer Antwort blickte der Pater zu der Frau hin, die auf sein Zeichen hin die Kapuze zurück schlug. Darunter kam ein bäuerlich-grobes, aber nicht unfreundliches Gesicht mit wachen Augen und rot geäderten Backen zum Vorschein. Der weite Umhang fiel jetzt vorn ein wenig auseinander und gab den Blick auf ein dickes Leinenhemd frei, unter dem sich große Brüste erahnen ließen, die Brüste einer Amme. Mirjam kämpfte mit den aufsteigenden Tränen.

„Ihr habt es doch gewusst", murmelte Burchard, ohne ihrem Blick auszuweichen, und verschränkte seine Hände vor der Brust. „Es geht nicht anders", setzte er gequält hinzu. „Wir wissen, dass er sich hier im Haus befindet."

Mirjam wurde schwarz vor Augen, sie sank auf den nächsten Stuhl, hielt sich den Kopf mit beiden Händen und wiegte den Oberkörper wie in stummem Wehklagen vor und zurück. Es blieb eine Weile still im Raum. Rahel lief und brachte ein Glas Wasser. Mirjam dankte ihr und trank einen Schluck. „Hol das Kind", flüsterte sie dann.

Rahel zögerte, sie verstand nichts, vor allem nicht, was dies alles mit dem Erzbischof zu tun haben sollte. Als Mirjam ihr stumm zunickte, verließ sie den Raum. Als sie nach einiger Zeit zurückkehrte, hielt sie ein schlafendes Neugeborenes auf ihren Armen, Mirjams kleinen Sohn.

Burchard gab der rundlichen Frau ein Zeichen. Als sie vortrat und die Arme nach dem Säugling ausstreckte, zuckte Rahel unwillkürlich zurück. Das Kind wachte von der abrupten Bewegung auf und fing an zu weinen. Mirjam schüttelte den Kopf und bedeutete Rahel, es geschehen zu lassen. Mit raschen Griffen hatte die Amme ihr Hemd geöffnet und das Kind an ihre Brust gelegt. Sie schmiegte den Säugling bequem an ihren warmen Leib und gab beruhigende Laute von sich, während sie den Kleinen hin und her wiegte. Es dauerte nicht lange, bis dem Kind wieder die Augen zufielen.

Mirjam nahm alle Kraft zusammen und wandte ihr Gesicht dem Geistlichen zu. „Pater Burchard", begann sie flehend. „Bei allem, was Euch heilig ist, sagt mir, wohin Ihr ihn bringen werdet!"

„Ich kann es Euch nicht sagen", erwiderte er zögernd mit einem Blick auf seinen Begleiter, der die Szene bis jetzt schweigend verfolgt hatte, ohne sich einzumischen.

„Ihr braucht Euch keine Sorgen zu machen", stellte der Vertreter des Erzbischofs nun in einem unangenehm geschäftsmäßigen Tonfall fest. „Das Kind wird bestens versorgt werden."

Die Amme hatte mittlerweile ihre Kleider wieder geschlossen, das Kind mit geübten Griffen in eine wollene Decke gewickelt und es dann in einen kastenförmigen Korb gelegt, den sie zu Mirjams Entsetzen mit einem geflochtenen Deckel verschloss.

„Nur eine vorübergehende Vorsichtsmaßnahme", schnarrte der Archidiakon. Dann wandte er sich an die anwesenden Hausbewohner. „Hört mir jetzt gut zu!", begann er und fuhr dann mit einer kaum verhüllten Drohung fort. „Euer künftiges Wohlergehen könnte davon abhängen!"

Mirjam erstarrte bei diesen Worten. Die Freunde hatten sie so großzügig und gastfreundlich aufgenommen! Sie hatte ihr Kind in Magenza zur Welt bringen dürfen, in den abgeschiedenen und stillen Tiefen des Hauses Ben Jehuda. Die Angehörigen dieser Familie hatten sie versorgt und alles getan, damit ihre Anwesenheit verborgen geblieben war. Jetzt würden sie dafür bezahlen müssen. Mit ängstlicher Spannung wartete sie, was der Archidiakon von ihnen verlangen würde.

Der kam aber nicht sofort zur Sache, sondern erinnerte sich plötzlich daran, dass vorher ja noch etwas anderes zu erledigen war. Möglicherweise gab er auch nur vor, sich plötzlich zu erinnern, um die Judäer noch länger auf die Folter spannen zu können. Also wandte er sich, als sei es die unbedeutendste Nebensache der Welt, wie beiläufig an Pater Burchard. „Bevor Wir hier fortfahren", sagte er, und der Plural sollte in diesem Moment den hohen Rang seiner eigenen Person hervorheben, „könntet Ihr allerdings schon einmal den *puer* hinausbringen lassen."

Noch bevor der Pater reagierte, hatte die Amme, obwohl des Lateins völlig unkundig, begriffen, was gemeint war. Mit einer raschen Bewegung zog sie ihre Kapuze wieder tief ins Gesicht und presste den Korb an sich. Burchard, von ihrer Schnelligkeit zum Handeln gezwungen, hielt ihr die Tür auf den Gang hinaus auf, als Mirjam verzweifelt aufschrie und Anstalten machte, der Frau nachzustürzen und ihr das Behältnis zu entreißen.

Mit einer geschickten Drehung, die man ihr bei ihrer Leibesfülle nicht zugetraut hätte, entging die dralle Person dem Angriff und eilte durch die Tür nach draußen auf den Flur, wo ihr bereits einer der Bewaffneten entgegenkam und sie mitsamt dem Korb rasch in die geschlossene Sänfte vor dem Portal hineinverfrachtete. Währenddessen hatten die beiden Geistlichen die schreiende Mirjam gepackt und unter Aufbietung beträchtlicher Gewaltanwendung daran gehindert, der Amme zu folgen. Bevor einer der Hausbewohner die Gelegenheit hatte, auch nur die Hand zu erheben, trat der andere Soldat mit gezogenem Schwert in die Stube. Mirjam erschlaffte bei seinem Anblick, sie war weiß wie ein Leintuch.

Der Archidiakon entließ sie aus seinem Griff. Pater Burchard hielt immer noch ihren Arm fest, jetzt um sie zu stützen, obwohl sie versuchte, ihn mit einer kraftlosen Bewegung abzuwehren.

„So ist es gut! Wir wollen vernünftig sein und kein Aufsehen erregen", schnarrte der erzbischöfliche Funktionsträger. Dann fuhr er mit der unterbrochenen Instruktion für die Hausbewohner fort, so als sei nichts gewesen.

„Wenn jemand wissen will, was wir hier gemacht haben, dann antwortet ihr, wie folgt", führte er aus. „Ihr seid beim erzbischöflichen Gericht angezeigt worden, da man etwas in eurem Haus vermutete, das nicht dorthin gehört. Daraufhin haben wir euch befragt, der Verdacht hat sich nicht bestätigt, und wir sind wieder gegangen."

Eine Weile herrschte Schweigen. Dann meldete sich Rahels Schwiegersohn zu Wort. „Verehrter Archidiakon, erlaubt mir zu Bedenken zu geben", begann er, eine höfliche, fast unterwürfige Verneigung andeutend. „Unsere Familie betreibt Handel. Es könnte Kunden geben, die behaupten, wir verkaufen wissentlich Hehlerware. Das würde unser Geschäft schädigen."

Der Archidiakon überlegte kurz, zu kurz um den Verdacht auszuschließen, dass die ganze Aktion vorher genau durchgespielt worden war. „Eine solche Behauptung wäre eine Verleumdung, die ihr beim Gericht anzeigen könnt. Falls es tatsächlich zu Schwierigkeiten deswegen kommen sollte, nun dann handelte es sich um die von einer Magd des bischöflichen Hofes eingekaufte und in einem Korb aufbewahrte Gewürzmischung, die im Gewühl des Marktes von Unbekannten entwendet und von euch später in gutem Glauben erworben wurde."

Der Sprecher kniff nach diesen Worten den Mund zusammen und musterte die Judäer streng, wobei sich die steile Falte über seiner Nasenwurzel vertiefte. „Sollte uns jemals zu Ohren kommen, dass ihr etwas über die wahren Vorgänge an diesem Abend habt verlauten lassen", setzte er nach einem tiefen Atemzug hinzu, „so seid gewiss, dass jegliche Verleumdung durch eure Kunden ungeahndet bleiben wird!"

Da war es, das Damoklesschwert, das nun über den Kaufleuten der Familie Ben Jehuda hängen würde, dachte Mirjam bitter. Nur wenn sie schwiegen, würde es sich abwenden lassen. Und Mirjam wusste, dass sie schweigen würden. Etwas anderes blieb ihnen gar nicht übrig.

Der Archidiakon und Pater Burchard wandten sich zum Gehen, auf der Türschwelle drehte sich Burchard noch einmal zu Mirjam um. „Er wird ein Licht in dieser Welt sein“, sagte er, und es klang wie eine Prophezeiung.

„Er wird ein Fremder in dieser Welt bleiben, sein Leben lang“, erwiderte die Jüdin tonlos. Burchard verharrte immer noch auf der Schwelle. Dann antwortete er, und es schien, als suche er nach Worten des Trostes für die verzweifelte Mutter. Der durchdringende Blick, den er dabei auf sie geheftet hielt, ließ allerdings vermuten, dass er die Worte nicht suchen musste, da sie neben dem Trost noch etwas anderes übermitteln sollten.

„Wir sind alle Fremde und Pilger in dieser Welt, wisst Ihr das nicht, Frau Mirjam? Meine Mitbrüder und ich, wir werden zur Gottesmutter Maria beten, dass sie für Euer Kind sorgt. Und auch zum Apostel Jakobus, der besonders die Pilger beschützt.“ Dann wandte er sich um und ging hinaus. Als er auf die Straße trat, hatten die Träger die Sänfte bereits angehoben, die sich nun schaukelnd in Bewegung setzte. Bald war die Gruppe in der Dunkelheit verschwunden.

Mirjam barg das Gesicht in beiden Händen und begann, den Oberkörper wieder vor und zurück zu schwingen, vor und zurück, immer wieder in der gleichen monotonen Bewegung, so als wollte sie den namenlosen Schmerz durch das Schütteln betäuben. Dabei rasten die Gedanken in ihrem Kopf. Der Geistliche hatte von der Gottesmutter gesprochen, und vom Apostel Jakobus. Warum hatte er so langsam gesprochen und sie so eigentümlich dabei angesehen? Oder hatte sie sich das nur eingebildet? Plötzlich stieg eine Ahnung in ihr auf: Hatte Burchard ihr vielleicht einen Hinweis geben wollen? Meinte er mit Jakobus vielleicht Jakob, ihren Onkel? Aber das konnte nicht sein! Onkel Jakob konnte in dieses Komplott nicht verwickelt sein! Er hätte sie niemals verraten! Oder doch? Wusste er etwas? Vielleicht mehr als sie?

Abrupt unterbrach Mirjam das einförmige Vor- und Zurückpendeln und zog die Hände vom Gesicht. „Ich muss heim, nach Worms, sofort!“ Noch bevor sie die Worte ausgesprochen hatte, war sie bereits aufgesprungen.

„Gemach! Beruhige dich“, ertönte eine Männerstimme von der Tür her. Der Hausherr Gershom ben Jehuda hatte irgendwann in den letzten Minuten unbemerkt das Zimmer betreten, sich aber im Hintergrund gehalten. „Er hat den Namen Jakob erwähnt. Das deutet darauf hin, dass dein Onkel etwas mehr über das künftige Schicksal des Kindes wissen könnte“, bestätigte er Mirjams Verdacht und musterte sie eindringlich. Wie die gesamte Familie hatte natürlich auch er sich über den möglichen Erzeuger Gedanken gemacht, war aber nicht weiter in Mirjam gedrungen, da sie es kategorisch abgelehnt hatte, darüber auch nur die geringste Auskunft zu geben. Es war letztlich auch nicht von allzu großer Bedeutung. Auf den Vater kam es nicht an. Das Kind war aus einer jüdischen Mutter geboren und würde daher für immer ein Jude bleiben, selbst wenn man es nun taufen und christlich aufziehen sollte. Im Augenblick sah Gershom keine Möglichkeit, diese schlimmste aller Möglichkeiten zu verhindern, aber er beschloss, sich mit aller gebotenen Vorsicht in seinem großen, bis in vornehme christliche Kreise reichenden Netzwerk umzuhören, die Augen offen zu halten und demnächst selbst nach Worms zu reisen, um Jakob Kalonymos zu befragen.

Mirjam hatte wieder die Hände vor das Gesicht geschlagen. Gershom vermutete, dass ihr der Zweifel an der Loyalität ihres Onkels zusetzte.

„Die Agenten des erzbischöflichen Hofes haben deinen Onkel nicht gebraucht, um hierher zu finden“, stellte er daher trocken fest. „Erzbischof Siegfrieds Beziehungen reichen weit, sehr weit, sogar bis ins Schlafzimmer des Königs, wenn es sein muss“, fuhr er mit einem grimmigen Auflachen fort. Mirjam hielt immer noch die Hände vor ihrem Gesicht, Gershom fragte sich unwillkürlich, warum. Ihm war, als sei sie bei seinen letzten Worten merklich zusammengezuckt, war sich aber nicht sicher, ob ihn die auf dem Kandelaber flackernden Kerzen nicht doch genarrt hatten.

Mirjam atmete einige Male tief ein und aus, bevor sie ihr Gesicht wieder zeigte. „Und Maria? Warum hat er Maria erwähnt?“, fragte sie dann stirnrunzelnd. Gershom nagte an seiner Unterlippe, dann äußerte er seine Überlegungen: „Maria ist die besondere Schutzheilige der Könige aus dem Geschlecht der Heinriche. Kaiser Konrad und sein Sohn Heinrich der Schwarze, Großvater und Vater des jetzt regierenden Königs, Heinrich, sind zusammen mit ihren Gemahlinnen in einem riesigen Gotteshaus begraben, das diesem Geschlecht heilig ist und das der sogenannten

Gottesmutter Maria, der Mutter von Jesus geweiht ist, den die Christen als ihren Messias ansehen."

Mirjam begriff die Tragweite des Gesagten nicht sofort, aber dann durchfuhr sie die Erkenntnis wie ein Blitz, ihre Augen weiteten sich. „Schpira", stieß sie aufgeregt hervor. „Speyer! Er hat Speyer gemeint!"

Neue Pläne im Murgtal

Murgtal, April 1073

Sie hatten den Rand des breiten, von größeren und kleineren Inseln, von verschlungenen Nebenarmen und versumpften Tümpeln aufgefächerten Flussbetts der Murg in der Gackenaue erreicht. Franko zügelte sein Pferd und hob die Hand. Seine beiden Begleiter brachten sich rechts und links neben ihm in Stellung. Die drei Tiere senkten ihre weichen Mäuler zum Saufen hinunter in das plätschernde Bächlein vor ihren Hufen. Der Tag war heiß und drückend gewesen, Rösser und Reiter genossen die vom Wasser aufsteigende Kühle.

„Hier versuchen wir es", meinte Franko. „Die Murg führt im Moment nicht allzu viel Wasser, ich denke wir versuchen hier, durch den Fluss zu gehen."

„Wie Ihr befehlt, Hauptmann", stimmte der eine der Begleiter zu. Franko wartete noch eine Weile, bis die Pferde sich satt getrunken hatten, und streichelte währenddessen seinem Rappen über den Hals. Dabei spähte er über die unübersichtliche Wasserlandschaft zum jenseitigen Ufer hinüber, dessen Konturen im Licht der dunstverhangenen Sonne verschwammen. Nur an den aufsteigenden Hügeln konnte man erkennen, dass jenseits der morastigen Talmulde fester Boden zu erwarten war.

Mit einem leichten Druck der Schenkel trieb Franko sein Tier an und lenkte es vorsichtig über das Rinnsal auf die dahinter liegende, von Bäumen und dichtem Gestrüpp bedeckte erste Insel im Flussbett. Die beiden Soldaten folgten ihm, jeder konzentriert den Blick auf den Boden geheftet, um Stolperfallen rechtzeitig auszumachen. Auf der Insel stiegen sie ab, um den weiteren Weg zu erkunden. Der nächste Flussarm, auf den sie stießen, war breiter als der eben durchquerte schmale Nebenlauf und schien auch tiefer zu sein. Am Ufer plätscherten kleine Wellen glucksend auf den Sand. In der Mitte des Wasserlaufs schien die Strömung erheblich schneller zu sein. Franko schwang sich in den Sattel und ritt an, die anderen beiden folgten ihm.

Wie sich herausstellte, konnten die Pferde den gesamten Flussarm durchwaten, ohne ins Schwimmen zu geraten. Sobald sie die nächste Insel erreicht hatten, stiegen sie erneut ab und nahmen die Tiere am Zügel. Den Weg bis zum nächsten Wasserlauf mussten sie an einigen Stellen erst von dem wuchernden Gestrüpp mit den Schwertern frei hauen, bevor sich die Pferde hindurchführen ließen. Dabei achteten sie darauf, sich im Schatten der Bäume zu bewegen, um den Kundschaftern der Ebersteiner zu entgehen, die möglicherweise am anderen Ufer patrouillieren mochten.

„Das muss der Hauptstrom sein", meinte Franko, als sie schließlich einen im Vergleich mit den bisher durchquerten Flussarmen erheblich breiteren Strom erreicht hatten. Das Wasser war dunkel und schoss mit beängstigender Geschwindigkeit dahin, an manchen Stellen verwirbelte es zu gurgelnden Strudeln. Die gekräuselte Oberfläche reflektierte die Strahlen der tiefstehenden Sonne in tanzenden Lichtern. In der Mitte des Flusslaufs reichte das Wasser den Pferden bis unter die Brust. Schließlich gelangten sie auf eine weitere Insel, die dem gegenüberliegenden Ufer sehr nahe, aber von Röhricht und tückischem Sumpf bedeckt war, so dass sie eine Weile für die Überquerung brauchten. Durch einen mit Brackwasser gefüllten Seitenarm gelangten Reiter und Pferde endlich ans andere Ufer, wo ihnen das hohe Schilfgras Schutz vor neugierigen Blicken bot.

„Eignet sich die Stelle für einen Übergang?", wandte sich Franko an den einen seiner Begleiter. „Was meinst du, Frutolf?"

Frutolf schürzte die Lippen, nahm die Kappe ab und fuhr sich mit der Hand mehrfach über den Hinterkopf. Seine Stirn war schweißüberströmt. Aus Respekt widersprach er seinem Hauptmann nur ungern, wusste aber, dass er um eine ehrliche Antwort nicht herumkommen würde. „Wohl eher nicht", gab er dann wortkarg, aber eindeutig zu bedenken.

„Und deine Meinung, Udo?" Franko drehte sich zu dem anderen, bereits älteren Mann hin. Der schüttelte bedächtig den Kopf. „Für einzelne Reiter ist es vielleicht möglich, mit Mühe und Not und viel Glück, wenn der Fluss nicht so viel Wasser führt", stellte er fest. „Aber für einen bewaffneten Trupp ist es zu gefährlich. Erst recht für eine Gruppe von Kaufleuten."

Franko nickte. „Ihr habt Recht, das sehe ich auch so. Also doch nur ein Jagdgebiet für wilde Enten und Gänse. Wir müssen einen anderen Weg finden." Er ließ das tänzelnde Pferd sich einmal im Kreis drehen, dann setzte er hinzu: „Wir lassen die Pferde ein wenig ausruhen, dann reiten wir auf dieser Seite ein Stück flussaufwärts. Dort münden zwei Bäche in die Murg, da kann man den Fluss leichter überqueren."

Das Flussbett, das heißt die ganze Talaue bei Rotenfels und der Gackenaue, war eine sich ständig verändernde Wasser- und Sumpflandschaft, sinnierte Franko im Weiterreiten. Ungeeignet für eine Furt. Bei diesem Gedanken runzelte er unbewusst die Stirn. Eine Furt brauchten sie aber. Mit „sie" meinte er seinen Herrn Werinhard von Michelbach und dessen Familie, wobei er sich selbst mittlerweile als Diener und Vertrauten zum engeren Kreis um diese Familie zählte. Vor einigen Jahren hatte ihn Werinhard offiziell in die Familia genannte Gemeinschaft der Hofbediensteten aufgenommen und ihm die Gelegenheit gegeben, sich als Ritter zu beweisen. Inzwischen war er zum Hauptmann der Burgmannen aufgestiegen. Seine erste Aufgabe war es, die Michelbacher Burg und ihre Bewohner vor Überfällen zu schützen. Die zweite, fast ebenso wichtige Aufgabe war der Schutz der Dörfer Rotenfels und Michelbach.

Das Landgut Rotenfels war von Kaiser Heinrich III. an die Kirche von Speyer geschenkt worden, das wusste Franko. Gegen das Eigentumsrecht des Bischofs und seiner Domkapitulare hatte er auch nichts einzuwenden. Was ihn ärgerte, war die Weigerung der geistlichen Herren, den Anspruch seines Herrn auf die Ausübung der Vogtei über dieses Gebiet anzuerkennen. Als Vertreter des ortsansässigen Hochadels mit verwandtschaftlichen Beziehungen zum Königshaus hatte Herr Werinhard aber einen legitimen Anspruch auf dieses Amt. Davon war auch Franko überzeugt, und half seinem Herrn daher nach Kräften, dieses Amt auch gegen den Willen von Bischof und Domkapitel auszuüben.

Die Bewohner von Dorf und Tal folgten wohl oder übel der ärgeren Hand, denn Speyer war weit weg. Außerdem hatten sie wenig zu klagen: Herr Werinhard hatte den Zehnten, die an die Kirche von Speyer geschuldete Abgabe, reduziert und stattdessen einige Abgaben für die Ausübung der Vogtei eingeführt. Die Bauern zahlten nur geringfügig höhere Steuern, genossen aber den wirksamen Schutz eines mächtigen

Adligen vor Ort, ohne den Überfällen der in den umliegenden Wäldern umherziehenden Gesetzlosen ausgeliefert zu sein.

Von Rotenfels aus war unter dem Schutz Werinhards das Tal weiter nach Süden urbar gemacht und die Weiler Michelbach sowie die Höfe in der Gackenaue gegründet worden. Franko dachte an seinen Vater Neithard. Er war einer der ersten gewesen, die am Austritt des Michelbachs in der Talaue gesiedelt und dort einen Hof gebaut hatten. Wegen eines Streits mit Speyer hatte ihm der Michelbacher Verwalter damals die paar Schweine beschlagnahmt, die er sein Eigen nannte. Franko erinnerte sich nur widerwillig an die hässliche Szene und den Tod seines Vaters. Aber an all dem war nur Speyer schuld gewesen! Mit der Drohung, das ewige Seelenheil zu verlieren, hatte der Abgesandte des Bischofs die Bauern dazu gebracht, die vollen Zehntabgaben herzugeben, obwohl von Speyer weder eine ordentliche Verwaltung, noch ein wirksamer Schutz gekommen war.

Aber das Schlimmste war, dass Speyer nun auch noch das Eigentum an Gebieten verlangte, die im Augenblick der Schenkung noch gar nicht zum Landgut Rotenfels gehört hatten, sondern erst von seinem Herrn vom Urwald befreit und neu erschlossen worden waren! Den Hals konnten sie nicht voll bekommen! Die Gackenaue wollten sie nun auch noch haben! Franko presste beim Gedanken an die Unverschämtheit der Speyerer Pfaffen die Kiefer zusammen.

Er wurde jedoch aus seinen Gedanken gerissen, als der vor ihm reitende Udo sein Pferd zügelte und sich aus dem Sattel schwang. Ein mächtiger Felsrücken versperrte an dieser Stelle den Weg. Ab hier mussten sie zu Fuß gehen und die Tiere auf einem schmalen Pfad durch den Urwald führen, um das Hindernis zu umgehen. Der Weg war mühsam und anstrengend, aber nach einer Weile näherten sie sich wieder dem Fluss und erreichten einen Bach, der sich leicht überqueren ließ. Ein primitiver Unterstand in Ufernähe kam in Sicht. Als sie darauf zutraten, waren sie schon entdeckt worden. Einige Männer liefen zusammen, einer, offenbar der Anführer, übernahm die Begrüßung. „Seid willkommen, Hauptmann! Gott schütze dich und deine Leute!"

„Danke, Gerwin! Gottes Segen auch über euch!", erwiderte Franko. „Wie sieht es aus? Kommt ihr mit der Rodung voran?", wollte er wissen und deutete auf den kleinen, frei geräumten Platz um den Unterstand in Ufernähe.

„Es ist sehr mühevoll und langwierig, aber wir kommen voran, Hauptmann", antwortete der mit Gerwin Angesprochene. „Der Pfad durch den Wald wird in einiger Zeit sicher breiter und leichter gangbar sein. Dann werden vielleicht auch einmal Händler, die von Baden und aus dem Rheintal her kommen, diesen Weg finden."

„Immerhin hätten sie einige Vorteile dadurch", überlegte Franko. „Die Murg ist hier leichter zu überqueren, ein Weg führt nach Osten weiter über die Höhen ins Schwäbische und nach Norden über unsere Siedlungen Michelbach, Gackenaue und Rotenfels auch ins Rheintal."

Gerwin hatte den Männern gewinkt, worauf in Windeseile tönerne Becher und Krüge mit Wasser herbeigetragen wurden. „Trinkt einen Schluck, bevor ihr nach Hause reitet", forderte der Anführer der Waldarbeiter die Reiter auf. „Die Sonne ist noch nicht ganz untergegangen, es ist Vollmond und wir werden eine sternenklare Nacht haben. Den Weg nach Michelbach findet ihr auf der anderen Seite im Schlaf!"

Die drei Reiter folgten der Aufforderung. Alle saßen ab und tranken, während sie die Pferde saufen und grasen ließen. Franko blickte zufrieden auf den Fluss. Nur eine kleine Wegstrecke oberhalb hatte die Murg ihre Wassermassen erst gewaltsam durch eine enge Felsschlucht hindurchgepresst, um sich hier, in der sich verbreiternden Talaue, ein wenig zu beruhigen. Dabei war ihr aber immer noch so viel Kraft geblieben, dass sie sich nicht in zahllosen Armen, Sümpfen und Tümpeln verzweigte, sondern rasch und zielsicher ihren Weg nahm. Gleichzeitig wurde sie aber auch breiter und flacher, wodurch sie weniger Wirbel und Strudel bildete und daher leichter zu durchwaten war.

Es war eine gute Stelle, um einen Markt einzurichten, dachte Franko bei sich. Und einen Markt brauchte sein Herr, um mit dem Herrn von Eberstein mitzuhalten, der auf der linken Flussseite mit seiner neuen Stammburg Eberstein und dem bereits in der Ebene liegenden Marktdorf Cuppenheim dabei war, sich eine Herrschaft aufzubauen. Auf Cuppenheim, da war sich Franko sicher, konnte sein Herr keinen Einfluss gewinnen, da der Fluss in diesem Abschnitt nur schwer zu durchqueren war, wie sie heute erst wieder festgestellt hatten. Also musste ein anderer Ort gefunden werden. Gackenaue lag nicht so nah an der Rheintalstraße wie Cuppenheim und hatte auch keine Verbindung nach Osten. Daher war der neue Flussübergang weiter hinten im Tal so vielversprechend.

Man musste nur aufpassen, dass Berthold von Eberstein nicht auf dieselbe Idee käme und auch versuchte, sich hier festzusetzen.

Als Franko, Frutolf und Udo Michelbach wieder erreichten, stand ein heller Vollmond am Nachthimmel, der matt schimmerte wie eine Gurkenscheibe.

Franko erstattete seinem Herrn noch in der Nacht Bericht. Nachdem Werinhard aufmerksam zugehört hatte, überlegte er eine Weile, bevor er seine Gedanken laut äußerte: „Wir sollten an dieser Furt einen Herrenhof mit ständiger Bewachung hinstellen." Forschend blickte er Franko an. „Meinst du nicht?"

Der Hauptmann nickte langsam. „Ja, das wäre, denke ich, eine sehr gute Idee!", äußerte er dann.

Der Michelbacher ließ einen wohlwollenden Blick auf seinem Gefolgsmann ruhen. In nur wenigen Jahren hatte sich dieser ehemalige Bauernsohn zu einem äußerst nützlichen Mitglied seiner Burgmannschaft entwickelt. Gerade jetzt, wo seine beiden Söhne im königlichen Heer dienten, war er froh, einen so fähigen Hauptmann zu haben.

„Wo, denkst du, sollten wir diesen Hof bauen?", fragte Werinhard.

Franko brauchte nicht lange zu überlegen. „Neben der Furt, etwas nach Süden hin, gibt es auf dem linken Ufer eine kleine Anhöhe. Ich schätze, das Hochwasser kommt da niemals hin. Dort wäre ein guter Platz. Von dem Bergsporn, auf dem sich der Pfad in Richtung Rheintal zieht, ist diese Anhöhe durch ein tiefes Tal getrennt, in dem ein Bach fließt. Von dieser Anhöhe aus könnte man gleichzeitig den Pfad auf dem Bergsporn, die Furt selbst und auch das jenseitige Ufer sehr gut überwachen."

Werinhard lachte trocken auf. „Sehr gut, ich sehe, wir verstehen uns! Morgen früh reiten wir dorthin. Ich will die Sache nochmal genau in Augenschein nehmen." Dann fiel ihm noch etwas ein: „Wie heißt dieser Platz eigentlich?", fragte er.

„Bei den Leuten aus Michelbach und Rotenfels ist die Stelle als Gerbach oder Gernsbach bekannt", erklärte Franko und fuhr schulterzuckend fort: „Vielleicht weil der Bach, der dort mündet, so schnell fließt, als ob er ganz gierig wäre, sich in die Murg zu stürzen."

Werinhard erhob sich. „Wir sehen uns morgen bei Sonnenaufgang unten im Hof!" meinte er. „Wie Ihr befehlt, Herr", antwortete Franko gehorsam und verneigte sich. Er wusste, was der Herr von Michelbach von ihm erwartete. Dann verließ er den Raum, um seine Männer anzuweisen.

Am nächsten Morgen ritt ein ganzer Trupp mit Werinhard von Michelbach und seinem Hauptmann Franko an der Spitze in Richtung Gernsbach. Die Reiter benutzten den uralten Tungweg, der sich an den Abhängen der zum Murgtal hin abfallenden Berge entlang zog, immer auf einer Höhe dicht über der Hochwassergrenze. Gegenüber von Gernsbach führte der Pfad zum Ufer hinunter. Der Fluss ließ sich über eine gerade trocken liegende kleine Insel leicht durchqueren. Ohne größere Schwierigkeiten gelangten sie auf das linke Ufer. Werinhard nahm die Baumfällarbeiten und die hochwassersichere, für die Anlage eines Herrenhofs geeignete Anhöhe in Augenschein. Es wurde ein Bautrupp für die Anlage des Herrenhofes bestimmt, den Michelbacher Burgmannen im Wechsel Tag und Nacht bewachen sollten. Zur Sicherheit wurde auch am rechten Ufer ein Posten installiert, der bei Gefahr eines Überfalls durch entsprechende Feuerzeichen von der anderen Flussseite alarmiert werden sollte.

Werinhard hatte die Furt bereits wieder überquert und das rechte Ufer erreicht, da wandte er sein Pferd nochmals und ließ seine Blicke über das Tal schweifen. Die gerodete Fläche jenseits des Flusses wirkte wie ein kleiner Hof in einem Meer von Wald, der sich über die Hänge nach allen Richtungen ausdehnte, soweit das Auge reichte. Die Waldarbeiter waren leibeigene Bauern, aber er musste sie ernähren und kleiden. Die Soldaten gehörten zu seinem Gesinde oder waren freie Gefolgsleute. Auch sie verursachten Kosten durch Unterhalt und Ausrüstung.

Der Michelbacher war sich nicht im Klaren darüber, wie er das alles finanzieren sollte. Zehntabgaben an das Domkapitel und Abgaben der Siedler südlich des Dorfes Rotenfels an Speyer würde er auch in Zukunft unterbinden, notfalls mit Gewalt. Die Bauern, die auf dem Land saßen, das er selbst gerodet hatte, waren sein Eigentum. Sie schuldeten nur ihm Pacht und Abgaben. Die meisten waren Hörige und Leibeigene, die wenigen Freien würden ihren Status auf Dauer nicht bewahren können, und ebenfalls in die Hörigkeit abrutschen. Wer sich weigerte zu zahlen, den würde er davonjagen. Bauern konnte man leicht ersetzen. Meist taugten sie sowieso nicht viel. Sein Hauptmann Franko war da eine rühmliche Ausnahme.

Noch besser wäre es, wenn ihn Bischof und Domkapitel endlich als Vogt für ihren gesamten Besitz im Murgtal anerkennen würden. Dann wäre er berechtigt, sämtliche Abgaben, auch den Zehnten, selbst einzuziehen. Was er den Speyerern dann davon zukommen ließ, lag letztlich dann in seinem Ermessen.

Werinhard überlegte. Wenn der künftige Bischof ihm nicht freiwillig entgegenkam, würde er ihn eben dazu zwingen müssen, ihn vielleicht mit geistlichen Waffen schlagen? War sein Schwager nicht im Besitz eines Reformklosters? Nachdenklich wandte der Michelbacher sein Pferd und lenkte es auf den Pfad in Richtung seiner Burg.

Die Ärztin

Ladenburg, November 1073

„Mein Herr, sie sind da, wie Ihr befohlen habt!" Udalrich von Godesheim sprach gedämpft, er ging davon aus, dass der König schwach, aber bei Bewusstsein war. Erst wenige Augenblicke zuvor hatte ihn Heinrich hinausgeschickt, um nachzusehen, ob die Judäer schon angekommen seien. Udalrich wusste, dass die so sehnlich Erwarteten von einer königlichen Truppe eskortiert wurden und die Wachen bei ihrer Ankunft sofort Laut geben würden. Trotzdem war er dem Willen seines Herrn nachgekommen. Es hatte nur wenige Augenblicke gekostet, in den Turm zu laufen und von einem Fenster in den Hof zu schauen. Zurückgekehrt ans Bett des Königs, wiederholte Udalrich die gute Nachricht. Allerdings erfolgte keinerlei Reaktion mehr. Der König hatte endgültig das Bewusstsein verloren. Seine Augen waren geschlossen, das Gesicht unnatürlich weiß und eingefallen, die Haare lagen strähnig und wirr auf dem Kissen.

Udalrich fühlte sich wie betäubt. Im Gegensatz zu vielen in der engsten Umgebung des Königs, liebte und verehrte er seinen Herrn aufrichtig und rückhaltlos. Ihn jetzt so zu sehen, erfüllte ihn mit lähmender Verzweiflung.

In diesem Moment rüttelte jemand mit aller Kraft an seiner Schulter. Starr vor Entsetzen, hatte Udalrich nicht bemerkt, wie Heinrichs Leibdiener Kuno das Zimmer betreten hatte.

„Sie ist da!", schrie ihm Kuno ins Ohr. Udalrich fuhr hoch wie aus einem schlimmen Traum, dann stürzte er, ohne ein Wort zu verlieren, in Richtung Tür und polterte, jeweils mehrere Stufen auf einmal nehmend, die Treppe hinunter.

Kaum im Hof, hatte er die Situation schon erfasst. Die beiden Reisenden waren gerade von ihren Pferden gestiegen. Der ältere Mann musste der Onkel sein. Mirjam selbst kannte er von Worms her. Udalrich hatte keine Zeit, sie eingehender zu mustern. Was ihm beim ersten Blick aber auffiel, war, dass sie älter geworden war. Er hätte nicht sagen können, ob es an den Linien um Augen und Mund lag, oder an einer gewissen

Unzugänglichkeit, die sie wie ein Panzer umgab. Als er auf sie zueilte, erwarteten ihn ihre grünbraunen Augen mit einer Kühle, an die er sich nicht erinnern konnte. Das in einem Zopf nach hinten geflochtene, immer noch dunkle Haar und der darüber gebundene Schleier verstärkten noch den Eindruck der Strenge, der jetzt von ihr ausging. Aber das alles zählte im Augenblick nicht.

Wenig später stand die Ärztin im Krankenzimmer. Als erstes scheuchte sie mit einer herrischen Handbewegung die Aufwartefrauen hinaus, die sich mittlerweile in der Kammer versammelt hatten und scheu nach dem wie tot daliegenden König hin sahen. „Sag ihnen, sie sollen draußen warten", wies sie Udalrich an. „Ihr müsst hier bleiben, ich brauche Euch."

Mirjam schlug die Decke zurück und stöhnte unwillkürlich.

„Wie lange liegt er schon so", wollte sie wissen. Udalrich brauchte nicht zu überlegen. „Drei Tage", antwortete er. „Wir waren auf dem Weg von Regensburg an den Rhein. Eigentlich wollten wir an diesem Tag noch nach Worms weiter. Aber dann, mitten auf dem Weg …" Er brach ab und zuckte mit den Achseln.

„Was dann?" Mirjam hatte einen scharfen Ton angeschlagen, unter dem Udalrich sichtbar zusammenzuckte. „Entschuldigt", meinte sie dann gequält. „Ihr könnt nichts dafür. Nur sagt mir rasch, wie es passiert ist!"

Daraufhin fasste Udalrich so knapp wie möglich die Ereignisse des verhängnisvollen Tages zusammen: Wie König Heinrich auf dem Weg nach Worms plötzlich von unerträglichen Schmerzen überfallen worden sei und der ganze Tross die nächstmögliche Übernachtungsmöglichkeit angesteuert habe. Ladenburg gehöre zwar dem feindlich gesinnten Bischof von Worms, der habe aber gerade andere Sorgen. Außerdem sei der Bischofshof in Ladenburg vormals eine königliche Pfalz gewesen und man habe erwartet, sich dort ohne größere Schwierigkeiten mit Proviant versorgen zu können.

„Und der Arzt?", fragte Mirjam. „Es ist doch immer einer im Tross mit dabei!"

Udalrich fuhr sich mit beiden Händen mehrfach heftig durch das borstige Haar. „Hat sich aus dem Staub gemacht", berichtete er dann empört. „Genauso wie etliche Herren aus dem königlichen Gefolge. Es ist Euch vielleicht zu Ohren gekommen, was sich in der letzten Zeit für Verrätereien zugetragen haben?" Mit zusammengekniffenen Augen blickte er Mirjam an. Die winkte rasch ab: „Das tut im Moment nichts zur Sache!“ Sie überlegte einen Moment lang. „Er muss unerträgliche Schmerzen gehabt haben“, stellte sie dann fest. „Wie konntet ihr so lange warten, einen anderen Arzt zu rufen?“, wollte sie wissen, und auf ihrem Gesicht malte sich blankes Entsetzen ab.

„Er wollte es nicht“, stieß Udalrich hervor. „Was soll ich denn machen, wenn der König selbst es nicht will, ja sogar ausdrücklich verbietet?“ Seine Stimme nahm einen verzweifelten Ton an. Er schüttelte wild mit dem Kopf. „Erst gestern, endlich, hat er mir befohlen, Euch zu holen!“

„Und seit wann reagiert er auf keine Ansprache mehr?“ Mirjams Blicke hefteten sich in größter Anspannung auf Udalrich.

„Nicht lange! Er ist erst kurz vor Eurer Ankunft in die Bewusstlosigkeit gefallen!“

Udalrich wunderte sich, wie schnell jetzt alles ging. Knapp und scharf kamen Mirjams Anweisungen. Kuno und er selbst stellten ihren Herrn auf die Füße und hielten den erschlafften Körper unter Aufbietung aller Kräfte in dieser Position. Mehrfach gelang es ihnen, ihn von den Füßen zu heben und hart wieder auf dem Boden aufzusetzen, was die Jüdin jeweils mit einem „Gut so! Weiter!“ quittierte. Als ihnen von der Anstrengung die Adern anschwollen, wurden sie von Kriegern der Leibgarde abgelöst, die von den Mägden herbeigerufen worden waren.

Die Ärztin schien auf etwas zu warten. Nach einer Weile begann der Patient heftig zu stöhnen, Udalrich zuckte bei den immer wilderen Schmerzlauten jedes Mal zusammen. Nach einer Weile öffnete der König die Augen, sein Blick wirkte glasig und verschwommen, als ob er nichts um sich herum wirklich wahrnehmen würde. Dann fiel sein Kopf nach vorn, er begann zu würgen.

Mirjam hielt ihm rasch ein silbernes Becken vor. „Wenigstens ein Lebenszeichen“, meinte sie. „Es ist das alte Übel. Ich versuche die Behandlung vom letzten Mal, aber ich weiß nicht, ob es ihm noch einmal helfen wird“, setzte sie dann skeptisch hinzu. Auf ihrem Gesicht lag nun ein Ausdruck von Mitleid und tiefer Besorgnis.

In den folgenden Tagen war sie fast jede Minute am Bett des Königs, wenn sie nicht mit der Herstellung von Aufgüssen beschäftigt war. Hilfsbereit sammelten die Bauersfrauen der Umgebung die Kräuter, die sie ihnen beschrieb. In Voraussicht der Krankheit, die sie behandeln musste, hatte sie die meisten in getrockneter Form bereits aus Worms mitgebracht. Fast ständig zwang sie ihren Patienten zu trinken und aufzustehen. Seine gelegentlichen Ausbrüche unbeherrschten Zorns hielten sie nicht davon ab. Nach einer Weile wurden die Schmerzen erträglicher. Jetzt drängte der König immer ungeduldiger darauf, die Zwangspause endlich zu beenden und Ladenburg den Rücken zu kehren.

Mirjam überlegte. Das Reiten würde dem Patienten guttun. Aber noch war ein Rückfall nicht auszuschließen. Sie riet dem König, seine Kräfte mit dem Treppenturm zu messen. Nachdem er einige Male hinab- und wieder hinaufgelaufen war, erlitt er einen Schwindelanfall, worauf der Aufbruch verschoben werden musste. Sobald er sich erholt hatte, folgte ein erneuter Ausbruch ungezügelter Wut.

Mirjam beobachtete den König und stellte fest, dass sich ihre Vorausschau zu bewahrheiten schien. In Augenblicken, in denen keine Konsequenzen zu befürchten waren, konnte er jetzt noch aufbrausender sein. Wenn dagegen einer seiner Berater zum Vortrag da war, wirkte er vollkommen beherrscht und verschlossen. Mit zunehmender Erholung war wieder ein Schimmer jugendlicher Unbeschwertheit in seine Züge zurückgekehrt, trotzdem kamen sie Mirjam in manchen Augenblicken härter und grober vor als früher.

Dass er sie bereits selbst einer ähnlich illusionslosen Betrachtung unterzogen hatte, war ihr dabei völlig klar.

Wenige Tage später gewann der König den Kampf mit dem Treppenhaus in der gewünschten Weise, der Aufbruch wurde auf den nächsten Morgen festgesetzt. Mirjam und ihr Onkel sollten im Schutz des königlichen Trosses reisen.

Am Vorabend des Aufbruchs saßen die beiden Judäer zusammen in ihrer Unterkunft beim Nachtmahl. Jakob sprach, in der maßvollen und bedächtigen Weise, die ihm eigen war, dem Rotwein und dem knusprigen Brot zu. Auch von dem Braten schnitt er sich ein Stückchen ab. Mirjam hatte noch nichts angerührt, stattdessen sah sie ihrem Onkel beim Essen zu.

„Willst du dir nicht auch etwas nehmen?“, fragte Jakob. „Morgen wird ein langer Tag.“ Die Nichte schüttelte heftig den Kopf. „Er hat nicht ein einziges Wort über den Jungen verloren", stieß sie erbittert hervor. „Nicht ein einziges Wort war ihm sein eigener Sohn wert!"

„Mirjam", wies sie der Onkel zurecht. „Das muss er auch nicht. Er hat für ihn gesorgt. Habe ich dir das nicht gesagt?"

„Ja", erwiderte Mirjam heftig. „Er ist in Köln, in der Obhut von Erzbischof Anno! Den Heinrich selbst hasst wie sonst keinen Menschen!"

In diesem Moment pochte es verhalten am Eingang. Behutsam wurde die Tür in den Angeln gedreht, offenbar wollten die Eintretenden den Gästen Gelegenheit geben, sich auf den Besuch einzustellen. Wegen des niedrigen Türsturzes gebückt, betraten zwei Männer den Raum. Der erste war Udalrich, gefolgt von einem Begleiter in dunklem Umhang. Sobald die Tür wieder geschlossen war, warf er die Kapuze ab. Es war König Heinrich.

Jakob erhob sich schweigend und verließ zusammen mit Udalrich den Raum.

Mirjam hatte sich nicht erhoben. Sie starrte dem König ins Gesicht. „Warum habt Ihr meinen Sohn jemandem überlassen, den Ihr selbst hasst?", fragte sie unvermittelt.

Heinrich rührte sich nicht, eine ganze Weile lang schaute er sie forschend an, ohne ihren Blicken auch nur einmal auszuweichen. Im Volk hieß es, dieser König könne den Menschen direkt in die Seele schauen, dachte sie. Langsam begann sie, es selbst zu glauben. In seinem Blick war diesmal kein lauerndes Beobachten, keine Hinterhältigkeit verborgen. Seine großen Augen schienen von schierer Neugier erfüllt zu sein. Es fiel ihr auf, dass noch etwas anderes darin lag, das sie im Augenblick nicht hätte definieren können. Es schien wie eine Bereitschaft, alles mit Gleichmut anzunehmen, was sie sahen, sei es zum Besseren oder Schlechteren. Gleichzeitig hatte sie den unbestimmten Eindruck, als ob es keine Schlechtigkeit geben könne, die den Geist, der aus diesen Augen sprach, noch allzu sehr überraschen würde.

„Ihr hasst den Erzbischof von Köln!", rief sie, entnervt von seinem langen Schweigen und Schauen.

„Ja, aber das ist unwichtig", antwortete er endlich mit einer wegwerfenden Handbewegung. „Er ist ein sehr guter und verantwortungsvoller Erzieher und wird darauf achten, die Gaben dieses Jungen auf die bestmögliche Weise zu fördern. Mit sieben Jahren wird er der Domschule von Speyer übergeben und dort in den Wissenschaften ausgebildet. Dein Onkel weiß darüber Bescheid, und das sollte dir genug sein." Dann verfiel er in die kanzleimäßige Sprache der sich äußernden Majestät: „Wir erwarten von dir, dass du weiter deinem Beruf nachgehst und Uns auch in Zukunft zur Verfügung stehst, wenn Wir deiner Hilfe bedürfen!"

Mirjam vergaß für einen Augenblick Luft zu holen. Er meinte es tatsächlich ernst! Inzwischen war sie aufgestanden, immer noch den Blick auf den König gerichtet. Aus einem Impuls heraus neigte sie den Kopf, sie konnte nicht anders. „Wie Ihr es wünscht, Majestät!", murmelte sie. Was hätte sie anderes sagen sollen, anderes sagen können? Auf eine geheimnisvolle Art fühlte sie sich mit ihm verbunden. Hatten sie nicht beide schon so viele schlechte Erfahrungen gemacht? Er war als Kind ein Spielball politischer Parteiungen gewesen und später von seinen Fürsten und Bischöfen ein ums andere Mal verraten und bedrängt worden. Sie hatte mit zunehmendem Alter die Verachtung und das Misstrauen immer stärker wahrgenommen, das man ihrem Volk oft unter dem Deckmantel der Achtung entgegenbrachte. Er war der König. Das Wohl ihres Volkes, ihres Kindes, ihrer Familie, alles hing von ihm ab. Das Gefühl der Loyalität war stark in ihr, trotz allem, was geschehen war.

Heinrich hatte sich schon wieder abgewandt und pochte leise von innen an die Tür. Als Udalrich öffnete, zog er die Kapuze über den Kopf und verschwand, ohne sich umzusehen. Mirjam sank auf einen Stuhl. Jakob, der wieder eingetreten war, musterte sie aufmerksam, dann goss er ihr ein wenig Wein ein. Sie reagierte zuerst nicht, saß da und starrte mit leerem Blick vor sich hin. Geduldig hielt er ihr den Becher hin. „Du weißt, dass du mir bist wie mein eigenes Kind!", begann er zu sprechen, und fuhr in begütigendem Tonfall fort: „Du wusstest es doch schon lange, wir haben darüber gesprochen. Dein Sohn, mein Großneffe, der mir am Herzen liegt wie mein eigener Enkel, ist für eine glänzende Karriere bestimmt."

Mirjam antwortete nichts. „Gershom", flüsterte sie endlich gedankenverloren, und noch einmal „Gershom". Es war, als ob der Name im Raum schwebte und wie eine Wolke darin stehenblieb, bevor sie fortfuhr: „Nach Gershom ben Jehuda. Dem großen Gelehrten und verehrten Rabbi aus Metz. In Mainz durfte ich im Haus seiner Nachkommen wohnen."

„Gereon“, erwiderte Jakob, fast grob. Er sprach es bewusst aus, um ja keine falschen Hoffnungen in der Nichte aufkommen zu lassen. Sie durfte sich nicht in fruchtlosen Tagträumen verlieren. Dafür war sie ihm zu teuer. „Nach dem Heiligen der Kirche in Köln, auf deren Stufen er angeblich gefunden wurde!“, präzisierte er daher sicherheitshalber noch. „In der Sprache der Christen bedeutet das „Speer-Mann. “

Mirjam hatte die Hände vor das Gesicht geschlagen und verharrte so eine ganze Weile. Dann richtete sie sich auf und zog ihren mit Pelz gefütterten Umhang enger um sich. Jakob atmete auf, er wusste, dass sie sich fassen würde, er kannte sie zu gut. Immer noch hielt er ihr fürsorglich den Becher hin. Mirjam griff danach, dankte und trank. „Gott wird einen Weg finden“, sinnierte Jakob und nickte mehrfach, als wolle er jeden Zweifel an dieser unerschütterlichen Überzeugung ausschließen.

Werinhard der Jüngere von Michelbach und sein Bruder Eberhard hatten mit dem König, seinem engsten Vertrauten Udalrich von Godesheim und anderen Gefolgsleuten, von denen die meisten aus dem niederen Adel kamen oder sogar von Unfreien abstammten, im großen Saal der Bischofspfalz in Ladenburg zu Abend gegessen. Eine Anzahl von Kohlebecken hatte den Raum leidlich gewärmt. Holzkohle war, Gott sei Dank, genug vorhanden gewesen, als sie wegen der plötzlichen Krankheit des Königs in Ladenburg hatten Station machen müssen. An Lebensmitteln hatte man dagegen nur einen geringen Vorrat in der bischöflichen Pfalz vorgefunden. Da Ladenburg unter der Herrschaft des feindlich gesinnten Bischofs von Worms stand, war dem königlichen Tross von bischöflicher Seite her nicht das übliche Servitium geleistet worden, das heißt der Bischof hatte dem König und seinem Gefolge weder das nötige Dienstpersonal noch ausreichenden Proviant oder Heu für die Pferde zur Verfügung gestellt.

Die Pfalz selbst war nur von einigen Wachleuten des Bischofs besetzt gewesen, die ihren Dienst offenbar nur unwillig verrichteten und rasch zur Partei des Königs übergelaufen waren. Die fehlenden Lebensmittel hatte man dann nicht beschlagnahmt, sondern in der Umgebung eingekauft, um die örtliche Bevölkerung nicht gegen den König aufzubringen. Da die Leute hier dem Wormser Oberhirten wegen seiner verschärften

Steuerpolitik keine besonderen Sympathien entgegenbrachten, hatten sie sich, nachdem ihnen für die Zukunft etliche Vergünstigungen versprochen worden waren, bereit erklärt, dem Hof den benötigten Proviant für einen günstigen Preis zu überlassen.

Allzu üppig waren die Speisen aber trotzdem nicht ausgefallen. Auch der Wein hatte sauer geschmeckt, weshalb ihn die meisten mit viel Wasser gemischt hatten, auch weil sie für den morgigen Tag einen klaren Kopf behalten wollten. Der König hatte, von den erlittenen Torturen noch sichtlich gezeichnet, sich zum Essen und Trinken gezwungen und die Tafel möglichst rasch wieder aufgehoben. Nun saßen die beiden Brüder in ihrer Kammer, die sie zu ihrer Erleichterung mit niemandem teilen mussten.

Werinhard ging zu der niedrigen Tür, riss sie abrupt auf und warf rasche Blicke nach links und rechts auf den Gang. Dann warf er sie wieder zu, da ein Schwall kalter Luft eingedrungen war.

„Du mit deinem ewigen Misstrauen!“, meckerte Eberhard spöttisch. „Hosenschisser!“

Der Ältere ließ sich nicht provozieren. „Bei Hof, bei Höll“, kommentierte er die unangemessene Äußerung des jüngeren Bruders trocken. „Das Sprichwort dürfte dir trotz deiner gelegentlichen Ignoranz nicht entgangen sein, und es ist nicht umsonst“, wies er Eberhard in kühlem Tonfall zurecht. Dann kehrte er an den Tisch zurück und setzte sich wieder. Eine Weile drehte er seinen Becher geistesabwesend mit den Händen auf der Tischfläche, bevor er laut überlegte: „Wenn ich an die Sache mit diesem Reginger denke …“ Werinhard beendete den Satz nicht, sondern verfiel wieder in ein vielsagendes Schweigen.

Eberhard, der dem Wein trotz dessen mangelnder Qualität zwischenzeitlich weiter zugesprochen hatte, ergriff die Gelegenheit, den soeben vorgebrachten Vorwurf der Ignoranz, der ihn zugegebenermaßen mehr getroffen hatte, als ihm lieb war, wirkungsvoll zu entkräften.

„Die Sache ist doch völlig klar!“, äußerte er im Brustton der Überzeugung. „Dieser Reginger ist ein verfluchter Verräter! Zuerst dient er dem König als einer seiner engsten Berater. Und dann geht er hin und behauptet, der König hätte ihn angestiftet, die beiden Herzöge Rudolf von Rheinfelden und Berthold von Zähringen zu ermorden! Dieser

Schuft verdiente es, aufgehängt zu werden! Zwischen zwei Hunden! Wie es sich für einen solchen Abschaum gehört!"

Nach dieser markigen und für seine Verhältnisse erschöpfenden Erklärung tat der Jüngere nochmals einen herzhaften Zug aus dem Becher, während der Bruder zweifelnd seine Miene verzog. Eberhard, der das mit Missfallen bemerkt hatte, wurde ungehalten. „Was ist daran so unverständlich?", fragte er rundheraus, als könne er nicht begreifen, dass der Ältere seiner Holzhammer-Logik offenbar nicht folgen konnte oder wollte. Bei den letzten Worten war er immer lauter geworden.

„Psst!" Werinhard legte den Finger an die Lippen und hob lauschend den Kopf. „Sprich leiser, Bruder", forderte er sein Gegenüber auf. „Die Wände könnten Ohren haben!"

Eberhard, der gerade, erbost über die erneute Zurechtweisung, hatte auffahren und etwas Heftiges erwidern wollen, riss sich zusammen und fuhr stattdessen mit gedämpfter Stimme fort: „Ich verstehe dich nicht! Die Sache ist doch klar. Reginger hat gelogen!"

Werinhard schnalzte mit der Zunge. „Aber warum?", überlegte er dann. „Warum hat er der Öffentlichkeit diese haarsträubende Geschichte aufgetischt?" Bei dieser Frage blickte er seinen Bruder abwartend an. Der zog die Augenbrauen nach oben und die Mundwinkel nach unten. Dann klemmte er den Hals zwischen den Schultern ein und breitete in einer hilflosen Geste die Hände aus. „Woher soll ich das wissen?", war alles, was ihm dazu einfiel. Dann setzte er noch hinzu: „Heinrich war der Meinung, Herzog Rudolf habe den Reginger zu dieser Lüge angestiftet."

Werinhard stieß ein trockenes kurzes Lachen aus. „Ach komm, Brüderchen, denk nach!", knurrte er. „Warum hätte Rudolf das tun sollen? Der Herzog von Schwaben ist skrupellos, wenn es sein muss, aber nicht dumm." Dann beugte er sich über den Tisch und flüsterte: „Nein, vielleicht war das alles ganz anders. Möglicherweise hat Reginger ja gar nicht gelogen?" Dann führte er weiter aus, fast unhörbar leise murmelnd, so dass Eberhard, eine Hand hinter der Ohrmuschel, sich so weit vorbeugte, dass er fast mit dem gesamten Oberkörper auf der Tischplatte lag: „Was, wenn der König von Anfang an vorgehabt hätte, diese Intrige Rudolf in die Schuhe zu schieben, so als ob der den Reginger zu dieser Aussage aufgestachelt hätte?"

Eberhard blieb der Mund offenstehen. „Aber was sollte das für einen Sinn haben?", fuhr er heftig auf. „Leise!", ermahnte ihn der Ältere scharf, bevor er fortfuhr: „Heinrich will etwas in der Hand haben, um die mächtigen Herzöge auszuschalten. Die Großen des Reiches wollen seine eigenmächtige Tyrannei nicht länger hinnehmen. Es ist von alters her Brauch, dass die Magnaten den König beraten und die Entscheidungen mittragen. Heinrich schließt die Fürsten aber immer mehr von der Beratung und Entscheidungsfindung aus. Stattdessen umgibt er sich mit Leuten aus dem niederen Adel oder sogar aus dem Stand der Unfreien."

Er ließ seine Worte ein wenig auf den Bruder wirken, dann fuhr er leise fort: „Erinnerst du dich an diesen ähnlichen Skandal vor drei Jahren? Da hat ein gewisser Egino dem Herzog Otto von Northeim vorgeworfen, dass er den König ermorden wollte."

„Aber dieser Egino war ein Straßenräuber", ereiferte sich Eberhard lauthals, senkte aber auf ein Zeichen seines Bruders die Stimme gleich wieder in den Flüsterton: „Dem hat doch keiner geglaubt!"

Werinhard kniff die Augen zusammen und beugte sich noch weiter vor. „Und trotzdem hat König Heinrich darauf beharrt, dass sich Otto, einer der mächtigsten Herzöge im Reich, mit diesem Abschaum duellieren soll! Warum wohl?"

Eberhard überlegte, in seinem Gesicht arbeitete es. „Es stimmt, die Beschuldigung des Egino hat dem König gerade in den Kram gepasst", meinte er dann langsam. „Aber ich glaube es trotzdem nicht. Es konnte auch damals nicht bewiesen werden."

Werinhard nickte bedächtig. „Richtig", stimmte er zu. „Der König hat damals aber aus dieser Sache viel politisches Kapital geschlagen, um gegen die rebellischen Sachsen vorzugehen. Otto von Northeim und sein Verbündeter Magnus Billung, der Sohn des Herzogs von Sachsen, wurden eingekerkert. Herzog Otto ist nach einem Jahr wieder freigekommen, Magnus Billung ist erst neulich nach drei Jahren Haft von seinem Onkel Hermann freigepresst worden. Hermann hat die Lüneburg, den Stammsitz der Billunger, eingenommen und gedroht, die dortige Besatzung zu töten, falls der König sich weigern würde, Magnus freizulassen. Die Lüneburg hatte Heinrich vorher durch eine schwäbische Mannschaft besetzen lassen."

Eberhard hieb mit der Faust auf den Tisch, fuhr dann aber wieder mit gedämpfter Stimme fort: „Ja, verdammt. Seitdem geht das Sprichwort, dass man für 70 Schwaben einen Sachsen kaufen kann!"

Werinhard wischte die Äußerung seines Bruders mit einer Handbewegung beiseite. „Seit August ist der Kampf mit den Sachsen wieder aufgeflammt", gab er zu bedenken. „König Heinrich verstärkt seine Burgen in Sachsen und Thüringen und legt weiter landfremde Besatzungen hinein, die sich alle Arten von Übergriffen auf die Bevölkerung erlauben dürfen. Sie drangsalieren die Bauern und beschlagnahmen große Mengen von Tieren und Feldfrüchten."

Eberhard grinste dreckig. „Die sächsischen Töchter sollen auch nicht zu verachten sein, hab' ich mir sagen lassen", warf er ein.

Werinhard schüttelte missbilligend den Kopf. „Das darf der König nicht zulassen! Er bringt damit das ganze Volk gegen sich auf. Die Sachsen lechzen danach, in den Kampf zu ziehen. Einschließlich ihrer Anführer. Otto von Northeim und Magnus Billung würden dem König lieber heute als morgen den Krieg erklären. Und in Mainz steht Rudolf von Rheinfelden, der Herzog von Schwaben, mit einem Heer. Niemand weiß, wie er sich entscheiden wird!"

„Was ich nicht verstehe …", Eberhard fuhr sich in einer Geste der Ratlosigkeit mehrfach rasch durch die Haare, „… das ist, warum dieser Reginger das überhaupt gemacht hat? Der ist doch keine zwielichtige Gestalt wie dieser Egino. Bis vor kurzem war er einer von Heinrichs engsten Beratern! Wieso ist ausgerechnet der zu Herzog Rudolf gegangen und hat behauptet, er wäre vom König dazu angestiftet worden, ihn zu ermorden?"

„Das wird sich wohl nicht klären lassen", antwortete Werinhard trocken. „Was aber klar ist …", holte er weiter aus, jetzt wieder extrem leise, „… das ist, dass der König wegen dieser Sache Herzog Rudolf zum Zweikampf herausgefordert hat. Udalrich von Godesheim hat ihn nur mit größter Mühe von diesem wahnsinnigen Vorhaben abhalten können."

„Rudolf ist ein hervorragender Kämpfer, aber erheblich älter als Heinrich", warf Eberhard ein. „Wer weiß, wie das ausgegangen wäre, bei aller Kriegserfahrung, die Rudolf vorweisen kann", setzte er hinzu und strich sich über das Kinn.

„Eben“, versetzte Werinhard. „Der König ist wie ein Fuchs, der sämtliche Schlupflöcher für sich nutzt. Und Rudolf ist einer seiner größten Widersacher.“ Jetzt senkte er die Stimme wieder zu einem fast unhörbaren Flüstern. „Manche munkeln sogar, gewisse Kreise wollten Rudolf als neuen König! An der Stelle von Heinrich!“

In Eberhards Miene spiegelte sich ungläubige Empörung. Doch bevor er etwas sagen konnte, stand sein Bruder auf und meinte: „Wir sollten uns aufs Ohr hauen. Morgen wird ein schwieriger Tag. Wer weiß, was uns in Worms erwartet.“

Während Eberhard rasch in den Schlaf des Gerechten fiel, lag Werinhard noch lange wach. Die Frage, wie er und sein Bruder aus der verfahrenen Situation, in der sie sich momentan seiner Meinung nach befanden, wieder einigermaßen glimpflich herauskommen könnten, ließ ihn nicht zur Ruhe kommen. Seit dem Hoftag von Worms am 25. Juli 1072 zogen sie nun mit dem Hof des Königs durch die Lande.

Werinhard erinnerte sich: Zu diesem Hoftag war sogar die Mutter des Königs, Kaiserin Agnes, aus Rom angereist. Ihre ehrfurchtgebietende Erscheinung hatte sich ihm ins Gedächtnis eingeprägt. Er lächelte im Dunkeln auf seinem Lager anerkennend vor sich hin. Dass sie einmal schön gewesen sein musste, ließ sich trotz strenger Haartracht und Schleier immer noch erahnen. Sieben Jahre hatte sie sich jenseits der Alpen aufgehalten und dort ein Leben der Askese geführt, bei dem, so erzählte man sich, ihre Ausdauer im Fasten und Wachen weit über das gewöhnliche Maß menschlicher Kräfte hinausgegangen war.

Auf diesem Hoftag hatte sich Werinhard an so vielen Besprechungen wie möglich beteiligt und überall die Augen und Ohren offengehalten. Dabei hatte er auch erfahren, dass die Kaiserin das gottgeweihte Leben in Andacht und Keuschheit nur auf die dringenden Bitten Herzog Rudolfs von Rheinfelden hin unterbrochen hatte. Er sei, wie er ihr geschrieben hatte, durch Leute, die ihm übelwollten, beschuldigt worden, einen Anschlag gegen König und Reich zu planen und deswegen von König Heinrich, ihrem Sohn, mehrfach an den Hof zitiert worden. Dieser Aufforderung habe er aber aus berechtigter Sorge keine Folge geleistet.

Kein Wunder, dachte Werinhard. Das Schicksal des Otto von Northeim wird ihm noch lebhaft vor Augen gestanden haben. Der war von diesem elenden Egino zwei Jahre zuvor in ähnlicher Weise beschuldigt worden, dem König nach dem Leben zu trachten. Obwohl nie bewiesen werden konnte, dass an diesem Vorwurf irgendetwas dran war, blieb doch so viel an Otto hängen, dass er vom König ein ganzes Jahr lang in Haft gehalten wurde, und nur mit Mühe und Not die eigenen Güter in Sachsen behalten durfte. Das Verhältnis zwischen ihm und dem König war seitdem schwer gestört. Als Rudolf merkte, dass es ihm ähnlich ergehen sollte, hatte er zu dem äußersten Mittel gegriffen und sich an die Kaiserin gewandt. Immerhin, so überlegte Werinhard, war er einmal mit ihrer Tochter Mathilde, der früh verstorbenen Schwester Heinrichs, verheiratet gewesen und daher verwandtschaftlich mit ihr verbunden. Nach Worms war er aber trotzdem erst gekommen, nachdem die hochrangigsten Fürsten im Reich, die Erzbischöfe von Mainz und Köln, die ebenfalls in Worms persönlich erschienen waren, sich für seine Sicherheit verbürgt hatten.

Die Kaiserin, die von zahlreichen Äbten, darunter Heinrichs Taufpate Hugo von Cluny, begleitet war, hatte dank ihrer Autorität die Situation zu entschärfen gewusst und die Kontrahenten wieder versöhnt. Allerdings hatte Werinhard, wie viele andere Hoftagsbesucher auch, den Eindruck gehabt, dass König Heinrich zwar gute Miene gemacht hatte, im Innersten aber immer noch schweren Groll gegen Rudolf hegte. Der Michelbacher war sich sicher gewesen, dass der Konflikt bei nächster Gelegenheit wieder aufbrechen würde. Mit dieser Prognose hatte er wohl richtig gelegen, wie die Affäre um diesen Reginger zeigte, der erst vor kurzem angegeben hatte, der König habe ihn beauftragt, Herzog Rudolf zu ermorden, was Heinrich bestritten und als eine Intrige des Herzogs gebrandmarkt hatte.

So weit so gut, dachte Werinhard. Die Auseinandersetzung zwischen König und Herzog war wohl auf längere Sicht nicht zu vermeiden. Schwieriger war, dass er und sein Bruder nun darin verwickelt waren. Ausgerechnet auf diesem Versöhnungs-Hoftag in Worms 1072 hatte sich sein Bruder Eberhard dem König vorschriftsmäßig zu Füßen geworfen und um Verzeihung für die Beleidigung gegenüber der Königin Bertha auf dem Wormser Hoftag von 1069 gebeten. Wie üblich in solchen Fällen hatte er vom König gnädige Verzeihung erhalten, allerdings mit dem Gebot, den König in der nächsten Zeit auf seinen Zügen durch das Reich zu begleiten.

Um das Haus der Werinharde beim König in gutem Ansehen zu halten, und auch, um ein Auge auf den unvorsichtigen Bruder zu haben, hatte auch Werinhard der Jüngere dem König seine Waffenhilfe angeboten, was ebenfalls gnädig gewährt worden war. Nun bestand die Schwierigkeit darin, sich vor dem Ausbruch des ganz großen Krieges wieder zurückzuziehen. Eberhard würde das sicher nicht gelingen. Er stand beim König wegen des Affronts gegen die Königin in der Schuld, Heinrich würde ihn nicht aus seinem Dienst entlassen. Ob er Werinhard entlassen würde, das war noch fraglich.

Der Michelbacher rechnete mit dem Schlimmsten. König Heinrich war unberechenbar. Einigermaßen beruhigend war nur der Gedanke an Franko und seine Truppe daheim. Der tüchtige Hauptmann würde seinem Vater, dem älteren Werinhard, eine unersetzliche Stütze beim weiteren Ausbau der Burg und der Sicherung der Herrschaft im Murgtal sein.

Werinhard dankte Gott für den Tag, an dem Franko in die Familia seines Vaters aufgenommen worden war, bevor er weit nach Mitternacht in einen unruhigen Schlaf fiel. Im Unterbewusstsein quälte ihn noch die Vorstellung, sein jüngster Bruder Cuno, der mittlerweile eine Pfründe als Domkanoniker in Speyer innehatte, aber schon immer geradezu besessen von einer militärischen Karriere gewesen war, könnte auch noch auf die überflüssige Idee kommen, sich dem König anzuschließen.

Der König hatte die Tafel im großen Saal der Bischofspfalz früh aufgehoben. Er wusste, dass der Abend für ihn noch nicht zu Ende war. In einem anderen Raum waren bereits die Fackeln in den Eisenhalterungen an den Wänden und die zahlreichen Kohlebecken entzündet worden. Kurz darauf versammelten sich der König und seine engsten Getreuen um den Tisch in der Mitte, den die zuckenden Flammen in gespenstisches Licht tauchten.

Heinrich rieb sich mit einer Hand über die Augen, als ob er sich die Müdigkeit wegwischen wollte. „Was also glaubt ihr, meine Freunde, was wir morgen zu erwarten haben?“, fragte er, ohne einen der Anwesenden anzublicken. Udalrich von Godesheim saß ihm am nächsten und warf besorgte Blicke abwechselnd auf den König und die um den Tisch Versammelten.

Der junge Erzbischof Liemar von Bremen-Hamburg räusperte sich und rutschte auf seinem Stuhl hin und her. Offenbar hatte er etwas zu sagen, wollte den anderen angesichts seiner Jugend aber nicht vorgreifen. Erst letztes Jahr war er vom König nach dem Tod seines Vorgängers, Erzbischof Adalbert, als Nachfolger in sein Amt eingesetzt worden. Adalbert hatte einem sehr vornehmen Geschlecht angehört und war sehr lange Erzieher und wichtigster Berater des Königs gewesen. Liemar dagegen entstammte einem bayerischen Ministerialengeschlecht, also einer Familie, die ursprünglich unfrei gewesen war, aber im Königsdienst Verdienste gesammelt hatte.

„Ich sehe, Ihr habt etwas auf der Seele, Liemar", äußerte der König und forderte den Geistlichen, der sogar noch einige Jahre jünger war als er selbst, mit einer Handbewegung auf zu sprechen. Liemar reagierte sofort, er hatte nur darauf gewartet: „Ich denke, die Wormser sind auf Eurer Seite, Majestät", äußerte er. Heinrich zog die Brauen hoch. „Woher wollt Ihr das wissen?", fragte er. „Habt Ihr die Gabe der Prophetie?" Die anderen, darunter mehrere Bischöfe, lachten gutmütig und blickten zweifelnd auf den jungenhaften Erzbischof.

„Die Bauern der Umgebung sind gegen Bischof Adalbero eingestellt, sonst hätten sie uns die Lebensmittel und das Futter für die Pferde nicht so billig abgegeben", begann Liemar. „Obwohl im Moment ein gewisser Mangel herrscht, da die Flüsse und Bäche wegen der extremen Kälte alle eingefroren sind und die Mühlen deshalb nicht wie gewohnt betrieben werden können." Die anderen nickten zustimmend. Die meisten von ihnen hatten aus dieser Tatsache auch schon gewisse Schlüsse gezogen.

„Wenn aber das Umland gegen Adalbero eingestellt ist, wie ist es dann um die Einwohner von Worms bestellt?" Die Frage aus Liemars Mund klang rhetorisch.

„Ihr könnt nicht ohne Weiteres von den Bauern des Umlands auf die Stadtbevölkerung schließen", warf Bischof Hermann von Bamberg ein.

Der Bremer schüttelte den Kopf. „Ich schließe nicht", meinte er dann, „ich weiß es".

Jetzt hoben alle die Köpfe. „Du WEISST es?", fragte der König scharf, von der offiziellen Anrede ins persönliche Du wechselnd. Er starrte Liemar aus weit geöffneten Augen an, als wolle er ihn bis auf den Grund seiner Seele ausforschen. Plötzlich lag eine Spannung im Raum, die sich beinahe mit Händen greifen ließ. Die Anwesenden hielten den Atem an.

Liemar wagte es nicht, sich vom Blick des Königs zu lösen. Er öffnete den Mund, dann sprach er, rasch und im Bemühen, den Inhalt seiner Rede möglichst knapp zusammenzufassen. „Nach dem Abendessen habe ich mir ein wenig draußen die Beine vertreten“, begann er. Dann berichtete er, wie er in den Stallungen einige Bauern angetroffen habe, die verlangt hätten, zum König vorgelassen zu werden. Liemar hatte sich als einer der Räte des Königs zu erkennen gegeben und nach ihrem Begehren gefragt. Dabei hatte er erfahren, dass der Bischof Wachen aufgestellt habe, um dem König und seinem Hof den Eintritt in die Stadt zu verwehren, die Bürger von Worms aber beabsichtigten, diese Wachen zu entwaffnen und den Bischof gefangen zu nehmen.

„Jetzt wissen wir, warum die Bischofspfalz hier keine anständige Besatzung hatte“, schlussfolgerte Heinrich. „Der Bischof hat alle seine Soldaten zusammengezogen, um uns den Eintritt in die Stadt zu verwehren!“ Er hatte begonnen, mit den Fingern auf die Tischplatte zu trommeln. Dann schlug er sich mit der geballten Faust mehrfach gegen die Oberlippe.

„Aber die Einwohner der Stadt werden das nicht dulden!“, rief Liemar.

Heinrich schüttelte den Kopf. „Liemar, mag ja sein, dass du Recht hast und die Wormser ihren guten Willen beweisen wollen. Aber das sind keine Soldaten! Das sind Handwerker, Händler, Kaufleute! Wie wollen wir wissen, ob die sich gegen das bischöfliche Militär durchsetzen können?“

Liemar blickte den König an, zwar immer noch mit dem gebührenden Respekt, aber auch mit einer Spur von Trotz. „Wenn das bischöfliche Militär in Worms genauso tapfer für seinen Herrn eintritt wie die Bewachung dieser Pfalz hier in Ladenburg, können wir damit rechnen, die Stadt für uns zu gewinnen!“, gab er seiner Überzeugung Ausdruck.

Heinrich hatte das Gesicht in die Hand gestützt und schien zu überlegen. Dann neigte er sich zu Udalrich und flüsterte ihm etwas zu. Der Godesheimer ging hinaus und kehrte wenig später mit einem etwas verschlafen dreinblickenden Jakob zurück.

Der Jude stand, in einen langen Kaftan gekleidet, mitten im Raum. Da er noch nicht aufgefordert worden war sich zu setzen, blieb auch Udalrich aus Höflichkeit neben ihm stehen. Heinrich richtete unvermittelt das

Wort an den unfreiwilligen späten Gast. „Jakob, könnt Ihr mir sagen, wie die Wormser zu ihrem Bischof stehen?"

Jakob trat von einem Fuß auf den anderen. Heinrich machte eine Handbewegung, worauf Udalrich einen Stuhl holte. Nachdem Jakob sich gesetzt hatte, gab er eine knappe, aber präzise Beurteilung zur Lage in der Stadt ab. Bischof Adalbert sei bei den Wormsern höchst unbeliebt. Sie hätten mitbekommen, dass er sich von der Sache des Königs abgewandt habe. Die Wormser seien aber stolz darauf, dass ihre Stadt in der Vergangenheit so häufig Ort von Reichs- und Hoftagen gewesen sei. Außerdem hätte es bei diesen Gelegenheiten für die Handwerker und Kaufleute und natürlich auch für die Bauern der Umgebung immer eine Menge zu verdienen gegeben. Daher wollten die Stadtbewohner, wie Jakob ausführte, auch in Zukunft nicht darauf verzichten, den königlichen Hof von Zeit zu Zeit zu beherbergen.

„Aber wie steht es um die Bewaffnung der Wormser?", fragte Heinrich zweifelnd. „Ich kann mir nicht vorstellen, dass Handwerker, Händler und Kaufleute über geeignete Panzer und Schwerter verfügen." Resigniert blickte er auf Jakob mit der unausgesprochenen Forderung, ihn vom Gegenteil zu überzeugen.

„Worms ist nicht arm, vergesst das nicht, Majestät!", erwiderte der Jude bedächtig. „Infolge der Fruchtbarkeit ihrer Umgebung ist die Stadt im Gegenteil außerordentlich reich und aufs Beste mit allen für einen Krieg notwendigen Vorräten versehen. Handwerk und Handel blühen, selbst Dienstboten und Tagelöhner haben ein gutes Auskommen. Die Männer des Bischofs dagegen sind Mietlinge. Und der Bischof ist geizig."

Als der König keine Reaktion zeigte, stand Jakob auf und fuhr gestikulierend und in eindringlicherem Tonfall fort: „Bedenkt, Majestät, welche Wahl Ihr habt! Die großen Fürsten, Rudolf von Rheinfelden, Herzog von Schwaben, Herzog Magnus von Sachsen, Otto von Northeim, Berthold von Zähringen, Herzog von Kärnten, und auch Herzog Welf von Bayern sind nicht unbedingt Eure Freunde. Vor Euch liegt Worms, eine Stadt, in der Ihr glanzvolle Hoftage gehalten habt und deren Einwohner Euch schätzen und bereit sind, Euch die Treue zu halten! Nur ein einziger Überläufer aus der bischöflichen Mannschaft wird ausreichen, um den Bürgern das Waffenlager der Bischofspfalz zu öffnen!“ Und dann senkte er seine Stimme zu einem beschwörenden Flüstern: „Wenn er das nicht bereits getan hat!“

Wieder hatte sich eine spürbare Spannung im Raum aufgebaut. Alle blickten abwechselnd auf Jakob und den König. Der hob endlich den Kopf und meinte, wie aus einer tiefen Überlegung auftauchend: „Vielleicht sollten wir öfter einen Juden befragen.“ Die Worte schienen nicht ganz ohne Sarkasmus gesprochen. Dann sprang Heinrich auf und gab mit fester Stimme bekannt, als ob er nie vom Hauch eines Zweifels berührt worden wäre: „Es bleibt dabei, wie besprochen. Wir reiten morgen bei Sonnenaufgang.“ Dann entließ er die Anwesenden, nur Udalrich blieb bei ihm. Während die meisten anderen die wenigen Stunden, die bis zum Aufbruch blieben, für einen kurzen Schlaf nutzten, besprach Heinrich mit seinem engsten Ratgeber noch lange das weitere Vorgehen.

Als sich der Tross am nächsten Tag den Mauern von Worms näherte, geschah es, wie Erzbischof Liemar vorausgesagt und Jakob Kalonymos bestätigt hatte. Die Stadtbewohner holten den König und sein Gefolge mit großem Gepränge weit vor der Stadt ein. An der Spitze des Zuges zog eine beachtliche Truppe kampfbereiter junger Männer, voll gerüstet und bewaffnet, um dem König zu zeigen, dass er in seiner gegenwärtigen Notlage auf die Wormser zählen könne.

In einem hochoffiziellen, feierlichen Akt gelobten sie an Ort und Stelle ihrem von Gott auserwählten König Heinrich Beistand, schwuren ihm Treue und erboten sich, ein jeder nach besten Kräften aus seinem Vermögen zu den Kosten der Kriegführung beizutragen. Darüber hinaus versicherten sie, dem König zeit ihres Lebens treu ergeben zu sein und für seine Ehre kämpfen zu wollen. Die jugendlichen Heißsporne hatten die Söldner des Bischofs durch den Verrat eines Überläufers leicht ausschalten können. Den Bischof selbst hätten die Wormser ihrem König gern in Ketten präsentiert, wenn der Oberhirte nicht vorher schmählich geflohen wäre.

Heinrich war sich im Klaren darüber, dass die Kampfkraft der Söhne von Handwerkern, Händlern und Kaufleuten nicht an die Kampfkraft einer geübten Berufstruppe heranreichen würde, war aber durch die überwältigende Bereitschaft dieser treuen Untertanen sichtlich bewegt. Er hatte einen würdigen Ort gefunden, an dem er mit seinem Hof in einer freundlich gesinnten Atmosphäre das Weihnachtsfest begehen konnte.

Die Bürger von Worms

Worms, Januar 1074

Eines Morgens im neuen Jahr rief König Heinrich seinen gelehrten Hofkanzler Adalbero zu sich. Er wollte den Wormsern zur Belohnung ihres vorbildlichen Verhaltens und ihrer Treue das Privileg der Abgabenfreiheit an wichtigen königlichen Zollstätten im Reich gewähren. Darüber sollte eine von Zeugen beschworene und vom König gesiegelte und unterzeichnete Urkunde ausgestellt werden. Heinrich erklärte dem Kanzler sein Vorhaben und zählte aus dem Gedächtnis einige Orte auf, darunter Frankfurt am Main, Boppard und Hammerstein am Rhein, Dortmund, Goslar und Enger. Allerdings sollte sich das Privileg nicht nur auf diese Orte beschränken.

„Lasst bei der Aufzählung der Orte genügend Platz auf dem Pergament frei", befahl der König seinem Kanzler, „damit wir später noch weitere Orte hinzufügen können." Dann diktierte er aus dem Stegreif einen ersten Grobentwurf auf Deutsch.

Die Einleitung war relativ rasch formuliert, da es sich im Wesentlichen um gebräuchliche Standardfloskeln handelte. Heinrich hätte diesen Teil auch ganz dem Kanzler überlassen können, wollte das Thema aber in der üblichen Reihenfolge bearbeiten, weil es ihm wichtig war.

Also begann er in zügiger Diktion, im Raum auf und ab gehend und sich nur gelegentlich unterbrechend, um den Faden der verschachtelten Satzkonstruktion nicht zu verlieren.

„Es ist Aufgabe königlicher Gewalt und Güte, den Dienst aller Leute mit angemessenen guten Gaben zu belohnen, in der Weise also, dass diejenigen, die sich in der Ergebenheit des Dienstes besonders bereitwillig zeigen, auch bei der Belohnung sich freuen dürfen, als besonders verdienstvoll und besonders hervorragend beurteilt zu werden."

Nach dieser Formulierung legte der König eine längere Pause ein, während er nachsinnend stehen blieb und auf den Fußspitzen wippte, bevor er fortfuhr.

„Die Einwohner der Stadt Worms erachten Wir als würdig einer sehr großen und besonderen Belohnung." Sofort korrigierte er sich: „Nein, streich das!" Nach kurzem Überlegen wiederholte er den Satz noch einmal in veränderter Form: „Die Einwohner der Stadt Worms erachten Wir als würdiger als die Bürger aller anderen Städte, eine sehr große und besondere Belohnung zu erhalten ..."

Adalbero sah fragend auf, da Heinrich die Stimme nicht gesenkt hatte und damit signalisierte, dass der Satz noch nicht zu Ende war. „Nämlich, weil Wir gesehen haben, dass sie in der großen Erschütterung des Reiches Uns mit großer und besonderer Treue begegnet sind", vollendete der König den Gedanken.

„So ungefähr will ich das Dokument haben", erklärte er dem Kanzler.

Dann fiel ihm noch etwas ein. „Schreib noch einen Passus hinein in der Art: Während alle Fürsten des Reiches unter Missachtung des heiligen Bandes der Treue gegen Uns wüteten, setzten sich die Wormser der Gefahr ihres Untergangs aus und unterstützten Uns gegen den Willen aller. Denn während alle Städte bei unserem Herannahen die Tore schlossen, hat allein Worms, und so weiter, und so weiter, du weißt schon…" Heinrich war sich sicher, dass Adalbero den Text vollkommen in seinem Sinn verfassen würde.

Der Kanzler machte sich sofort ans Werk, das fertige Dokument wurde wenig später vom König vor der Beurkundung gegengelesen, was ihm keine Schwierigkeiten bereitete, obwohl es nun ins Lateinische übersetzt worden war. Adalbero verlas den Text dann nochmals vor den anwesenden Zeugen, dem Erzbischof von Bremen-Hamburg, den Bischöfen von Bamberg, Naumburg, Verdun und Basel sowie weiteren Gefolgsleuten. Heinrich zeichnete die Urkunde ab und ließ sie mit seinem Siegel versehen. Als Datum trug sie den 18. Januar 1074. Eine Abordnung der Wormser Bürger nahm sie mit höchster Dankbarkeit und unter vielen Ehrenbezeugungen gegenüber dem König in Empfang.

Mit den Wormsern war auch eine Abordnung der jüdischen Einwohner vor der Pfalz erschienen und zum König vorgelassen worden. Die seidenen Kaftane, Pelzmützen und Pelzumhänge, in die sie gekleidet waren, verrieten ihren Wohlstand. Der Widerstand gegen den Bischof war zum großen Teil von ihrem Geld finanziert worden. Auch wenn sie in Heinrichs großzügigem Privileg nicht eigens erwähnt waren, fühlten sie sich doch der Gemeinschaft der in dem Privileg erwähnten „Wormatienses" zugehörig und mit ihnen zugleich begünstigt. In der Zukunft, da waren sie überzeugt, würden sich sicher Mittel und Wege finden, den Makel der fehlenden Erwähnung in der Urkunde möglicherweise durch eine unbedeutende Nachbesserung im Text doch noch ausbügeln zu können. Es war doch nur eine Kleinigkeit! Der Kanzler hatte einfach vergessen, eine Selbstverständlichkeit eigens in Worte zu fassen.

Sie verbeugten sich tief vor dem König und verharrten lange in dieser Stellung. Dabei gingen den meisten von ihnen ähnliche Gedanken durch den Kopf. Sie, die Älteren der Gemeinde, die schon so viele Winter und Sommer hatten dahingehen sehen, die schon so viele Ungerechtigkeiten und Benachteiligungen hatten verkraften müssen, sie, die es gewohnt waren, nicht vom Schicksal begünstigt zu werden, aber durch Geschick und Geduld dem Schicksal immer wieder Vorteile hatten abringen müssen, sie empfanden eine gewisse Sympathie für diesen jungen König, dem zwar die höchste Stellung des Abendlandes in die Wiege gelegt worden war, der aber auch immer wieder gegen ein widriges Geschick hatte ankämpfen müssen.

Die Juden von Worms hatten beschlossen, ihre Hoffnungen auf diesen König zu setzen. Er war rebellisch und trotzig gegenüber seinen Fürsten, die er eigentlich geschmeidig umsorgen sollte, was er aber nicht beherrschte – noch nicht. Wahrscheinlich war das aber hierzulande auch gar nicht möglich. Schließlich war man mitten in Europa und nicht im Orient, im deutschen Reich und nicht in Palästina. Die Fürsten hatten so viel Macht, dass jeder König nur im Konsens mit ihnen regieren konnte. Da Heinrich ihnen aus tiefstem Herzen misstraute, ja aufgrund der Erfahrungen in seiner Jugendzeit misstrauen musste, hatte er sich zur hohen Kunst der Kompromisse noch nicht durchringen können. Aber das würde noch kommen, da waren sich die ehrwürdigen und vielerfahrenen Häupter der Israeliten sicher. Dieser König war noch ein Irrender, aber er hatte eine Zähigkeit und eine Widerstandskraft in Schicksalsschlägen, die hoffen ließ. Und er konnte Dankbarkeit zeigen gegenüber denen, die ihm Treue bezeugten.

Heinrich ließ seine Blicke über die versammelten Wormser hin schweifen und entdeckte in der Gruppe der demütig gebeugten Judenschaft auch Jakob Kalonymos. Er musste an Mirjam denken.

Als er nach dem feierlichen Empfang in der Großen Aula der Bischofspfalz die Vertreter und Bürger der Stadt entlassen hatte, berief er in der Kleinen Aula nebenan seine engen Vertrauten und Gefolgsleute, um Rat zu halten. In den zwei Kaminen des Raums prasselten Feuer, zusätzlich waren, im Raum verteilt, noch mehrere große Feuerbecken gegen die draußen herrschende strenge Kälte aufgestellt. Dennoch hatte jeder der Männer, die sich jetzt um den Tisch versammelten, einen Mantel aus dicker Wolle oder Pelz um sich gezogen. Die Wände waren mit gewebten Teppichen verkleidet, um den eiskalten Zug durch die Mauerritzen abzumildern. Die kleinen Fenster hatte man mit Tierhäuten und Läden so dicht wie möglich verschlossen. Zum Aufwärmen stand zusätzlich erhitzter, mit Gewürzen versetzter Rotwein in Tonkrügen auf dem Tisch.

Heinrich blickte in die Runde. Wen er nicht sah, das waren die Großen des Reiches, darunter die Erzbischöfe Anno von Köln und Siegfried von Mainz sowie Rudolf von Rheinfelden, den Herzog von Schwaben, Berthold von Zähringen, den Herzog von Kärnten, und Welf, den Herzog von Bayern. Alle waren seinen wiederholten Aufforderungen zu einem Treffen in der letzten Zeit nicht gefolgt, warteten lieber ab oder befanden sich bereits offen auf der Seite seiner Feinde. Seine Feinde, das waren die Sachsen, die einfache Landbevölkerung wie auch die sächsischen Herren und Grafen, darunter als hochrangigste Magnus Billung, der Herzog von Sachsen, und sein alter Widersacher Otto von Northeim. Nun, mochten sie fernbleiben, er könnte sich sowieso nicht auf sie verlassen, dachte er mit Erbitterung. Auf diejenigen, die er um sich versammelt sah, konnte er sich mehrheitlich verlassen, aber es waren zu wenige! Viel zu wenige! Eine Anzahl von Bischöfen, darunter Liemar von Bremen-Hamburg, Udo von Trier, Embrico von Augsburg, Eppo von Zeitz, Gundechar von Eichstädt, Ellenhard von Freising, Hermann von Metz, Dietrich von Verdun, waren außerdem ohne die Hauptmacht ihrer militärischen Truppe erschienen.

Heinrich machte sich keine Illusionen. Wahrscheinlich waren sie nur gekommen, um den Vorwurf des Ungehorsams zu umgehen und würden ihm dringend raten, einen Krieg zu vermeiden. Der einzige, der einen Trupp ordentlich bewaffneter junger Ritter bei sich hatte, war der junge Liemar. Und natürlich Bischof Benno von Osnabrück. Neben Udalrich von Godesheim war dieser Geistliche, der bereits zwischen fünfzig und sechzig Sommer erlebt haben musste, einer seiner getreuesten und engsten Vertrauten. Heinrich war sehr stolz auf die Freundschaft mit diesem Mann.

Dabei war auch Benno kein Hochadliger, dachte der König grimmig. Auch er entstammte einem aus der Unfreiheit aufgestiegenen Ministerialengeschlecht. Trotzdem hatte er Hervorragendes geleistet. Mit zwanzig Jahren war er bereits nach Jerusalem gepilgert. Danach hatte er sich als Leiter der Domschule in Speyer verdient gemacht. Heinrichs Vater hatte ihn als Dompropst, also als führenden Geistlichen, nach Goslar geholt, vor einigen Jahren hatte Heinrich selbst ihn zum Bischof von Osnabrück ernannt. Seitdem war Benno unermüdlich für sein Bistum im Einsatz, entwässerte Sümpfe, siedelte neue Menschen an, baute neue Straßen und Gebäude und straffte die Verwaltung.

Zu Bennos besonderen Fähigkeiten zählte auch die Baukunst. Heinrich dachte daran, wie er ihm vor zwei Jahren dabei geholfen hatte, einen Kranz neuer wehrhafter Burgen in Sachsen aufzubauen. Sachsen mit Goslar und dem silberreichen Harz war wichtig für seine Machtbasis. Dieses Land wollte und musste er unbedingt in den Griff bekommen!

Dagegen wehrten sich die Sachsen, und auch die Thüringer, mit aller Macht. Nur zwei weltliche Herren aus diesen Ländern hielten dem König die Treue. Auch die Zahl der Grafen und Ritter aus den übrigen Gegenden hielt sich in überschaubaren Grenzen. Sein Blick fiel auf die beiden Michelbacher, Werinhard und Eberhard. Die beiden waren hervorragende Krieger, und mit ihnen ritten eine Anzahl gutausgebildeter und tapferer Kämpfer, gut möglich, dass sie seinem Heer noch eine größere Schar unter dem Befehl von Herren aus dem Kraich- und Speyergau organisieren konnten, zu denen sie in weitverzweigten verwandtschaftlichen Beziehungen standen. Er war auf jeden Fall froh, sie in seinem Lager zu wissen.

Der König blickte zu seinem engsten Berater, der die ganze Zeit stehen geblieben war, und bedeutete ihm mit einer Kopfbewegung, sich auf den Platz neben ihm zu setzen. Zögernd und angespannt leistete Udalrich von Godesheim dem Willen seines Herrn Folge.

„Herr Udalrich, wenn jemand das Recht hat, in Gegenwart des Königs zu sitzen, dann seid Ihr das“, begann Heinrich förmlich. „Ihr habt Euch bereit erklärt, meine Ehre gegenüber diesem Reginger zu verteidigen, der mich beschuldigte, einen Anschlag auf das Leben Herzog Rudolfs geplant zu haben." Dann fuhr er mit erhobener Stimme in feierlichem Tonfall fort: „Ihr habt Euch mit Zustimmung der Fürsten des Reiches bereit erklärt, im Zweikampf auf Leben und Tod mit diesem Abschaum zu kämpfen, um ihn mit Gottes Hilfe der Lüge zu überführen!"

Dann machte er eine Pause, stützte sich mit beiden Händen auf der Tischplatte ab, erhob sich halb und blickte die Anwesenden nacheinander an. „Gott hat aber vorher entschieden, und ich danke ihm dafür aus tiefster Seele und mit all meiner Kraft."

Werinhard und Eberhard hielten die Luft an vor Spannung. Das, was nun folgte, war neu für sie wie auch für die meisten anderen im Saal.

„Wie die meisten von euch vielleicht noch nicht wissen", fuhr der König fort und erhöhte die Spannung durch Einlegung einer Pause.

„Also, wie die meisten von euch vielleicht noch nicht wissen", hob er endlich von neuem an, „wurde besagter Reginger vor einigen Tagen vor dem festgesetzten Termin des Duells von einem Dämon ergriffen und starb, sich mit Schaum vor dem Mund am Boden windend, unter entsetzlichen Krämpfen." Heinrich verzog das Gesicht zu einem verkniffenen Lächeln, dann setzte er im Sprachduktus der königlichen Kanzlei nach: „Wir warten nur noch darauf, dass man Uns für seinen Tod verantwortlich macht!"

Benno blickte den König an und ballte die Fäuste. „Wir alle wissen hier, dass das nicht möglich sein kann. Dieser Mensch ist gleich nach seinen ungeheuren Anschuldigungen noch im Dezember von Eurem Hof verschwunden. Wenn eine solche falsche Beschuldigung jemals aufkommen sollte, kann sie nur von einer Seite her kommen, und zwar von Euren Feinden, die Euch schaden und in Misskredit bringen wollen!" Bei den letzten Worten hatte sich Benno derart in Rage geredet, dass er mit der flachen Hand auf die Tischplatte schlug, dass die Becher schepperten.

„Edler Benno, Ihr habt wie so oft Recht", pflichtete Heinrich dem Bischof bei. „Wenn die Beschuldigung erhoben werden sollte, kann sie nur von meinen Feinden kommen: den Sachsen, oder denen, die sie in letzter Zeit immer mehr unterstützen, also von den Erzbischöfen am Rhein, den Herzögen von Schwaben, Kärnten oder Bayern. Die Majestät des Reiches ist von Feinden umringt."

Beim Weitersprechen verfiel er, man konnte nicht unterscheiden, ob unbewusst oder kalkuliert, in die zeremonielle Redeweise. „Sie haben von Uns verlangt, dass Wir Unsere Burgen in Sachsen und Thüringen niederreißen! Dass Wir ihnen ihre Güter dort zurückgeben sollen, die Wir ihnen angeblich entzogen haben! Dass Wir von ihnen und ihren Untertanen keine Abgaben und Frondienste mehr verlangen! Dass Unsere Burgbesatzungen ihre Frauen und Töchter nicht mehr vergewaltigen!" Heinrichs Stimme nahm einen immer schärferen Ton an. Als er jetzt fortfuhr, steigerte sie sich zu heller Empörung.

„Dass Wir die von Uns errichteten Festungen niederlegen werden, das haben Wir auf Druck der Reichsfürsten den Sachsen schon längst zugestanden! Auch dass Wir all die angeblichen Rechtsverletzungen, durch die Wir jene Sachsen und Thüringer zu ihrem Aufstand gezwungen haben sollen, in Zukunft unterlassen werden!" Er holte tief Luft.

„Aber das war anscheinend immer noch nicht genug! Uns selbst, die heilige und ungeteilte Majestät, die sich diese Menschen einst selbst gewählt haben und der sie mehrfach die Treue geschworen haben, haben sie der Unfähigkeit zur Regierung bezichtigt! Wegen Verbrechen gegen das Kirchenrecht! Wir hätten einen Schwarm von Kebsweibern, die wir endlich entlassen sollten! Natürlich wurde auch schon wieder die Beschuldigung vorgebracht, dass Wir bei der angeblichen Schändung Unserer Schwester Adelheid, der ehrwürdigen Äbtissin von Quedlinburg, mitgeholfen hätten! Ein ganz und gar lachhafter Vorwurf! Aus diesen Gründen glaubten diese Sachsen sogar, sich dahingehend äußern zu müssen, dass Uns der Rittergürtel zu entziehen sei!"

Einige der Anwesenden, vor allem die Bischöfe, blickten betreten drein. In den Mienen anderer, unter ihnen auch Eberhard von Michelbach, zeichnete sich offene Entrüstung und rückhaltlose Parteinahme für den König ab. Sein Bruder Werinhard, der neben ihm saß, ließ sich dagegen keinerlei Reaktion auf das Gesagte anmerken. Er ahnte, was jetzt kommen würde, und im Gegensatz zu seinem rauflustigen Bruder konnte er sich denken, dass es nichts Gutes war. Er hatte die Zuspitzung der Lage am eigenen Leibe miterlebt. Er und sein Bruder waren am Hofe gewesen, als Heinrich in der Harzburg bei Goslar im vorigen Jahr überraschend von den Sachsen belagert worden war. Der König war bei

Nacht und Nebel aus der Burg geflohen, und er, Werinhard, war unter denen gewesen, die ihn begleitet hatten.

Werinhard schauderte es noch immer bei der Erinnerung an dieses wahnsinnige Unterfangen! Die Vernunft hatte ihm damals geboten, bei der Burgbesatzung zu bleiben, die den Belagerern die Anwesenheit des Königs vorgaukeln und sie ablenken sollte. Das war aber leider nicht möglich gewesen, da sein Bruder Eberhard wieder einmal den Helden gespielt hatte. Vor der Flucht des Königs selbst hatte man nämlich noch die Reichsinsignien aus der Burg geschafft, und für dieses Himmelfahrtskommando hatte sich ausgerechnet Eberhard freiwillig gemeldet! Um nicht von seinem Bruder getrennt zu werden, hatte der Ältere keinen Ausweg gesehen, als mit dem König gemeinsam zu fliehen.

Werinhard standen die Bilder noch klar vor Augen. Nachdem die königlichen Unterhändler die Sachsen geschickt in langwierige Verhandlungen verwickelt hatten, die ein Nachgeben des Königs suggerierten und dadurch die Aufmerksamkeit in der Bewachung der Burg verminderten, hatten Heinrich und einige seiner Vertrauten durch eine Seitenpforte in einer dunklen Nacht die Burg verlassen und waren in den unendlichen Wäldern der Umgebung untergetaucht. Kurz vor ihnen hatte sich die Gruppe mit den Reichsinsignien auf den Weg gemacht.

Den endlosen Marsch durch diesen furchterregenden fremden Urwald würde Werinhard nie vergessen. Drei Tage lang waren sie ohne Essen, geführt von einem ortskundigen Jäger, von dem sie nicht wussten, ob er sie schon an die Feinde verraten hatte, auf einem schmalen, nur den wenigsten bekannten Fußpfad dahin gestolpert. Bei jedem Rauschen des Windes in den Zweigen und bei jedem Knacken im Unterholz hatten sie gefürchtet, ihren Feinden in die Arme gelaufen zu sein.

Schließlich waren sie bei einem Ort namens Eschwege aus der finsteren Wildnis herausgekommen, bis zum Äußersten erschöpft von Hunger, Schlafmangel und den Anstrengungen des langen Fußmarsches.

Bald waren sie verschiedenen Truppen der Reichsfürsten begegnet, die sich zu dieser Zeit in der Gegend um Eschwege sammelten, da sie der König vor einiger Zeit zu einem Feldzug gegen die Polen aufgeboten hatte. Heinrich hatte sie durch Boten zu einem Dorf namens Kappel in der Nähe von Hersfeld beordert. Dort hatte er sich den versammelten

Fürsten in einem zeremoniellen Akt zu Füßen geworfen und sie um Beistand gegen die aufrührerischen Sachsen angefleht.

Die Fürsten, zutiefst erschüttert von der Schilderung des Königs, hatten zunächst sofort gegen die Aufrührer zu Felde ziehen wollen, da man ja sowieso zu einem Feldzug ausgerückt war und daher kriegsmäßig ausgerüstet war. Dann waren aber, wegen der Stärke und Entschlossenheit des Feindes, gewisse Bedenken aufgekommen und man hatte beschlossen, die Vorräte und Bewaffnung vor einem Kampf doch lieber noch weiter aufzustocken. So als ob die Kräfte gereicht hätten, um die Polen niederzuwerfen, nicht aber die Sachsen.

Inzwischen hatten sich auch die Sachsen explizit an die Reichsfürsten gewandt und sich über die ungerechte Herrschaft des Königs beklagt. Ein Gütetermin hatte den nächsten gejagt, während die Sachsen nicht nachließen, die Burgen Heinrichs zu berennen und die dortigen Besatzungen in äußerste Bedrängnis zu bringen.

Werinhard wäre nicht in der Lage gewesen, die diplomatischen Winkelzüge, die zwischen den Parteien stattgefunden hatten, alle in der richtigen Reihenfolge aufzuzählen. Der Gesamteindruck, der sich nach allem bei ihm festgesetzt hatte, war der, dass die Reichsfürsten dem König die Gefolgschaft verweigert hatten, weil er alte Rechte missachtet hatte und seine Herrschaft immer weiter ausgedehnt hatte, was letztlich auf eine Tyrannis hinausgelaufen wäre.

Was die Reichsfürsten auch immer schwer irritiert hatte, war die Tatsache, dass Heinrich sie nicht mehr zur Beratung und Beschlussfassung zuließ, sondern als Berater fast ausnahmslos Leute aus niederem Stand gewählt hatte oder überhaupt selbst entschied. Das war wider alles Herkommen. Werinhard konnte die Beweggründe der Fürsten im Grunde gut verstehen. Wenn der König so weiter machte wie bisher, lief er Gefahr, die Krone zu verlieren.

Wie um die eigene Einschätzung auf den Prüfstand zu stellen, blickte Werinhard zu Udalrich von Godesheim hinüber, in dessen Zügen sich tiefe Besorgnis und Zweifel spiegelten. Noch einer, der zwar bedingungslos treu, aber nicht blind ist, dachte er bei sich.

Die Stimme des Königs riss ihn aus seinen Gedanken. „Der Kampfwillen der Sachsen nimmt immer mehr zu“, stellte Heinrich gerade fest. „Die Fürsten tun nichts, während meine Burgbesatzungen in äußerste

Not geraten!“ Offenbar war er im Verlauf seiner Rede wieder in die Ich-Form gefallen. „Fast täglich erreichen mich Hilferufe meiner getreuen Mannschaften!“ Aus seiner Stimme hörten die Anwesenden wachsende Verzweiflung heraus.

„Ich spüre, wie sie das Vertrauen in mich verlieren! Während sie sich voll Mut und Sorge um mein Wohl bemühen, sitze ich hier in den gut befestigten Mauern von Worms tatenlos und bequem und müßig herum und, und …“ Es schien, als ob er nach einem noch passenderen Wort suchen würde, dann schien er es gefunden zu haben und spie es aus, wie man einen ekelhaften Klumpen aus dem Mund befördert: „… und faulenze!“

Die Zuhörer zuckten zusammen. Einige schlugen die Hand vor den Mund oder strichen sich über die Augen. Werinhard fühlte, wie sich die Sache zuspitzte und auf den von ihm befürchteten Höhepunkt zulief.

„Von diesem Vorwurf muss ich mich reinwaschen“, fuhr der König fort, nun wieder in einem nüchternen Tonfall, der aber nichtsdestoweniger eiserne Entschlossenheit verriet. „Selbst wenn es mein eigenes Leben kosten sollte! Es wird keine Verhandlungen und keine Spielchen mehr geben!“

Und dann kam der von Werinhard und etlichen anderen befürchtete Satz: „Bei nächster sich bietender Gelegenheit werde ich die Sachsen in offener Feldschlacht angreifen. Lieber verliere ich in Ehren mein Leben als in Schande den Thron!“

Da war es nun ausgesprochen, wovor sich viele im Saal am meisten gefürchtet hatten. Der König würde alles auf eine Karte setzen. Gegen die Sachsen und gegen die Reichsfürsten. Nachdem einige der Bischöfe ihre Bedenken angemeldet hatten, die sich der König zwar scheinbar unbewegt anhörte, aber auf die er nichts erwiderte, verfiel die Versammlung in resigniertes Schweigen, bis sie kurz darauf von Heinrich aufgelöst und die Teilnehmer entlassen wurden.

Nach der Besprechung machte sich Heinrich gemeinsam mit Udalrich auf den Weg in den Gebäudetrakt, wo sich ihre Unterkünfte befanden. Als die beiden Männer auf den Hof der Bischofspfalz traten, empfing sie eine klirrende Kälte, die ihnen beinahe den Atem verschlug. Das große

Tor war noch nicht geschlossen, einige dick vermummte Passanten, zu dieser Zeit meistens Dienstleister, Lieferanten oder Arbeiter, strebten darauf zu, um noch rechtzeitig hinaus zu gelangen.

Plötzlich stieß Heinrich seinem Begleiter mit dem Ellbogen in die Seite und deutete auf eine der Gestalten. Sie trug in einer Hand etwas, das aus der Ferne aussah wie ein Koffer. Udalrich hatte sie auch gesehen und hastete der ziemlich rasch laufenden Person nach. Als er sie eingeholt hatte, hielt er sie an und sprach kurz mit ihr. Die beiden drehten sich zum König um. Die Gestalt schien zu zögern, blickte zwischen dem König und dem Tor hin und her. Udalrich sprach weiter auf sie ein, schließlich ließ sie sich von ihm widerstrebend die Tasche aus der Hand nehmen. Mit Udalrich kam sie jetzt auf den König zu. Es war Mirjam.

Als sie vor ihm stand, neigte sie den Kopf und erwies ihm damit förmlich die vorgeschriebene Reverenz, dann wartete sie ab. Offenbar kam sie von einem späten Krankenbesuch.

„Frau Mirjam, begleitet uns in die Pfalz!“, forderte Udalrich sie auf. „Wir ziehen übermorgen ins Feld gegen die Sachsen. Vorher hat der König Euch etwas mitzuteilen.“

Die Jüdin blickte mit einem schiefen Lächeln zu Udalrich und kommentierte die Aufforderung trocken: „Nun, es wird mir wohl nichts anderes übrig bleiben, Ihr habt meine Tasche.“ Kurz darauf betraten sie gemeinsam den Trakt, in dem sich die Räume des Königs befanden und stiegen die Wendeltreppe hinauf. Die Jüdin konzentrierte sich darauf, keine Erinnerungen aufsteigen zu lassen. Sie wusste, dass sie jetzt einen klaren Kopf behalten musste. Heinrich ging voran, die Wachen gaben ihm überall ehrerbietig den Weg frei. Hinter ihm folgte Mirjam, dann Udalrich.

Der Raum, in den sie schließlich gelangten, war offenbar ein Speisesaal. Der König setzte sich und bedeutete Mirjam, sich ebenfalls einen Stuhl zu nehmen. Udalrich wartete seinem Herrn und dem Besuch auf, indem er ihnen Becher vorsetzte, aus denen ein betäubender Duft von erhitztem Wein und Gewürzen aufstieg. Rings um den Tisch verbreiteten hell flackernde Feuer in eisernen Schalen eine angenehme Wärme.

„Ich bitte Euch, gebt mir einen Becher Wasser.“, bat die Jüdin, zu Udalrich gewandt. „Ich war den ganzen Tag auf den Beinen, es hat einige anstrengende Behandlungen gegeben. Der Wein riecht sehr gut, aber ich fürchte, ich würde ihn schlecht vertragen.“ Udalrich kam ihrer Bitte sofort nach. Nachdem er einen Blick mit seinem Herrn getauscht hatte, ließ auch er sich auf einem der Stühle nieder.

Heinrich nahm einen langen Zug aus seinem Becher, in dem sich ebenfalls nur Wasser befand. Dann erklärte er: „Morgen werden wir die verfügbaren Truppen mustern und den nötigen Proviant sammeln. Übermorgen brechen wir nach Hessen und ins Grenzland in Richtung Thüringen auf.“ Er brach ab und schwieg eine Weile vor sich hin. Auch Udalrich machte keine Miene, den Mund zu öffnen, und fixierte konzentriert einen Punkt auf der Tischplatte, als ob sich dort der Mittelpunkt der Welt befände.

Mirjam hatte sich fest vorgenommen, so wenig wie möglich zu sagen, und wenn, dann nur, wenn sie gefragt würde. Aber der Taktik der beiden Männer, wenn es denn überhaupt eine war und nicht nur ein vorübergehendes dumpfes Vor-sich-hin-Brüten, war sie denn doch nicht gewachsen.

„Von welchen verfügbaren Truppen sprecht Ihr, Majestät?“, fragte sie daher in dem Bestreben, das lastende Schweigen zu unterbrechen. Heinrich begann, an seinem Schnurrbart zu zerren. „Eine gute Frage“, bemerkte er ironisch. „Umso mehr, als sie von einer Frau kommt“, setzte er hinzu. Er seufzte. „Ich gebe zu, unsere militärischen Kräfte sind nicht überwältigend.“ Udalrich blickte bei diesen Worten schwermütig vor sich hin. Mirjams Blicke wanderten zwischen den beiden hin und her. Langsam schwante ihr der Ernst der Lage. „So wie ich gehört habe“, warf sie ein, „verfügen die Sachsen über ein riesiges Heer! Mein König! Wenn Ihr nicht genügend Truppen habt, werdet Ihr Euer Leben aufs Spiel setzen!“

Heinrich reagierte nicht auf den Einwand, stattdessen nahm er noch einen Zug aus seinem Becher, als ob ihn das alles nichts anginge. Dann meinte er, in einen vertraulichen Ton fallend: „Du sagst es.“ Er schloss kurz die Augen, dann wiederholte er, was er vorhin schon vor der versammelten Hofgesellschaft verkündet hatte: „Lieber will ich in Ehren sterben als meinen Thron in Schande verlieren!“

Mirjam war, als bliebe ihr das Herz stehen, sie wollte auffahren, etwas Sinnvolles erwidern, und stellte schließlich fest: „Aber Ihr habt den Sachsen doch schon alles zugesagt, was sie verlangt haben! Eure Burgen niederzulegen und ..." Hier stockte sie, es fiel ihr in der Eile kein weiterer Punkt ein, und sie fügte hinzu: „... und den Schwarm Eurer Konkubinen zu entlassen!" Diese Forderung war tatsächlich auf dem Forderungskatalog der Sachsen erschienen und hatte in den Städten und an den Höfen des Reiches für reichlich Tratsch und Klatsch gesorgt.

Der König verzog den Mundwinkel zu einem spöttischen Lächeln und meinte dann grob: „Meinst du den Schwarm, zu dem du dich rühmen kannst, auch einmal gehört zu haben?" Mirjam starrte ihn an, aber er wich ihrem Blick nicht aus. Sie kämpfte die Betroffenheit nieder, um nur ja keine Wirkung zu zeigen. Er sollte nicht sehen, wie weh ihr die Bemerkung getan hatte. Aber sie hatte sie letztlich selbst herausgefordert. Sie bemerkte nicht, wie Udalrich von Godesheim sie von der Seite her anschaute. In seinen Blicken lag Hochachtung, ja offene Bewunderung.

Als Heinrich merkte, dass seine Beleidigung keinerlei Reaktion hervorrufen würde, fuhr er unvermittelt fort: „Für dein Kind wird gesorgt werden." Mirjam wollte etwas Patziges darauf erwidern, biss aber die Zähne zusammen. Stattdessen nutzte sie die Gelegenheit für eine Bitte, die ihr schon lange auf der Seele lag.

„Majestät, Ihr habt den Wormsern für ihre Treue und Hilfsbereitschaft ein wertvolles, der königlichen Großmut und Milde würdiges Privileg gewährt", stellte sie einlenkend fest. Dann wagte sie es, auf eine Diskrepanz hinzuweisen, die ihr schon lange aufgefallen war.

„Mein König, sicher ist Euch nicht entgangen, dass die Taten der Wormser zum großen Teil auch von meinem Volk ermöglicht wurden. Die Juden von Worms haben dazu beigetragen, die Mannschaften auszurüsten, die den Bischof vertrieben haben. Trotzdem sind sie nicht in diesem Privileg erwähnt."

Heinrich rieb sich über die Stirn.

„Soweit ich mich erinnere, nennt das Privileg als Empfänger der Wohltat alle Wormser", antwortete er schließlich. „Fühlen sich die Juden von Worms da nicht eingeschlossen?", wollte er dann wissen, wobei ein Glitzern in seine Augen trat, das jeglichen Rückschluss auf die Absicht der Frage ausschloss. Mirjam fühlte, dass sie jetzt genau überlegen musste, wie sie die Antwort formulieren wollte. Schließlich erwiderte sie: „Die Juden von Worms fühlen sich durch die königliche Großzügigkeit und Milde sehr wohl angesprochen und sind Euch zutiefst dankbar."

„Und weiter?“ Der König hatte sich vorgebeugt, als sei er gespannt auf jede weitere Erklärung.

Mirjam wollte nichts Nachteiliges über die Wormser sagen, also wich sie auf ein anderes, ihr plausibel erscheinendes Argument aus. „In dem Privileg geht es um Zölle an anderen Orten im Reich! Nicht überall ist das Einvernehmen zwischen Christen und Juden so ungestört wie in Worms!“

Heinrich runzelte die Stirn, was eher darauf hinzudeuten schien, dass er diesen Einwand nicht nachvollziehen konnte oder wollte.

Mirjam sah ihre Bitte um ein eigenes Privileg speziell für die judäischen Wormser bereits abgeschlagen. Sie wollte aber noch nicht aufgeben. Andererseits konnte jetzt jedes Beharren auf diesem Thema den Unwillen des Königs möglicherweise erst recht anstacheln. Sie wusste nicht mehr, wie sie das Gespräch in die gewünschte Richtung lenken konnte. Aber war es nicht gerade das, was der König so hasste – die Lenkung des Gesprächspartners mit den Mitteln vermeintlicher Logik und Rhetorik?

In diesem Moment gab Mirjam es auf, ihre Worte abzuwägen. „Wie oft ist unser Volk schon Verfolgungen und Benachteiligungen ausgesetzt gewesen!“, stieß sie hervor, mehr leidenschaftlich als überlegt. „Wie gut wäre es da, wenn neben den „Wormatienses“ auch die „Judaei“ in dem Privileg erwähnt würden!“ Fast flehend blickte sie nun zum König hinüber. Dann setzte sie noch hinzu: „Nur zur Sicherheit, Majestät!“

Heinrich zeigte keine Regung, sinnierte eine Weile, den Blick ins Leere gerichtet. Udalrich und Mirjam warteten gespannt auf eine Antwort, der eine, weil er die Meinung seines Herrn zu diesem Thema noch nicht kannte, die andere, weil es um das Wohlergehen ihres Volkes ging. Nach einer Weile des Schweigens kehrte der König aus seiner scheinbaren geistigen Abwesenheit zurück und richtete den Blick auf die Jüdin. „Mein Schreiber Adalbero hat mich schon auf dieses Problem hingewiesen. Normalerweise macht der Hof öfter in Worms Station, daher könnte ich dich und dein Volk jetzt auf einen späteren Zeitpunkt vertrösten, auf ein neues Privileg, in dem die Rechte der Judäer explizit aufgeführt werden.“

Der König bildete, wie um sich zu konzentrieren, mit den Händen eine Raute und tippte die Fingerspitzen gegeneinander. Nach einer Pause sprach er weiter, indem er fast jedes Wort einzeln betonte: „Da ich aber die Zukunft nicht kenne, habe ich Anweisung gegeben, schon diese Urkunde, wenn es irgendwie möglich ist, entsprechend zu ändern. Adalberos Vertreter in der Kanzlei wird sich darum kümmern."

Mirjam wusste, dass für den König damit das Thema erledigt war. Jetzt noch weiter in ihn zu dringen, würde nur Unmut erzeugen und zu nichts führen. Andererseits wusste sie auch, dass er, nach dieser Rede, tatsächlich etwas in Gang gesetzt hatte. Sie konnte nur hoffen, dass es zum gewünschten Erfolg führen würde. Sie verspürte Unsicherheit, aber auch Dankbarkeit. Mehr konnte man im Augenblick nicht erwarten. Daher erwiderte sie in der Form der gebotenen Ehrerbietung: „Majestät, ich danke Euch zutiefst und wünsche, auch im Namen aller Judäer der Gemeinde von Warmaisa, dass Gott Euch dereinst für Eure Großmut und Milde belohnen werde!" Dann schwieg sie, faltete die Hände in ihrem Schoß und wartete darauf, entlassen zu werden.

Da wandte sich der König plötzlich seinem Vertrauten Udalrich zu und richtete eine Frage an ihn direkt, so als ob Mirjam gar nicht da wäre. „Was wird aus der Königin, wenn ich aus dieser Schlacht nicht zurückkehren sollte?" Udalrich war sichtlich überrascht, bemühte sich aber um eine knappe Antwort. Auf die düsteren Vorahnungen Heinrichs ging er dabei nicht ein, er wusste, dass der König auf nutzlose Schönredereien in diesem Moment keinen Wert legen würde: „Die Königin befindet sich nach Eurem Willen zurzeit in der Obhut des Euch treu ergebenen Abts Hartwig im Kloster Hersfeld. Dort wird sie zunächst bleiben, die Geburt Eures Kindes wird im Februar erwartet. Das sind nur noch einige Wochen. Dann wird sie einen ihrem hohen Stand angemessenen Aufenthaltsort wählen oder vielleicht auch zu ihrer Familie nach Turin zurückkehren."

Schon bei den ersten Worten hatte die Jüdin aufgehorcht. Es ging um Bertha, die kleine Königin, die sich trotz der Abneigung ihres Ehemannes bis jetzt so tapfer geschlagen hatte. Die Ärztin erinnerte sich noch lebhaft an den Skandal um das gescheiterte Ehescheidungsprojekt des Königs vor fünf Jahren. Damals hatte Heinrich die erste seiner großen Niederlagen in seiner Regierung erlitten. Er war vom Legaten des Papstes und den Reichsfürsten öffentlich gezwungen worden, seine Ehe fortzuführen. Dabei wäre es so einfach für ihn gewesen, diese Ehe aus Gründen der zu nahen Verwandtschaft oder wegen behaupteter Untreue der Frau annullieren zu lassen! Aber Heinrich hatte die Frau, die mit ihm zusammen von frühester Jugend auf wie eine kleine Schwester am Hof aufgewachsen war, nicht bloßstellen und demütigen wollen. Stattdessen waren sie beide vor die Fürsten und Abgesandten des Papstes getreten und hatten versichert, die Ehe in den drei Jahren ihres Bestehens nie vollzogen zu haben!

Mirjam erinnerte sich noch gut daran, wie der König von Bertha gesprochen hatte, damals in der Pfalz zu Worms. Aber die Erinnerung an das, was dann gefolgt war, wollte, durfte sie nicht zulassen. Sie wusste das, aber mit hilflosem Staunen bemerkte sie jetzt, wie ihre Gedanken sich selbständig machten und begannen abzugleiten, ohne dass sie Anstalten machte, sich dagegen zu stemmen. Als sie in die Augen des Königs sah, fühlte sie mit Entsetzen, wie die wirren Bilder jener Nacht ihren Geist zu überschwemmen drohten. Da kam ihr, vielleicht aus einer Ahnung heraus, Udalrich von Godesheim zu Hilfe. „Ihr seht müde aus, Frau Mirjam", meinte er mitfühlend und reichte ihr einen Becher. Der Bann war gebrochen, der König setzte die begonnene Unterredung fort.

„Du hast es gehört", begann er, nun direkt der Ärztin zugewandt, wobei er wieder in den unter den Angehörigen seiner Hausgemeinschaft üblichen vertraulichen Umgangston fiel. „Die Königin ist schwanger, im Kloster Hersfeld und kurz vor der Niederkunft", fasste er die unabänderlichen Tatsachen knapp zusammen. Die folgende Rede begann er mit einem sibyllinischen Satz, den Mirjam sofort verstand: „Die Fürsten und der Papst haben mir damals befohlen, das zu tun, von dem du mir erklärt hast, wie ich es tun kann. Nun bitte ich dich, der Königin beizustehen, wenn es nötig sein sollte. Dein Oheim Jakob hat die dazu nötige Urkunde, die dich legitimiert."

Heinrich hielt inne und wartete auf eine Reaktion. Mirjam hatte während seiner Rede kein Auge von ihm gelassen. Er spricht von Bertha, als sei sie eine Last, die man irgendwo abstellen muss, wenn man sich gerade nicht selbst darum kümmern kann, dachte sie unwillig. Ob ihm klar war, dass ihm diese Frau treu sein würde bis in den Tod und ihm überall hin folgen würde, schwanger oder nicht, notfalls auch ins fieberverseuchte Heerlager vor Rom und über die schneebedeckten Pässe der Alpen?

Offenbar hatte der König ihre Gedanken in ihrem Gesicht gelesen. „Zweifle nicht daran, dass ich die Tugenden der Gefährtin meines Thrones kenne“, wies er sie zurecht. „Das ist der Grund, warum ich gerade dich jetzt um Beistand bitte.“

Mirjam fühlte sich entlarvt, wie immer hatte er gut beobachtet. Dabei wurde ihr im selben Moment klar, dass sie ungerecht gewesen war. Was sollte er denn anderes tun, als einen möglichst sicheren Ort für die Königin zu suchen, wenn er selbst ins Feldlager ging? Wieder hatte sie das Gefühl, dass sie ihm helfen musste. Er war der König, der Garant für das Wohlergehen und Leben auch ihres Volkes. Sie verschränkte die Hände vor der Brust und blickte ihm in die Augen. Trotz der feierlichen Form, in die sie ihr Versprechen nun kleidete, wagte sie es, die familiäre Anrede der königlichen Hausgenossenschaft zu übernehmen: „Mein König, du kannst dich auf deine ergebene Dienerin verlassen. Ich werde alles in meiner Macht Stehende tun, um der Königin Bertha beizustehen, so es nötig ist, jetzt und in der Zukunft.“

Heinrich zeigte wiederum keine Reaktion, meinte nur: „Gut! Ich danke dir. Du bist entlassen.“ Als Mirjam aufstehen wollte, schien dem König noch etwas einzufallen.

„Einer meiner engsten und treuesten Vertrauten, Bischof Benno von Osnabrück, hat ein Dokument in seinem Besitz, das über die Identität und das Schicksal eines Knaben Auskunft gibt, der in drei Jahren der Domschule in Speyer zu übergeben ist.“

Mirjam hatte das Gefühl, als würde ihr das Blut mit Macht in den Kopf drängen. Ein plötzlicher Schwindel erfasste sie. Rasch richtete sie sich auf und geriet dabei ins Wanken. Udalrich war mit einem Schritt neben ihr und reichte ihr die Hand. Der König warf einen kurzen Blick auf die Szene, dann fuhr er scheinbar ungerührt in zeremoniellem Stil fort.

„Da Bischof Benno mit Uns in den Krieg gegen die Sachsen ziehen wird und sein Schicksal daher ebenso unsicher ist wie das Unsrige, haben wir eine beglaubigte Abschrift der Urkunde an deinen Oheim Jakob Kalonymos in Worms zur Aufbewahrung gegeben. Bei besagtem Jakob Kalonymos befindet sich auch ein Gegenstand der Beglaubigung, der in beiden Urkunden erwähnt wird und daher umso schwerer veruntreut werden kann.“

Heinrich musterte die Jüdin eindringlich. „Vielleicht kennst du den Gegenstand“, meinte er dann. „Wer mich kennt, kennt auch diesen Ring. Als ich noch nicht zur Herrschaft gelangt war, gab ihn mir Adalbero, der Bischof von Metz, einer der wenigen, dem ich jemals blind vertraut habe. Dein Onkel ist ein Judäer. Er wird wissen, wie er das Kleinod sicher bewahren kann."

Nach dieser Rede setzte Heinrich einen Ellenbogen auf der Armlehne seines Sessels auf, schloss die Augen und legte das Gesicht in die Hand. Mit dem anderen Arm machte er eine müde Bewegung in Richtung Tür, ohne sich seinen Gesprächspartnern noch einmal zuzuwenden. Die Audienz war endgültig beendet. Bei einem letzten Blick über die Schulter fiel Mirjam nur noch auf, dass ihm die Haare wirr um den gebeugten Kopf fielen. Udalrich nahm Mirjams Tasche und begleitete sie hinaus. Als sie zum großen Tor kamen und von den Wachen erkannt wurden, ließ man sie durch eine Seitenpforte hinaus. Der Godesheimer brachte die Ärztin in Begleitung zweier Bewaffneter zum Haus des Kalonymos in der Nähe der Synagoge im Nordosten der Stadt.

Gegen die Sachsen

Hersfeld, Januar/Februar 1074

Der König verließ Worms und kam mit seinem Heer, zu dem trotz Aufforderung durch Boten noch nicht allzu viele Truppen gestoßen waren, am 27. Januar nach Hersfeld. Von dort rückte er weiter bis an die Werra vor. Es herrschte eine extreme Kälte, und alles war vom winterlichen Frost in solchem Maße erstarrt, dass die Flüsse nicht nur an der Oberfläche einen Eispanzer trugen, sondern, was gänzlich ungewohnt war, bis zum Grund vollständig zu Eis verwandelt zu sein schienen. Die Truppen litten unter schwerem Mangel an Brot, denn aufgrund der gefrorenen Wasserläufe standen die Mühlen überall still und konnten das Getreide nicht mahlen, das man etwa bei den Bauern noch vorfand. In dieser misslichen Lage begannen die Soldaten, in den Dörfern der Umgebung zu plündern, was sie an essbaren Nahrungsmitteln vorfanden. Der König konnte schwerlich rigoros dagegen einschreiten, da er in dieser bedenklichen Notlage die wenigen Truppen, die mit ihm gezogen waren, nicht auch noch vergraulen wollte.

Die Sachsen lagerten am rechten Ufer der Werra, dem Grenzfluss zwischen Hessen und Thüringen, nicht weit von dem Ort Vacha. Heinrich wollte nicht weiter vorrücken, bevor sich nicht noch mehr Truppen bei ihm eingefunden hätten. Darüber hinaus fürchtete er, das große Heer der Feinde könnte die zugefrorene Werra überqueren, bevor sein Heer auf eine ebenbürtige Stärke angewachsen war. Er zählte auf die Truppen der inzwischen herangerückten Reichsfürsten, die sich allerdings weigerten, ihre Heere für eine Schlacht zur Verfügung zu stellen.

Die Fürsten wie auch Heinrichs engste Vertraute hielten den größten Teil der Forderungen der Sachsen für gerechtfertigt und plädierten dafür, sie zu erfüllen und dadurch zu einem Frieden zu kommen. Dem König blieb nichts anderes übrig, als zähneknirschend, weniger aus Vernunft als durch die Notlage gezwungen, dem zwischen den Sachsen und den Fürsten ausgehandelten Abkommen zuzustimmen. So wurde am 2.

Februar des Jahres 1074 der Friede von Gerstungen geschlossen, ohne dass es zu einer Schlacht gekommen war.

Die Brüder Werinhard und Eberhard von Michelbach befanden sich zu diesem Zeitpunkt im Lager Heinrichs. Eberhard folgte dem König nach Goslar, wo die Verhandlungen mit den Sachsen weitergeführt werden sollten über die Frage, wie die Friedensbedingungen am besten umgesetzt werden könnten.

Werinhard, der wegen dringender Angelegenheiten in der väterlichen Herrschaft um Urlaub gebeten hatte, wurde in Gnaden und ehrenvoll von Heinrich in die Heimat entlassen. Bevor er die Heimreise antreten konnte, hatte der König ihn allerdings noch mit einer wichtigen Mission betraut, für die sich Werinhard nach Hersfeld begeben musste.

Die Königin befand sich zu dieser Zeit immer noch im Kloster Hersfeld, da sich der Zeitpunkt ihrer Niederkunft näherte. Inzwischen war Mirjam Kalonymos aus Worms dort eingetroffen. Bertha hatte große Angst, da sie vor zwei Jahren bereits eine Totgeburt erlitten hatte.

„Majestät", beruhigte sie Mirjam nach einer ersten Untersuchung. „Ihr braucht Euch keine Sorgen zu machen. Das Kind in Eurem Leib lebt und erfreut sich, soweit ich es beurteilen kann, bester Gesundheit." Die „kleine Bertha", wie die Ärztin sie im Stillen bei sich immer noch nannte, gab sich große Mühe, eine hoffnungsvolle und tapfere Haltung an den Tag zu legen.

„Hast du gehört, wie der Krieg mit den Sachsen ausgegangen ist?", fragte sie Mirjam unvermittelt. Sie wartete aber nicht auf eine Erwiderung, sondern gab die Antwort gleich selbst: „Es war eine totale Niederlage für den König!" Dabei sah sie die Ärztin an, als ob sie einen Kommentar von ihr erwartete.

Mirjam wollte nicht unehrlich sein, sie hegte große Zuneigung für die Königin. Daher meinte sie vorsichtig: „Majestät, man kann es so sehen. Ja, es war eine totale Niederlage und eine Demütigung für Euren Gemahl. Die Reichsfürsten haben sich quasi über seinen Kopf hinweg mit den aufständischen Sachsen geeinigt und ihm diesen Frieden von Gerstungen aufgezwungen. Darin musste er versprechen, alle seine Burgen in Sachsen niederzureißen. So habe ich es gehört." Sie blickte Bertha an, um zu sehen, wie diese schonungslose Einschätzung der Lage auf die Königin wirken würde.

Bertha nickte. Sie schien diese Beurteilung vollkommen zu teilen. Und doch auch wiederum nicht. Sie lächelte fast hintergründig, wenn das bei einem so offenen Gesicht wie dem ihren überhaupt möglich war. „Ich habe gehört, er verhandelt mit den Sachsen in Goslar." Dabei blickte sie Mirjam mit hochgezogenen Brauen und einem fragenden Ausdruck an.

Die Jüdin ahnte, worauf die Königin hinauswollte, fragte aber vorsichtshalber: „Verhandelt? Ich dachte, es sei alles ausverhandelt ..." Bertha schnaubte. „Nicht ganz", kommentierte sie. „Ich kenne ihn. Er wird versuchen, die verlangte Niederlegung der Burgen in die Länge zu ziehen."

Die Ärztin musste unwillkürlich herzlich lachen. „Das sieht ihm ähnlich", platzte sie heraus. Dann bemerkte sie Berthas großen Blick und entschuldigte sich sofort und mit ehrlichem Bedauern für diese unverzeihliche Entgleisung. Die Königin winkte ab. „Du hast Recht, du scheinst ihn zu kennen", stellte sie nüchtern fest. Darauf erkundigte sich Mirjam vorsichtig: „Ihr wisst, Majestät, dass der König die Neigung hat, an Steinen zu leiden? In solchen Schmerzen offenbaren sich manchmal Dinge, die verborgen sind und über die der behandelnde Arzt zum Schweigen verpflichtet ist."

Bertha nickte und faltete die Hände über dem Bauch. Es herrschte eine Weile Schweigen zwischen den beiden Frauen. Schließlich langte Mirjam nach einem Krug süßer Limonade und goss der Königin einen Becher ein. Dann meinte sie fürsorglich „Macht Euch nicht allzu viele Sorgen, Majestät! Denkt jetzt nur an Euer Kind! Ruht Euch aus. Oder lasst Euch vorlesen. Wenn Ihr es wünscht, leiste ich Euch Gesellschaft, wann immer Ihr mögt. Und wenn Ihr mich braucht, bin ich da." Dann fügte sie noch hinzu: „Auch Abt Hartwig ist immer für Euch da, wenn Ihr geistlichen Beistand braucht."

Bertha lächelte sie freundlich an. Was für ein liebenswertes Geschöpf, dachte Mirjam voller Hochachtung. Für einen Mann vielleicht ohne Raffinesse und besondere erotische Anziehungskraft, aber gutmütig und gut beobachtend, unbeugsam und hoheitsvoll. Genau das, was dieser König brauchte.

Bertha brachte ihr Kind am 12. Februar des Jahres 1074 ohne besondere Komplikationen zur Welt. Die Königin überstand die Geburt gut und erholte sich rasch, das Kind aber schien nicht lebensfähig zu sein und wurde daher umgehend von Abt Hartwig aus der Taufe gehoben.

Der kleine Junge erhielt, nach seinem Urgroßvater, den Namen Konrad. Mirjam kümmerte sich um den schwachen Säugling, bis er sich nach einiger Zeit zur allgemeinen Überraschung doch noch erholte und damit die erste Hürde im Leben genommen hatte.

Nach dem Einsetzen einer wärmeren Wetterperiode im April verabschiedete sich die Königin herzlich und mit stillem Bedauern, eine so zuverlässige Ärztin und angenehme Gesellschafterin zu verlieren, von Mirjam, die sich auf den Rückweg nach Worms machte. Begleitet wurde sie, wie der König es gewünscht hatte, von Werinhard von Michelbach und einer Anzahl von Bewaffneten unter seinem Befehl. Die Reisegruppe hatte den Ritt von Hersfeld nach Worms in gut einer Woche bewältigt. Nachtquartier bezog man in Grebenau, Lauterbach, Berstadt, Friedberg, Frankfurt am Main, Trebur und Kamba, wo es entweder königliche Pfalzen gab oder Gutshöfe, die dem König zur Nutzung offen standen.

Gefährliche Handelsreise

Worms, Mai 1074

In Worms wurde Werinhard ins Haus der Familie Kalonymos eingeladen, wo er eine folgenreiche Unterredung mit Mirjams Onkel Jakob hatte. Jakob hatte gerade eine Reisegesellschaft Wormser und Mainzer Kaufleute zusammengestellt, die über Baden im Ufgau nach Straßburg und von dort ins Innere Frankreichs ziehen wollten. Er bat den Michelbacher, ihn und seine Gefährten mit seinen Leuten bis Baden als Schutztruppe zu begleiten. Werinhard war dem Auftrag nicht abgeneigt, vor allem auch, weil der Jude ihnen eine ordentliche Entlohnung dafür in Aussicht gestellt hatte.

An einem Abend Anfang Mai wurde ein abschließendes Treffen vereinbart, an dem der Handel zwischen den jüdischen Geschäftsleuten und Werinhard besiegelt werden sollte. Als alle Beteiligten sich im Haus des Kalonymos' versammelt hatten, erklärte Werinhard zunächst seine grundsätzliche Bereitschaft, die Reisegruppe nach besten Kräften zu beschützen, allerdings mit einer Einschränkung.

„Ihr wisst, dass sich die Burg meines Vaters im Tal der Murg befindet. Das bedeutet, dass wir, ich und meine Leute, nicht bis Baden mit euch auf der Nord-Süd-Straße ziehen können, sondern schon vorher bei dem Dorf Rastetten den Weg ins Tal hinein rechts der Murg nehmen müssen, um nach Hause zu kommen."

Einer der jüdischen Kaufleute hob die Hand. „Ich habe von anderen Reisenden gehört, man kann seit kurzem auch von Baden hinüber ins Murgtal kommen, wenn man die Passstraße am Fuß des Berges mit dem alten Opferstein für den römischen Gott Merkurius nimmt. Der Pfad durch den Wald war schon immer gut zu finden und wird seit einiger Zeit auch öfter von Wagemutigen begangen, die sich vom Rhein den Weg in die östlichen Lande nach Schwaben und an die Donau abkürzen wollen."

Werinhard horchte bei diesen Worten auf. Als der Kaufmann das Interesse des christlichen Gastes bemerkte, fügte er noch hinzu: „Im Murgtal selbst hat man den Hang hinunter zum Fluss schon zu einem

Teil gerodet. An der Furt selbst gibt es sogar einige Hütten zum Übernachten." In Werinhards Gesicht zeichnete sich bei dieser Schilderung Erstaunen und höchstes Interesse ab.

„Herr Werinhard war lange nicht in heimischen Gefilden", warf Jakob zur Erklärung ein. „Seit Beginn des Feldzugs gegen die Sachsen hat er sich, wenn ich richtig unterrichtet bin, in der Nähe des Königs aufgehalten." Dann, zu Werinhard gewandt, meinte er: „Vielleicht könnt Ihr Euch doch entschließen, uns bis Baden zu begleiten! Das wäre doch eine gute Gelegenheit, die neuen Entwicklungen in Eurem Tal zu inspizieren. Was meint Ihr?"

Der Michelbacher überlegte nur kurz. „Ich denke, Ihr habt Recht, Jakob", stimmte er dann zu. Die Kaufleute waren erleichtert, bis Baden einen starken Geleitschutz zu haben. Man verbrachte den restlichen Abend mit lebhaften Gesprächen über Gott und die Welt, während die Frauen des Hauses wohlschmeckende Speisen auftrugen und ein exzellenter Rheinwein kredenzt wurde.

Werinhard war zutiefst beeindruckt von der luxuriösen, aber keineswegs überladenen oder protzigen Ausstattung des Hauses und der Zuvorkommenheit und Freigebigkeit seiner Gastgeber. Während des ganzen Abends fiel nicht ein anzügliches Wort, den Frauen gegenüber zeigten die Männer die gleiche Aufmerksamkeit im Gespräch, wie sie es gegeneinander taten. Den Köchinnen und der Dienerschaft wurde mehrfach dankbares Lob für die Tafel gespendet. Der Umgangston war familiär, wahrte aber immer die Formen des Anstands und der Höflichkeit.

Mirjam wandte sich an Werinhard. „Es ist heute Abend ein Glück, Euch als Gast bei uns zu haben, Herr Werinhard. Sonst wären mein Onkel und seine Verwandten und Freunde schon längst bei ihrem Lieblingsthema angekommen: der Diskussion über die Bibel."

Jakob, der seine Ohren überall hatte, warf ihr einen tadelnden Blick zu. Man hatte dieses Thema bis jetzt ganz bewusst gemieden. Aber da fragte Werinhard auch schon irritiert: „Bibel? Wieso diskutiert ihr über die Bibel?"

Mirjam suchte nach einem möglichst leicht verständlichen Zugang. „Die Bibel ist auch für uns ein Buch der Offenbarung. Allerdings nur der Teil, den ihr das Alte Testament nennt. Darin stehen so viele wunderbare

Dinge. Man kann endlos darüber nachdenken und debattieren, wie sie auszulegen sind“, erklärte sie.

„Debattiert ihr da auch über die Stelle, wo es heißt, dass die Bürger Jerusalems den Messias durchbohrt haben?“

Werinhard bereute die Frage in dem Moment, in dem er sie gestellt hatte. Sie war ihm herausgerutscht, weil er diese Ansicht schon so oft von seinen Glaubensgenossen vernommen hatte und nun die Gelegenheit sah, auch einmal die andere Seite zu Wort kommen zu lassen. Diese Menschen machten auf ihn nicht den Eindruck, der ihm durch andere von ihnen vermittelt worden war. Allerdings hätte er die Frage im selben Moment gerne wieder zurückgenommen, denn das Gespräch war, kaum dass er sie gestellt hatte, augenblicklich verstummt.

Mirjam starrte eine Weile auf den Teller vor sich. Dann hob sie den Kopf und blickte Werinhard mit ernster Miene an. „Die Juden haben ihn nicht getötet, die Römer haben ihn getötet.“

„Aber die Juden wollten es so“, antwortete Werinhard, ohne zu überlegen, und biss sich gleich wieder auf die Zunge.

Mirjam wies mit der Hand in die Runde. „Mein Onkel Jakob hat es nicht gewollt.“ Sie deutete auf einen anderen Gast des Hauses. „Mein Neffe Eliezer hat es auch nicht gewollt.“ Dann umfasste sie mit einer Handbewegung die Runde am Tisch. „Niemand von den Anwesenden hier hat es gewollt. Und ich selbst war auch nicht unter denen, die es wollten.“

Werinhard fühlte sich unbehaglich. In gewisser Weise musste er ihr Recht geben. Seit den Tagen im Kloster Hersfeld hatte er bemerkt, dass er nicht anders konnte, als dieser Frau mit Erstaunen und Bewunderung zu begegnen. Er hatte die Frage falsch gestellt. „Ich meinte die Juden, die damals dabei waren“, korrigierte er sich.

Jetzt ergriff Jakob das Wort. „Herr Werinhard, ich nehme an, diese Meinung ist von Euren Glaubensgenossen schon öfter an Euch herangetragen worden, habe ich Recht?“ Der Angesprochene nickte. „Nun, so lasst mich etwas dazu sagen“, fuhr der Judäer fort. „Jesus ist streng genommen nicht von den Juden, sondern von den Römern gekreuzigt worden.“

Als Werinhard etwas einwenden wollte, machte Jakob eine beschwichtigende Handbewegung. „Erlaubt mir, den Gedanken zu Ende zu führen, edler Herr“, bat er. „Danach könnt Ihr mich verbessern.“ Jakob fuhr sich mit der Hand über die Stirn, dann fuhr er fort: „Eine Gruppe der damals lebenden Juden, und zwar machtbewusste Priester und ihre Anhänger, haben befürwortet, dass Jesus von der römischen Besatzungsmacht hingerichtet wurde. Der Einfluss, den Jesus auf die Menschen ausübte, war ihnen ein Dorn im Auge. Jesus war nämlich auch ein Jude, und zwar ein bekannter Schriftgelehrter.“

„Ich habe noch nie die Meinung eines Judäers zu dieser Frage gehört“, kommentierte Werinhard die Auskunft Jakobs. Er bereute inzwischen immer mehr, die Frage gestellt zu haben. Wie es schien, war sie nicht so einfach zu beantworten, wie er bisher gedacht hatte. Oder die Juden hatten ein völlig anderes Bild von den biblischen Vorgängen. Er nahm sich vor, seinen Bruder dazu zu befragen. Auf keinen Fall wollte er jetzt am Tisch irgendeinen Streit mit diesen Leuten vom Zaun brechen. Er hatte einen Kontrakt mit ihnen, den er erfüllen wollte. Und was er bis jetzt von ihnen gehört hatte, ließ ihn annehmen, dass sie ihm an Kenntnis der Wissenschaften und Bildung überlegen waren und er nicht fähig war, auf gleichem Niveau mit ihnen zu diskutieren.

Werinhard war aufrichtig und nüchtern genug, sich das einzugestehen. Seine Qualitäten lagen auf militärischem Gebiet. In Kampftechnik und Strategie konnte er mit den Besten mithalten, und er war stolz darauf. Und dieses Selbstbewusstsein erlaubte ihm, denen, die auf dem Feld der Gelehrsamkeit hervorragten, aufrichtigen Respekt entgegenzubringen. So wollte er auch jetzt die Tischgesellschaft nicht brüskieren, andererseits sich aber auch nicht gerade von ihnen belehren lassen. Das wollte er lieber seinem Bruder Cuno überlassen, dem Absolventen der Domschule zu Speyer.

Angesichts dieser Einschätzung der Lage wandte er sich höflich an seinen Gastgeber und gab, sozusagen zu seiner Selbstverteidigung, eine Erklärung ab: „Ich bitte Euch, Jakob, seht es mir nach, dass ich diese Frage gestellt habe. Ich habe nicht jahrelang eine Domschule besucht“, führte er weiter aus. „Als ältester Sohn meiner Eltern bin ich dafür bestimmt, den väterlichen Besitz zu übernehmen, zu wahren und auszubauen. Mein Schwert ist bedeutend schneller als mein Latein.“

In der Hoffnung auf Zustimmung blickte er in die Runde, froh von dem leidigen Thema wegzukommen, und fuhr dann nicht ohne Stolz fort: „Aber mein jüngster Bruder Cuno hat eine gelehrte Laufbahn hinter sich. Der müsste dazu etwas sagen können. Soweit ich gehört habe, ist er mittlerweile schon Domherr zu Speyer. Erlaubt es mir, zuerst meinen Bruder zu befragen, da ich selbst in diesen gelehrten Fragen nicht sattelfest bin."

Jakob lächelte und nickte anerkennend. Dieser Werinhard war nach seinem eigenen Standard nicht besonders gebildet, aber offenbar bereit, dies einzugestehen und einen Rat anzunehmen oder wenigstens nicht gleich zu verwerfen. Im Inneren nahm sich Jakob vor, bei nächster Gelegenheit Gott inständig darum zu bitten, diesen Krieger niemals mit Verblendung zu schlagen.

Die Gäste wandten sich, zwar ernüchtert, aber gleichzeitig auch erleichtert, wieder den Speisen und Getränken zu und nahmen die unterbrochene Unterhaltung wieder auf, die sich um die politische Lage im Reich, um die Sicherheit auf den Straßen, um Handelsrouten, die kürzlich erzielten Verkaufserfolge, um die Qualität und Bezugsquellen von Waren, um die Vorlieben dieser oder jener Kunden, um die Güte gewisser Speisen, kurz, um Gott und die Welt gedreht hatte. Mirjam blickte zu Werinhard hinüber und lächelte ihm aufmunternd zu. Im Stillen bewunderte sie es, wie gut er sich aus der Affäre gezogen hatte. Erstaunlich für einen ungebildeten Christen, dachte sie. Dann verabschiedete sie sich von der Gesellschaft. Morgen würde für sie der Alltag wieder losgehen. Aufgrund ihrer Abwesenheit warteten schon wieder etliche Patienten auf sie.

Am nächsten Morgen brach die Reisegesellschaft auf. Die Waren hatte man auf zahlreiche Packpferde verladen, die nun geduldig vor sich hin trotteten. So rasch wie von Hersfeld nach Worms würden sie nicht vorankommen, dachte Werinhard bei sich. Aber das machte nichts. Mit fast jedem Tag wurde es wärmer. Die Sonne hatte die vom strengsten Winter seit Menschengedenken gefrorenen Flüsse und Bäche längst von ihren Eispanzern befreit und die Mühlen konnten, vom eiligen Wasser getrieben, endlich wieder das Getreide mahlen.

Eine geruhsame Reise im Kreise der Kaufleute würde seiner in den letzten zwei Jahren arg strapazierten Truppe guttun, da war sich Werinhard sicher. Dass seine in blanke Kettenhemden und Helme gekleideten, mit Schwertern, Lanzen, Bogen und Schilden bewaffneten Soldaten das Ziel einer Horde von Straßenräubern werden könnten, hielt der Michelbacher für wenig wahrscheinlich. Und wenn, dann würden sich die Angreifer, da war er sich sicher, blutige Nasen holen.

In Worms ließ sich die Reisegesellschaft mit mehreren Kähnen über den Rhein setzen, von dort folgte sie der Straße nach Süden auf dem Hochgestade des Flusses. Wieder schlugen sie ihr Quartier, wenn auch nur für eine Nacht, in Ladenburg auf. Werinhard dachte an seinen Bruder Eberhard. Wo mochte er jetzt sein? Sicher in nächster Nähe von König Heinrich. Ein unkritischer Haudegen wie Eberhard hatte wohl die besten Voraussetzungen, am Hofe zurechtzukommen. Er fragte nicht viel nach politischen Winkelzügen, sondern war bereit, dem Herrn bedingungslos zu folgen, dem er die Treue geschworen hatte, und das war nun einmal Heinrich.

Werinhard selbst hatte eine gewisse Scheu vor dem König. Oft wusste man nicht, was er als nächsten Schritt unternehmen würde. War der König von Natur aus verschlagen und unberechenbar oder nur hartnäckig entschlossen, den eigenen Vorteil gegen die Winkelzüge der Gegner in jedem Fall zu wahren? Werinhard war sich darüber noch nicht ganz im Klaren. Auf der anderen Seite war seine Familie abhängig von der Haltung des Königs zu den Problemen mit Speyer. Im Augenblick war der dortige Bischofssitz vakant. Bischof Heinrich von Scharfenberg hatte, bezeichnenderweise während eines Gottesdienstes, einen Erstickungsanfall erlitten und war daran verstorben. Vorher hatte ihn der Papst noch wegen Simonie, also Ämterschacher, angeklagt und zur Buße nach Rom zitiert, wie so viele geistliche Oberhirten in letzter Zeit. Werinhard bemerkte mit Unbehagen, dass Rom sich in letzter Zeit immer mehr das Richteramt über geistliche und weltliche Fürsten anzumaßen schien. Wie sich das auf das Reich auswirken würde, war noch nicht vorhersehbar.

Ebenso stand die Haltung des nächsten Speyerer Bischofs in den Sternen. Heinrich von Scharfenberg hatte zwar formal immer auf seinem Anspruch auf alle Abgaben beharrt, sich aber praktisch mit einem Teil davon begnügt. Auch das Domkapitel hatte sich, abgesehen von regelmäßigen Protestschreiben, nicht gerührt, um den vollen Zehnten zu erzwingen. Um ihren Besitz zu verteidigen, hätten die geistlichen

Herren ja eine militärische Truppe aufstellen und dauernd unterhalten müssen, und das kostete einiges. Werinhard hoffte, dass es auch unter dem neuen Bischof beim Status Quo bleiben würde.

Der Michelbacher ging hinüber in den Stall, wo einige seiner Leute damit beschäftigt waren, die Pferde zu versorgen. Er trat zu seinem Braunen, schaute, ob er genug Futter und Wasser hatte und streichelte ihn gedankenverloren. Es dauerte eine Weile, bis er bemerkte, dass in einer entfernteren Ecke des Stalls Jakob gerade damit beschäftigt war, den Zustand der Packpferde zu überprüfen.

„Die geduldigen Kreaturen hier müssen auch ihren gerechten Anteil haben", rief der Kaufmann, als er sah, dass Werinhard auf ihn aufmerksam geworden war.

„Ihr habt Recht", pflichtete der Michelbacher ihm bei. „Wenn man die Tiere nicht richtig versorgt, sind sie rasch zu nichts mehr zu gebrauchen."

In Jakobs Gesicht trat ein wachsamer Zug. „Edler Herr, erinnert Ihr Euch noch an unseren letzten Aufenthalt hier in Ladenburg?", erkundigte sich der Kaufmann. Werinhard nickte schweigend. Er erinnerte sich wahrlich noch allzu gut an diese denkwürdigen Tage, die erst einige Monde zurück lagen. Jakob war die Nachdenklichkeit in der Miene seines Gegenübers aufgefallen und er nutzte die Gelegenheit für eine weitere Frage. „Dann erinnert Ihr Euch auch an das Gespräch, das wir gestern Abend in unserem Haus in Worms geführt haben?"

Der Michelbacher runzelte die Stirn. „Ja, sicher", bestätigte er. „Das hat aber nichts mit Ladenburg zu tun. Wieso fragt Ihr?" Er hatte sich fest vorgenommen, sich über das Thema Jesusmord gegenüber niemandem zu äußern, bevor er mit seinem Bruder Cuno darüber gesprochen hatte.

Der Kaufmann wiegte bedächtig den Kopf. „Edler Herr Werinhard, ich will Euch nicht belehren, niemals würde ich mir anmaßen, das auch nur im Entferntesten versuchen zu wollen", beschwichtigte er sein Gegenüber, um dann, nach einer kleinen Pause, genau diesen Faden doch wieder aufzunehmen.

„Wisst Ihr", Jakob strich sich den langen Bart, bevor er, fast in einem bittenden Ton, fortfuhr: „Ich würde Euch nur gern etwas ans Herz legen, das Euch vielleicht in Zukunft nützlich sein kann."

Der Michelbacher ließ seine Hand auf dem Rücken seines Pferdes ruhen. Was konnte es schaden, einen vernünftigen Mann anzuhören, und als solchen schätzte er Jakob zweifellos ein. Daher nickte er und sah ihn abwartend an.

„Edler junger Herr", begann Jakob. „Es ist nicht viel an Worten, was ich zu sagen habe. Aber ich denke, Ihr habt vielleicht einen Vorteil, wenn Ihr es wisst." Dann ließ er sich auf einem Heuballen nieder, während Werinhard neben seinem Pferd stehen blieb und auf ihn herunterblickte. „Erlaubt es einem alten Mann zu sitzen", meinte der Kaufmann entschuldigend. Werinhard sagte nichts.

„Jeder Mensch kann vielleicht einmal in eine Lage kommen, wo er nicht mehr weiß, was richtig ist und was falsch, wo er das Böse nicht mehr vom Guten unterscheiden kann", erläuterte der Hebräer umständlich. „Solltet Ihr, junger Herr von Michelbach, der Ihr schon mit dem König geritten seid und ihm in einer dunklen Stunde beigestanden habt, jemals in eine solche Lage kommen, was Gott verhüten möge, dann, bitte ich Euch inständig, bedenkt das Folgende." Bei den letzten Worten war Jakob wieder aufgestanden.

Werinhard wusste immer noch nicht, worauf der Jude hinauswollte, aber er wurde nicht ungeduldig. Offenbar war es dem anderen sehr ernst mit seinem Anliegen. Jakob stand jetzt vor ihm, zu voller Größe aufgerichtet, mit ausgebreiteten Händen. Wie ein biblischer Prophet oder ein Hohepriester, dachte Werinhard erstaunt.

„Wir beten beide zu demselben Gott, dem Gott Abrahams, Isaacs und Jakobs", begann der Hebräer. „Das ist das Erste, das wir immer beachten sollen!" Es war nicht nur eine Feststellung, es war die Beschwörung einer Wahrheit, deren Worte und Sätze sich zu etwas verdichteten, das körperlich im Raum zu schweben schien. Werinhard horchte den Schwingungen nach.

„Das Zweite ist: Du sollst nicht morden!" Feierlich intonierte Jakob das unverrückbare Gesetz, um dann fortzufahren. „Das Dritte ist: Du sollst deinen Nächsten lieben, denn er ist wie du!"

Jakob verharrte noch immer in seiner Haltung, als er in seiner fast singenden Sprechweise noch hinzusetzte: „Und was du auch tust oder zu tun bereit bist, bedenke immer das Letzte: Mein ist die Rache, ich will vergelten. So spricht der Herr."

Werinhard hatte die biblisch anmutende Szene wie gebannt verfolgt. Seine Blicke hingen immer noch an Jakob, als der jetzt langsam die Augen öffnete und die Arme sinken ließ.

„Herr Werinhard", setzte Jakob erneut an, jetzt in seinem normalen, ein wenig brüchigen Tonfall. „Ihr habt, wie Ihr selbst sagtet, vielleicht nicht jahrelang in einer Domschule studiert. Aber, wie ich bemerken durfte, hegt Ihr eine gewisse – hm, sagen wir Achtung – für meine Nichte." Bei diesen Worten lächelte er und hob die Hand, wie um anzudeuten, dass für Werinhard kein Grund bestand, zu protestieren oder sich rechtfertigen zu müssen.

„Diese Tatsache zeigt mir …", fuhr der Judäer fort, „dass Euer Denken von Unvoreingenommenheit und Vernunft bestimmt ist. Ihr könnt es ertragen, wenn jemand etwas besser beherrscht als Ihr selbst, selbst wenn es eine Frau sein sollte. Daher bitte ich Euch: Bevor Ihr etwas tut, was Ihr vielleicht nachher bereut, hört auf Euer Herz und befragt Euren Verstand! Gott selbst hat uns die Vernunft geschenkt, und wenn wir uns ihrer bedienen", Jakob begann, im Sinne einer ziemlich eigenwilligen Auslegung, was dem jungen Adligen aber entging, den Propheten Jesaja zu zitieren, „dann werden sich die Augen der Blinden öffnen und die Ohren der Tauben sich auftun. Und das Volk, das in Finsternis wandelt, sieht ein helles Licht!"

Der alte Kaufmann und der junge Adlige standen sich eine Weile schweigend gegenüber. Dann reichte Werinhard, aus einer Eingebung heraus, dem Judäer die Hand. „Ich danke für Euren Rat und werde ihn im Sinn behalten", versprach er dann, sichtlich bewegt. In erster Linie tat er es aus Respekt vor dem Älteren. Dass der Tag kommen würde, da ihm die Erinnerung gerade an diese Worte sein Leben und seine Selbstachtung bewahren sollte, konnte er nicht ahnen.

Die nächsten Tage brachten zunächst trockenes, dann zunehmend schwüles Wetter und Niederschläge. Die Gesellschaft gelangte über Wezzinloch, Bruchsal und einige kleinere Stationen schließlich nach Bukinisheim. Das Dorf befand sich im Besitz der Herren von Michelbach. Sie hatten den von einem stabilen Verhau umgebenen, etwa zwanzig niedrige Häuser und Scheunen zählenden Ort noch nicht erreicht, als sie zu ihrer Linken zwei Reiter heran galoppieren sahen. Es waren die Späher, die Werinhard ausgeschickt hatte, um das unübersichtliche Gebirge oberhalb von Malska zu erkunden.

Werinhard ließ die Gesellschaft anhalten und beriet sich mit seinen Leuten. Offenbar hatten die Späher ein Lager von Gesetzlosen im Wald ausgemacht, folglich musste mit einem Überfall gerechnet werden. Die Truppe des Michelbachers, die dreißig Bewaffnete zählte, würde es mit vielleicht zwanzig Gegnern zu tun bekommen. Die Art der Bewaffnung hatten die Späher nicht feststellen können, aber dass es nicht nur Mistgabeln sein würden, stand fest. Darüber hinaus würden die Gesetzlosen es darauf anlegen, die Handelsgesellschaft und die Dorfbevölkerung vollständig zu vernichten, um keine verräterischen Zeugen zu hinterlassen.

Werinhard wandte sich an Jakob. „Wenn ich mich recht erinnere, befindet sich im Dorf ein Haus mit einem Keller, dorthin werdet ihr euch begeben." Er winkte einem seiner Leute: „Führ die Kaufleute ins Dorf und sag den Leuten dort Bescheid. Ein Teil der Frauen mit den Kindern soll sich unauffällig in Richtung Rhein in den Wiesen und Feldern zerstreuen. Die Männer mit allem, was man als Waffe benutzen kann, innen um den Zaun herum Aufstellung nehmen! Stellt alles verfügbare Wasser in Bottichen und Eimern bereit für den Fall, dass die Schufte Feuer legen sollten!"

Im Folgenden legte Werinhard dem Schmied, der gleichzeitig die Funktion des Dorfvorstehers ausübte, und den übrigen Handwerkern und Bauern, die sich um ihn versammelt hatten, seinen Plan dar.

„Wir tun so, als würden wir weiter nach Süden zu unserem Dorf Gersuinde weiterreiten, das ist nicht sehr weit von hier. Etwa auf halber Strecke befindet sich ein Gehölz. Dort lassen wir die Pferde und schlagen zu Fuß einen Bogen, so dass wir uns Bukinisheim von Westen her nähern. Die Feinde werden, wenn überhaupt, von Osten her kommen. Bis wir das Dorf erreicht haben, müsst ihr im Notfall den Zaun mit allen Mitteln halten!"

Bald war der letzte rötliche Streifen Licht hinter dem Horizont versunken. Über die Ebene breitete sich die Dunkelheit, im Osten ragten die bewaldeten Höhen schwarz in den verhangenen Nachthimmel. Weder Mond noch Sterne waren zu sehen. In dem aus Salweiden und Eschen bestehenden, von einem Bachlauf durchflossenen Wäldchen zwischen Bukinisheim und Gersuinde grasten die Pferde der Michelbacher Truppe, bewacht von einem Burschen.

Die Soldaten hatten sich unter Wahrung strengsten Stillschweigens im Schutz der mondlosen Nacht auf den Weg durch die gegen den Rhein hin liegenden Wiesen und Felder gemacht. Inzwischen hatte es begonnen zu regnen. Werinhard, der wie alle anderen durch einen Eisenhelm mit Nasenschutz und ein bis zu den Knien reichendes Kettenhemd geschützt war, streckte die Hand aus, um die Stärke des Niederschlags zu prüfen. Als er die rasch dichter fallenden dicken Tropfen auf seiner Handfläche spürte, nickte er zufrieden und trieb seine Leute durch Handzeichen zur Eile an.

In Bukinisheim hatte sich inzwischen herausgestellt, dass der von Werinhard erwähnte, mit Steinen verkleidete Vorratskeller ziemlich niedrig und eng war. Nachdem die dort lagernden Vorräte herausgeschafft worden waren, halfen Jakob, Eliezer und einige andere dem Dorfvorsteher, die alten Leute und die kleineren Kinder, die zu schwer waren, um getragen zu werden, aber noch nicht gut laufen konnten, in das Gewölbe hinunterzubringen. Die Bauern und ein Teil der Frauen, die im Dorf geblieben waren, füllten Eimer und Tröge am nahen Bach. Die Kaufleute halfen ihnen dabei, dann verstauten sie ihr Gepäck in einer Scheune, die Reit- und Packtiere banden sie innerhalb des Zauns an, nachdem sie ihnen Wasser und etwas Heu gegeben hatten.

Die jüngeren Kaufleute, die Waffen mit sich führten, reihten sich bei den Männern des Dorfes an der Innenseite der über mannshohen Umzäunung ein. Das Gerüst der Barriere war aus dicken, tief in den Untergrund gerammten Baumstämmen errichtet worden, die durch

Wieden und biegsames Geäst miteinander verflochten waren. Nach Osten hin war ein zweiflügeliges hölzernes Tor eingebaut. In dem Verhau gab es überall Stellen, die einen Blick auf die Umgebung erlaubten. Bei guter Verteidigung war diese Schutzwand nicht leicht zu überwinden, besonders da aus dem First der Wand in engen Abständen zugespitzte Pfähle herausragten.

Die Männer hinter dem Wall hielten ihre Waffen in Bereitschaft. Die Bauern hatten sich mit Mistgabeln, Knüppeln und Äxten bewaffnet, in den Händen einiger Kaufleute schimmerten Schwerter und Dolche aus Damaszenerstahl, der Schmied hatte seinen Hammer griffbereit neben sich liegen, der Metzger sein Schlachtermesser und sein Beil.

Lange warteten sie bereits in dieser lichtlosen Nacht, so lange, dass sich manche schon in Sicherheit wiegten und nicht mehr mit einem Überfall rechneten. Manche waren auch vom langen Arbeitstag müde geworden, manche hatten, froh über die nachlassende Anspannung, ihre Waffen an die Wand gelehnt.

Da plötzlich kam der Überfall, wie aus dem Nichts. Die Angreifer hatten mit perfidem Kalkül auf ein Nachlassen der Wachsamkeit bei den Dorfbewohnern gesetzt. Mit einem Rammbock brachen sie aus dem Gehölz jenseits der am Dorf vorbeiführenden Straße hervor und durchquerten die freie Fläche zwischen Straße und Dorf im Sturmschritt. Das Gebrüll, das sie dabei ausstießen, war geeignet, den Verteidigern hinter dem Verhau das Blut in den Adern gefrieren zu lassen.

Der Rammbock bestand in einem vorn zugespitzten Baumstamm, an dem eine Art Schild angebracht war, hinter dem diejenigen, die den Stamm trugen, gegen Wurfgeschosse besser gesichert waren. Die anderen drangen ungeschützt über die freie Fläche auf die Schutzwand vor. Bevor die Dorfbewohner angemessen reagieren konnten, waren die Angreifer bereits vor dem Tor angelangt und hatten den Rammbock mit aller Macht dagegen getrieben. Gleichzeitig war es einigen Bogenschützen gelungen, während des rasch vorgetragenen Angriffs mit dem Rammbock Brandpfeile ins Dorf hineinzuschießen. Ein Strohdach war getroffen und fing Feuer.

Der Schmied brüllte Befehle, Männer und Frauen eilten zu den Wassereimern und Trögen. In diesem Moment hörte man das Tor splittern. Schon wurde der Rammbock zurückgezogen, um zu einem neuen Stoß anzusetzen und die Bresche zu verbreitern. Währenddessen regnete es immer neue Brandpfeile ins Dorfinnere. Nicht alle trafen ein brennbares Ziel, aber die dafür eingeteilten Halbwüchsigen und Frauen hatten alle Hände voll zu tun, die Gluten auszutreten oder halbwegs in Schach zu halten.

Mittlerweile hatte der Mauerbrecher ein beachtliches Loch in das Tor geschlagen. Den in der Nähe postierten Verteidigern wurde die Absicht der Angreifer rasch klar, nämlich einen möglichst breiten Durchgang zu schaffen, um mit mehreren Kämpfern gleichzeitig eindringen zu können. Die Posten am Tor warteten in äußerster Anspannung, die Waffen kampfbereit in den Händen.

Der junge Eliezer hatte sich an die Zweige des Verhaus gelehnt, um Kräfte zu sparen. Er besaß ein Schwert und fühlte sich nicht nur für die Verteidigung seiner teuren Waren, sondern auch für das Leben der Dorfbewohner verantwortlich, die ihm Obdach und Schutz angeboten hatten. Sorgenvoll spürte er den auffrischenden Wind auf der Stirn. Er würde die an einigen Stellen in den Strohdächern schwelenden Feuer zu wütenden Bränden anfachen, die das Dorf und alles Leben darin vernichten würden. Wenn nicht, ja wenn nicht … Er wagte es kaum, diese Möglichkeit in Betracht zu ziehen.

Plötzlich stieg ein gellender Schrei von der nordwestlichen Flanke des Walls in den Nachthimmel auf und übertönte noch das anhaltende Gebrüll der Gesetzlosen. Der wachsame Posten hatte die dunkle Gestalt rechtzeitig bemerkt, die sich von außen mit Hilfe einer Leiter geschickt über die angespitzten Pfähle auf der Mauerkrone geschwungen hatte und nun wie eine Katze zu Boden gleiten lassen wollte. Die Absicht wurde allerdings vereitelt. Als der Schmied mit raschen Schritten herbeieilte, um Hilfe zu leisten, war der Kletterer schon von der Mistgabel des aufmerksamen Dorfbewohners aufgespießt worden.

„Gut gemacht! Zieh die Forke heraus“, wies der Schmied den Bauern an. Gleichzeitig hob er den Hammer und ließ ihn mit voller Wucht auf den Kopf des am Boden Liegenden niedersausen. Das furchtbare Splittern und Knirschen beeindruckte ihn nicht. „Das hätte der sowieso nicht überlebt.“ Der Dorfvorsteher spuckte aus und stieß den leblosen Körper mit der Fußspitze an.

Ein Blick in die Runde verriet ihm, dass die Scheune über dem Keller in Brand geraten war. Schon rannten die Dörfler hin und her, um das Feuer zu löschen. Es war keine Zeit, die Kinder und Alten jetzt aus dem Keller herauszuschaffen. Aber vielleicht bestand ja noch Hoffnung! Der Schmied fühlte den heftiger werdenden Wind auf dem Gesicht. Sofort wandte er sich wieder dem Tor zu, das in diesem Moment auf einer Breite von ungefähr zwei Metern zerbarst. Das Heulen der angreifenden Bande und das Geschrei der Dorfbewohner steigerten sich zu einem diabolischen Inferno.

Vier Mann auf einmal zwängten sich von außen mit gezückten Messern und Schwertern durch die Bresche. Eliezer zögerte keine Sekunde. Kaum sah er die Gestalt halb in der Öffnung, ließ er seine Klinge niedersausen und trennte den Kopf des Eindringlings von seinem Rumpf. Der Posten auf der anderen Seite der Öffnung hatte es genauso gemacht. Die zwei Angreifer in der Mitte sahen sich dem Schmied und dem Metzger gegenüber. Eilends zogen sich die Schufte nach draußen zurück.

Die Männer an der Innenseite des Walls nahe dem Tor atmeten auf. Der Augenblick der Ruhe hielt aber nicht lange an, denn nun wandten sich alle Köpfe den brennenden Dächern zu. Eliezer überlegte: Was sollten sie tun, wenn die Angreifer noch mehr Brandpfeile schießen würden? Für einen Ausfall hatten sie zu wenige Leute, außerdem war die Bewaffnung nicht gut. Unter den Dörflern gab es offenbar keine Bogenschützen, oder wenn ja, konnten sie die über die Ebene verteilten feindlichen Schützen im Dunkeln nur schwer treffen.

In diesem Moment krachte ein Donnerschlag, und fast im selben Moment öffnete der Himmel seine Schleusen. Der Dorfvorsteher sah sich in seiner Wetterprognose bestätigt. Der einsetzende Wolkenbruch reduzierte die Feuergefahr erheblich. Vielleicht würden die Angreifer jetzt sogar unverrichteter Dinge abziehen? Ob er das hoffen sollte, darüber war er sich allerdings im Zweifel. Diese in den Wäldern hausende Bande bestand aus Dieben, Räubern und Mördern. Die würden wiederkommen. Wenn keine Aussicht mehr bestand, die Handelsware der Juden zu erbeuten, würden sie dafür die Dorfbevölkerung ausplündern und massakrieren. Ob dann von Seiten des in Malska sitzenden Grafen rechtzeitig Hilfe kommen würde, das stand in den Sternen. Und auch die Dorfbesitzer, die Herren von Michelbach, waren ein ganzes Stück weit entfernt. Im Ernstfall bestand kaum die Möglichkeit, rechtzeitig im Murgtal um Hilfe zu bitten. Selbst wenn ein Bote durchkäme – die Bande würde nach ihrem Werk der Zerstörung im Wald verschwunden sein, ehe irgendeine bewaffnete Truppe zur Unterstützung auftauchen könnte.

Doch in diesem Punkt hatte sich der Schmied an diesem Tag geirrt. Schon so gewöhnt an die Notwendigkeit, das Dorf von der eigenen Bevölkerung schützen zu lassen, hatte er an die bewaffnete Schar von Werinhard gar nicht mehr gedacht. Die aber brach genau in diesem Augenblick aus der Dunkelheit hervor und stürzte sich auf die Gesetzlosen. Der Herr von Michelbach hatte befohlen, bei dem Angriff so geräuschlos wie möglich vorzugehen. Dadurch konnten die Feinde die Angreifer zunächst nicht zuordnen und blieben über ihre Zahl im Unklaren. Die Truppe hatte sich, aus der Tiefe der Rheinebene kommend, um die Dorfbefestigung herumgeschlichen und rollte von dort das Feld zwischen Straße und Ansiedlung auf. Ihre Schwerter wüteten unbarmherzig, wer ihnen in den Weg trat, wurde niedergehauen. Viele traf es unvorbereitet, die Bande hatte nicht mit einer Gegenwehr von außerhalb des Dorfes gerechnet.

Auch Eliezer zwängte sich durch die Öffnung des zerstörten Tores und hieb mit seinem Schwert auf die Männer ein, die den Rammbock geführt, aber mittlerweile hatten fallen lassen. Freund und Feind waren leicht voneinander zu unterscheiden: Die Michelbacher trugen einheitliche Kettenhemden und Eisenhelme mit einer über die Nase heruntergezogenen Platte als Nasenschutz.

Eliezer hatte bis dahin seine Waffe nur im Training geführt und die Wucht der Hiebe nur an Sandsäcken ausprobiert. Als sein Schwert einem der Rammbockleute, dem es vor Überraschung nicht rechtzeitig gelungen war, die Arme hochzureißen, mit einem furchtbaren Geräusch den Schädel spaltete, musste der Kaufmann unwillkürlich an die Anpreisungen des Händlers denken, der ihm diese Waffe auf einem Markt in Damaskus verkauft hatte.

„Haltet es nur immer gut scharf", hatte der Händler ihm geraten. „Und führt es entschlossen! Dann wird es Euch viele unliebsame Leute vom Hals halten!" Als Eliezer jetzt auf den auseinanderklaffenden Kopf und die noch zuckenden Glieder hinuntersah, erfasste ihn ein Grauen. Aber Mitleid war hier nicht angebracht, das wusste er. Wie von selbst hatten sich seine Finger wieder fest um den Griff seiner Waffe geschlossen, seine Augen waren angestrengt ins Dunkel gerichtet, um den nächsten Feind auszumachen.

Keinem einzigen der über zwanzig Bandenmitglieder gelang die Flucht. Als die Frauen und Männer des Dorfes wenig später mit Fackeln herbeieilten, bot sich ihnen ein schreckliches Bild. Auf dem freien Platz vor Bukinisheim lagen im flackernden Feuerschein Rümpfe, Köpfe und Gliedmaßen durcheinander. Der Boden war dunkel getränkt, das vergossene Blut hatte sich mit dem Regen gemischt. Eliezer blickte auf das Feld, im zuckenden Licht der Fackeln schien es ihm, als ob sich einige der Leiber noch bewegten. Angestrengt versuchte er, seine Wahrnehmung zu überprüfen, da trat Werinhard an ihn heran.

„Eliezer, ich bitte Euch, geht ins Dorf hinein und helft den Leuten dort." Der Michelbacher hielt bei diesen Worten sein dunkel triefendes Schwert noch in der Hand. „Vielleicht habt ihr ja jemanden unter euch, der sich mit Verletzungen besser auskennt."

„Was wird mit den Angreifern?", wollte der Jude wissen. „Einige bewegen sich doch noch."

„Nicht mehr lange", entgegnete Werinhard. Seine Stimme war ausdruckslos. „Wir können ihnen nicht mehr helfen. Geht jetzt hinein, das ist kein Anblick für Euch." Dann wandte sich der junge Herr von Michelbach ab und rief mit lauter Stimme nach dem Schmied. Später errichteten die Dorfbewohner einen Scheiterhaufen, um die Toten zu verbrennen. Obwohl man abwartete, bis der Wind sich in die vom Dorf abgewandte Richtung gedreht hatte, breitete sich ein unerträglicher Gestank von verbranntem Fleisch über der Siedlung aus, der erst nach Tagen wieder vollständig verschwand.

Ein Mitglied der Bande war allerdings doch noch am Leben geblieben. Als Werinhard mit dem Dorfältesten auf dem Schlachtfeld herumging und Letzterer denen, die sich noch bewegten, mit seinem Schmiedehammer die Schädel einschlug, hatte sich aus der Menge einiger halb übereinander liegender Körper plötzlich ein kleinerer Mann auf die Knie gerichtet und mit erhobenen Händen angefangen zu sprechen. Offenbar war er gestürzt und für eine Weile, beabsichtigt oder unbeabsichtigt, unter seinen toten und sterbenden Spießgesellen liegen geblieben.

„Tötet mich, wenn Ihr müsst, Herr Werinhard! Ich habe den Tod verdient!“, stieß er hervor, so als könne er den schon erhobenen Hammer mit Worten aufhalten. „Aber wenn Ihr Euch noch erinnern könnt, dass ich früher ein ehrlicher Mann war, bitte ich Euch: Lasst mich nicht mit dem Hammer totschlagen wie einen tollwütigen Hund!“

Werinhard gebot dem Schmied Einhalt, der kurz davor war, seinen Hammer auf den Kopf des Unglücklichen niedersausen zu lassen. „Gerwin?“, fragte er zweifelnd. „Bist du es? Der Gerwin vom Gerwinshof in der Murgaue bei Michelbach?“

„Ja“, bestätigte der Mann, schlug die Hände vor das Gesicht und krümmte sich nach vorn, wie um dem Schwert seinen Nacken darzubieten. Der Schmied blickte auffordernd zu Werinhard, der schüttelte den Kopf.

„Wie bist du unter diese Verbrecher geraten“, fragte der Michelbacher den Knienden scharf. „Wir haben nicht viel Zeit. Fass dich kurz!“

Gerwin richtete sich auf. Seine Schilderung war in der Tat knapp: „Ein Prediger von Speyer, den ich in meinem Haus bewirtet habe, hat mich bezichtigt, ihn bestohlen zu haben. Der Bischof schickte einen Advokatus zu Eurem Vater. Das Geld wurde auf meinem Hof gefunden. Ich weiß nicht, wie es dorthin kam. Zur Strafe sollte mir die Hand abgeschlagen werden. Die Rechte! Ich konnte fliehen. In den Wald. Dort traf ich auf eine Gruppe von Gesetzlosen. Denen habe ich mich angeschlossen. Was hätte ich tun sollen?“

Werinhard überlegte kurz, dann befahl er dem Schmied, Gerwin Handfesseln anzulegen. „Wir nehmen ihn mit nach Michelbach, dort klären wir alles Weitere“, meinte er. Dann deutete er auf den kleingewachsenen Mann, in dessen Gesicht sich bereits die Spuren des fortgeschrittenen Alters eingegraben hatten: „Früher war der da tatsächlich ein ehrlicher Bauer, aber wir wissen nicht, was die schlechte Gesellschaft aus ihm gemacht hat, deshalb die Fesseln.“

Nach einer unruhigen Nacht beluden die Kaufleute am nächsten Morgen ihre Packpferde und nahmen Abschied von Bukinisheim und seinen Bewohnern, deren tatkräftige Gastfreundschaft sie mit einer großzügig bemessenen Geldsumme belohnten.

Einen Tag später, im Ort Baden, wo die Michelbacher die Judäer verlassen und den Weg auf die Höhen des Waldgebirges nach Osten nehmen wollten, wartete bereits die militärische Bedeckung für den weiteren Abschnitt der Reise weiter nach Süden. Eliezer und Jakob verabschiedeten sich mit einem tiefen Gefühl der Dankbarkeit von Werinhard. Die Blicke Eliezers verrieten deutlich seine Bewunderung für den trotz seiner Jugend so erfahrenen Kämpfer und klugen Strategen. In der Miene des alten Jakob spiegelten sich Wohlwollen und Hoffnung, aber auch Nachdenklichkeit. So nahmen sie Abschied voneinander in dem Bewusstsein, dass Worms und das Murgtal nicht allzu weit voneinander entfernt lagen, und in der Hoffnung, sich wiederzusehen.

Jakob hatte mit Werinhard vereinbart, in einigen Monaten, wenn er auf der Rückreise wäre, in dem Marktort Baden Station zu machen und dann einen Boten ins Murgtal zu schicken oder vielleicht selbst dorthin zu gehen, um den Herren von Michelbach die Gelegenheit zu geben, die von der Levante und aus Italien mitgebrachten Waren wie Gewürze, Tuche und Schmuck zu begutachten und eventuell etwas davon auszuwählen oder zu bestellen.

Unruhe im Reich

Gernsbach/Michelbach, Mai 1074

Werinhard und seine Männer hatten den Marktort Baden hinter sich gelassen und waren auf dem schmalen Pfad bis zur Passhöhe zwischen den Tälern der Oos und der Murg gekommen. Streckenweise hatten sie den Weg mit ihren Schwertern vom wuchernden Dornengestrüpp säubern und ihre Pferde am Zügel führen müssen, um der Gefahr des Stolperns über Baumwurzeln und halbversunkene Steine zu entgehen.

Der Weg hinunter in Richtung Murg-Furt war nicht minder anstrengend. Erst etwa eine halbe Meile vor der Furt war der Pfad vom gröbsten Unterholz und Gestrüpp notdürftig befreit worden. Auf dem Bergsporn, der sich zum Fluss hinunter senkte, trafen die Michelbacher auf einen Trupp Waldarbeiter, der damit beschäftigt war, den Pfad zu verbreitern. Ein kleiner Bereich direkt an der Furt war bereits fast frei von Baumbestand und Unterholz.

Die Waldarbeiter gehörten zur Herrschaft Michelbach. Einige von ihnen, darunter der Vorarbeiter, erkannten den jungen Herrn Werinhard, obwohl der nun seit fast zwei Jahren außer Landes gewesen war. Die Männer nahmen die Strohhüte ab und begrüßten den Adligen mit einem lauten „Gott schütze Euch und Euer Haus!" Auf einen Wink des Vorarbeiters hin wurden Krüge mit Wasser und Becher herbeigebracht, um den Heimkehrern eine Erfrischung zu reichen.

Werinhard sah sich um und war vom Fortschritt der Arbeiten überrascht. Insgeheim wunderte er sich sogar, dass sein Vater dieses ehrgeizige Projekt überhaupt so weit vorangetrieben hatte. Dann dachte er an Jakob und seine Handelswaren. Im Murgtal bestand da auf längere Sicht vielleicht kein größerer Bedarf, das konnte er sich zumindest nicht vorstellen. Aber die Handelsreisenden könnten durch die Furt an dieser Stelle eventuell den Weg vom Rheintal hinüber an Enz und Neckar abkürzen? Solange er sich erinnern konnte, und nach allem, was sein Vater erzählt hatte, war dieser Weg bei Reisenden seit langem bekannt und wurde seit einigen Jahren auch immer öfter genutzt. Die Furt über die Murg als Ausgangspunkt für diese Route war sehr günstig. Aber nicht nur das. Für die Menschen im Tal, die sich in den Auen südlich von Rotenfels angesiedelt hatten oder noch ansiedeln würden, war dieser Platz gut geeignet für einen Markt zum Austausch von im Tal erzeugten Waren und Lebensmitteln.

Als Werinhard wenig später die Rampe zur Burg in Michelbach hinaufritt und seine Eltern erblickte, die ihm mit einer Schar der Burgbesatzung entgegenkamen, sprang er vom Pferd, warf die Zügel einem der Burgleute zu und schloss zuerst seine Mutter, dann seinen Vater in die Arme. Die bange Frage seiner Mutter, ob sein Bruder noch lebe, konnte er glücklicherweise mit Ja beantworten, so dass der Empfang im Burghof und das anschließende Festmahl im großen Saal in heiterer und ungetrübter Stimmung verliefen.

Schon wenige Blicke hatten Werinhard gezeigt, dass die Burg erweitert worden war, seit er sie das letzte Mal gesehen hatte. Der Wohnturm war noch um ein weiteres Stockwerk erhöht worden. Rings an der Innenwand der Mauer befanden sich neue Ställe, eine Schmiedewerkstatt und ein neues Küchenhaus. Der Zufahrtsweg zum Tor an der Südseite war spürbar verbreitert worden.

„Ja, mein Junge, da staunst du!“, ließ sein Vater sich vernehmen und schlug ihm auf die Schulter. „Während du dich in der großen Reichspolitik getummelt hast, haben wir hier auch nicht geschlafen!“

„Wir mussten mit einem Angriff von Mordgesindel in Bukinisheim fertig werden“, wandte sich Werinhard an seinen Vater. „Dabei ist uns der alte Gerwin in die Hände gefallen. Ich habe ihn erst einmal bei den Waldarbeitern an der Murg-Furt zurückgelassen. Dort kann er sich nützlich machen. Ich hoffe, Vater, das war in Eurem Sinn.“

Die Miene des alten Werinhard hatte sich bei den Worten seines Sohnes verdüstert. „Ja sicher. Dieser Mann ist das Opfer einer üblen Intrige geworden. Eine Machtdemonstration des Bischofs. Aber Gott sei Dank sind wir den ja jetzt los.“ Werinhard verzog den Mund zu einem spöttischen Lächeln. „Wie du vielleicht gehört hast, erlag Heinrich von Scharfenberg letztes Weihnachten in der Vesper einem Erstickungsanfall. Kein Wunder, er konnte den Hals ja nie voll genug kriegen!“

Werinhard Junior wiegte den Kopf. „Heinrich war ein enger Freund von König Heinrich."

„Ein Jugendfreund", gab sein Vater scharf zurück. „Er war sogar noch minderjährig, als er den Bischofsstuhl bestieg. Und König Heinrich war sechzehn Jahre alt, als er ihn ernannte. Kein Alter, in dem man beurteilen kann, ob einer zum Bischof taugt."

„Mir ist zu Ohren gekommen, nächster Bischof soll Rüdiger Huzmann werden", gab der Sohn zurück.

„Ich bin gespannt, wie wir uns mit dem einigen werden", gab der Vater zu bedenken. „Seine Familie steht dem König sehr nahe, aber das tut unser Geschlecht ja auch."

Der ältere Werinhard kniff die Augen zusammen und rieb sich das Kinn. „Im Augenblick ist der Bischofsstuhl unbesetzt. Die Domherren haben nicht die Macht, unsere Herrschaft hier einzuschränken. König Heinrich ist mit den Sachsen beschäftigt. Folglich konnte ich meine Vogteirechte im Murgtal in der letzten Zeit ohne größere Schwierigkeiten durchsetzen." Er schob die Unterlippe vor und nickte, wie um die folgenden Worte zu bestätigen: „Im Gut Rotenfels bin ich es jetzt, der das Richteramt ausübt, für Ordnung und Sicherheit sorgt und sämtliche Abgaben einzieht – auch den Zehnten!"

Dann fügte er noch im Brustton der Überzeugung hinzu: „Und das übrige Murgtal, soweit es über die Grenzen des Gutes Rotenfels hinausreicht, das ist mein Eigentum, das alleinige Eigentum des Hauses Michelbach. Da hat Speyer überhaupt nichts zu bestimmen!"

Es klang wie eine unverrückbare Tatsache.

Rotenfels/Canossa, 1074 bis 1077

Für die nächste Zeit sollte es tatsächlich so bleiben, wie Werinhard Senior es behauptet hatte. Bischof und Domherren tolerierten die vom Michelbacher geschaffenen Tatsachen von Jahr zu Jahr erneut, da sich auf Reichsebene andere, weit größere Probleme aufgetan hatten.

König Heinrich hatte sich mit dem Papst und der Partei der Kirchenreformer überworfen, da er nicht auf die Auswahl und Einsetzung von Bischöfen verzichten wollte beziehungsweise nicht verzichten konnte, da sie einen bedeutenden Teil seines Regierungsapparates und wichtige Stützen der Königsmacht darstellten.

Außerdem war es für die Könige und Kaiser des Reiches, da sie ja von Gott auserwählte Herrscher waren, bis dato selbstverständlich Recht und Pflicht gewesen, auch die hohen Geistlichen mit ihren Ämtern zu betrauen und mit den geistlichen Abzeichen ihrer Ämter, Bischofsring und Krummstab, zu bekleiden. Der Papst und seine Anhänger beharrten dagegen auf der vor einigen Jahrzehnten aufgekommenen neuen Anschauung, dass die Kirche gänzlich frei von allem weltlichen Einfluss sein sollte und dass Geistliche daher nicht durch Laien, also Nicht-Kleriker, bestimmt und eingesetzt werden dürften.

Im Jahre 1076 geschah dann das Ungeheuerliche, das noch nie vorher Dagewesene und bis zu diesem Zeitpunkt Unvorstellbare: Ein König des römisch-deutschen Reiches, nämlich König Heinrich, wurde von Papst Gregor gebannt und seine Untertanen von jedem Treueid entbunden, den sie ihm jemals geschworen hatten oder noch schwören würden.

Ein großer Teil der Reichsfürsten stand dabei auf Seiten des Papstes. Die einen waren wirklich überzeugte Anhänger der Kirchenreform. Andere ergriffen die Gelegenheit, um Heinrich loszuwerden, dessen Herrschaft sie zunehmend als tyrannisch empfanden, da er sie nicht nach althergebrachter Übung zur Beratung und Teilhabe an der Macht hinzuzog, sondern seine Berater vorzugsweise aus unteren Ständen wählte. Bei anderen Fürsten vermischten sich die Motive.

Heinrich sollte sich bis Anfang des Jahres 1077 vom Bann lösen, ansonsten wollten ihn die Reichsfürsten nicht mehr als rechtmäßigen König anerkennen und einen neuen König wählen. Papst Gregor VII. sollte auf einer Versammlung der Fürsten in Augsburg entscheiden, ob Heinrich vom Bann zu lösen sei und ob er dann auch weiterhin König bleiben dürfe. Zu diesem Zweck hatte sich der Papst bereits auf den Weg nach Deutschland gemacht.

Der König würde zu einer Marionette in der Hand des römischen Pontifex herabsinken. So empfand es auf jeden Fall König Heinrich. Um das zu verhindern, wollte er nicht auf das für ihn demütigende Schiedsgericht in Augsburg warten. In dem ungewöhnlich strengen Winter des Jahres 1077 zog er über die tief verschneiten und vereisten Passstraßen der Westalpen dem Papst entgegen und warf sich ihm in der Festung

Canossa am Rand des Appeningebirges zu Füßen. Mächtige Verwandte legten dabei beim Papst ein gutes Wort für ihn ein, darunter seine Schwiegermutter und sein Taufpate Hugo, der Abt des Reformklosters Cluny in Burgund. Im Januar erreichte Heinrich endlich das, was er unbedingt hatte erreichen wollen: die Lossprechung vom Kirchenbann.

Auf dem gefährlichen Weg nach Canossa wurde der König begleitet von seiner Gemahlin Bertha und dem kleinen Sohn Konrad, den sie ihm im Februar 1074 im Kloster Hersfeld geboren hatte; außerdem von einigen seiner engsten Ratgeber und Gefolgsleute, darunter Udalrich von Godesheim, Abt Hartwig von Hersfeld, Bischof Rüdiger Huzmann von Speyer und Bischof Benno von Osnabrück.

Berichte über die Strapazen beim Überqueren der Alpen verbreiteten sich rasch im Reich, besonders da der Winter in diesem Jahr so hart und lang war, dass der Rhein vom Fest des heiligen Martin 1076 bis Anfang April 1077 wegen der eisigen Kälte zugefroren war, so dass er leicht zu Fuß passiert werden konnte.

Der König hatte für den Alpenübergang ortskundige Führer gemietet, die vor seinem Gefolge über das hochragende Gebirge vorangingen und den Nachfolgenden die Unebenheiten des Weges glätten sollten. Als mit größter Schwierigkeit die Passhöhe des Mont Cenis erreicht war, schien es keine Möglichkeit des Weiterkommens mehr zu geben. Der schroffe Abhang des Berges war durch die Vereisung so glatt geworden, dass ein Abstieg hier schier unmöglich schien. Die Reisenden gerieten an den Rand ihrer physischen Kräfte. Bald krochen sie auf Händen und Füßen vorwärts, bald stützten sie sich auf die Schultern der ortskundigen Führer, manchmal glitten sie aus und rutschten ein Stück weit den Abhang hinunter.

Die Königin und die Frauen ihres Gefolges setzte man auf Rinderhäute und die ortskundigen Führer zogen sie auf diesen Häuten den Abhang hinab. Die Pferde schleifte man mit zusammengebundenen Beinen hinab, viele kamen dabei um oder wurden schwer verletzt. Mehrfach entging die Reisegruppe nur knapp dem Tod, bevor sie schließlich nach Italien gelangte.

Werinhard der Jüngere erfuhr von diesen Vorgängen von einem Visitator des Bistums, der sich einige Tage beim Pfarrer von Rotenfels aufgehalten hatte, um die Glaubenstreue der Talbewohner zu prüfen. Da es sich um eine rein innerkirchliche Angelegenheit handelte, hatten die Werinharde gegen diese Visitation nichts vorbringen können. Veranlasst worden war sie von Rüdiger Huzmann, der seit einigen Jahren auf dem Bischofsthron saß, ein sittenstrenges Leben führte und sein Bistum vorbildlich leitete, auch wenn er durch seine Loyalität zu König Heinrich das Missfallen von Papst Gregor auf sich gezogen hatte.

Der junge Werinhard hatte sich mit dem Visitator getroffen, obwohl die Michelbacher und der Bischof immer noch im Streit miteinander lagen. Der Bischof bestritt den Michelbachern wie schon früher jegliches Recht zur Machtausübung im Murgtal, konnte aber angesichts der gegenwärtigen Lage im Reich nichts dagegen unternehmen. Dem jungen Werinhard war daran gelegen, trotz der Meinungsverschiedenheiten die Verbindung zum Bischof aufrecht zu erhalten.

Als der Visitator ihm vom Durchhaltevermögen der kleinen Bertha berichtete, musste Werinhard daran denken, wie er sie zum ersten Mal gesehen hatte. Damals, in Worms und dann in Frankfurt, hatte der König versucht, sich von ihr zu trennen. Wer oder was ihn wohl dazu gebracht hatte, diese Frau letztlich doch anzunehmen? Gerüchte liefen damals in Worms um, der König habe eine Affäre mit einer Ärztin aus der Gemeinde der Israeliten gehabt.

Werinhard lächelte beim Gedanken an Jakob Kalonymos und seine Nichte. Unvergessen war ihm die Art und Weise, wie er im Haus an der Stadtmauer nahe der Wormser Synagoge als Gast aufgenommen worden war. Und die gefahrvolle Reise mit den Judäern durch das Rheintal hatte sich auch für immer in sein Gedächtnis eingeprägt.

Als der König auf Leben und Tod in Ladenburg lag, hatte er, Werinhard, den Auftrag erhalten, nach Worms zu reiten und Frau Mirjam zu holen. Der Michelbacher versuchte, sich ihr Bild vor Augen zu rufen. Sie musste über eine tiefe Einsicht in die Eigenarten und Abgründe der menschlichen Seele verfügen. Hatte er nicht selbst gehört, wie sie gegenüber dem König geäußert hatte, seine Frau Bertha würde ihm überall hin folgen, sei es auf die eisbedeckten Gipfel der Alpen, sei es in den untersten Schlund der Hölle?

Die Alpen, so dachte Werinhard, waren mit viel Glück erfolgreich überwunden worden.

Das Kloster

Reichenbach, Februar 1085

Galaswind humpelte mühsam von der kleinen Hütte, die sie zusammen mit ihrer Tochter Irmengard bewohnte, zum Stall ihres Nachbarn Ruotger hinüber. Die Dämmerung war heute schon früh hereingebrochen und hüllte die Umgebung in ein diffuses Zwielicht, aber sie kannte den Weg blind. Wenn es nach ihrer Tochter gegangen wäre, hätte sie die Hütte gar nicht verlassen dürfen. Galaswind seufzte bei dem Gedanken, wie weit es mit ihr gekommen war. Sie sollte nicht mehr unter die Menschen gehen, meinte ihr eigenes Kind, ihre Irmengard, weil sie angeblich „Geister sah“ und „Gesichte hatte“.

So nannten das die Nachbarn in diesen Tagen, wenn man selbst etwas mehr Einblick in die menschlichen Schicksale und in die Natur hatte. Die alte Frau umklammerte die Henkel der Kanne noch fester. Vor langer Zeit hatte Ruotger, ein Bauer in der Nachbarschaft, ihnen erlaubt, sich jeden Tag Milch zum Eigenverbrauch von seinen Kühen zu holen. Er tat das aus Dankbarkeit für die Hilfe, die Galaswind vor vielen Jahren bei der Geburt seines ersten Sohnes geleistet hatte. Dieser Sohn, dessen Überleben auf Messers Schneide gestanden hatte, war mittlerweile erwachsen. Nach der schweren Geburt hatte er auch das Säuglingsalter und die Kindheit überstanden, ebenso wie zwei nachfolgende Brüder und eine Schwester. Sechs weitere Kinder waren tot geboren worden oder kurz nach der Geburt gestorben. Das letzte Kind hatte Ruotgers Frau das Leben gekostet. Das war jetzt auch schon wieder etliche Jahre her.

Galaswind erreichte den Stall nach wenigen Minuten, schlüpfte ins warme Innere und schloss die Tür sorgfältig hinter sich, um die Kälte auszusperren. Sie hörte an den Geräuschen, dass die Tiere aufmerksam ihre Köpfe zu ihr hindrehten, bevor sie sich, beruhigt vom vertrauten Geruch, wieder dem Heu in den Raufen zuwandten und hin und wieder ein Schnauben von sich gaben. Die großen Leiber und der dampfende Atem erfüllten den niedrigen Raum mit einer wohligen Wärme. Galaswind fuhr den Tieren, an denen sie sich vorbeidrückte, liebevoll über das

Fell. Sie sprach mit ihnen, indem sie ein beruhigendes Gemurmel von sich gab. Schließlich hatte sie die Kuh gefunden, die gerade gekalbt und darum genügend Milch hatte. Bevor sie ans Melken ging, wärmte sie ihre Hände an deren Fell und raunte in einem leisen Singsang unverständliche Worte ins Ohr des Tieres.

Im Dorf, das aus einer Ansammlung von wenigen Höfen bestand, die auf dem linken Ufer der Murg gegenüber der Einmündung des Reichenbaches lagen, war man fest davon überzeugt, dass die „alte Galaswind", wie man sie nannte, Macht über Menschen und Tiere ausüben konnte. Manche, die noch nicht so lange im Tal waren und sie nicht als junge Frau erlebt hatten, schimpften sie hinter vorgehaltener Hand sogar „die böse Drude". Niemand wusste, warum. Vielleicht, weil das Alter ihre Züge und ihr Äußeres zunehmend verwüstet hatte, oder weil sie humpelte, oder weil sie oft keine oder unverständliche Antworten gab.

Galaswind beugte sich zu dem Kälbchen herunter und kraulte es eine Weile am Kopf. Die ganze Zeit über kam ein dunkles Gemurmel aus ihrem zahnlosen Mund, nur hin und wieder unterbrochen von einem rasselnden Husten und dem Hochwürgen von Schleim. Schließlich baute die alte Frau die mitgebrachte Kanne unter dem Euter auf und molk die Milch hinein. Dass ihre Anwesenheit im Stall und ihre Zwiesprache mit den Tieren nicht unbemerkt geblieben waren, hatte sie nicht bemerkt.

Als Galaswind mit der Milch zu ihrer Tochter in die Hütte zurückkehrte, war es bereits vollständig dunkel. Irmengard war mit dem Abendessen beschäftigt.

„Du sollst doch nicht allein hinausgehen!", mahnte die Jüngere ihre Mutter mit einem besorgten, aber liebevollen Blick auf die gekrümmte Gestalt. In dem aus Steinen aufgeschichteten Herd in der Mitte des einzigen Raumes brannte ein Feuer, dessen Rauch durch das Loch im Dach abzog oder vielmehr abziehen sollte. Heute allerdings schien es, als ob eine niedrige Wolkendecke den Rauch am Aufsteigen hindern wollte und ihn ins Innere zurückdrängte. Die gesamte Stube war mit beißenden Schwaden erfüllt, die den beiden Frauen die Tränen in die Augen trieben. Wegen der draußen herrschenden Kälte wagten sie es aber auch nicht, eines der beiden kleinen, mit Läden verbarrikadierten Fenster zu öffnen.

Das Abendessen bestand aus mit Getreide versetztem Milchbrei, den Irmengard in dem eisernen Topf, in dem er gekocht worden war, auf den

Tisch stellte. Jede der beiden Frauen schöpfte mit einem hölzernen Löffel daraus. Wenn dabei etwas daneben ging, wurde es mit dem Ärmel des knöchellangen wollenen Überkleides abgewischt, das beide über naturfarbenen, bis zu den Unterschenkeln reichenden Leinenhemden trugen.

„Wie geht es Ruotgers Tieren?", wollte Irmengard wissen, um ein Gespräch in Gang zu bringen.

„Sie fühlen sich wohl", entgegnete ihre Mutter wortkarg.

Die Tochter blickte nachdenklich zu ihr hin und fragte dann: „Woher willst du das wissen?"

„Sie haben es mir gesagt", erwiderte die alte Frau achselzuckend und mit einem Kopfschütteln, so als ob die Tochter eine völlig überflüssige Frage gestellt hätte.

Beide verfielen wieder in Schweigen. Irmengard machte sich insgeheim Sorgen über das eigenartige Wesen, das die Mutter zunehmend an den Tag legte. Nicht dass sie selbst es für abartig oder gefährlich gehalten hätte, oh nein! Es geschah ja nicht selten, dass alte Leute seltsame Reden führten oder merkwürdige Dinge taten. Aber was würden die Nachbarn für Schlüsse ziehen? Was würde geschehen, wenn ihre Mutter eines Tages einem der Dorfbewohner ihr großes Geheimnis verraten würde? Nämlich dass sie des Nachts mit dem wilden Heer der Druden und Perchten durch die Lüfte flog in die tiefsten Wälder und auf die saftigsten Auen und zu den Gründen, wo die besten und wirksamsten Kräuter wuchsen? Irmengard mochte nicht daran denken. Die Mönche des Priorates Reichenbach durften es auf keinen Fall erfahren! Vor allem nicht Pater Wideradus, der jetzt für die Dorfbewohner zuständig war!

Wie verständnisvoll und gütig war dagegen der alte Pater Notker gewesen! Er war hier im Tal geboren worden, deshalb hatte er danach gestrebt, als Seelsorger in diese Gegend zurückzukehren. Allerdings hatten sich auf diesem Weg zwei Dinge ereignet, die ihm zum Verhängnis geworden waren: Bei seiner Weihe zum Priester hatte er der Kirche von Konstanz mehrere Stücke Land geschenkt, die seine verstorbenen Eltern hier besessen hatten. Der Bischof, der ihn geweiht hatte, war vom König eingesetzt und später wegen Ämterschachers vom Domkapitel vertrieben worden.

Der Einfluss der strengen Kirchenreformer, angeführt von Kloster Hirsau im Nagoldtal, war in den letzten Jahren immer weiter gewachsen.

In den Augen dieser Reformer war Notker nichts weiter als ein gefährlicher Häretiker, der keine wirksamen Sakramente spenden konnte und die ihm anvertrauten Gläubigen um ihr Seelenheil betrog. Besonders die neue Mönchsgemeinschaft am Reichenbach, eine Tochtergründung des Klosters Hirsau, vertrat diese Ansicht mit Nachdruck. Prior Theoger hatte Notker nach kurzer Zeit in Konstanz angeklagt. Der neue Diözesanbischof, ebenfalls ein glühender Anhänger der Reform, hatte den alten Pfarrer aus der Kirche ausgestoßen.

Für Irmengard war dieser Verlust eine Katastrophe gewesen! Besonders, da in den letzten Jahren die Verwirrung ihrer Mutter immer weiter zugenommen und für sie selbst manchmal beängstigende Formen angenommen hatte. Pater Notker hatte immer Verständnis gezeigt. Selbst als er eines Tages von Galaswinds Geheimnis erfahren hatte, ihre nächtlichen Flüge mit dem wilden Heer, hatte er das nicht als schlimm betrachtet.

Die nächtlichen Flüge, so erklärte er Irmengard, existierten nur in der Fantasie der Mutter und seien daher nach dem Kirchenrecht keine strafbare Handlung. Sie solle, so hatte er der Tochter geraten, nur darauf achten, Galaswind bei zunehmenden Anfällen geistiger Verwirrtheit möglichst von den anderen Dorfbewohnern fernzuhalten, um Gerede zu vermeiden.

Mit dem Einzug der neuen Mönche und der Amtsübernahme von Pater Wideradus hatte sich dann für die beiden Frauen alles geändert. Irmengard erinnerte sich, wie der neue Pater überall in den Häusern herumgegangen war, die Leute nach ihren Gewohnheiten befragt und sie ermahnt hatte, nicht nur die Gebote, sondern auch die Feiertags- und Fastenregeln genau einzuhalten. Auch in ihre Hütte war er gekommen.

Angstvoll hatte Irmengard die Fragen verfolgt, die der Pater ihrer Mutter gestellt hatte. Glücklicherweise hatte Galaswind einen guten Tag gehabt und ihre nächtlichen Vorstellungen nicht erwähnt. Irmengard hatte aufgeatmet, aber auch gewusst, dass es nur eine Frage der Zeit war, bis sie zu neuen Erklärungen genötigt sein würde. Sie begann zu ahnen, dass die nächtlichen Wachträume einer alten Frau sehr wohl Gegenstand einer kirchlichen Untersuchung werden könnten. Besonders da Pater Wideradus bei einigen Talbewohnern Amulette beschlagnahmt hatte und deren Träger unter strenge Aufsicht gestellt hatte. Niemand solle, so seine ständigen Ermahnungen, es wagen, sich dem Wahn hinzugeben,

Amulette könnten die Fruchtbarkeit heben oder Schaden abwenden. Wer das tue, der sei bereits vom wahren Glauben abgefallen und treibe die Nachbarn durch das schlechte Beispiel ebenfalls in die Netze Satans.

Diese Predigten führten bei den Talbewohnern zu Angst und Verunsicherung. Die Hirsauer Mönche waren für ihre heiligmäßige Lebensführung und strenge Glaubenstreue bekannt. Es war also davon auszugehen, dass Pater Wideradus die Wahrheit sagte. In fast allen Bauernhäusern aber befanden sich solche Amulette, teils noch von den Voreltern, teils selbst angefertigt. Die einen waren aus Holz geschnitzt, die anderen aus Knochen, manche bestanden aus Tierzähnen oder kleinen Wachsfiguren. Man betete das Vaterunser und ging sonntags zur Kirche, nahm das Abendmahl und beichtete in den gebotenen Abständen. Aber die Amulette trug man trotzdem, getrieben von einem undefinierbaren, tiefsitzenden Grauen vor den unbegreiflichen, in der Natur waltenden Mächten. Es konnte auf jeden Fall nicht schaden, so war man bisher überzeugt gewesen. Aber nun, so schien es, hatte sich der erhoffte zusätzliche Schutz in eine teuflische Bedrohung verwandelt.

Wer dazu beitrüge, diese Bedrohung abzuwenden, der tue ein gutes Werk, das im Jenseits angerechnet werde, so redete der Pater den Gläubigen bei jeder Gelegenheit ins Gewissen. Schließlich ging die Saat auf. Einige im Dorf fühlten sich verpflichtet, ihre Nachbarn genauer zu beobachten und die Anzeichen vermeintlichen Aberglaubens anzuzeigen. Mehr als Glauben und Gottvertrauen wuchsen Misstrauen und Angst.

Irmengard machte sich immer mehr Sorgen, da Galaswinds Verwirrung zunahm und sie immer häufiger auf ihre nächtlichen Flüge zu sprechen kam. Sie hielt die alte Frau überwiegend im Haus. Wenn sie in dem kleinen Garten arbeitete, konnte sie von dort sehen, wenn ihre Mutter Anstalten machte, die Hütte zu verlassen.

Einige Pflanzen, die sie für ihre Tätigkeit brauchte, zog Irmengard auf dem Stück Land um die Hütte herum. Das Amt der Heilerin und Hebamme hatte sie von ihrer Mutter übernommen. Bestimmte Leiden konnte sie durch Kräuter lindern und auch in der Geburtshilfe hatte sie einige Erfahrung. Für die Nacht braute sie manchmal einen Aufguss, um ihre Mutter so weit zu beruhigen, dass sie nicht hinaus wollte. Am wirksamsten war ein Sud aus Bilsenkraut oder Mohnsaft, aber das wollte die alte Galaswind meist nicht trinken, da ihr die betäubende Wirkung selbst zu gut bekannt war.

Eine Weile war es Irmengard auf diese Weise gelungen, die Mutter vor neugierigen Blicken und Fragen zu schützen. Dann aber kam jener wolkenverhangene Abend, an dem dringende Arbeiten im Garten die Tochter so in Anspruch nahmen, dass sie nicht aufblickte, als Galaswind, die Milchkanne in der Hand, wie ein Schatten die Hütte verließ und beinah sofort mit der Dämmerung verschmolz.

Reichenbach, März 1085

Im Haus des Bauern Ruotger herrschte blanke Verzweiflung. Seine zehn Rinder, also sein gesamter Bestand, waren jämmerlich eingegangen. Angefangen hatte es mit seiner besten Milchkuh. Eines Morgens wollte sie nicht mehr auf die Wiese hinaus. Erst nach vielem Zureden verließ sie auf wackeligen Beinen widerwillig den Stall. Auf der Weide senkte sie dann eine Weile lang ihr Maul ins Gras und rupfte lustlos ein paar Büschel ab, bevor sie sich niederließ und für den Rest des Tages apathisch da lag.

Gegen Abend begann sie, offenbar von inneren Schmerzen zerrissen, jämmerlich zu brüllen. Dabei schied sie einen fast flüssigen Kot aus, der entsetzlich stank. An Augen und Maul hatte sich eitriger Ausfluss gebildet, der rasch zu ekelhaften Klumpen gerann. Schließlich war es der Kuh gelungen, sich mit letzter Kraft noch einmal aufzurichten. Sie konnte sich jedoch nicht lange auf den Beinen halten. Ein Zittern durchlief ihren großen Körper, dann ging sie langsam auf die Knie. Es war unerträglich mit ansehen zu müssen, wie sie mit verdrehten Augen und mühsamem Schnaufen schließlich zusammenbrach und auf die Seite fiel. Wenig später war sie tot.

Alle sieben Kühe, die beiden Ochsen und der Stier erlitten dasselbe Schicksal. Woher war diese Seuche gekommen? Niemand konnte es sich erklären. Bis Clara, Ruotgers kleine Enkeltochter, ihrer Mutter mit ängstlichem Gesicht etwas ins Ohr flüsterte, das diese aufgeregt sofort ihrem Mann berichtete, der sich gleich darauf mit seinem Vater beriet. Ruotger war ein eher nüchterner Mensch. Zu anderen Zeiten hätte ihn das Gehörte vermutlich nicht weiter beunruhigt, unter den gegebenen Umständen erschien es ihm aber in einem anderen Licht.

Clara hatte, in den dunklen Tiefen des Stalls verborgen, die alte Galaswind dabei beobachtet, wie sie zu den Tieren gekommen war, um sich Milch zu holen. Dabei habe die alte Frau, so hatte die Kleine mit ängstlich aufgerissenen Augen berichtet, die Kühe berührt und Sprüche über sie gemurmelt, die das Mädchen selbst nicht verstanden hatte. Ruotger fragte seine Enkelin nochmals über alle Einzelheiten genauestens aus, bis das Mädchen schließlich in Tränen ausbrach und, statt noch etwas zu antworten, das Gesicht fest in die Schürze der Mutter presste. Dann ging er zum Dorfältesten, dem Schmied.

Die beiden Männer besprachen die Sache. Galaswind hatte ihnen viele Jahre lang als Heilerin und Hebamme wertvolle Dienste geleistet. Ebenso ihre Tochter, die das Amt übernommen hatte. Nun hatte sich der Geist der alten Frau offenbar verwirrt und wurde von seltsamen Vorstellungen heimgesucht. Das war, obwohl die Tochter ihre Mutter seit einiger Zeit gut abgeschirmt von der Nachbarschaft hielt, nicht unbemerkt geblieben. Nun hatte unter dem Vieh eine tödliche Seuche gewütet. Aber bis jetzt nur unter dem Vieh von Ruotger, das kurz vorher von Galaswind berührt und auch besprochen worden war, wie es zumindest den Anschein hatte.

Beide Männer hatten nichts gegen Galaswind. Im Gegenteil sie waren ihr dankbar für alles, was sie für ihre Familien und die gesamte Dorfgemeinschaft in der Vergangenheit Gutes getan hatte. Sicher, das eine oder andere Kind war trotz ihrer Bemühungen gestorben, aber das war normal. Oder vielleicht doch nicht? Ruotger und der Dorfälteste wussten nicht mehr, was sie glauben sollten. Nur eines wussten sie genau: Sobald die Sache dem neuen Pater Wideradus und damit dem Prior von Reichenbach zu Ohren käme, würde es eine Untersuchung geben. Den Vorfall geheim zu halten, war unmöglich, da waren sich beide einig. Das seltsame Gebaren der alten Galaswind würde sich in Windeseile herumsprechen, und einige Dorfbewohner standen „der alten Drude", wie sie sie nannten, sowieso misstrauisch gegenüber. Es blieb keine andere Wahl, sie mussten dem Pater Bescheid geben, auch wenn sie es nicht gern taten.

Wenig später wurde die alte Frau von Pater Wideradus und einigen Laienbrüdern abgeholt und in die Obhut des Klosters gebracht. Die Viehseuche schien seit diesem Zeitpunkt aufzuhören. Das Sterben blieb auf den Hof Ruotgers beschränkt und griff nicht auf andere Tiere über. Vielen schien das wie ein göttliches Zeichen.

Die Scharfmacher im Dorf, die Galaswind schon seit längerem als „alte Drude“ beschimpft hatten, gaben ihr nun ganz offen die Schuld an der Seuche und forderten immer lauter ihre Bestrafung. Pater Wideradus hatte zu dieser harten Haltung beigetragen. Eine Verbündete des Teufels wie Galaswind, so hatte er den Dörflern eingeschärft, müsse bestraft werden, um Gott zu versöhnen und ihm zu zeigen, dass niemand im Dorf ein solches Verbrechen billigen würde.

Die Folge war, dass die meisten Männer des Dorfes sich an einem der folgenden Tage sammelten und gemeinsam zum Priorat zogen, um dort die Bestrafung der Drude zu fordern oder den Nachweis, dass die Strafe bereits vollzogen sei. Ruotger und der Dorfvorsteher hatten vergeblich versucht, den Trupp aufzuhalten. Niemand hatte mehr auf sie hören wollen. Beide machten sich jetzt Sorgen um Irmengard. Als Tochter der Drude, so fürchteten sie, würde sie als nächste den Angriffen ausgesetzt sein. Ihr Wissen in Heilkunde würde sie nicht schützen, da man im Dorf glaubte, in der jungen Ida, die nicht müde wurde, auf ihre Fähigkeiten in dieser Richtung hinzuweisen, einen besseren Ersatz gefunden zu haben.

Die Sorge der beiden Männer erwies sich als begründet. Dass sich ihre Befürchtungen aber schon einige Tage später bewahrheiten sollten, damit hatten sie nicht gerechnet. Es war der 12. März, der Sterbetag von Papst Gregor dem Großen, der im Kloster Hirsau im Nagoldtal wie auch in dem von Hirsau erst kürzlich gegründeten Tochterkloster am Reichenbach im Murgtal jedes Jahr feierlich begangen wurde. Der Kirchenvater war im Jahr 604 gestorben, gegenwärtig zählte man das Jahr 1085, der 12. März fiel auf einen Donnerstag.

Prior Theoger feierte die Morgenmesse in der gerade fertig gebauten, aber noch nicht geweihten Kirche. In dem schlichten Gotteshaus hatten sich etwa zwanzig Mönche, ebenso viele Laienbrüder und die Gäste des Klosters versammelt, die zu diesem besonderen Tag in größerer Anzahl gekommen waren, nicht zuletzt, um die Beurkundung einer größeren Landschenkung an den Konvent rechtswirksam zu bezeugen. Selbst Wilhelm persönlich, Abt des Klosters Hirsau, war gekommen. Allein auf sein Betreiben hin war das Priorat am Reichenbach gegründet worden.

Unter den Versammelten war wohl niemand, der ihm nicht mit größtem Respekt und scheuer Ehrfurcht begegnet wäre.

Nach dem Gottesdienst begaben sich Mönche und Laienbrüder wieder an ihre Arbeit. Nach der Anweisung „Wachet und betet, damit ihr nicht in Versuchung geführt werdet“ waren Tage und Nächte im Kloster genauestens eingeteilt. Schon kurz nach Mitternacht erhoben sich die Mönche zum ersten gemeinsamen Gebet, dann wieder um vier und um sechs Uhr. Nach der Morgenmesse folgte um neun Uhr wieder gemeinsames Beten. Die Zeit bis zur nächsten Gebetszeit um halb zwölf war mit Arbeit ausgefüllt. Auf das einfache Mittagessen folgte eine Zeit der Ruhe, die um zwei Uhr mittags von der nächsten Gebetszeit beendet wurde. Bis zum Abendgebet, der Vesper, wurde gearbeitet, gegen sechs Uhr versammelten sich die Mönche zum Abendessen, das in den zahlreichen Fastenzeiten allerdings ausfiel. Um sieben Uhr abends beschloss man den Tag mit dem Nachtgebet. Eine Stunde später begab sich ein jeder in seine Zelle zur Nachtruhe.

Abt Wilhelm und Prior Theoger wichen an diesem Tag allerdings von diesem streng geregelten Tagesablauf ab. Theoger bat die Gäste stattdessen in einen schlichten Raum des im Gegensatz zur Kirche zu diesem Zeitpunkt noch aus Holz erbauten Konvents, wo die Schenkung vollzogen werden sollte. Bruder Sifridus, der Schreiber des Priorates, saß bereits an einem Tisch, auf dem er die zuvor verfasste und auf Pergament niedergeschriebene Urkunde ausgebreitet hatte.

Im Halbkreis vor dem Tisch versammelten sich nun die Gäste, in erster Linie natürlich der Schenker Wazelin von Meimsheim und sein Sohn Manegold und etliche Adlige aus der Region. Auch Vertreter des Hochadels aus der weiteren Umgebung waren, wenn auch zufällig und aus anderen Gründen, gekommen, als vornehmster Herr Berthold von Eberstein mit seinen Söhnen, dem älteren Berthold und dem jüngeren Eberhard.

Nachdem Sifridus, nach einem prüfenden Blick auf die Urkunde, einen letzten kleinen Federstrich am Text besorgt und sein Schreibgerät beiseitegelegt hatte, stand er auf und blickte zu Abt Wilhelm hinüber. Der nickte leicht und erhob sich von seinem Sitz zum Zeichen, dass der Rechtsakt beginnen könne. Der Schreiber ließ seine Blicke über die stehenden Anwesenden schweifen, dann ergriff er das Pergament und begann, in feierlichem Tonfall den Inhalt der Urkunde zu verlesen.

„In nomine sanctae et individuae trinitatis ..." Den Auftakt verstand der fünfzehnjährige Eberhard, der jüngere Sohn des Herrn von Eberstein, gerade noch. Das hörte er oft genug bei allen möglichen Gelegenheiten. Es bedeutete so viel wie „Im Namen der heiligen und ungeteilten Dreifaltigkeit". Doch damit war er mit seinem Latein auch schon am Ende. Seine Ausbildung beschränkte sich im Wesentlichen auf Lesen und Rechnen, und natürlich auf die Reitkunst und den Umgang mit Waffen. Bei letzteren Fähigkeiten von Beschränkung zu sprechen, wäre allerdings geradezu eine Beleidigung gewesen. In diesen Disziplinen zeigte er, zog man die Erfahrung ab, die er in seinem Alter noch nicht haben konnte, sehr gute Leistungen.

Beim Verlesen des für ihn unverständlichen und langwierigen lateinischen Texts hatte der junge Mann die größte Mühe, seine Gliedmaßen ruhig zu halten und nicht, von einem Fuß auf den anderen tretend, auffällig ins Zappeln zu geraten. Um den Bewegungsdrang zu unterdrücken, konzentrierte er sich darauf, den gestrigen Tag vor seinem inneren Auge Revue passieren zu lassen.

Der Ritt hierher war überaus anstrengend gewesen. Von ihrer gerade fertig gebauten Burg in einiger Entfernung von Cuppenheim waren sie zunächst ins Rheintal gelangt und auf der alten Römerstraße in zwei Tagesreisen bis Burg Staufenberg gelangt, wo sie von Burkhart, dem Bruder seines Vaters Berthold Senior, willkommen geheißen und gastlich aufgenommen worden waren. Zusammen mit Burkhart hatten sie dann den Weiterritt hinauf ins Gebirge angetreten und Station in der Burg Bosenstein gemacht, bevor sie auf gefährlich engen, noch verschneiten Felsenpfaden auf der anderen Seite des Gebirgskamms ins Tal der Murg hinabgestiegen waren.

Immer wieder hatten sie mit tückischer Glätte auf den Wegen kämpfen müssen, die Menschen und Tiere ins Straucheln brachte. Als sie bei Einbruch der Dunkelheit das Priorat am Reichenbach erreicht hatten, waren sie alle unter den vielen Schichten ihrer Kleidung schweißgebadet und völlig erschöpft gewesen. Da die Gästezimmer im Konvent noch nicht fertig waren, hatten sie in einer aus Holzbalken gezimmerten Hütte mit wenig Komfort genächtigt. Den Durst hatten sie mit klarem

Wasser gelöscht, das aus der Quelle des Reichenbachs stammte. Das Wasser sprudelte in eine in den Fels gehauene Brunnenstube oberhalb des Klosters und wurde in ausgehöhlten Baumstämmen zum Brunnen im Klosterhof weitergeleitet. Um den Hunger zu stillen, hatten ihnen dienende Laienbrüder Brot und Käse mit gedünstetem Kohl vorgesetzt, eine für die Mönche übliche Speise, während das Willkommensmahl wegen der vorgerückten Stunde auf den nächsten Tag angesetzt worden war.

Eberhards Magen hatte in der Nacht so laut rumort, dass ihn sein Bruder im Halbschlaf mehrfach ärgerlich angestoßen hatte. Für einen Schluck Rheinwein und eine leckere Mahlzeit hätte er in diesem Moment sehr viel gegeben. In Punkto feine Speisen hatte der junge Ebersteiner allerdings nach den Erfahrungen des gestrigen Abends wenig Hoffnung. Unter dem Regiment von Abt Wilhelm, dessen strenges und hohlwangiges Gesicht rücksichtslose Askese verriet, herrschte im Filialkloster am Reichenbach eiserne Disziplin, vom Essen über die Kleidung bis hin zur unabänderlichen Einteilung des Tages.

Eberhard schreckte aus seinem Tagtraum, als ihn sein Bruder diskret in die Seite stieß. Sifridus setzte gerade an, den Text nochmals auf Deutsch zu verlesen, damit auch alle Zeugen ihn zweifelsfrei verstehen konnten. Die beiden Schenker, Wazelin und Manegold, Vater und Sohn, stammten aus dem örtlichen Adel. Sie hatten sich entschlossen, dem Priorat Reichenbach einige größere Grundstücke zu schenken, was nach ihrer festen Überzeugung zur Absicherung ihres Seelenheils wesentlich beitragen würde.

Der Besitz, um den es bei der geplanten Schenkung ging, lag direkt gegenüber dem Kloster, nur auf der anderen, linken Seite der Murg, und zwar zwischen dem Tonbach, dem Gipfel des Wiedenberges, dem Ailbach und dem Murgfluss, der hier in seinem Oberlauf eher einem breiteren Bach ähnelte. Der Besitz war recht ansehnlich. Zum Teil war das Land noch mit Wald bedeckt, besonders weiter oben am Berg. Zum größeren Teil, besonders in der Talaue und an den unteren Hängen, war es aber bereits als Weideland hergerichtet, also sofort nutzbar.

Eberhard hörte, wie Sifridus ihre Namen verlas: „Bertholdus von Eberstein mit seinen Söhnen Bertholdus und Eberhardus“. Neben ihnen bezeugten auch noch einige andere adlige Herren aus der Umgebung die großzügige Schenkung des Wazelin. Gerade als der Ebersteiner es nicht mehr schaffte, ruhig zu stehen, und begann, für alle sichtbar von einem Fuß auf den anderen zu treten, war der Rechtsakt beendet. Gott sei Dank, dachte der junge Mann. In der letzten Stunde war sein Durst immer größer, beinahe unerträglich geworden. Die Zunge klebte an seinem Gaumen. Als die Gäste nun von Prior Theoger an die nebenan gerichtete Tafel gebeten wurden, schloss er sich erleichtert seinem Vater und seinem Bruder an. Sein Onkel Burkhart war bereits nach dem Gottesdienst wegen dringender Geschäfte wieder ins Rheintal zurückgeritten.

Eberhard versprach sich keine allzu großen Genüsse von den Speisen, die man sicher in Kürze auftragen würde. Aber zuerst kam der Wein. Er wurde in Tonkrügen hereingetragen, die dienenden Laienmönche gingen um den Tisch herum und schenkten ihn in die Becher der Gäste. Eberhard konnte sich kaum beherrschen, nach seinem Becher zu greifen und davon zu kosten. Fasziniert hatte er beobachtet, wie die ölige, blassgolden schimmernde Flüssigkeit mit einem leise glucksenden Geräusch in das Gefäß hineinlief. Er blickte zu seinem Vater Berthold, der weiter oben an der Tafel saß, nahe beim Gastgeber Theoger und dem ehrwürdigen Abt Wilhelm. Der Vater rührte seinen Becher nicht an. Auch sein älterer Bruder dankte dem bedienenden Mönch nur mit einem höflichen Kopfnicken.

Endlich, nach einer gefühlten Ewigkeit, hob Abt Wilhelm seinen Becher. Die Gäste taten es ihm nach, und jeder der ungefähr zwanzig Adligen um den Tisch herum war bestrebt, einen Eindruck von Zucht und Selbstbeherrschung zu hinterlassen. Auch Eberhard bemühte sich, beim ersten Schluck nur wenig Wein in den Mund zu nehmen, ihn eine Weile dort zu behalten und erst dann langsam über die Zunge in die Kehle gleiten zu lassen.

Sobald er den Wein auf der Zunge hatte, riss er seine Augen bewundernd auf. Damit hatte er nicht gerechnet! Der Tropfen war exzellent. Bevor er einen größeren Zug davon nehmen konnte, eilten schon die Laienbrüder herum und stellten Krüge mit Wasser auf den Tisch. Eine unmissverständliche Aufforderung, den Wein zu verdünnen, der die Gäste ausnahmslos nachkamen, auch Eberhard, nicht jedoch, ohne sich vorher noch rasch einen großen Schluck zu genehmigen, was ihm einen tadelnden Blick seines Vaters einbrachte.

Dann wurden die Speisen aufgetragen und jedem der Gäste einzeln vorgelegt, wobei wie üblich altbackene Brotfladen als Teller dienten. Der Geruch, der sich dabei im Raum verbreitete, war köstlich, dem Ebersteiner lief das Wasser im Mund zusammen. Auf seinem Teller lagen Stücke von Hecht und Lachs, die in einem Teigmantel gebraten waren. Das Ganze roch stark nach einem seltenen Gewürz, das Eberhard für Ingwer hielt. Danach gab es einen hellgelben Schaum aus Eiern mit allem, was ein gepflegter Kräutergarten hergab. Das herumgereichte helle Brot war noch warm. Wenn man die goldfarbene Kruste der kleinen Brotlaibe drückte, konnte man spüren, wie kross und gleichzeitig weich sie waren.

Eberhard blickte sich um und sah, wie auch die anderen, konzentriert über ihre Teller gebeugt, mit mahlenden Kiefern den aufgetragenen Köstlichkeiten zusprachen. Das Essen nahm die Aufmerksamkeit der Gäste so sehr in Anspruch, dass kaum ein Gespräch aufkam, was die meisten der Anwesenden nicht als Nachteil empfanden. Zur Unterredung würde nachher noch genug Zeit sein.

Plötzlich erhob sich im Hof ein Tumult. Ein Laienbruder kam herein, begab sich in ehrfürchtiger Haltung zu Abt Wilhelm und flüsterte ihm etwas zu. Eberhard spitzte die Ohren, konnte aber von seinem Platz aus nichts verstehen. Gleich darauf erhob sich Wilhelm gemessen, ohne die geringsten Anzeichen von Beunruhigung zu zeigen. Er machte eine beschwichtigende Geste und bat die Anwesenden, sich nicht stören zu lassen und in Ruhe ihre Mahlzeit zu beenden. Unter einigen Bauern der Umgebung habe sich ein Streit erhoben, den man aber rasch schlichten werde. Prior Theoger werde bei den Gästen bleiben und sich weiterhin um ihr Wohl kümmern. Er, Wilhelm, werde in Kürze zurück sein. Damit verließ er den Raum in seiner üblichen, Ehrfurcht gebietenden Haltung, ohne eine gesteigerte Eile an den Tag zu legen. Auch das zerfurchte, von dichtem Bartwuchs bedeckte Gesicht des Laienbruders, der ihn begleitete, verriet keinerlei Emotion.

Ein Streit unter leibeigenen Bauern! Den hätte sein Vater schnell mit dem Stock schlichten lassen, da war sich Eberhard sicher. Daher wunderte es ihn, dass der Abt persönlich hinausgegangen war. Dann widmete er sich aber rasch wieder den Speisen, die noch auf seinem Brotfladen übrig waren, ohne länger darüber nachzudenken.

Mehr ins Grübeln kam dagegen sein Vater Berthold, der sich ebenfalls über den Vorfall gewundert hatte. Aufsässige Bauern sollte ein tüchtiger Verwalter mit dem Stock züchtigen. Warum war Abt Wilhelm persönlich hinausgegangen? Der Ebersteiner dachte an die Schwierigkeiten, die er mit seinen eigenen Leuten hatte. Der Stock mochte gegen Frechheit und Faulheit helfen, aber bei Unruhen, die durch Gewissensnöte verursacht wurden, half er wenig. Hatte sich diese Pest der Glaubensspaltung auch hier schon bis in die Landbevölkerung verbreitet? Berthold schob den Rest der Speisen von sich. Der Genuss an dem vorzüglichen Mahl war ihm vergangen.

Am Nachmittag des nächsten Tages hatten Abt Wilhelm und Prior Theoger zu einer Besprechung eingeladen, zu der nun noch ein weiterer Gast im Konvent am Reichenbach eingetroffen war, nämlich Graf Adalbert von Calw. Das von diesem Adligen neu gegründete Kloster Hirsau im Nagoldtal hatte sich durch Abt Wilhelm zum Vorreiter der Kirchenreform auf deutschem Boden entwickelt.

Berthold von Eberstein war froh, dass es zu diesem Gespräch kommen würde. Die Zeiten waren schlecht, der Gegensatz zwischen dem König und dem Papst war erbittert und nicht mehr aus der Welt zu schaffen. Nach Canossa hatten alle gehofft, die beiden Mächte würden zu einem Einvernehmen kommen, aber diese Hoffnung hatte sich zerschlagen. Bereits seit Jahren befand sich der König wieder im Kirchenbann. Vor einem Jahr war er nach Italien gezogen, hatte Papst Gregor aus Rom vertrieben, seinen eigenen Papst eingesetzt und sich von diesem zum Kaiser krönen lassen. Seitdem war der Streit darum, ob man einem exkommunizierten Herrscher gehorchen dürfe, nicht mehr verstummt.

Die Partei der Kirchenreformer im Reich machte Heinrich für die Spaltung der Kirche verantwortlich und hielt weiter an Papst Gregor fest. Gegenseitige Bannflüche der Päpste stürzten die einfache Bevölkerung in schwere Gewissensnöte. Es wurde immer schwieriger und auch gefährlicher, sich für eine Seite zu entscheiden – sowohl in machtpolitischer Hinsicht als auch durch die Ungewissheit mit Blick auf das eigene Seelenheil.

Berthold hatte darum gebeten, seine Söhne an der Unterredung teilnehmen zu lassen. Sein ältester würde jedes Wort, das dort gesprochen wurde, gespannt verfolgen, das wusste er. Den jüngeren hatte er vorher streng ins Gebet genommen. Der musste endlich auch lernen, sich bei solchen Gelegenheiten zu beherrschen und zu konzentrieren.

Nach dem Abendgebet fand man sich in der geräumigen Stube von Prior Theoger zusammen. Die dienenden Brüder trugen Wein und Wasser auf. Zunächst begrüßte Wilhelm die Gäste, dann wandte er sich an Berthold von Eberstein, dessen Besorgnis über die allgemeine politische Lage er kannte, und forderte ihn zu einem Bericht über die Verhältnisse in seinem Herrschaftsbereich auf.

„Die Kirche unseres Dorfes Cuppenheim untersteht dem Diözesanbischof von Speyer", begann Berthold. „Bischof Rüdiger Huzmann ist ein treuer Anhänger Kaiser Heinrichs, der ihn auch ernannt hat."

Niemand fühlte sich aufgerufen, das Gesagte zu kommentieren, da es allgemein bekannt war. Stattdessen warteten alle gespannt, wie es weitergehen würde.

„Neulich zog ein Wanderprediger durch unser Gebiet", setzte Berthold seinen Bericht fort. „Er schilderte dem Volk in drastischer Weise die Gefahren, die der Seele jedes Einzelnen durch falsche Priester drohen." Berthold räusperte sich, es dauerte einen Moment, bevor er fortfuhr.

„Der Prediger hat den Pater Gero von Cuppenheim vor allen Gläubigen beschuldigt, ein falscher Priester zu sein", stellte er dann fest und blickte zu Wilhelm hinüber.

„Wie hat der Prediger das begründet?", erkundigte sich der Abt stirnrunzelnd.

Berthold zögerte. Er wusste, dass er jetzt seine Worte genau überlegen musste. Nach einer Pause, in der er sich mehrfach mit der Hand durch das widerborstige graue Haar fuhr, bemühte er sich, den Sachverhalt so knapp und präzise wie möglich zusammenzufassen.

„Gero hat seine Weihe von einem Bischof empfangen, der vom König eingesetzt worden ist. Ein Bischof darf aber nicht vom König eingesetzt werden. Der König ist ein Laie, also kein Kleriker. Ein Bischof muss vom Erzbischof oder vom Papst eingesetzt werden. Also wurde Gero von einem falschen Bischof geweiht." Berthold blieb äußerlich ruhig, aber mit jedem Wort spürten die Zuhörer, wie seine innere Anspannung wuchs.

„Die Folge ist", fuhr er fort, „dass alle Sakramente, die Gero spendet, unwirksam sind." Berthold blickte mit zusammengekniffenen Augen in die Runde. „Das heißt, der Pfarrer kann das Brot nicht in den Leib Christi wandeln und die Gläubigen nicht in der Beichte lossprechen!" Seinen Bericht schloss er mit den Worten: „So hat es jedenfalls dieser Prediger behauptet."

Jetzt meldete sich Prior Theoger zu Wort. „Wisst Ihr, edler Herr Berthold, woher dieser Prediger kam?"

Berthold holte tief Luft. „Wie er selbst sagte, kam er aus Hirsau. Aus Eurem Kloster, ehrwürdiger Abt!"

Wilhelm zeigte keine Regung. Theoger schwieg ebenfalls.

„Wie soll ich es sagen", begann Berthold erneut. „Die Leute im Tal sind jetzt verwirrt und verängstigt. Sie wissen nicht mehr, was sie glauben sollen! Der Prediger hat ihnen eingeredet, dass sie ihr Seelenheil verlieren!"

Jetzt meldete sich Graf Adalbert von Calw zu Wort.

„Meine Schwester Adelheid – sie ist die Ehefrau Werinhards von Michelbach – hat mir Ähnliches berichtet. Die Burg des Herrn von Michelbach befindet sich nicht weit von Rotenfels entfernt. Die Kapelle dort wird im Augenblick auch von diesem Gero versorgt. Die Bauern haben genauso wie die in Cuppenheim auf die Reden des Predigers reagiert."

„Und was denkt Euer Schwager?", wollte Abt Wilhelm nun wissen.

Der Calwer lachte rau auf. „Zuerst wollte er den Prediger hinauswerfen!", berichtete er. „Aber meine Schwester hat ihn davon abgebracht."

Eberhard von Eberstein hatte, ganz gegen seine Gewohnheit, bis jetzt alles genau registriert, was gesagt worden war. Auch wenn es für seinen Geschmack zuletzt allzu sehr ins Theologische abgeglitten war. Jetzt wurde er noch aufmerksamer. Ein Edelherr, der sich von seinem Weib von etwas abbringen ließ! Gespannt wartete er auf die nähere Erläuterung Adalberts. Wie er bemerkte, hielten auch die beiden Geistlichen ihre Blicke erwartungsvoll auf den Grafen gerichtet.

Adalbert holte tief Luft, bevor er weitersprach. „Meine Schwester denkt wie ich. Gregor ist der rechtmäßige Papst. König Heinrich und Bischof Huzmann befinden sich im Kirchenbann und dieser Pater Gero von Cuppenheim und Rotenfels ist ein falscher Priester!"

Wilhelm und Theoger nickten. Das war die Haltung, die sie vom Vogt ihres Klosters Hirsau erwartet hatten. Adalbert stand fest an der Seite der Kirchenreformer. Dennoch blieb noch ein Problem ungelöst.

„Wisst Ihr, ob Euer Schwager etwas gegen die Unruhe unter seinen Bauern unternommen hat?“, wollte Theoger jetzt von Adalbert wissen.

„Was sollte er unternehmen?“, fragte Graf Adalbert achselzuckend zurück. „Mit dem König kann er sich nicht offen anlegen. Mit dem Bischof auch nicht. Die Beziehungen sind sowieso schon heikel genug. Meine Schwester hat mich um Entsendung eines Geistlichen gebeten, der dem Kloster Hirsau nahesteht und also mit Sicherheit kein falscher Priester ist. Der könnte dann die Burgkapelle in Michelbach versorgen und auch alle die Talbewohner, die Pater Gero misstrauen.“

Abt Wilhelm schien zu überlegen. „Ich werde mich darum kümmern, dass der Bitte Eurer Schwester entsprochen wird“, versicherte er schließlich. Dann wandte er sich Herrn Berthold zu.

„Herr Berthold, Ihr seid neben Herrn Werinhard einer der Mächtigen in dieser Gegend. Was habt Ihr unternommen, um die Unruhe unter Euren Bauern und Leibeigenen zu beschwichtigen?“

Das war die Frage, auf die Berthold gewartet hatte. Für die Klärung dieser Frage war er gekommen. Er wollte wissen, wie er sich zu verhalten hatte, um keine nicht wieder gutzumachende Schuld auf sich und seine Untertanen zu laden. Er hielt persönlich sehr viel von Pater Gero, der auch in der Kapelle seiner Burg die Messe las.

„Pater Gero“, hub Berthold daher an, „ist nach allem, was ich erkennen kann, ein gottesfürchtiger Mann. Er führt ein einwandfreies Leben und gibt zu keinem Vorwurf Anlass.“ Der Ebersteiner stockte, um bei der folgenden, mit Hilfe Geros vorbereiteten Erklärung nichts durcheinanderzubringen.

„Als Gero die Weihe empfing, war die Ernennung eines Bischofs durch den König noch nicht verboten. Bischof und König waren damals auch nicht gebannt. Also ist Geros Weihe rechtmäßig. Die Sakramente, die er spendet, sind wirksam.“ Berthold holte tief Luft, bevor er seine Vermutung äußerte: „Ehrwürdiger Abt! Könnte es sein, dass der Wanderprediger eine zu strenge Meinung geäußert hat?“

Dass dieser Prediger ein unangenehmer Mensch gewesen war, der sich durch Drohungen Zugang zur Kirche verschafft und den Gläubigen unverhohlen Angst eingejagt hatte, ließ der Ebersteiner unerwähnt. Er hoffte, bei Wilhelm mit seiner Argumentation auf Verständnis zu treffen und damit in seinem Herrschaftsbereich zu einer dauerhaften Beruhigung der Gemüter zu kommen.

Die Tischrunde schwieg, eine unbehagliche Spannung hatte sich ausgebreitet. Niemand äußerte Zustimmung oder Protest. Alle schienen einen Kommentar von Abt Wilhelm abzuwarten. Als das Schweigen immer lastender wurde, fügte Berthold in fast entschuldigendem Tonfall noch hinzu: „Verehrungswürdiger Abt Wilhelm und ehrwürdiger Prior Theoger, bitte bedenkt! Da es sich um theologische Dinge handelt, kann ich mich natürlich irren, aber diese Sicht der Dinge könnte die Talbewohner beruhigen."

Endlich, nach einer weiteren Minute des Wartens, äußerte sich Abt Wilhelm, wobei seine Stimme einen pastoralen Klang annahm: „Euer Bemühen ist ehrenwert, aber ich kann der von Euch geäußerten Ansicht nicht zustimmen, Herr Berthold. Die Einsetzung von Bischöfen durch Laien ist durch Papst Gregor schon zu Zeiten des Vorgängers von Bischof Huzmann untersagt worden. Dieser Gero ist nicht rechtmäßig zu seinem Amt gekommen, daher sind die von ihm gespendeten Sakramente im besten Fall zweifelhaft."

Dass es auch Kirchenreformer gab, die bezüglich der Wirksamkeit der Sakramente eine andere Meinung vertraten, verschwieg der Abt an dieser Stelle. Die Entscheidung über solche Angelegenheiten wollte er sich selbst vorbehalten, und nicht einem weltlichen Herrn aus dem Murgtal überlassen.

Graf Adalbert nickte zufrieden, während die Miene des Ebersteiners reglos blieb. Wilhelm fuhr fort: „Da aber, wie Ihr bestätigt, besagter Gero einen untadeligen Lebenswandel vorweisen kann, könnte man ihn, selbstverständlich nach einer entsprechenden Prüfung und nach einer Buße, eventuell für würdig befinden, die Sakramente zu spenden."

Die meisten Teilnehmer der Besprechung blickten ratlos, sie schienen die Konsequenzen des Gesagten nicht sofort zu überblicken. In einem ersten Impuls war Berthold von Eberstein enttäuscht. Die angedrohte Prüfung würde durch Hirsauer Mönche oder einen Bischof der Hirsauer Partei durchgeführt werden. Das würde Zeit in Anspruch nehmen, den Bischof von Speyer auf den Plan rufen und vielleicht auch den König, die beide aus ihrer Ablehnung des Hirsauer Reformkurses keinen Hehl machten.

Berthold blickte zu Wilhelm hinüber, konnte aber in dessen Miene nichts als freundliches Wohlwollen erkennen. Wollte der Abt ihm eine Brücke bauen? Der Ebersteiner überlegte noch einmal. Vielleicht war ja die vorgeschlagene Lösung doch nicht so schlecht, wie er zuerst geglaubt hatte! Bis zu der angekündigten Prüfung würde es bei dem jetzigen Zustand bleiben. Die verunsicherten Bauern hatten sich ja erst einmal beruhigt und ihre regelmäßige Arbeit wieder aufgenommen, was auch bedeutete, dass die herrschaftlichen Einnahmen nicht gefährdet waren.

Mit den Hirsauern würde er, da war sich der Ebersteiner sicher, ein Arrangement treffen können. Schon länger hatte er die Absicht, dem Kloster demnächst einige Güter zu schenken, darunter auch welche in Cuppenheim. Berthold war sich sicher, dass diese Geste Abt Wilhelm darin bestärken würde, bei der Ordnung der kirchlichen Verhältnisse im Ebersteiner Einflussgebiet behilflich zu sein. Falls Gero nicht mehr Priester bleiben könnte, nun dann würde man ihm den Rückzug ins Kloster erlauben und einen Vertreter schicken, der von der Landbevölkerung akzeptiert werden würde.

Plötzlich erhob sich draußen ein Tumult. Es pochte mehrfach wild an der Tür, dann stürzte ein junger Laienbruder herein und meldete atemlos, die Bauern des Dorfes hätten eine gewisse Irmengard ergriffen und hergeschleppt, angeblich wegen einer Untat, die sie im Dorf verübt habe. Es bestehe die Gefahr, dass man ihr etwas antun würde!

Abt und Prior erhoben sich, Ersterer wie gewohnt in gemessener Haltung und ohne eine Andeutung von Hast, während der Prior deutliche Anzeichen von Panik zeigte. Auch die Gäste erhoben sich, neugierig auf das Schauspiel, das zweifellos draußen gerade im Gange war. Abt und Prior hätten die Besucher gern in der Stube gehalten, aber das war, anders als am Tag zuvor, dieses Mal nicht möglich.

Als der junge Eberhard von Eberstein ins Freie trat, bot sich ihm ein merkwürdiges Bild.

Im Hof standen sich zwei Gruppen von Männern gegenüber. Die einen, offenbar durchweg noch in jüngerem Alter, hatten sich um einen muskelbepackten Kerl geschart, der eine Frau an den Handgelenken festhielt und sie unter Beschimpfungen willkürlich hin und her zerrte. Die Frau wehrte sich nicht, ihr Gesicht zuckte nur gelegentlich vor Schmerz, sonst ließ sie alles mit einer stoischen Miene über sich ergehen.

Die andere Gruppe hatte sich um zwei gesetzt wirkende Männer gesammelt, die in angemessenem, wenn auch entschiedenem Ton die Herausgabe der Frau verlangten. Die Zusammenhänge wurden rasch klar. Die jüngeren Dörfler beschuldigten die Frau, einen Wetterzauber verübt zu haben. Die älteren bestritten dies offenbar. Nun rief man das Kloster als Grundherrn und kirchliche Instanz um Klärung der Sachlage an.

Mit gewohnter Autorität verlangte Abt Wilhelm von den Bauern, die Frau sofort loszulassen und der Obhut des Klosters zu übergeben. Auf den Wink des Priors waren bereits zwei Laienmönche herangetreten, um Irmengard wegzubringen. Dann befahl der Abt den Männern des Dorfes, umgehend nach Hause zu gehen. Die älteren, darunter Ruotger und der Dorfvorsteher, atmeten erleichtert auf. Unter den jüngeren dagegen erhob sich ein Murren.

„Wer sagt uns, dass sie angemessen bestraft wird?“, meldete sich einer aus der Gruppe der Scharfmacher. „Wir haben sie dabei erwischt, wie sie einen brodelnden Kessel mit dem Fuß umgestoßen hat“, fügte ein anderer hinzu.

„Die Frau wird über den Kessel gestolpert sein, als euer Haufen in ihre Hütte eingedrungen ist“, hielt Ruotger wütend dagegen.

„Das behauptest du, Ruotger. Aber du warst nicht dabei!“, schrie jetzt ein anderer aufgebracht. „Sie hat den Kessel absichtlich umgetreten, ich habe es gesehen!“

Weitere angebliche Augenzeugen meldeten sich lautstark zu Wort. Andere hatten es nicht gesehen, hielten es aber für die ausgemachte Wahrheit. Diejenigen, die es nicht gesehen hatten und auch nicht glaubten, waren eindeutig in der Minderzahl und hatten keine Möglichkeit mehr, in dem nun anhebenden Geschrei der Stimme der Vernunft Gehör zu verschaffen. Die Partei der Verunsicherten und Hasserfüllten schrie durcheinander.

„Sobald der Kessel umgetreten ist, weiß der Teufel, was er zu tun hat!“, kreischte einer.

„Mein Weib hat es immer gesagt: Die ist vom Teufel besessen!", brüllte ein anderer.

„Die nächste Ernte könnt ihr in den Wind schreiben!", meckerte hämisch der nächste dazwischen.

„Bestraft die Drude! Wenn der Herrgott sieht, dass wir sie bestrafen, wie sie es verdient, hat er vielleicht Erbarmen mit uns!", forderte jetzt einer der Bauern mit besonders dröhnender Stimme und fasste damit zusammen, was alle wollten.

Rufe wie „Wir wollen sehen, wie sie bestraft wird!" und „Wenn ihr sie nicht bestraft, tun wir es!" gellten über den Hof. Als schließlich jemand schrie „Tötet die Drude!", gab es kein Halten mehr. „Tötet sie! Tötet sie!", forderte die entfesselte Menge im Chor.

Bevor die Dörfler ihrem Geschrei entsprechende Taten folgen lassen konnten, wurden sie allerdings von einigen hünenhaften Laienmönchen mit Stöcken auseinandergeprügelt. Die gut gezielten und erbarmungslosen Hiebe wirkten auf die Hitzköpfe wie ein Guss Eiswasser. Schlagartig beruhigte sich die Situation.

Abt Wilhelm erhob seinen Stab. „Wir werden den Fall untersuchen und nach unseren Regeln entscheiden! Wer von euch weiter öffentlich von einem Wetterzauber spricht, wird mit einer öffentlichen Kirchenbuße belegt!", verkündete er in das Schweigen hinein.

Die Drohung war ausgesprochen und tat ihre Wirkung. Niemand wagte es mehr, jetzt noch ein offenes Widerwort zu geben.

Nachdem die Bauern endlich verschwunden waren, befahl Wilhelm den beiden Laienbrüdern, Irmengard auf einen nahe gelegenen Hof zu bringen, dort in einer Kammer einzuschließen und die Hörigen des Hofes anzuweisen, die Gefangene angemessen zu versorgen. Ebenso hatte es Prior Theoger mit Irmengards Mutter Galaswind gehalten, die vor einigen Tagen zum Priorat gebracht worden war. Im Dorf hieß es, sie sei vom bösen Geist besessen und habe eine Viehseuche verursacht.

Die Gäste, die Zeugen dieses beeindruckenden Beweises geistlicher Autorität geworden waren, wurden wenig später verabschiedet. Manche bestiegen sofort ihre Pferde, andere blieben noch eine Nacht, darunter die drei Ebersteiner.

Als der junge Eberhard in dem strohgefüllten, mit Fellen bedeckten Bettkasten in der Hütte neben dem Konvent lag, tauchten die Bilder des Tages noch einmal vor ihm auf: Der Streit unter der Dorfbevölkerung um diese Frau, die eines Wetterzaubers beschuldigt wurde. So ein Zauber war auch schon einmal in Cuppenheim vorgekommen. Daran konnte er sich noch erinnern. Die Dorfbewohner waren über eine Frau hergefallen, weil die angeblich einen Kessel mit einem Gebräu umgestoßen hatte und dabei den Teufel angerufen haben sollte, um die Ernte zu verderben. Die Frauen der Nachbarn behaupteten, sie habe das alles aus Neid getan, weil sich ihr Mann einer anderen zugewandt habe.

Eberhard wusste immer noch nicht so recht, was er davon halten sollte. Sein eigener Vater hatte nicht viel auf das Geschwätz gegeben, hatte aber die Bevölkerung unter Androhung empfindlicher Strafen ermahnt, Frieden zu halten und ähnliche Beschuldigungen nie mehr zu äußern, außer direkt an den Pfarrer. Eberhard hatte den Verdacht, dass sein Vater nicht an Wetterzauber glaubte.

Viel mehr dagegen schienen seinen alten Herrn die Streitereien zwischen den Anhängern von Papst und Kaiser zu bewegen. Den Pfarrer von Cuppenheim hatte er vorhin gegen Abt Wilhelm verteidigt, obwohl sein Vater, das wusste Eberhard, im Innersten der Linie der Hirsauer Kirchenreformer zugeneigt war. Daher kam auch seine Verehrung für Pater Gero, da der, obwohl kein Hirsauer, lebte, wie die Reformer es forderten, nämlich ohne Frau und persönlichen Besitz.

Dieser Werinhard von Michelbach, erinnerte sich Eberhard, hatte durch seinen Schwager, den Grafen von Calw, ebenfalls einen neuen Geistlichen von Hirsau angefordert. Aber wohl eher, um nicht dauernd durch die Bedenken seiner Frau Adelheid belästigt zu werden. Der Michelbacher selbst, so argwöhnte der junge Ebersteiner, war weniger am Seelenheil seiner Bauern als am Ausbau seiner eigenen Macht interessiert.

Eberhard gähnte herzhaft. Nachdem er sich fester in die Felle eingewickelt hatte, dachte er an seinen Bruder Berthold und dessen in Aussicht genommene Braut im Kraichgau. Ob das funktionieren würde? Vom Bergfried ihrer Burg Eberstein konnte man weit in die Rheinebene hinaus blicken. Der Kraichgau war ein natürliches Interessengebiet seiner Familie. Aber von Burg Eberstein bot sich auch ein guter Blick ins Murgtal hinein. Alles könnte so vielversprechend sein, wenn ausgerechnet da nicht noch diese Michelbacher sitzen würden! So sehr der Gedanke an diese lästige Konkurrenz den jungen Ebersteiner sonst aufregen mochte, im Moment war er so müde, dass nur noch bruchstückhafte Bilder sein Bewusstsein erreichten. Ein gerodeter Platz im Wald, ein rauschender Fluss, Menschen, die durch silbrig glänzendes Wasser wateten. Wenig später war er eingeschlafen.

Die Kammer war dunkel und kalt. Irmengard hockte auf einem schmalen Bett, das mit sauberem Stroh gefüllt und mit mehreren Lagen Decken belegt war. Wenn sie sich fest darin einwickelte, würde sie während der Nacht nicht frieren. Auch hatte ihr eine Magd vor einiger Zeit einen Krug mit frischem Wasser und eine Schüssel mit Brot und Käse hingestellt, von dem sie noch nichts zu sich genommen hatte. Sie war erst seit wenigen Stunden hier eingesperrt. Aber wo war ihre Mutter Galaswind?

Beständig kreisten ihre Gedanken darum, was mit ihr geschehen war und wie es ihr ging. Sie hatte gehofft, sie wenigstens in der Gefangenschaft wiederzusehen, aus diesem Grund war sie überhaupt ohne Gegenwehr mitgegangen, aber die Hoffnung war offenbar vergeblich gewesen. Auf ihre Fragen und Bitten hatte ihr niemand Antwort geben wollen. Den Abt und den Prior hatte sie nicht mehr zu Gesicht bekommen. Ein Knecht und eine Magd hatten sie auf den nächsten Hof in der Nachbarschaft gebracht und in diesem Raum eingeschlossen.

Was konnte man ihr zur Last legen? Sie hatte niemals einen Wetterzauber ausgeübt. Aber kam es darauf an, was sie wirklich getan oder nicht getan hatte? Der junge Bauer, der vor einiger Zeit aus der Rheinebene ins Tal gezogen war, hatte ein Weib namens Ida, die sich angeblich in Kräuterkunde und Geburtshilfe auskannte. Diese Ida hatte ihre Künste im Tal noch nicht unter Beweis stellen müssen, Irmengard maßte sich daher nicht an, ihre Qualitäten zu beurteilen, und begegnete ihr mit Offenheit und distanzierter Freundlichkeit. Wenn sie Ida traf und ein Gespräch mit ihr beginnen wollte, wandte sich die jüngere Frau allerdings immer ab und blieb reserviert, ja Irmengard schien es sogar, als hege sie ihr gegenüber einen verborgenen Widerwillen.

Nach einiger Zeit hatte sie es aufgegeben, mit Ida warm zu werden. Idas Mann dagegen hatte sich gut in die Dorfgemeinschaft eingefügt und kam mit allen gut aus. Nach einer Weile hatte Irmengard bemerkt, dass ihre Nachbarn begannen, ihre Mutter Galaswind scheel anzusehen. Als sie Ruotger danach fragte, druckste er eine Weile herum, dann erfuhr sie den Grund: Ida hatte ihre ganz eigene Theorie über den verwirrten Geisteszustand der alten Galaswind und wurde nicht müde, den anderen Frauen Schauermärchen über böse Geister und Dämonen in die Ohren zu blasen und auf deren Fähigkeit hinzuweisen, von anderen Menschen Besitz zu ergreifen und sie zu Werkzeugen des Teufels umzuwandeln. Als Druden und Perchten würden solche Weiber dann mit dem wilden Heer durch die Nacht fliegen und alles Lebendige zu Tode bringen.

Irmengard war dem Gerede mit einem Anschein von Gleichmut begegnet und hatte nicht darauf reagiert, außer dass sie noch mehr darauf achtete, ihre Mutter vom Dorfleben möglichst fernzuhalten. Sie wusste, dass man ihr, gleichgültig, was sie sagte, das Wort im Mund herumdrehen würde. Sie hoffte darauf, dass Ruotger und der Dorfvorsteher, die ihre Mutter noch aus besseren Tagen kannten und ihr zu Dankbarkeit verpflichtet waren, dem bösartigen Geschwätz Einhalt gebieten würden.

Dann war der Tag gekommen, als die alte Galaswind unbemerkt in Ruotgers Stall geschlüpft war und dort von Ruotgers Enkelin heimlich dabei beobachtet worden war, wie sie mit den Tieren gesprochen hatte. Als kurz darauf die Kühe des Bauern einer Viehseuche zum Opfer fielen, hatte man sich an diese Beobachtung erinnert und sie entsprechend gedeutet. Immer mehr Dorfbewohner hatten sich der Meinung Idas angeschlossen, die Sache müsse vor den Pfarrer gebracht werden, da die alte Galaswind möglicherweise mit dem Teufel ein Bündnis geschlossen habe. Die Gemäßigten um Ruotger und den Dorfältesten, die in Galaswind nur eine verwirrte alte Frau sahen, hatten sich dieser Forderung nicht verschließen können. Es hätte einen schlechten Eindruck gemacht, wenn sie eine kirchliche Untersuchung durch einen Geistlichen von vornherein ohne Grund abgelehnt hätten. Im Gegenteil, so argumentierte die Gegenseite, es könne dem, der von einem Dämon besessen sei, nur helfen, die Milde und Gnade der Kirche zu erfahren und von dem Übel befreit zu werden.

Milde und Gnade! Irmengard erschauerte in der Dunkelheit. Wie sollte ihre Mutter einen Pakt mit dem Bösen geschlossen haben? Die Flüge mit dem wilden Heer hatte sie sich doch nur eingebildet. Sie, die Tochter, musste es doch wissen! Sie konnte bezeugen, dass ihre Mutter in keiner einzigen Nacht aus dem Haus ausgefahren war! Aber wenn der Böse nur ihre Seele mitgenommen, und ihren Körper wie im Schlaf auf dem Lager zurückgelassen hatte? War das überhaupt möglich? Irmengard fasste sich mit beiden Händen an den Kopf. Sie hatte Angst, den Verstand zu verlieren. Was hatte Pater Wideradus ihre Mutter gefragt? Was hatte sie geantwortet? Warum hatte man sie selbst hierher geschleppt? Die Welt war aus den Fugen geraten, alles begann sich zu drehen. Das Unglück hatte seinen Lauf genommen.

Nach Wochen der Gefangenschaft ließ man Irmengard frei, allerdings mit der Auflage, nie mehr in das Gebiet des Priorates Reichenbach zurückzukehren. Auf Gerechtigkeit durfte sie nicht hoffen, das war ihr klar. Gerichtsherr war Graf Adalbert von Calw, der hohe Vogt des Klosters Hirsau und damit auch des Priorats Reichenbach. Niemals würde er es wagen, sich einem Spruch von Prior Theoger oder Abt Wilhelm zu widersetzen.

Irmengard dachte an ihre Mutter. Auf keinen Fall wollte sie die alte Frau allein zurücklassen. Andererseits durfte sie schon für sich selbst nichts hoffen: Eine Frau allein auf den Straßen des Reichs, das würde über kurz oder lang ihr gewaltsames Ende bedeuten, wenn sie nicht rechtzeitig eine Reisegesellschaft fand, die bereit war, sie mitzunehmen. Sich durch den wilden Wald zu schlagen, war auch unmöglich. Zwar würde sie aufgrund ihres Wissens über die Pflanzen dort wohl genügend Nahrung finden, aber das Wetter war jetzt im Frühjahr immer noch kühl und häufig nass. Für eine solche Herausforderung war ihre Kleidung zu dürftig. Eine gebrechliche alte Frau wie ihre Mutter würde diese Prüfung mit Sicherheit nicht überstehen.

Irmengard hätte sich gern an Ruotger gewandt. Aber es war ihr ausdrücklich verboten worden, sich nochmals im Dorf blicken zu lassen. Außerdem wollte sie den Mann, der sie und ihre Mutter so lange unterstützt hatte, nicht unnötig ins Gerede bringen. Also blieb ihr nichts anderes übrig, als sich an Prior Theoger zu wenden.

„Ich habe erwartet, dass du zu uns kommst“, meinte Theoger, als ein Laienbruder sie ins Gästehaus geführt hatte. „Wir werden dich mit geeigneter Kleidung und Nahrung für etliche Tage ausstatten. Eine

Gruppe von Reisenden wird außerdem morgen in Richtung Dornstetten aufbrechen. Da kannst du dich anschließen."

„Und meine Mutter?", erkundigte sich Irmengard. „Da sie in Eurer Obhut war, nehme ich an, es geht ihr gut. Kann ich sie sehen? Kann sie hier bleiben? Habt Ihr einen Platz für sie?" In ihrer wachsenden Angst konnte sich Irmengard kaum mehr beherrschen. Die so lange aufgestauten Fragen sprudelten wie von selbst aus ihr heraus, und ließen ihr keine Zeit, auf Antwort zu warten.

Der Prior sah sie mit ernster Miene an und schwieg.

„Verehrter Pater Prior! Irgendwo wird es doch unter Euren Hörigen barmherzige Menschen geben, bei denen eine alte Frau, die kaum noch etwas isst und trinkt, einen bescheidenen Platz haben kann! Besonders wenn Ihr die Güte habt, das zu befehlen!" Irmengard konnte ihre Verzweiflung nicht länger zurückdrängen. Bittend streckte sie Theoger ihre Hände entgegen. „Ich werde verschwinden und Euch nie mehr unter die Augen kommen, sobald Ihr mir zusichert, dass meine Mutter für die kurze Zeit versorgt ist, die sie noch zu leben hat", beteuerte sie.

Der Prior blieb reglos. Dann öffnete er den Mund, Irmengard hing an seinen Lippen. „Du weißt, dass ihr beide, du und deine Mutter, schwer gefehlt habt!" Irmengard meinte sich verhört zu haben, es begann ihr zu schwindeln. „Die Nachbarn haben uns verleumdet!", stieß sie hervor.

Theoger brachte sie mit einer herrischen Geste zum Schweigen. „Ihr habt das Böse in euch eindringen lassen", fuhr er fort. „Galaswind ist nachts mit dem wilden Heer ausgefahren", stellte er fest. Irmengard schrie auf. „Sie ist eine alte verwirrte Frau! Das ist doch gar nicht möglich! Das hat sie sich eingebildet!", keuchte sie.

Der Prior blieb ungerührt. „Hat sie jemals zugegeben, dass es nur ihre Einbildung war?", beharrte er unnachsichtig. „Hat sie das? Antworte ehrlich!" Irmengard starrte ihn an. „Bischof Burchard hat gesagt ...", begann sie, aber Theoger schnitt ihr erneut das Wort ab.

„Bischof Burchard von Worms war ein kluger und menschenfreundlicher Oberhirte", versetzte der Prior. „Aber die Gefahr dieser Erscheinung hat er nicht richtig erkannt. Wir richten uns bei der Beurteilung nach den Lehren des Kirchenvaters Augustinus."

Der Geistliche machte eine bedeutungsvolle Pause, bevor er in belehrendem Tonfall fortfuhr. „Gleichgültig, ob jemand tatsächlich nachts mit den Dämonen der Finsternis fliegt oder nur glaubt, dies zu tun, er ist gleichermaßen schuldig, denn er erlaubt dem Bösen, von seinem Geist Besitz zu ergreifen. Außerdem…“ Der Prior unterbrach sich und fixierte Irmengard, als wolle er sie mit seinen Blicken durchbohren. „Wer sagt dir, dass die unsichtbare Seele deiner Mutter sich nicht tatsächlich aus ihrem Körper begeben und mit den Mächten der Finsternis vereinigt hat?“

Die Frage hallte in Irmengards Geist nach. Hatte sie sich selbst diese Frage nicht schon gestellt? Der Prior bemerkte das ungläubige Entsetzen in ihrem Gesicht und trat auf sie zu. „Oder glaubst du etwa nicht, dass die menschliche Seele von Satan verführt werden kann?“

Irmengard wurde von Panik erfasst. Sie trat einen Schritt zurück und stolperte über eine Unebenheit im Fußboden. Sie fiel nach hinten, konnte sich im Fall gerade noch etwas drehen, um einen Sturz direkt auf den Rücken abzuwenden, und spürte kurz darauf einen stechenden Schmerz in der Seite, als sie auf den steinharten gestampften Lehm aufschlug. So rasch sie nur konnte, rappelte sie sich auf. Vor dem Prior wollte sie auf keinen Fall im Staub liegen bleiben.

„Wo ist meine Mutter?“, beharrte sie, ohne sich bewusst zu werden, woher die Entschiedenheit kam, mit der sie jetzt wagte zu sprechen. Alle Unsicherheit war von ihr abgefallen. Sie blickte zu dem Prior auf, der sie um einiges überragte, und wiederholte ihre Frage mit gepresster Stimme: „Wo ist meine Mutter? Ich will sie sehen!“

„Mein Kind, es tut mir leid, dir das sagen zu müssen, aber sie ist tot“, erklärte der Geistliche, wobei er ohne Anzeichen von Mitgefühl das Kreuzzeichen über sie schlug. Dann pochte er an die Tür, und es erschienen zwei Laienbrüder.

„Die Brüder werden dich jetzt zu den Reisenden bringen, die morgen in Richtung Dornstetten ziehen wollen“, erläuterte Theoger sachlich. Als die Laienbrüder Irmengard an den Armen fassten, um sie hinauszuführen, riss sie sich los und schrie, nun zitternd vor Wut: „Was habt ihr mit ihr gemacht? Was? Wie ist sie gestorben?“

Der Blick in die Augen des Priors wirkte wie ein Guss mit Eiswasser. Gerade noch konnte sie sich zusammenreißen, um keine weitergehenden Beschuldigungen herauszuschleudern. Sie wusste, dass sie nichts erreichen würde, schon gar nicht durch Zornesausbrüche. Ihre Mutter war tot, daran ließ sich nichts ändern. Die Mönche hatten sicher nicht einmal etwas dazu tun müssen. Die alte Frau war einfach an Einsamkeit und gebrochenem Herzen gestorben. Die Mönche hatten sie mit Sicherheit ordentlich bestattet, dessen war sie sich ziemlich sicher. Das erforderte die christliche Nächstenliebe. Sie presste die Wut tief in ihr Inneres hinab und ließ sich willenlos von den beiden Brüdern hinausführen. Als sie über den Hof gingen, murmelte ihr der eine etwas zu, das sie in ihrer Annahme bestätigte und beruhigte.

Ihre Mutter hatte die Einsamkeit der Haft nicht lange ertragen. Ihre Reden waren immer wunderlicher geworden und eines Morgens war sie einfach nicht mehr aufgewacht. Ihr Leichnam war gewaschen und eingekleidet worden. Dann hatte man sie in die Kirche des Priorates getragen, wo ein Priestermönch die Totenmesse für sie gelesen hatte, bevor man sie auf dem kleinen Friedhof für die Dorfbewohner in einem von zwei Hörigen geschaufelten Grab beigesetzt hatte.

Irmengard hätte beim besten Willen nicht sagen können, was ihre Mutter im Jenseits noch würde abbüßen müssen. Beinahe wurde sie von einem überheblichen Trotz überwältigt, der die Überzeugung in ihr befestigen wollte, die alte Frau habe es verdient, direkt ins Paradies einzutreten. Ihr Verstand erkannte wohl, dass sie dabei war, sich mit solchen Vorstellungen zu versündigen. Sie beschloss, jetzt nicht weiter darüber nachzudenken. Zuerst musste sie sich auf die Weiterreise konzentrieren. Der Weg würde gefährlich und beschwerlich und vor allem lang werden. Dabei würde sie genug Zeit haben, sich in Demut und Gebeten zu üben.

Die Gesellschaft, mit der Irmengard reisen sollte, entpuppte sich als Gruppe von Kaufleuten, die in Worms aufgebrochen war und sich in Speyer getrennt hatte. Ein Teil war den Rhein entlang in Richtung Straßburg gezogen. Die anderen wollten eine weniger begangene Route über Ettlingen und Pforzheim ausprobieren. Unterwegs waren sie auf Graf Adalbert von Calw gestoßen und seiner Einladung gefolgt, im Tal der Nagold Station zu machen. Adalbert hatte ihnen dann angeboten, unter seinem Schutz ins Murgtal zu reisen. Von dort, so hatte er ihnen erklärt, könnten sie an den Neckar und weiter an die Donau gelangen.

Was Graf Adalbert auf der Straße nach Pforzheim gerade auf diese Reisegesellschaft aufmerksam gemacht hatte, war das Schwert gewesen, das einer der Anführer, ein jüngerer Mann namens Eliezer, griffbereit auf dem Rücken trug.

Ein Krieger, hatte der Graf bei sich gedacht. *Und gleichzeitig ein jüdischer Handelsherr.*

Möglichst unauffällig hatte der Calwer seine Blicke auch über die anderen Reisenden und das Gepäck schweifen lassen. Einige der Männer trugen ihre Waffen offen, so wie Eliezer. Die Form etlicher Gepäckstücke auf den Packtieren deutete auf das Vorhandensein weiterer Schwerter hin.

„Ihr interessiert Euch für unsere Schwerter?“, hatte ihn ein älterer Mann gefragt, den er wenig später als Jakob von Worms kennenlernen sollte. „Es ist feine Damaszenerware, wenn Ihr wollt, könnt Ihr es ausprobieren“, hatte der alte Kaufmann hinzugefügt und ihn dabei aus dunklen, unter schweren Lidern halb verdeckten Augen prüfend gemustert. Adalbert hatte die Kaufleute auf seine Burg mitgenommen, wo sie handelseinig wurden. Jakob hatte versprochen, eine größere Anzahl von Schwertern in dieser Qualität in wenigen Monaten zu liefern.

Prior Theoger liebte die Juden nicht. Doch die Tatsache, dass Graf Adalbert eine Schar jüdischer Kaufleute ins Tal gebracht hatte, kam seinen Absichten jetzt sehr entgegen. Die Drude Irmengard war zu einem Ärgernis und zu einer Gefahr für die Talbewohner geworden, sie musste verschwinden, bevor ihr die Bevölkerung etwas antun konnte. Daher war man auf die Idee gekommen, sie der jüdischen Reisegruppe zu übergeben. Bis Ulm würde sie so in Begleitung halbwegs ordentlicher Leute reisen können. Würde sie es vorziehen, unterwegs davonzulaufen, nun dann wäre sie selbst für ihr weiteres Schicksal verantwortlich. In jedem Fall konnte der Prior seine Hände in Unschuld waschen. In Absprache mit Abt Wilhelm von Hirsau hatte Theoger dem Ältesten der Reisegesellschaft eine nicht geringe Summe für diesen Gefallen ausgehändigt.

Irmengard hatte sich diesem Arrangement klaglos gefügt. Die Männer der Reisegruppe machten keinen schlechten Eindruck auf sie. Zu ihrem Wortführer Jakob hatte sie sofort Vertrauen gefasst wie zu einem Verwandten. Jakob meinte, falls sie eine andere Reisegruppe träfen, deren Ziel ihr gelegener komme, könne sie sich jederzeit der anderen Gruppe anschließen. Sie müsse nur, so bemerkte er mit sorgenvoller Miene, das

Tempo der Männer durchhalten. In der Geschwindigkeit könne man sich nicht nach ihr richten. Man würde ihr ein Pferd zur Verfügung stellen, aber fünfzehn Meilen am Tag sei die übliche Reisegeschwindigkeit, wenn man nicht wegen der Beschaffenheit des Weges große Strecken zu Fuß gehen müsse. Irmengard war mit allem zufrieden. Sie würde reiten und zu Fuß laufen, ihr war alles recht, wenn sie nur einigermaßen sicher und so rasch wie möglich das Tal hinter sich lassen könnte.

Jakob hätte diesen Dienst trotz der Entlohnung lieber abgelehnt. Er fürchtete, die Frau könne auf der beschwerlichen Reise schnell zum Hindernis werden. Andererseits wollte er die Gelegenheit nicht versäumen, dem Priorat Reichenbach und damit dem mächtigen Kloster Hirsau einen Gefallen zu erweisen. Die Mönche und Wanderprediger dieser Reformrichtung gehörten zu den mächtigsten Unterstützern der päpstlichen Partei nördlich der Alpen . Jakob hielt sich zwar lieber an die Partei des Kaisers, aber im Augenblick wusste man noch nicht, wohin das Blatt sich letztlich wenden würde. Siegte der Papst und damit der von ihm unterstützte Gegenkönig, dann würde Kaiser Heinrich als Schützer der Juden von Worms und Speyer wegfallen. Vielleicht wäre es dann nicht von Nachteil, bei den Anhängern von Rom einen Stein im Brett zu haben.

Jakob seufzte. Falls die Frau sich tatsächlich als Hindernis erweisen würde, sah er voraus, welche Lösung manche seiner Weggefährten ins Auge fassen würden. Sie würden die Frau einfach dem nächstbesten Sklavenhändler verkaufen und sich den Profit teilen wollen. Das Kloster würde nie nach ihrem Verbleib forschen. Jakob schätzte Irmengard auf etwa fünfundzwanzig Jahre. Mit ihrer knöchernen und sehnigen Gestalt war sie keine Schönheit, machte aber den Eindruck, schwer arbeiten zu können. Außerdem hatte der im Sammeln von Informationen gewiefte alte Handelsmann mitbekommen, dass sie medizinische Kenntnisse hatte und in Geburtshilfe erfahren war, was ihren Wert erheblich steigerte. Jakob selbst hatte noch nie mit Menschen gehandelt, aber er wusste, dass er bei einigen seiner Geschäftspartner einen schweren Stand haben würde, ihren Verkauf zu verhindern, wenn die Frau tatsächlich nicht würde mithalten können.

Allerdings zerstreuten sich seine Befürchtungen dann im Verlauf der Reise zusehends. Irmengard hielt das vorgegebene Tempo durch, sowohl zu Pferd als auch zu Fuß. Dazu machte sie sich nützlich beim Zubereiten von Mahlzeiten und beim Versorgen der Tiere, zu denen sie eine besondere Verbindung zu haben schien. Manchmal, wenn sie sich unbeobachtet fühlte, hielt sie sogar Zwiesprache mit ihnen. Jakob dachte an die gepflegten Frauen seines Hauses an der Stadtmauer nahe der Wormser Synagoge. Selbst Mirjam, die von ihm so hochgeschätzte Mirjam, der kein Weg zu einem Patienten zu weit war, die nächtelang über Lehrbüchern brüten oder an Sudpfannen und Destilliergläsern schwitzen konnte, schien gegen diese fast völlig bedürfnislose Frau wie ein Geschöpf aus einem fremden Universum, einem Universum der Bildung und des Luxus.

Ein Domschüler für Rotenfels

Speyer, Januar 1086

Der Tag versprach grau und kalt zu werden, aber Gereon verspürte ein Ziehen im Magen vor freudiger Erwartung. Frau Mirjam war von Worms herübergekommen. Natürlich musste er sich noch eine Weile gedulden, bis er sie zu sehen bekam. Sie würde zuerst bei Bischof Huzmann vorsprechen und dann die Domkapitulare besuchen, die um ihren ärztlichen Rat gebeten hatten, aber so viel er mitbekommen hatte, war im Augenblick niemand von ihnen sterbenskrank. Nur die üblichen kleineren Beschwerden, die er bei den Kenntnissen, die er selbst sich mittlerweile in Kräuterkunde angeeignet hatte, auch hätte einigermaßen wirksam beheben können. Aber die Herren legten eben Wert auf die Beiziehung einer Kapazität, und das war er in ihren Augen mit seinen sechzehn Jahren offenbar noch nicht.

Gereon überlegte: Im Garten war gerade nicht so viel los. Zu ernten gab es höchstens Löwenzahnblätter oder Vogelmiere. Allerdings hatte er eine Menge der Kräuter, die er im letzten Jahr gesammelt und getrocknet hatte, in Tinkturen angesetzt und zu Pasten und Salben verarbeitet. Einiges davon hatte Frau Mirjam noch nicht gesehen, und Gereon brannte darauf, ihr die Ergebnisse seiner Bemühungen zu zeigen und von ihr begutachten zu lassen. Die Jüdin aus Worms stand dem jungen Domschüler nahe wie eine Verwandte im Geist, er schätzte ihr Wissen, aber auch ihre Art, mit den Menschen umzugehen, ihre Unbestechlichkeit und Unabhängigkeit. Außerdem wusste er, dass Bischof Huzmann, der für ihn selbst wie ein Vater war, große Stücke auf ihren Rat hielt.

Warum ihm die Ärztin überhaupt so viel ihrer raren Zeit und Aufmerksamkeit schenkte, das war Gereon nicht ganz klar. Unreine Hintergedanken kamen nicht in Frage, darüber war, so seine felsenfeste Überzeugung, die Jüdin haushoch erhaben, auch wenn die üblen Nachreden, die er gelegentlich schon über Juden gehört hatte, diesen Menschen generell eine ausschweifende Gesinnung nachsagten. Aber wenn er manchmal den verschleierten, amüsiert scheinenden Blick ihrer braungrünen Augen unter den schweren Lidern auf sich fühlte, wurde er wieder unsicher und begann zu rätseln, aus welchem Quell sich ihr Wohlwollen ihm gegenüber wohl speisen mochte.

Für den Bischof war die Sache klar: „Du bist ein exzellenter Schüler und hast unseren Kräutergarten nach ihren Anleitungen umgestaltet", hatte er ihm einmal erklärt, ihm auf die Schulter geklopft und dann noch mit einem Schmunzeln nachgeschoben: „Außerdem liebt Frau Mirjam den akademischen Diskurs." Das war richtig, besonders über den Kirchenvater Augustinus konnte die Jüdin stundenlang und bei all ihrer sonstigen Gelassenheit mit einer Teilnahme debattieren, die an wütende Leidenschaft oder, je nachdem, an leidenschaftliche Wut grenzte.

Aber daneben, das fühlte Gereon auf unbestimmte Weise, gab es noch etwas anderes, das sie mit ihm verband und ihn zu ihr hinzog. Er konnte sich nur nicht recht erklären, was das war. Er wusste nur, dass es kein unerlaubtes Gefühl sein konnte. Frau Mirjam war zwar eine Frau von angenehmem Äußeren, was vor allem an ihrer schlanken, aufrechten Erscheinung und ihrem fein geschnittenen Gesicht lag, aber vierzig Sommer hatte sie bestimmt schon gesehen. Gereon vermutete, dass sie älter war, als es den Anschein hatte. Von seinen Lehrern an der Domschule wusste er, dass einige Geistliche in höherem Alter bereits etliche Jahre bei ihr in Behandlung gewesen waren, als er vor ungefähr zehn Jahren nach Speyer gekommen war. Damals war er selbst erst sieben Jahre alt gewesen. Sein Alter kannte er relativ genau, da er als wenige Wochen alter Säugling auf den Stufen einer Kölner Kirche gefunden worden war.

Von älteren Mitschülern hatte Gereon gehört, dass sogar Kaiser Heinrich schon um Rat bei Frau Mirjam nachgesucht habe. Allerdings hatte er über diesen Punkt, so sehr er sich auch bemüht hatte, nichts Genaueres herausfinden können. Bischof Huzmann wusste nichts darüber zu berichten, oder er gab wenigstens vor, nichts darüber zu wissen. Auch über seine eigene Herkunft hatte er so gut wie nichts herausbekommen. Laut den Aussagen von Bischof Huzmann, der es wiederum vom Kölner Erzbischofs Anno wusste, war Gereon in Köln als Kleinkind auf den Stufen der Kirche Sankt Gereon gefunden worden, worauf ihn der Erzbischof in die Obhut der Kölner Kirche genommen und ihm bei der Taufe den Namen des Kirchenpatrons gegeben hatte.

Mit sieben Jahren war er dann nach Speyer an die Domschule gekommen. Aus welchem Grund, das hatte ihm auch niemand genauer sagen können. Man hatte ihm nur immer wieder vorgehalten, was für ein Glück er doch gehabt habe, da die Speyerer Domschule im ganzen Reich und sogar darüber hinaus einen ausgezeichneten Ruf habe. Aber war das ein Grund dafür, ein Findelkind dort als Schüler zu etablieren? Seine Eignung für die Wissenschaften hatte man ihm sicher nicht von Anfang an angesehen, damals, als man ihn gefunden hatte, als ein hilfloses Bündel, in einem Korb liegend und jämmerlich wimmernd.

Gereon wurde durch ein energisches Pochen an der Tür seiner Kammer aus seinen Gedanken aufgescheucht. Kurz darauf steckte sein jüngerer Mitschüler und Bewunderer Vitus den Kopf herein. „Entschuldige, aber du sollst sofort in den Kapitelsaal kommen, der Bischof will dich sehen!“, stieß er atemlos hervor. Der „Kleine“, wie Gereon ihn gelegentlich halb ironisch, halb liebevoll nannte, war offenbar ziemlich außer Atem. Er schnappte nach Luft, dann wiederholte er zur Sicherheit nochmal: „Sofort, hat er gesagt!“

Vitus kam ganz herein und begann, seinem Mitbruder, der mit fragendem Gesicht aufgesprungen war, die Kutte zu ordnen. „Bevor du fragst“, kam Vitus ihm zuvor, wobei er das Gewand seines Mitschülers nach oben durch die als Gürtel dienende Kordel zerrte, um es etwas zu verkürzen: „Ich habe nicht die geringste Ahnung, worum es geht. Der Befehl kam vom Domkaplan. Du kennst ihn. Wir sollten uns beeilen!“ Vitus stricht die Falten der Kutte glatt, dann rannten sie los.

Der ältere Gereon mit seinen langen Beinen gewann schnell einen Vorsprung, aber der „Kleine“ folgte ihm unter Aufbietung aller Kräfte. Niemals hätte er seinen Freund und Mentor in einer solchen Situation im Stich gelassen. Durch den Kreuzgang an der Südseite des Doms gelangten sie in das Gebäude, in dem sich der Kapitelsaal befand. Als Gereon an die große Tür klopfte, blickte er über die Schulter zurück und sah Vitus in einiger Entfernung um eine Mauerecke lugen. Trotz der Anspannung musste er lächeln.

Auf sein Klopfen hin ertönte von Drinnen ein sonores „Intra! – Tritt ein!“, das selbst durch die dicken eichenen Türblätter des zweiflügeligen Portals deutlich zu vernehmen war, zweifellos Bischof Huzmanns Stimme. Gereon drückte die Metallklinke des einen Portalflügels herunter und trat ein. Hinter sich zog er die Tür leise ins Schloss und verharrte mit ehrfürchtig gesenktem Kopf auf der Stelle.

„Komm näher, mein Junge", forderte ihn der Bischof auf. Jetzt hob der so Aufgeforderte den Kopf. Huzmann winkte ihn heran. Er saß auf seinem gewohnten Sitz genau gegenüber dem Eingang, im Rücken die gegenüberliegende Wand, die aufgrund der Ausdehnung des Raumes in einiger Entfernung lag. Während Gereon auf den Bischof zuging, hielt er den Kopf wieder gesenkt. Aufgrund der höflichen Demutshaltung hatte er nicht feststellen können, wer außer dem Bischof noch anwesend war. Nur die Schemen der schwarz gekleideten Domherren hatte er bei einem kurzen Aufblicken entlang der Wände rechts und links ausmachen können.

Dann stand er vor dem Bischof, immer noch mit gesenktem Kopf. „Du darfst den Blick heben, wir wollen mit dir sprechen", ließ sich Huzmann vernehmen. Seine Stimme klang väterlich, wie immer. „Wir haben heute einige Gäste in der Pfalz", erklärte er. Gereon blickte zunächst den Bischof an, das erforderte die Höflichkeit. Dann ließ er seine Augen schweifen, aber nur ganz kurz, damit es nicht nach Neugier aussah. Links neben dem Bischofssitz hatte Benno von Osnabrück Platz genommen, der wie immer ein aufmunterndes Lächeln für den Domschüler übrighatte.

Benno war Baumeister des Doms und speziell von Kaiser Heinrich für diese Aufgabe aus seinem Bistum Osnabrück in die Stadt am Rhein geholt worden. Gelegentlich hielt er in der Schule Vorträge über Geometrie und Arithmetik. Früher hatte er die Schule sogar einmal geleitet, im Augenblick nahmen ihn aber der Abriss des alten Doms und der Aufbau des neuen vollständig in Anspruch. Trotz der hohen Beanspruchung hatte Benno Freude daran, die Domschüler, die sich dafür interessierten, auf der Baustelle herumzuführen.

Gereon vermutete, der Baumeister benutzte diese Pausen als eine Art geistiger Entspannung und auch, um aus den Einwänden und Fragen bautechnischer Laien eventuell neue Einsichten und Ansichtsweisen zu gewinnen. Diese mit intellektueller Bescheidenheit gepaarte Offenheit gegenüber den Erkenntnissen und Leistungen anderer imponierten Gereon ganz besonders an Benno. Oft hatte er sich schon gefragt, ob der fehlende Dünkel des Bischofs und sein unermüdlicher Fleiß vielleicht darauf zurückzuführen waren, dass er nicht aus dem Hochadel stammte, sondern aus einer Ministerialenfamilie. Natürlich hatte er, ein Findelkind ohne jede Herkunft, es niemals gewagt, Bischof Benno danach zu fragen. Das wäre in höchstem Maße unziemlich gewesen, auch wenn er den Baumeister sehr gern mochte und ein tiefes Vertrauen zu ihm gefasst hatte.

Für Benno war der junge Domschüler ein geschätzter Kritiker seiner Arbeit. Der junge Mann zeigte ein außerordentliches Verständnis für die Probleme von Statik, Proportionen und Kunst am Bau. Und er gab sich Mühe, den Dingen auf den Grund zu gehen, und das war eine der Eigenschaften, die Benno am meisten schätzte. Dazu war dieser Junge zwar enorm fleißig und ehrgeizig, wusste den Ehrgeiz aber auch immer zugunsten anderer zu zügeln und hintanzustellen. Das war an seinem Verhältnis zu den jüngeren Schülern zu erkennen. Je länger Benno seinen Schützling beobachtete, desto mehr stellte er fest, dass ihm der Junge besonders ans Herz gewachsen war. Bedauerlich, dass er in Kürze die Schule würde verlassen müssen. Benno wurde das Herz schwer, während er dem jungen Mann aufmunternd zulächelte.

Noch weiter zur Linken saß, wie Gereon aus dem Augenwinkel heraus festgestellt hatte, Adalbert, der Prior der Domkirche. Er kannte ihn als strengen, aber gerechten Mann. Dann wanderten seine Augen zu dem Sessel zur Rechten von Bischof Huzmann, wo ein ihm unbekannter Besucher saß, der die Kleidung eines Edelmanns trug. Gereon war sich nicht im Klaren darüber, welche Regeln der Etikette hier galten. Gerne hätte er den Fremden neugierig und unverhohlen angestarrt, aber das würde, davon ging er aus, mit Sicherheit als grobe Unhöflichkeit gewertet werden. Also versuchte er vorsichtig, unter den gesenkten Lidern hervor zu spähen. Der Fremde bemerkte es aber sofort, da er seinen Blick unverwandt auf ihn geheftet hielt. Gereon wandte sich rasch wieder Bischof Huzmann zu und wartete ab.

„Zuerst musst du wissen", begann Huzmann zu sprechen, „dass wir heute und für die nächsten Tage einen hohen Gast in unseren Mauern beherbergen dürfen. Er wandte sich halb nach rechts und bedeutete dem Domschüler mit einer Handbewegung, sich dem Fremden zu seiner Rechten zuzuwenden. Dann forderte er ihn auf: „Junger Mann! Beug das Knie vor Heinrich, dem durch Gottes Gnade erhabenen Kaiser der Römer."

Für einen kurzen Moment erstarrte der Domschüler. Er hatte schon so viel von diesem Heinrich gehört. Aber noch nie hatte er den Herrscher von Angesicht zu Angesicht gesehen! Vor lauter Überraschung und Neugier stand er da wie angewurzelt und vergaß für einen Moment das Luftholen. Im letzten Moment, bevor er Gefahr lief, sich einer Majestätsbeleidigung schuldig zu machen, riss er sich zusammen und sank aufs Knie. Nachdem er dort eine Weile mit starrem Blick zum Boden und pochendem Herzen verharrt hatte, befahl ihm der Kaiser, sich zu erheben.

Beim Aufstehen erhaschte Gereon einen Eindruck von der Gestalt des Herrschers. Obwohl er lässig in seinem Stuhl ruhte und einen Mantel um sich geschlungen hatte, konnte man seinen harmonischen Körperbau erahnen. Von seinen Beinen hielt er eines angewinkelt, das andere halb ausgestreckt. Offenbar waren sie lang und gerade. Seine Rechte lag entspannt auf der Armlehne. Seine Schwerthand, schoss es dem jungen Mann durch den Kopf. Mit der er all die Kriege gegen die Sachsen und gegen die Fürsten geführt hatte und immer noch führen musste. All diese Einzelheiten, obwohl nur kurz aus den Augenwinkeln heraus gestreift, hatten sich im Bruchteil einer Sekunde als bildhafter Gesamteindruck in die Seele des jungen Mannes gebrannt.

Als er nun aufrecht stand, fixierte ihn Heinrich und Gereon konnte seinem Blick nicht ausweichen. Er wollte es auch gar nicht, denn die Augen, in die er da blickte, übten eine eigentümliche Faszination aus. Über einer großen, etwas schiefen Nase, standen sie mit etwas mehr Abstand auseinander, als bei den meisten anderen Menschen üblich, und leuchteten in einem verfließenden dunklen Blau. Gereon kam es vor, als wollten sie ihn in unergründliche Tiefen hineinsaugen. Nach einer Weile verzog sich der Mund des Herrschers zu einem Lächeln, wobei sich der eine Mundwinkel mehr als der andere hob. Der Kaiser trug einen hängenden Schnauzbart und sein kräftiges ursprünglich glatt rasiertes Kinn war bereits wieder vom nachwachsenden Barthaar bläulich verfärbt. Als sich Heinrich jetzt Bischof Huzmann zuwandte und ihm gedämpft etwas zuflüsterte, gelang es Gereon endlich, seine Augen loszureißen und sich wieder zu sammeln.

Nachdem Huzmann Heinrich zugehört und mehrfach genickt hatte, räusperte er sich und ließ seine Blicke in die Runde schweifen. Der junge Domschüler kam sich plötzlich fehl am Platz vor, er steckte die Hände in die weiten Ärmel seines Gewandes und stand da wie ein armer Sünder, den Blick wieder zu Boden gesenkt.

„Unsere Kirche im Murgtal benötigt einen neuen Priester, der alte Gero ist leider vor einigen Wochen verstorben“, verkündete Huzmann. Gereon fragte sich im Stillen, was ihn das anging, als der Bischof sich ihm zuwandte und feststellte: „Da haben wir an dich gedacht, mein lieber Gereon. Du hast deine Studien im Wesentlichen abgeschlossen. Deine Kenntnisse in Theologie und Recht sind schon jetzt so hervorragend, dass du diesen Posten gut übernehmen könntest. Deine Kenntnisse in Kräuterkunde und auch im Bauwesen, in das dich Amtsbruder Benno so wunderbar eingearbeitet hat“, hier nickte er dem Bischof von Osnabrück zu seiner Linken zu, „machen dich darüber hinaus zu einem geeigneten Kandidaten, um mit den Leuten in diesem abgelegenen Tal umzugehen.“

Gespannt neigte sich Huzmann in seinem Sitz nach vorn und wartete auf die Wirkung seiner Worte. Als Gereon schwieg und seine Blicke weiterhin gesenkt hielt, fragte der Bischof ihn direkt: „Was hältst du von diesem Plan, mein lieber Gereon?“

Gereon war wie betäubt. Er konnte nicht mehr klar denken. Das war das Letzte, was er erwartet hatte. Er sollte weg von der Domschule, weg von Speyer, weg von Bischof Huzmann, weg von seiner gewohnten Umgebung! Verzweifelt griff er nach dem ersten Gegenargument, das ihm einfiel: „Vater, wie soll ich für das Seelenheil einer ganzen Gemeinde verantwortlich sein? Ich bin nicht einmal zum Priester geweiht!“ Der Bischof lächelte verständnisvoll. „Keine Sorge“, meinte er. „Ich werde dich morgen weihen. Du hast alle Voraussetzungen dazu und du bist bereits zum Diakon geweiht.“

Dem Domschüler wurden die Knie weich. Vor dieser Entscheidung hatte er sich immer gefürchtet, er wusste nicht warum, aber er brauchte noch eine Bedenkzeit. Er schwieg.

Der Domdekan erhob seine schnarrende Stimme: „Es scheint, dass unser Musterschüler von der Idee, seinen Dienst als Priester anzutreten, nicht gerade begeistert ist“, bemerkte er sarkastisch.

Huzmann beobachtete seinen Schüler, der sich langsam zu fassen schien. Schließlich hob Gereon den Kopf und blickte den Bischof verzweifelt an: „Bitte, Vater, denkt nicht, dass ich undankbar bin! Euer Vertrauen ehrt mich sehr! Ihr denkt, dass ich der Aufgabe gewachsen bin, die Ihr mir anvertrauen wollt. Aber ich selbst traue mir das nicht zu, noch nicht zu", führte er aus, wobei er mehrfach ins Stocken geriet. „Ich kenne diese Gegend noch gar nicht", fuhr er fort. „Wie sollte ich der Bevölkerung dort eine Hilfe sein?"

Plötzlich beugte sich Heinrich in seinem Sessel vor, fixierte Gereon scharf und fragte direkt: „Bist du bereit, dich morgen zum Priester weihen zu lassen?" Gereon blickte den Fragenden an, und wieder erlag er der Faszination dieser Augen, die jetzt nur eines auszudrücken schienen: nackte, von jedem Vorurteil freie Neugier. Gereon schluckte.

„Also nein", stellte der Kaiser ungerührt fest und lehnte sich wieder entspannt zurück, wobei sich seine Augen jetzt verengt hatten und ein Lächeln um seinen Mund spielte, das Gereon als abschätzig deutete.

„Nein!" Wild schüttelte der Domschüler den Kopf. „Majestät, Ihr habt mich falsch verstanden", wagte er hervorzustoßen. Jetzt wirkte Heinrich amüsiert. „So?", fragte er. „Du hast dir aber mit der Antwort ziemlich viel Zeit gelassen." Aus den Reihen der Domkapitulare ertönte gedämpftes Lachen.

Gereon vergaß plötzlich alle höfische Etikette und gestikulierte mit den Händen in Richtung des Kaisers, wie um seine Aussagen zu bestärken. „Ich werde das tun, was Bischof Huzmann von mir verlangt. Wenn er der Überzeugung ist, dass ich für diese Aufgabe geeignet bin, werde ich mir alle Mühe geben, sie zu erfüllen!", setzte er mit aller Entschlossenheit hinzu, die er aufbringen konnte, wobei er sich nicht sicher war, ob ihn die Angst in seinem Gesicht nicht Lügen strafte. Aber das war jetzt gleichgültig. Er konnte den Mann, dem er seine Erziehung, sein Fortkommen, ja sein ganzes geistiges und materielles Leben verdankte, der ihm von frühester Jugend an wie ein Vater gewesen war, nicht vor der höchsten Autorität im Reich und gleichzeitig dem gesamten Domkapitel derart blamieren!

Der Bischof zog die Brauen hoch, Heinrich rieb sich mit geschlossenen Augen das bläuliche Kinn. Beide tauschten einen kurzen Blick. Dann meinte der Kaiser, zu Gereon gewandt: „Du wirst morgen noch nicht zum Priester geweiht." Es folgte eine längere Pause, in der Gereon nicht wusste, ob er sich freuen oder weiter Sorgen machen sollte. Dann fuhr der Kaiser fort, und seine Stimme klang jetzt befehlend, ohne Duldung irgendeines Widerspruchs: „Du brichst morgen mit Pater

Hezilo ins Murgtal auf. Geh und pack deine Sachen." Mit einem Wink der Majestät war er entlassen und stolperte, mit einem verwirrten Blick auf Huzmann, der ihm bestätigend zunickte, wie betäubt hinaus. Pater Hezilo? Er kannte keinen Geistlichen dieses Namens. Aber er musste gehorchen, so schwer es auch fiel.

Als er auf den Gang trat und die große Tür hinter sich geschlossen hatte, kam Vitus aus seinem Beobachtungsposten hinter der Mauerecke auf ihn zugeschossen. Er hatte schon ungeduldig auf ihn gewartet und überhäufte ihn mit Fragen, bis er merkte, dass sein älterer Mentor ungewohnt einsilbig reagierte, ja geradezu einen verstörten Eindruck machte. Vitus verstummte und sah fragend an Gereon hoch. Der packte den Kleineren am Arm und zog ihn mit sich in Richtung der Domschulunterkünfte. Im Speiseraum ließ er sich auf einem Schemel nieder und vergrub sein Gesicht in den Händen. Vitus bekam es nun mit der Angst zu tun. Scheu berührte er den Älteren am Arm. „Was ist denn los?", fragte er ängstlich. „War es so schlimm?"

Gereon seufzte und nahm die Hände vom Gesicht. „Schlimmer", meinte er. „Ich muss Speyer morgen verlassen. Mit einem Pater Hezilo, den ich bis jetzt gar nicht kenne. Wir sollen ins Murgtal gehen, wo immer das sein mag."

Vitus schlug entsetzt die Hand vor den Mund. „Aber warum? Warum so plötzlich?", wollte er wissen. Gereon winkte müde ab. „Ich weiß es nicht, beim besten Willen nicht. Aber es scheint, als ob das alles schon früher beschlossen worden ist." Vitus drang weiter in ihn. „Aber wer hat das beschlossen? Huzmann würde dich doch nie wegschicken!"

„Anscheinend doch", erwiderte Gereon niedergeschlagen. „Er wollte mich sogar morgen zum Priester weihen und dann als verantwortlichen Pfarrer dorthin schicken!" Vitus machte seiner Empörung Luft. „Das ist das Werk von diesem Dekan, da wette ich mit dir. Der konnte dich noch nie leiden!", vermutete der Jüngere.

Gereon schüttelte den Kopf. „Der hat nichts damit zu tun", stellte er klar. „Kaiser Heinrich hat es entschieden. Er war bei der Sitzung anwesend." Hilflos zuckte er mit den Achseln. „Und der Bischof ist offenbar einverstanden. Mir bleibt keine Wahl." Niedergeschlagen erhob sich Gereon. „Ich muss mein Bündel packen, Vitus. Glaub mir, es zerreißt mir das Herz!" Die beiden Freunde fielen sich in die Arme.

Der Größere beugte sich liebevoll zum Kleineren hinunter, der sich verzweifelt an ihn klammerte und es immer noch nicht fassen konnte.

„Wie weit ist denn dieses Murgtal weg?", fragte er schließlich mit halberstickter Stimme und schniefte.

„Nur drei oder vier Tagesreisen von hier", versuchte der Ältere den jüngeren Gefährten zu beruhigen, erreichte allerdings das Gegenteil.

„So weit", stöhnte Vitus auf. „Kann ich nicht mitgehen?"

Der Ältere schüttelte den Kopf und meinte dann sanft: „Du musst doch erst noch deine Studien abschließen. Glaub mir, Bischof Huzmann wird dir helfen und dir einen anderen älteren Schüler zur Seite stellen."

Dann erhellte ein Hoffnungsstrahl sein Gesicht. „Sicher werde ich den Bischof morgen vor der Abreise noch sehen, dann bitte ich ihn nochmal extra darum", versprach er seinem deprimierten Schützling. Um den Kleinen davor zu bewahren, in Hoffnungslosigkeit zu versinken, und ihm beim Einschlafen zu helfen, trank Gereon noch einen Schluck Bier mit ihm. Dann trennten sie sich für die Nacht und Gereon packte seine Habseligkeiten zusammen, die eigentlich nur aus einer zweiten Kutte zum Wechseln, warmen Unterkleidern, gefütterten Lederstiefeln, einem warmen, umhangartigen Mantel, einem Messer und einem Löffel bestanden. Alles Weitere musste er Gott überlassen. Dass er nicht sein Leben lang auf der Domschule bleiben konnte und den Platz irgendwann einem neuen Schüler würde räumen müssen, das war ihm schon lange bewusst gewesen. Aber es war eben, auf jeden Fall bis jetzt, nur eine theoretische Erkenntnis gewesen. Morgen würde der Ernst des Lebens anbrechen und Gereon begann, seine Angst langsam zu überwinden und sich innerlich darauf vorzubereiten.

„Majestät, Ihr habt ihn weggeschickt in eine wilde Gegend", äußerte Mirjam und versuchte, ihre Stimme frei von jedem Vorwurf klingen zu lassen. „Was soll aus ihm werden?"

Heinrich lachte trocken auf. „Ein tüchtiger Jurist oder ein guter Priester – oder beides", antwortete er. „Besonders das Erstere wird in diesen Zeiten dringend und überall gebraucht", setzte er hinzu und strich sich den Schnurrbart. Missmutig musterte er die Kanne mit dem heißen Sud auf dem Tisch. Dann biss er auf seinem Daumen herum.

„Dieses verdammte Tal macht meinem Bischof Probleme", grollte er. „Dieser Werinhard von Michelbach versucht, ein Dorf nach dem anderen und ein Stück Land nach dem anderen aus dem speyerischen Gebiet herauszureißen und sich dort als alleiniger Machthaber aufzuspielen!" Er wedelte mit der Hand, als wollte er ein Insekt verscheuchen. „Dabei ist dieser Herr im Großen und Ganzen ziemlich unbedeutend, nur leider von hohem Adel und unglücklicherweise mit Uns verwandt." Heinrich stieß einen Seufzer aus.

Mirjam stellte einen Becher in seiner Reichweite auf den Tisch und schenkte aus der Kanne ein. Heinrich tat, als würde er keine Notiz davon nehmen. Bei dieser Frau konnte er sich gehen lassen, wie er wollte, das empfand er als großen Vorteil. Andererseits konnte er sich mit ihr unterhalten, wie mit seinen engsten Vertrauten Benno oder Huzmann. Oder auch mit Udalrich, wenn der noch leben würde. Sie verstand die Zusammenhänge und konnte zuhören.

Dass sie daneben auch noch eine Frau war, spielte mittlerweile nicht mehr eine so große Rolle. Heinrich stellte fest, dass sie mit zunehmendem Alter für seinen Geschmack zu streng geworden war. Obwohl sie, wie er sich jetzt eingestehen musste, auf eine eigentümliche Weise immer noch anziehend war. Er musterte sie unverhohlen mit einem abwartenden Blick, ohne eine Reaktion bei ihr hervorzurufen.

Heinrich zog den Becher zu sich heran und pustete hinein, um das Gebräu etwas abzukühlen, wobei er sie immer noch nicht aus den Augen ließ. Mirjam schwieg und wartete ab. Sie war sich nicht ganz sicher, was nun kommen würde. Sollte er sich noch an die Nächte erinnern, in denen er seine Leibwache ins heilige Warmaisa geschickt hatte, um sie auf verschlungenen und unbeobachteten Wegen zu sich zu holen, an Orte, an denen er sich auf seinen ständigen Reisen durch das Reich gerade aufhielt?

Einige Male war er krank gewesen. Am schlimmsten war es ihm in Ladenburg gegangen, niemals würde sie das vergessen! Ihre Kunst hatte damals beinahe ihre Grenzen erreicht, und sein Leben hatte an einem seidenen Faden gehangen. An das andere, was zwischen ihnen gewesen war in Zeiten, in denen es ihm gut ging, durfte sie nicht zurückdenken. Wenn sie es zuließe, dass diese Bilder die Schwelle zum wachen Geist überschritten, würden sie Besitz von ihr ergreifen und sie in einen Strudel ziehen, der ihr den Seelenfrieden rauben würde, das wusste sie. Sie riss sich von ihren Gedanken los und lenkte ihre Aufmerksamkeit wieder auf den Kaiser, der sie noch immer mit einem abwartenden Blick taxierte, aus dem sie trotz all ihrer Menschenkenntnis diesmal keine Rückschlüsse auf die dahinter stehenden Absichten erraten konnte.

Wie lange hatte sie ihn nicht mehr gesehen? Es musste jetzt ungefähr neun Jahre her sein. Anfangs war er noch häufiger nach Worms gekommen, sogar mehrmals im Verlauf eines Jahres! In Worms hatte die verhängnisvolle Synode stattgefunden, in deren Verlauf Heinrich es gewagt hatte, Papst Gregor abzusetzen. Von dem nahen Speyer war der König dann ein Jahr später zu seinem Zug über die Alpen aufgebrochen, um den Papst zu treffen und sich vom Bannfluch zu lösen. Dann war er jahrelang von Deutschland ferngeblieben, weil er in Italien um die Kaiserkrönung kämpfen musste. Er blickte sie immer noch unverwandt an, während sie jegliche aufkommende Regung zu unterdrücken suchte.

In den tiefgründigen, merkwürdig anziehenden großen Augen erkannte Mirjam immer noch die des jungen Mannes, denen sie sich nicht hatte verschließen können. Auch seine Gestalt war immer noch so sehnig und wohl proportioniert wie damals. Kein Wunder, bei den ewigen Kämpfen, in die er beinahe ständig verwickelt war, schoss es ihr durch den Kopf. Was sich deutlich verändert hatte, waren seine Gesichtszüge, wie die Jüdin nachdenklich feststellen musste. Sie waren grober geworden, härter und schon vom nahenden Alter gezeichnet. Das Haar hatte sich gegen die Stirn hin sichtlich gelichtet. Es umrahmte nicht mehr in weichen Locken ein jugendlich glattes Antlitz. Stattdessen hing es unordentlich herunter und wirkte strähnig. Das stark ausgeprägte Kinn war dunkel vom Bartwuchs, die Oberlippe verdeckte ein hängender Schnauzbart, der den Grundton von Kritik und Misstrauen in seinem Ausdruck noch verstärkte.

Mirjam fiel es immer schwerer, das Schweigen des Königs zu ertragen. „Majestät! Ich denke Ihr habt jetzt genug gepustet, Ihr könntet auch etwas davon trinken!“, bemerkte sie stirnrunzelnd, und hätte sich im nächsten Moment am liebsten auf die Zunge gebissen.

„Du vergisst die Etikette“, meinte Heinrich und begann, lautstark von dem Getränk zu schlürfen.

Die Jüdin musste zugeben, dass er sein aufbrausendes Wesen entweder ganz abgelegt oder erheblich im Zaum hatte. Diese Beobachtung passte auch zu den Nachrichten aus dem Umfeld ihres Onkels. Der Regierungsstil des Kaisers hatte sich stark verändert. Er machte jetzt mehr Kompromisse und schloss die Fürsten nicht mehr von jeglicher Beratung aus. Bei der Einsetzung von Bischöfen bevorzugte er nicht mehr nahestehende Günstlinge und Verwandte, sondern bemühte sich um eine Auswahl nach persönlicher Integrität, geistlicher Würde und hoher Bildung. Das alles hatte er früher nicht getan. Und trotzdem blieb er für seine Umgebung undurchschaubar. Vor allem seine Feinde hielten ihn für unberechenbar, ja sogar für hinterhältig. Mirjam glaubte, ihn etwas besser zu kennen, aber als sie ihn jetzt so dasitzen sah, mit diesem fragenden, nicht zu deutenden Ausdruck, nahm sie mit einem kurzen Abweichen der Blickrichtung seine Hände wahr, die mit dem Becher spielten. Es ging eine Spannung von ihnen aus, die sie fast körperlich spürte. Mühsam hielt sie an sich und konzentrierte sich darauf, keinerlei Regung zu zeigen.

Der Angriff, mit dem sie gerechnet hatte, kam aber nicht. Stattdessen lösten sich seine gespannten Züge in einem Lächeln auf. „Du bist noch immer eine sehr schöne Frau, weißt du das?“, meinte er aufgeräumt. Mirjam atmete innerlich auf. „Aber du weißt ja, ich bin verheiratet – immer noch mit Bertha“, fuhr er fort. „Aber sie ist, wenn auch bedeutend jünger, nicht halb so anziehend wie du“, setzte er in einem herablassend gönnerhaften Ton hinzu.

Trotz aller Klugheit und Vorsicht tappte Mirjam in die gestellte Falle. Die aufwallende Sympathie für die leidgeprüfte und soeben in ihren Augen so unverdient geschmähte Königin überwältigte sie. „Bertha hat Euch unvorstellbare Dienste geleistet!“, fuhr sie Heinrich an. „Sie hat ihr Leben aufs Spiel gesetzt! Sie ist mit Euch über die Alpen nach Canossa gezogen – mitten im tiefsten Winter! Und das Schlimmste: Sie musste ständig um die Gesundheit und das Leben des Thronfolgers fürchten! Ein zweijähriges Kind! Er hätte mit einem Träger abstürzen oder erfrieren können!“

Krampfhaft hielt sie die Hände um ihre Unterarme geklammert, um nicht in die Versuchung zu geraten, mit der Faust auf den Tisch zu schlagen. Heinrich musterte sie erstaunt. Dann wurde er ernst und nickte langsam. „Ja, ich weiß, du hast Recht“, stellte er fest und versank wieder in Schweigen.

Die Jüdin überlegte gerade, ob sie sich für den Ausbruch entschuldigen sollte, da begann der Kaiser erneut, sich dem angesprochenen Problem im Murgtal zuzuwenden, als ob kein Wort über Bertha oder Canossa gefallen wäre.

„In dieses Rotenfels muss ein Pfarrer, der den Wanderpredigern von Hirsau das Handwerk legt. Diese falschen Mönche streunen überall herum und predigen den unwissenden Leuten, dass ich, ihr von Gott gesetzter Herrscher, ein Schismatiker sei! Ein ganz und gar unwürdiger Abschaum des Teufels, der aus dem Schoß der Kirche ausgestoßen wurde und dem sie nicht mehr gehorchen dürfen!“ Heinrich stürzte das nunmehr lauwarme Getränk in großen Zügen hinunter. Dann hob er ihr den Becher zum Nachschenken entgegen und bemerkte, in den höfischen Sprachduktus verfallend, nicht ohne einen Anflug von Spott: „Damit Ihr seht, Frau Mirjam, dass ich mich an Eure Anweisungen halte.“

Mirjam füllte den Becher ein zweites Mal, hütete sich aber, irgendeinen Kommentar abzugeben. Stattdessen fragte sie: „Und Gereon? Was erwartet Ihr von ihm, Majestät?“

Der Kaiser stierte mit gerunzelter Stirn finster vor sich hin. „In erster Linie soll er dem Pfarrer zur Hand gehen und genau registrieren, was sich in dieser Gegend ereignet“, meinte er dann. „Ich muss meine Feinde im Auge behalten, wo immer sie sich finden.“ Dann blickte er zu Mirjam auf, die mit der Kanne in der Hand unbeweglich vor ihm stand, bereit zum Nachschenken.

Was er vorhin mehr als Provokation von sich gegeben hatte, fand er jetzt bei genauem Hinsehen bestätigt. Mit ihren strengen vornehmen Zügen und ihren umschatteten Augen war sie immer noch anziehend und auf unnahbare Art schön, so anziehend und schön, wie es seine eigene Gemahlin nie gewesen war und auch keine der Frauen, die jemals seine Wünsche, mehr oder weniger erfolgreich, befriedigt hatten.

Ihre Gestalt, die von den Feuern in den Kohlebecken in unruhiges Licht getaucht wurde, erschien wie das Bild einer namenlosen Gottheit. Was auch immer er diesem Bild anvertraute, würde fremden Ohren auf immer unentdeckt bleiben, dass wusste er. Und das Orakel, das von diesem Bild kam, war unbestechlich. Er konnte seine Blicke nicht von ihren Augen nehmen, in denen ein uraltes Wissen zu liegen schien. Ob auch sein Sohn dieses Wissen in sich trug? Er musste die Chance nutzen, jetzt, wo sie ihm noch einmal so nah war. Neue Kämpfe standen an, niemand wusste, was die Zukunft bringen würde.

Ohne sich dessen bewusst zu sein, verfiel er wieder in die vertrautere Anrede: „Du magst denken, der Dienst in diesem abgelegenen Tal sei eine unbedeutende Aufgabe", meinte er. „Aber das stimmt nicht! In diesem Tal treffen die Gegensätze dieser Welt aufeinander, und wer sich dort bewährt, der kann der Ordnung des Reiches dienen!"

Heinrich machte eine Geste, die Mirjam aufforderte, sich auf einem in der Nähe stehenden Stuhl niederzulassen. Nachdem sie seinen Becher noch einmal bis zum Rand vollgeschenkt hatte, zog sie den Stuhl heran und setzte sich. Ihre Hände führte sie, was bei ihr auf den höchsten Grad der inneren Sammlung hindeutete, vor dem Körper in einer Art Raute zusammen, wobei sie die Fingerspitzen aneinanderlegte.

Der Kaiser griff noch einmal nach dem Becher und trank ihn fast in einem Zug leer. „Schmeckt gar nicht so übel, dieses Zeug", meinte er dann und drehte den Becher einen Moment lang wie geistesabwesend in seinen Händen. „Und riecht auch gut", setzte er dann hinzu, in die Realität zurückkehrend. „Du machst einem die Medizin leicht, Jüdin." Unter dem Schnurrbart verschwand sein dünnes Lächeln fast. „Aber jetzt zur Sache." Mit einem lauten Knall setzte er das Gefäß auf die Tischplatte auf.

„Dieser Hezilo ist ein Geistlicher, der schon immer treu an der Seite von Bischof Huzmann stand. Er hat bereits ein höheres Alter erreicht und ist im Umgang mit der Landbevölkerung erfahren. Einziger Nachteil: Er ist im Kirchenrecht wenig gebildet. In früheren Zeiten hatte er auch noch Weib und Kinder, was ja heutzutage scharf verpönt wird. Wenn die Leute dort durch gregorianische Prediger aus dem Kloster Hirsau aufgehetzt sind, könnte es sein, dass er den nachgeplapperten Reform-Parolen nicht überzeugend das Widerspiel halten kann. Bauern können hartnäckig sein, wenn sie erst einmal von irgendetwas überzeugt sind, auch wenn es noch so unsinnig ist!"

Bei den letzten Worten hatte sich die Miene des Kaisers wieder verdüstert. Er wandte Mirjam den Blick zu. „Wenn es dahin kommt, was ich sehr vermute, dann kann der junge Schüler Gereon zeigen, ob sich die teure Ausbildung an der Speyerer Schule gelohnt hat!"

Der Kaiser beugte sich ruckartig in seinem Sessel vor und formulierte in beschwörendem Tonfall: „Er muss argumentieren können – nicht für Theologen mit spitzfindigen Winkelzügen argumentieren, sondern deutlich und vor allem verständlich argumentieren, um Bauern zu überzeugen! Und natürlich auch die über diese Bauern herrschenden Adligen!" Er nickte, wie um dieses Verlangen noch zu bekräftigen, dann lehnte er sich wieder zurück und wartete ab.

Die Jüdin saß ihm reglos gegenüber, die Augen halb geschlossen, die Fingerspitzen bewegungslos aneinandergelegt, als ob sie den in ihr fließenden Kräften keine Möglichkeit zur Unterbrechung des Kreislaufs bieten wollte. Die Bilder zogen an ihr vorüber. Das Haus des großen Gershom ben Jehuda in Magenza, wo ihr Sohn zur Welt gekommen war, den sie nach diesem Gershom genannt hatte, dem genialen Erklärer des Talmud. Gershom, den sie so lange gesucht und eines Tages in Speyer wieder gefunden hatte. Den sie in Garten- und Kräuterkunde hatte unterweisen dürfen und dem sie etwas von den Grundlagen der Medizin hatte vermitteln können. Gershom, den sie so liebte und dem sie die Wahrheit seiner Herkunft hatte verhehlen müssen. Gershom, der ein christlicher Gelehrter geworden war und nun helfen sollte, die christliche Welt zu befrieden.

„Gershom". Ohne, dass sie sich dessen bewusst geworden war, hatte sie den Namen laut ausgesprochen. Die Miene des Kaisers versteinerte.

„Was hast du gesagt?", fragte er scharf.

Mirjam schrak zusammen. Einen Augenblick lang hatte sie sich vergessen. Sie räusperte sich, um Zeit zu gewinnen. „Verzeiht, Majestät. Ich dachte nur laut nach, um mich besser auf Eure Frage zu konzentrieren." Der Satz sagte nichts aus, verschaffte ihr aber eine Atempause, um einen klaren Gedanken zu formulieren.

„Der junge Schüler soll also, soweit ich Eure Ausführungen verstanden habe, dem alten Seelsorger zur Hand gehen, wenn es um die Beruhigung der verhetzten Landbevölkerung und die Lenkung der örtlichen Adligen geht." Der Kaiser nickte. „Der Schüler ist für diese Aufgabe bestens vorbereitet", fuhr die Jüdin fort. „Seine Kenntnisse in Bibel, Kirchenvätern und antiker Philosophie sind beachtlich ..."

„Woher wollt Ihr das so genau wissen“, fiel ihr Heinrich ins Wort. Mit leicht ironischem Unterton setzte er noch hinzu: „Ich kann mir kaum vorstellen, dass eine Jüdin im Domkapitel zu Speyer verkehrt.“

Mirjam straffte den Rücken. Wenn sie bis dahin nicht kerzengerade gesessen hatte, dann tat sie es jetzt. Mit einer Hand hob sie den leichten Schleier an, der ihr vom Haar geglitten war, legte ihn wieder um den Kopf und platzierte das lose Ende so auf die Schulter, dass es die Hälfte ihres Gesichts bedeckte. „Die Domherren rufen mich, wenn sie Schwierigkeiten mit ihrer Gesundheit haben“, erklärte sie steif. Sie unterließ es wohlweislich, den Kaiser darauf hinzuweisen, dass Huzmann es sicher nicht versäumt haben dürfte, ihn auf diese Tatsache hinzuweisen. Im Wormser Domkapitel war es seit langem ja nicht anders, Heinrich selbst hatte ihre Dienste schon vor langer Zeit dort in Anspruch genommen.

„Sollte die Gesundheit des jungen Schülers etwa schwächeln?“, ätzte der Kaiser weiter.

„Nein“, erwiderte Mirjam betont sachlich, dann huschte ein verhaltenes Lächeln über ihr Gesicht. „Der junge Schüler erfreut sich bester Gesundheit.“ Dann verschwand das Lächeln wieder, so wie ein Sonnenstrahl von durchziehenden Wolken verdunkelt wird. „Aber er hat ja nicht nur die Theologia studiert“, nahm sie den Faden wieder auf. „Er ist, wie auch sein Schützling Vitus, ein Schüler von Bruder Adalhard, der den Klostergarten betreut. Meine bescheidenen Vorschläge werden dort gerne gehört und angewandt.“

„Aha“, brummte Heinrich. „Unterhält er auch Beziehungen zum Onkel Jakob?“, wollte er wissen.

Mirjam fühlte sich überrumpelt. Gereon durfte manchmal nach Worms reisen, um Setzlinge abzuholen oder Bücher auszutauschen. Diese seltenen Gelegenheiten ließ sie nie ungenutzt, falls sie nicht gerade nach sterbenskranken Patienten sehen musste. Auch Onkel Jakob liebte es, mit dem jungen Mann zu disputieren. Gerne hätte er ihn einmal auf eine seiner Handelsfahrten mitgenommen, aber das war nicht möglich. Überhaupt hielten sie Gereon soweit wie möglich von der übrigen Verwandtschaft fern, damit niemand Verdacht schöpfen konnte. Auch hütete sich Mirjam, den jüdischen Namen, den sie ihm gegeben hatte, jemals in der Öffentlichkeit oder vor anderen auszusprechen. Vor der Welt war sein Name Gereon. Der Name eines christlichen Märtyrers. Sie durfte ihn niemals anders nennen, auch nicht gegenüber dem, der ihn gezeugt hatte. Erst eben hatte sie wieder bemerkt, wie übel das aufgenommen wurde. Und gegenüber dem Jungen selbst durfte sie auch nichts verlauten lassen. Gereon wusste nicht, wer seine Eltern waren, und das sollte momentan auch so bleiben. Als Jude, der er war, hätte er seine Religion verraten und alles, was seinem Volk heilig war. Als Christ …, sie wagte nicht, daran zu denken. Vielleicht würde die Zeit eine Lösung bringen.

Plötzlich wurde sich die Ärztin bewusst, dass der leicht mokante Blick des Kaisers immer noch abwartend auf ihr ruhte. Sie bemühte sich um eine rasche und plausible Antwort. „Onkel Jakob ist nur hin und wieder zugegen, wenn Gereon in meinem Garten Setzlinge abholt. Ich glaube, er plaudert gerne mit dem Jungen." Die Erklärung schien ihr am geeignetsten, die Angelegenheit auf kleiner Flamme zu halten.

„Wenn er zu oft und zu viel mit Judäern verkehrt, könnte das Anlass zum Nachfragen geben", gab der Kaiser zu bedenken. Er machte eine Pause und strich sich über die geschlossenen Augen. „Aber das wird in der nächsten Zukunft sowieso keine Rolle spielen. Im Murgtal gibt es keine Judäer."

Mirjam hatte von ihrem Onkel Jakob gehört, dass der junge Adlige Werinhard von Michelbach versuchte, an einer günstigen Furt über die Murg auf dem Ost-West-Weg vom Rheintal ins Schwäbische einen Markt zu etablieren, hielt es aber für besser, diese im Moment noch vage Neuigkeit für sich zu behalten. Wer wusste, was aus diesem, ihrer Meinung nach, unsicheren Projekt werden würde.

Heinrich war in Schweigen versunken. Nach einer Weile klopfte es an der Tür. Auf die Aufforderung des Königs hin streckte sein Leibdiener Kuno mit fragendem Gesicht den Kopf herein. Mirjam stand auf, verneigte sich und ging hinaus, nachdem der Kaiser es ihr durch eine Handbewegung erlaubt hatte. Kuno hielt ihr höflich die Tür auf.

Mirjam schlief in Kleidern auf einem Sessel in ihrer Unterkunft in der bischöflichen Pfalz, um die Zeit des Morgengrauens nicht zu verpassen. Noch vor der Morgendämmerung stieg sie in den Hof hinunter. Sie entdeckte Hezilo und seinen künftigen Adlatus Gereon im Schein der

Fackeln neben dem Tor. Sie hatten bereits alles auf ihre Reittiere gepackt und warteten auf die Begleittruppe des Bischofs.

Die Ärztin trat an die beiden heran. „Ihr müsst der ehrwürdige Pater Hezilo sein!“, wandte sie sich an den Älteren der beiden. Sie hatte den Mann nie zuvor gesehen, wusste nur, dass Bischof Huzmann ihn kannte und speziell für diese Aufgabe ausgewählt hatte. Der Pater blickte auf. Im Licht des Feuers blickte die Jüdin in ein zerfurchtes wettergegerbtes Gesicht, aus dem ein helles, wachsames Augenpaar hervorleuchtete.

„Ihr müsst Frau Mirjam sein“, erwiderte Hezilo, und fragte höflich: „Womit kann ich Euch dienen?“ Mirjam hielt dem Pater ein verschnürtes kleines Paket entgegen. „Erlaubt, Pater, dass ich Euch diese kleine Apotheke von Kräutern mitgebe. Sie könnte vielleicht von Nutzen sein, Euch oder auch den Menschen, die Euch anvertraut sein werden.“

Hezilo streckte die Hände aus und nahm der Jüdin das Paket ab. „Gerne nehmen wir Euer Geschenk an, Frau Mirjam“, meinte er freundlich. Dann reichte er das Paket an Gereon weiter. „Gereon, verstau das, ich bitte dich, sicher auf dem Maulesel“, wies er den Schüler in bestimmtem, aber wohlwollendem Ton an. Mirjam war erleichtert. Das Verhältnis zwischen dem alten und dem jungen Mann schien harmonisch.

Unter halbgeschlossenen Lidern warf sie einen Blick auf den Jungen, der ihre Gabe nun mit raschen, geübten Handgriffen in einem bereits verschnürten Sack am Sattelzeug des Tieres unterbrachte, um es vor Feuchtigkeit zu schützen. Um kein Aufsehen zu erregen oder unziemlich großes Interesse an dem Domschüler zu zeigen, wandte sie sich wieder dem Pater zu. „Pater Hezilo, ich wünsche Euch eine gute Reise und eine erfolgreiche Arbeit in dem Landstrich, in den Ihr jetzt aufbrecht.“

Sie wartete ab, bis der Geistliche ihr mit einer kurzen Dankesformel geantwortet hatte, dann wandte sie sich an Gereon: „Auch dir, junger Domschüler, Freund der Philosophen und Kräuter, eine gute Reise und Gottes Segen!“ Sie warf einen letzten Blick in das jugendliche offene Gesicht, in dem sich die Freude über ihr Kommen und das Geschenk spiegelten.

Schweren Herzens riss sie sich von dem Anblick los und wandte sich zum Gehen, da kam plötzlich durch die Dunkelheit Vitus auf Gereon zugestürzt. „Gereon“, rief er atemlos. „Gereon!“

In diesem Augenblick ertönte lautes Hufgetrappel. Die kleine Begleittruppe führte ihre Pferde heran, der Hauptmann verneigte sich knapp vor dem Pater. „Wir müssen aufbrechen", stellte er fest. „Seid Ihr bereit?"

Vitus blickte entsetzt zu den Soldaten, dann fiel er Gereon um den Hals und brach in Tränen aus. Gereon hatte sich heruntergebeugt und klopfte seinem Schützling beruhigend auf den Rücken. Dann schluckte er seine Tränen hinunter, drückte den Jüngeren noch einmal fest an sich und schob ihn dann, angesichts der im Aufbruch begriffenen Soldaten, sanft in Mirjams Arme.

Die wandte sich mit einem Ausdruck voller freundlicher Fürsorge dem kleineren Schüler zu. „Komm mit mir, Vitus", forderte sie ihn auf. „Die beiden reisen ja nur in das Murgtal, nicht an die Ufer von Euphrat und Tigris im fernen Orient. Du wirst deinen Freund schon bald wiedersehen!"

An der Seite der Ärztin sah Vitus zu, wie die Reisegruppe zum Tor hinaus ritt. Die Hand, die er zum Winken erhoben hatte, ließ er enttäuscht wieder sinken. Gereon dreht sich nicht mehr um.

Wie hart du doch sein kannst, dachte Mirjam bei sich. *Hart wie der, der dich gezeugt hat.* Sie wusste, dass er diese Härte in Zukunft brauchen würde, und hoffte nur, dass sie ihn nicht eines Tages versteinern lassen oder zu einem Zyniker machen würde. An diesem Tag hatte ihm die Härte geholfen, sich gegen die Verzweiflung zu schützen. Wahrscheinlich hätte er den Abschied nicht ertragen, wenn er noch einen Blick zurückgeworfen hätte.

Mirjam beugte sich zu dem völlig verunsicherten Vitus hinunter, legte den Arm um ihn und erklärte ihm das mit Worten, von denen sie sicher war, dass sie sein treues Herz erreichen würden.

Die Angst geht um

Rotenfels, Mai 1089

Nach Meinung Azelas war es nun endlich Zeit für die Geburt. Ihr Bauch war prall aufgetrieben, einige Tage hatte sie jetzt schon vergeblich auf das Einsetzen der Wehen gewartet.

Sie war fast allein im Haus. Ihr Mann Volker war mit den beiden älteren Söhnen draußen im Tal des Michelbachs beim Heumachen. Ihr Jüngster wühlte in dem auf dem gestampften Boden ausgebreiteten Stroh herum, wo einige Fellrestchen herumlagen, die offenbar zum Spielen geeignet waren. Auf jeden Fall gurgelte und gluckste der Kleine vor Vergnügen.

Im Garten warteten noch etliche Arbeiten auf sie, außerdem war die Hausarbeit des Tages noch nicht erledigt, aber Azela fühlte sich eigenartig unwohl und unruhig. Nur die Hühner und die paar Schweine hatte sie ordnungsgemäß gefüttert und versorgt. Dann war sie im umzäunten Hof hin- und hergegangen in der Erwartung, dass die Wehen einsetzen würden, so wie sie es von ihren früheren Geburten her kannte, aber ohne Erfolg.

Sie nahm ihre Runden im Hof wieder auf, diesmal mit verdoppelter Geschwindigkeit, aber es half nichts. Wahrscheinlich war die Bewegung immer noch nicht genug. Kurz entschlossen hob sie den Kleinen vom Boden auf und band ihn sich mit einem Tuch auf den Rücken. Dann verließ sie das Haus und wanderte, so zügig wie es ihr monströser Bauch zuließ, in Richtung Rotenfels.

Das Wetter war trocken und warm, aber nach einer Weile wurde ihr schlecht. Sie übergab sich mehrfach am Wegrand. Immer wenn sie sich aufrichten wollte, wurde ihr schwindlig und übel. Sie setzte sich auf den Boden, mit Mühe gelang es ihr noch, das Kleinkind neben sich ins Gras zu legen. *Nur eine kurze Pause,* beruhigte sie sich selbst, die Hälfte der Strecke lag ja bereits hinter ihr. Nach einer kleinen Weile wollte sie aufzustehen, aber es gelang ihr nicht. Die Sonne schien ihr jetzt unerträglich heiß zu brennen. Unter Aufbietung aller Kräfte versuchte sie erneut, sich hochzustemmen, aber umsonst. Die Umgebung verschwamm infolge der Anstrengung vor ihren Augen. Dann verlor sie das Bewusstsein.

Glücklicherweise hatte sie noch nicht lange so da gelegen, als sie von einem Hütejungen gefunden wurde, der Hilfe vom nächstgelegenen Feld holte.

Als Azela wieder zu sich kam, blickte sie in das Gesicht Irmengards. Sie hatte ihr Ziel doch erreicht, dachte sie, jetzt würde alles gut werden. Sie wollte sich bewegen, aber es ging nicht. Jemand hinter ihr, den sie nicht sehen konnte, hatte ihr die Arme unter den Achseln durchgeschoben und wie eine Eisenklammer vor ihrer Brust verschränkt. Azela geriet in Panik.

„Keine Angst", hörte sie Irmengard sagen. „Du bist schon auf dem Gebärstuhl. Margreth ist hinter dir. Und dein Kleiner ist gut aufgehoben." Azela atmete auf, dann murmelte sie: „Die Wehen kommen nicht."

„Mach dir keine Sorgen, das wird schon noch", beruhigte sie Irmengard. „Lass mich erst einmal schauen." Dann kniete sie vor dem Stuhl nieder, schob die Kleider der Gebärenden hinauf und spreizte ihre Beine auseinander.

Nach der Untersuchung bedeckte sie Azela wieder und bedeutete Margreth, sie aus ihrem Griff zu lassen. Ängstlich blickte Azela auf Irmengard, die beruhigend ihre Hand nahm und meinte: „Ich habe ein gutes Mittel da, das wird dir helfen. Alles wird gut, du wirst sehen! Nur keine Angst! Ich bin gleich wieder bei dir!" Zu Margreth gewandt, befahl sie: „Du machst den Aufguss aus dem Eisenkraut. Ich hole das Pulver!" Auf dem Weg nach draußen rief sie zwei der draußen wartenden Frauen herein, um auf Azela aufzupassen. Die Nachricht von der bevorstehenden Geburt hatte sich schon im Dorf verbreitet und etliche hilfsbereite Nachbarinnen auf den Plan gerufen.

Als Margreth die Anweisung hörte, wusste sie sofort Bescheid. Sie würde einen heißen Sud aus Eisenkraut zubereiten, um ein Pulver aus mehreren Pflanzen darin aufzulösen, darunter Bohnenkraut, Ysop und Röhren-Kassie. Kassie wirkte abführend, wurde aber auch zur Auslösung von Wehen benutzt.

Bevor Irmengard ins Tal gekommen war, hatte sich Margreth um die Schwangeren gekümmert. Rasch hatte sie bemerkt, dass die Fremde über Kenntnisse in Heil- und Pflanzenkunde verfügte, die ihre eigene Erfahrung überstiegen. Margreth war niemand, der aus gekränkter Eitelkeit wider besseres Wissen auf ihrer eigenen Vorrangstellung im Dorf beharrt hätte. Außerdem war sie bereits bedeutend älter als Irmengard und hatte immer noch keine geeignete Nachfolgerin ausfindig gemacht. Als sie gesehen hatte, wie gut Irmengard arbeitete und wie gut die Zusammenarbeit mit ihr funktionierte, hatte sie die wortkarge Fremde zu ihrer Nachfolgerin erkoren und ihr geholfen, im Tal heimisch zu werden.

Das war nun schon einige Jahre her, und fast allen schien es mittlerweile so, als sei Irmengard schon immer da gewesen. Wenn jemand mehr wissen wollte, erklärte ihm Pater Hezilo von der Kirche in Rotenfels, dass Irmengard vor etlichen Jahren vor dem Bürgerkrieg zwischen Päpstlichen und Kaiserlichen in Schwaben habe fliehen müssen und dass der Rest ihrer Familie dabei umgekommen sei.

Als sich Irmengard und Margreth in der kleinen Küche neben der Hütte trafen, fiel Margreth der gequälte Ausdruck im Gesicht ihrer Freundin auf.

„Was ist los?“, fragte sie. „Das Mittel hat doch schon einige Male gut geholfen!“

„Ja, sicher, aber es gibt noch eine andere Schwierigkeit“, erwiderte Irmengard. „Das Kind liegt quer, so kann es nicht geboren werden.“

Margreth schlug sich vor Schreck die Hand vor den Mund. Etwas Ähnliches hatte sie in vielen Jahren nur einmal erlebt. Es war entsetzlich gewesen, sie hatte gehofft, so etwas nie wieder mit ansehen zu müssen. „Sie wird sterben“, murmelte sie resigniert.

„Wir müssen versuchen, es zu drehen“, antwortete die Freundin, ohne auf die düstere Prophezeiung einzugehen. „Es bleibt aber nicht viel Zeit!“

Margreth schüttelte panisch den Kopf. „Das kann ich nicht!“, flüsterte sie heiser. „Hast du das schon einmal gemacht?“

„Halt sie einfach nur mit aller Kraft im Stuhl fest, wenn ich es dir sage!“, bat Irmengard jetzt mit fester Stimme. Dann reichte sie Margreth den Becher mit dem fertigen Sud und verließ die Küche entschlossen, ohne sich umzuschauen. Sie war sich sicher, dass die Freundin ihr jetzt beistehen würde.

Noch immer warteten die Nachbarinnen im Hof. Fragend blickten sie jetzt auf, in der Hoffnung auf eine Erklärung.

„Betet!“, befahl ihnen Irmengard. „Betet!“, wiederholte sie in einem Tonfall, der keine Fragen zuließ. Dann hielt sie der nachfolgenden Margreth die Tür zu ihrer Hütte auf. Als sich der niedrige Zugang hinter den beiden Frauen geschlossen hatte, sanken die Nachbarinnen stumm auf die Knie. Nur eine von ihnen, fast noch ein Mädchen, rannte zur Kirche des heiligen Laurentius, um dem Pfarrer Bescheid zu geben.

Es vergingen wohl mehrere Stunden. Dann begann die Gebärende zu schreien. Damit hatte man gerechnet, das war immer so. Aber dann wurden die Schreie immer entsetzlicher, sie schienen bald wie ein einziger langgezogener Schrei, der, anstatt irgendwann zu enden, sofort in den nächsten überging. Die Frauen auf dem Hof fielen mit den Gesichtern auf die Erde nieder und flehten mit doppelter Inbrunst. Je länger es dauerte, desto lauter und verzweifelter beteten sie, wie um das unmenschliche Heulen zu übertönen, das aus der Hütte drang und in ihren Köpfen hallte, als wollte es sie zum Bersten bringen. Einige hielten sich die Ohren zu. Fast hätten sie es nicht bemerkt, als plötzlich Stille eintrat.

Gleich darauf öffnete sich die Tür und man konnte das Quäken eines Neugeborenen hören. Irmengard trat heraus. „Sie leben“, verkündete sie kurz angebunden. Die Frauen blickten sich an, schlugen die Hände vor den Mund, fielen sich in die Arme und schickten Dankgebete zum Himmel. Dann drängten sie an die Tür, um einen Blick hineinzuwerfen. Über das, was drinnen geschehen war, würden sie in Kürze mehr erfahren, das wussten sie.

Zwei der Nachbarinnen waren bei der Gebärenden geblieben, während Irmengard und Margreth in der Küche nebenan die Medizin zubereitet hatten. Irmengard hatte die beiden dann gebeten, zu bleiben, falls irgendwelche Handreichungen nötig sein sollten. Was diese beiden Frauen dann im Dorf erzählten, klang so merkwürdig, dass man es zuerst nicht recht einordnen konnte.

Irmengard habe der Schwangeren den Bauch gedrückt, so berichteten die beiden Frauen. Zweimal habe man der Azela einen Trank verabreicht, worauf nach einer Weile die Wehen eingesetzt hätten. Margreth habe sie mit aller Kraft in den Stuhl gedrückt, ihre Beine habe man schon vorher gespreizt und an Pflöcken festgemacht. Irmengard habe der Frau dann in den Unterleib gegriffen und darin herumgewühlt. Letztere Aussage hatten die Frauen dann allerdings auf mehrfaches Nachfragen hin doch wieder eingeschränkt. Alles habe in Blut geschwommen, und Azela sei von so unmenschlichen Krämpfen geschüttelt worden, dass sie gefürchtet hätten, ein böser Geist sei in sie gefahren. Vor lauter Angst hätten sie nicht mehr gewagt, genau hinzusehen.

Auch Pater Hezilo, der Pfarrer des Dorfes, und sein junger Diakon Gereon hörten von diesem Gerede. Hezilo bestellte die beiden Klatschmäuler umgehend ein, ermahnte sie strengstens, das Werk Gottes nicht durch boshafte Lügen zu verhöhnen und verbot ihnen strikt, ihre haarsträubende Geschichte zu wiederholen. Anderenfalls würden sie, so drohte er ihnen, öffentlich vor der Kirche Buße tun müssen und etliche Zeit vom Sakrament des Altars ausgeschlossen werden.

Gereon fand seinen Vorgesetzten an diesem Abend in düsterer Stimmung vor. Auf seine Nachfrage hin berichtete ihm der Pater darüber, wie er die Frauen zurechtgewiesen hatte. Gereon hörte die Wut aus seinen Worten heraus. Mehrfach ließ sich der Geistliche zu Kraftausdrücken hinreißen, die man sonst nicht von ihm gewohnt war. Dann bat er seinen Diakon, in dieser Sache die Ohren offen zu halten und sich, wenn möglich, vorsichtig im Dorf umzuhören. Gerede über böse Geister dürfe man auf gar keinen Fall dulden.

In diesem Punkt war der Diakon mit dem Pater einer Meinung. Die glückliche Geburt war zunächst Gott und dann dem Geschick der Geburtshelferinnen zu verdanken, da war er überzeugt. Gerne hätte er Frau Mirjam, seine alte Lehrerin in Pflanzenkunde, dazu befragt, aber Worms war doch etwas weiter weg, als er gedacht hatte. Er nahm sich vor, bei nächster Gelegenheit bei Irmengard vorbeizugehen. Direkt durfte er sie nicht befragen, das war ihm klar. Einzelheiten über den Geburtsvorgang würde sie nicht preisgeben, dafür war sie zu verschlossen. Aber über ihre Pflanzen gab sie bereitwilliger Auskunft, besonders gegenüber einem Gesprächspartner, der selbst auf diesem Gebiet einige Kenntnisse besaß.

Beim Gang durch Irmengards Garten, so überlegte der Diakon, könnte sich vielleicht die Möglichkeit ergeben, über die Frage nach bestimmten Wirkungen bestimmter Pflanzen auf die jüngsten Ereignisse zu sprechen zu kommen. Aber auch, wenn er zunächst nichts Genaues darüber erfahren sollte – ein Besuch bei Irmengard lohnte sich immer und würde ihn auch nicht ins Gerede bringen. Sie war nur auf ihre Heilkunde konzentriert und beteiligte sich grundsätzlich an keinem Tratsch im Dorf. Von den anderen wurde sie mit Respekt, aber auch mit einer gewissen Scheu behandelt. Umgang mit einem Mann hatte sie niemals gehabt, seit sie im Tal war. Die Leute hatten sich an ihre Art gewöhnt und rechneten nicht damit, dass sich an ihrem Verhalten etwas ändern würde. Je mehr Gereon daran dachte, desto mehr freute er sich auf den Besuch bei Irmengard. Aber zuerst musste etwas Gras über die Sache gewachsen sein, und bald würde er bei dem anstehenden Hochfest alle Hände voll zu tun haben.

Rotenfels, August 1089

Es war Sonntag, die kleine Glocke der Kirche von Rotenfels rief die Gläubigen mit eintönigem, aber eifrigem Gebimmel zusammen, um das Fest des Namenspatrons, des heiligen Laurentius, zu begehen. Die Bevölkerung, die an den Sonntagen und Kirchenfesten hier zusammenströmte, hatte sich innerhalb weniger Jahre erheblich vermehrt, auch wenn die Höfe und Hütten teilweise so weit entfernt waren, dass die Talbewohner den Klang der Glocke oft, je nachdem, wie der Wind stand, nicht mehr hören konnten.

Die Siedler am Michelbach und weiter hinten im Tal richteten sich dann, so gut es ging, nach dem Sonnenstand. Viele nutzten den Kirchgang auch, um ein wenig zu schwatzen und zu hören, welche Neuigkeiten es in den anderen Winkeln des Tals gab. Und an hohen Festen wie diesem waren natürlich alle auf den Beinen und schon in der Frühe um die Kirche versammelt, um den freien Tag auszukosten, ausgiebig zu feiern, zu essen, zu tanzen und sich zu betrinken. Bei der täglichen Mühsal und eintönigen Plackerei waren die Landleute für jede Abwechslung dankbar.

Gereon ging dem Pater bei den Vorbereitungen der Liturgie zur Hand. Zum Priester war er noch nicht geweiht worden, aber im kanonischen Recht hatte er seine Kenntnisse so erfolgreich erweitert, dass ihn Bischof Huzmann zum Verantwortlichen für die bischöflichen Gerichte in der Grafschaft Forchheim ernannt hatte. Huzmann herrschte seit fünfzehn Jahren in Speyer, und sein Verhältnis zum örtlichen Machthaber, dem alten Herrn von Michelbach, war gespannt. Werinhard von Michelbach war nach wie vor davon überzeugt, dass ihm das Recht auf die Vogtei der Speyerer Besitztümer um Rotenfels zustehen müsse. Für die von ihm weiter südlich im Tal angelegten Siedlungen beanspruchte er sogar das alleinige Eigentum.

Erst kürzlich hatte er das für einige Jahre vernachlässigte Projekt wieder aufgenommen, an der Furt durch die Murg ganz hinten im Tal, dort, wo kein Durchkommen nach Süden mehr war, einen Weiler anzulegen. Wo der Weg von Baden an den Fluss hinunter führte, lag direkt am Ufer eine oft überschwemmte, morastige Stelle, die von zwei Bächen eingerahmt war und gemeinhin Gerinsbach oder verkürzend nur Gernsbach genannt wurde. Gereon hatte herumgefragt, woher der Name käme. Die Antworten waren verschieden ausgefallen. Die einen meinten, der erste Anführer des Rodungstrupps habe den Namen Gerwin getragen. Vielleicht hatte man die Stelle nach ihm benannt? Vor allem da der jetzige Vormann, der im Auftrag des Michelbachers den Ausbau überwachte und vorantrieb, ebenfalls Gerwin hieß. Möglicherweise trage, so erzählten ihm andere, dieser Flecken aber auch seinen Namen nach der Form der sumpfigen Stelle, die den Männern in ihrer einfältigen Fantasie wie eine dunkle Gere, also ein Dreieck, vorgekommen sei. Die letztere Erklärung wurde häufig von einem anzüglichen Grinsen begleitet.

Im Pfarrhaus von Rotenfels kam man überein, um auch den entferntesten Anschein der Anerkennung irgendwelcher Eigentumsrechte auszuschließen, von dem Ort nur als von dem „sogenannten Gernsbach" zu sprechen. Den Ort ganz umzubenennen, zum Beispiel, was Gereon vorgezogen hätte, nach dem Speyerer Bischof Rüdiger Huzmann in „Rüdigersbach" hatte wenig Sinn. An diesen Sprachgebrauch würde sich niemand halten.

Mittlerweile hatte sich die kleine Kirche bis auf den letzten Platz gefüllt. Die Leute standen dicht an dicht, viele hatten ihre Kleider in der dampfenden Wärme bereits durchgeschwitzt. Die wenigsten Bauern verfügten über mehr als zwei Hemden. Bei den Feld- und Gartenarbeiten verdreckten die Kleider so schnell, dass sie kaum in den Abständen gewaschen werden konnten, wie es nötig gewesen wäre, um sie wirklich reinlich zu halten. Außerdem brannte die an einem wolkenlos blauen Augusthimmel aufsteigende Sonne immer heißer auf das aus Holz gebaute Gotteshaus herunter. Trotzdem war die Aufmerksamkeit aller gespannt nach vorn auf den einfachen, aus Holz gezimmerten und auf einer niedrigen Empore aufgestellten Altar gerichtet, über den heute zur Feier des Tages ein besticktes weißes Tuch gebreitet war.

Vor wenigen Augenblicken hatte Gereon die Kerzen entzündet und mit großer Ehrfurcht Kelch und Patene für die Eucharistie bereitgestellt. Danach blieb ihm ein kurzer Moment, in dem er von seinem erhöhten Platz am Altar aus wie ein aufmerksamer Hirte die Blicke über die Herde der Gläubigen schweifen lassen konnte. Mittlerweile kannte er jeden einzelnen der Talbewohner. Die meisten von ihnen waren Leibeigene oder Hörige des Domstifts Speyer. Sie bearbeiteten den Boden und trieben Viehwirtschaft, wofür sie eine Pacht an Speyer oder an den Herrn von Michelbach oder, im schlimmsten Fall, an beide zahlen mussten oder, im Fall der Leibeigenschaft, nur das von ihren Erträgen behalten durften, das für den Erhalt ihrer Existenz nötig war.

Einige wenige freie Bauern gab es auch noch. Sie hatten einen schweren Stand. Einerseits mussten auch sie Abgaben bezahlen, da ihnen das Land nicht gehörte. Andererseits blieb ihnen bei Missernten keine andere Möglichkeit als Hilfe anzunehmen, von welchem Herrn sie auch kam, wodurch sie noch abhängiger wurden und leicht in den Stand der Hörigkeit absanken. Nur wenigen gelang es jemals, sich aus der von unsäglichen Mühsalen geplagten, von den höheren Ständen verlachten und verachteten bäuerlichen Schicht in einen höheren Stand empor zu arbeiten. Einer von diesen, der von vielen bewundert und beneidet wurde, ragte durch seine Größe deutlich aus der Menge der Kirchenbesucher heraus: Franko, der Hauptmann der Burgmannschaft von Michelbach.

Gereon blickte zu Franko hin und bemerkte, dass auch dieser, wahrscheinlich aus der Gewohnheit des Soldaten heraus, unauffällig seine Umgebung taxierte. Ihre Blicke trafen sich und ruhten einen Moment lang ineinander, ohne dass es einem der Umstehenden aufgefallen wäre. Der Diakon spürte den Respekt, den ihm der andere entgegenbrachte, und den er durchaus erwiderte. Andererseits waren beide bestrebt, eine förmliche Distanz zu wahren, die angemessen war angesichts der gegenläufigen Interessen der Herren, die sie zu vertreten hatten.

Der Diakon riss sich von seiner Beobachtung los, prüfte mit einem Blick, ob auf dem Altar alles bereit war, und zog sich dann durch die Tür der winzigen Sakristei neben dem Altarraum zurück. Von der Sakristei gab es einen Ausgang ins Freie, von dort umrundete er das Gebäude und wartete am Haupteingang auf Pater Hezilo, um ihm bei seinem feierlichen Einzug in die Kirche zu folgen. Trotz der drangvollen Enge im Inneren machte die Menge ehrerbietig Platz, um dem Priester und seinem Diakon den Weg zum festlich geschmückten Altar zu bahnen. Ehrfürchtig beugten die Gläubigen ihre entblößten Häupter, als die Kleriker feierlich an ihnen vorbeischritten. Gereon stimmte mit einer wohlklingenden Tenorstimme das Kyrie an, in das die Gemeinde mit spürbarer Inbrunst und Sangesfreude einfiel.

Die Liturgie sprach der Pater auf Latein. Um den korrekten Wortlaut zu haben, hatte Gereon eigens einen Lehrband mit Texten der einschlägigen Liturgie-Gelehrten wie Amalarius und Florus aus der Speyerer Bibliothek kopiert, um jederzeit dort nachschlagen zu können. Die Predigt hatte Pater Hezilo seinem Diakon übertragen, und zwar auf Deutsch. Gereon sprach über den Heiligen des Tages, den Märtyrer Laurentius, wobei er auch Gedanken des antiken Autors Cicero über die Definition des Guten einfließen ließ.

Atemlos folgten die Zuhörer seinen spannenden und farbig ausgeschmückten Schilderungen. Überhaupt hatte er sich in der Betreuung der Gläubigen und in der Seelsorge als überaus glückliche Wahl erwiesen. Pater Hezilo, der zwar trotz seines Alters noch rüstig war, konnte die wachsende Gemeinde, die immer mehr Köpfe zählte und sich in ein immer größeres Gebiet hinein ausdehnte, allein kaum mehr bewältigen. Daher war er froh, den jungen Diakon an seiner Seite zu haben.

Der feierliche Gottesdienst nahm mehrere Stunden in Anspruch. Nach dem Schlusssegen und der Verabschiedung der Gläubigen wuschen die beiden Geistlichen die heiligen Gefäße aus und verstauten sie zusammen mit den liturgischen Gewändern, die sie während der Messe getragen hatten, sorgfältig in der Sakristei. Danach schlüpften sie wieder in ihre alltäglichen Kleider und gingen in ihre Hütte, um dort in Ruhe zu essen und zu trinken, bevor sie sich ins Festgewühl stürzen mussten.

Die Menge der Gläubigen strömte nach der Kirche auf den Dorfplatz, wo schon vorher Tische und Bänke in langen Reihen aufgestellt worden waren. Die Tische bestanden aus Brettern, die über Holzschragen lagen, und mit Schüsseln, Kannen und Bechern beladen waren. Da gab es Fleisch von Weidetieren und Fische aus der Murg und ihren Nebenflüssen, Eierspeisen, knuspriges Brot, Gemüse von Kohl, Mangold, Zwiebeln,

Erbsen und Karotten, kurz alles was Gärten und Felder in dieser Jahreszeit hergaben oder in Gruben unter den Häusern eingelagert war. Der Geruch von Gebratenem, Gesottenem und Gebackenem durchzog die Luft.

Die meisten stürzten sich hungrig auf die Speisen, viele verschlangen im Laufe mehrerer Stunden, unterbrochen von Pausen, in denen geschwatzt und getändelt, gesungen und getanzt wurde, so viel, dass ihnen schier die Bäuche platzen wollten. Getrunken wurde Wasser oder mit Wasser vermischter Wein, der gegen Ende des Tages nicht wenige im Vollrausch versinken ließ. Bisweilen gab es auch eine Art Bier, von dem man allerdings noch mehr trinken musste, um die gleiche Wirkung zu verspüren.

Gereon und Hezilo schlenderten getrennt herum, grüßten nach rechts und links, wurden selbst mit freundlichen Zurufen bedacht und setzten sich bei diesen oder jenen zu einem Schwatz nieder. Überall, wo sie hinkamen, rückte man bereitwillig enger zusammen und bot ihnen einen Platz an. Die Einladungen zum Essen konnten sie getrost mit dem Hinweis ausschlagen, sie hätten bereits etwas zu sich genommen. Einen Schluck Wasser oder verdünnten Wein nahmen sie aber gern an, um die Gläubigen nicht vor den Kopf zu stoßen.

Schon seit einiger Zeit war dem Diakon aufgefallen, dass sich an einem der Tische am Rand des ausgelassenen Treibens der junge Herr Werinhard und Hauptmann Franko niedergelassen hatten. Die Weinbecher vor sich, beobachteten sie das Geschehen und unterhielten sich dabei. Die Dörfler grüßten die beiden zwar respektvoll, aber aus gebührendem Abstand. Man hätte nicht sagen können, ob dies aus Höflichkeit geschah oder ob es der Angst entsprang, unnötigerweise ins Visier der Mächtigen zu geraten und schlafende Hunde zu wecken.

„Wir sollten den beiden Herren unsere Aufwartung machen, meinst du nicht?“, fragte Pater Hezilo, der hinter Gereon getreten war, ohne dass der es bemerkt hatte. Der Diakon drehte sich um und blickte in Hezilos helle Augen, die aus der rissigen Landschaft seines Gesichts hervorleuchteten.

Der Pfarrer musterte seinen Gehilfen aufmerksam. „Entspann dich!“, forderte er ihn auf. „Sei ganz gelassen! Sonst kommst du in Gefahr, unüberlegte Widerworte zu geben!“

Dann trat er mit einer höflichen Verbeugung an den Tisch heran. „Herr Werinhard, wir freuen uns, Euch hier zu sehen, und fühlen uns geehrt über Euren Besuch!“ Gereon blieb einen Schritt hinter dem Priester und verbeugte sich ebenfalls. Er sah die leeren Schüsseln vor den Gästen und schloss daraus, dass die beiden bereits gegessen hatten.

„War alles zu Eurer Zufriedenheit?“, fragte Hezilo.

„Danke, Pater“, antwortete der Michelbacher. „Die Rotenfelser sind mehr als zuvorkommend.“ Dann deutete er mit einer einladenden Geste auf die Bank und meinte: „Setzt Euch doch mit Eurem Diakon für einen Augenblick zu uns, wenn Eure Zeit es erlaubt – bei der dauernden Sorge um so viele Gläubige.“ Bei den letzten Worten wies Werinhard in einer umfassenden Geste auf die feiernde Menge hin.

Kaum hatten die beiden Geistlichen Platz genommen, als eine Frau aus dem Dorf mit raschen Schritten herankam und der nunmehr vier Personen zählenden Gruppe neue Becher und zwei randvoll gefüllte Krüge mit Wein und Wasser vorsetzte. Die Gestalt der Frau war knochig und mager. Sie bediente die Männer schweigend und wich den Blicken der Gäste mit undurchdringlichem Gesicht aus. Nachdem sie das Geschirr mit raschen Handgriffen abgestellt und eingeschenkt hatte, hob sie den Kopf und sah Pater Hezilo fragend an. Der wandte den Blick zuerst Werinhard, dann Franko zu und fragte: „Habt Ihr oder Euer Hauptmann noch weitere Wünsche?“ Die beiden so Angesprochenen schüttelten die Köpfe. Hezilo nickte der Frau freundlich zu. „Danke, Irmengard!“, meinte er dann. Die Frau wandte sich wortlos um und verschwand in der Menge.

Der Diakon dachte an seinen Plan. Bis jetzt hatte er noch keine Zeit gefunden, aber morgen wollte er sie besuchen. Ihr die richtigen Fragen zu stellen, würde nicht einfach sein. Er schätzte Irmengard auf Ende zwanzig. Sie war fast so groß wie er selbst und hielt sich stets aufrecht, was ihr den Anschein einer gewissen Unbeugsamkeit verlieh. Ansonsten war ihre Gestalt sehnig, ihr Gesicht mit den nach hinten gebundenen und lieblos unter das Kopftuch gestopften Haaren herb und abweisend.

Gereon hatte sich schon öfter Gedanken über sie gemacht. Sie war nur einige Monate früher als er selbst nach Rotenfels gekommen, angeblich aus dem Schwäbischen, und hatte sich als Magd auf dem sogenannten Meierhof, dem größten Hof im Tal verdingt. Der Verwalter des Hofes, ein

Bediensteter des Bistums, hatte sie als zuverlässige Arbeitskraft schätzen gelernt, und als er sah, dass sie sich in Heilkunde auskannte, hatte er ihr eine Hütte mit Garten zur Verfügung gestellt. Neben ihrer Arbeit auf dem Haupthof zog sie dort verschiedene Kräuter. Auf den Wiesen sammelte sie außerdem noch weitere Pflanzen, zerrieb sie teilweise oder trocknete Teile von ihnen, aus denen sie dann verschiedene Arzneien herstellte. Irmengard war die geeignete Person, so fand Gereon, ihm bei dem Versuch zu helfen, endlich selbst wieder einen guten Kräutergarten so wie an der Domschule anzulegen. Bei dieser Gelegenheit hoffte er auch, mit ihr näher ins Gespräch zu kommen.

„Der Grund, auf dem unsere Burg steht, ist Allod der Herren von Michelbach, das sollte Euch bewusst sein, Pater!“ Die Worte Herrn Werinhards rüttelten Gereon aus seinen Betrachtungen auf. Er wollte auffahren, aber der Priester erwiderte, noch ehe der Diakon zu einem heftigen Kommentar ansetzen konnte: „Das mag durchaus so sein, Herr Werinhard. Aber das Recht, eine Burg zu bauen, muss doch, so viel mir jedenfalls bekannt ist, vom König gewährt werden.“

„Ihr wisst, Pater, dass Kaiser Heinrich unser Verwandter ist“, wandte der junge Burgherr ein. „Mein Vater konnte also davon ausgehen, dass er mit dem Bau unserer Burg Michelbach einverstanden sein würde.“

Gereons Kiefer mahlten aufeinander mit der Gewalt eines Bullenbeißers. Als er sich dessen bewusst wurde, konzentrierte er sich sofort darauf, die Zähne auseinander zu bringen. Seine innere Anspannung sollte nicht für jedermann sichtbar sein, besonders nicht für Werinhard und seinen Hauptmann, der ihn, wie ihm nun bewusst wurde, bereits seit einer Weile aufmerksam beobachtete.

Bevor der Diakon sein Gegenargument vorbringen konnte, hatte Hezilo bereits wieder reagiert: „Aber Euch ist bewusst, Herr Werinhard, dass der Vater des Kaisers Eurem Vater vor über dreißig Jahren befahl, die Burg niederzureißen mit der Begründung, sie sei unerlaubterweise dort erbaut worden!“

Zwischen den Gesprächspartnern entstand ein Moment angespannten Schweigens, das schließlich vom jungen Werinhard unterbrochen wurde. „Was der Vater untersagte, hat der Sohn schließlich erlaubt“, lautete sein abschließender Kommentar zu dieser Frage. Gereon lag der Einwurf auf der Zunge, dass der Sohn ja zur Zeit des Wiederaufbaus der Burg noch ein kleines Kind gewesen sei, aber er erkannte, dass jedes Gegenargument, auch wenn es noch so gut begründet war, hier nichts fruchten würde und ihm höchstens den Unwillen des Michelbachers eintragen würde. Also folgte er dem Beispiel Pater Hezilos und schwieg.

Der schon jahrzehntelang andauernde Streit darum, wem im Murgtal Herrschaftsrechte zufielen, würde auch weiterhin andauern. Der Zehnte würde bei den Speyerer Untertanen auch weiterhin vom Michelbacher eingesammelt werden, ebenso wie verschiedene andere willkürlich erhobene Abgaben und Steuern. Bischof Huzmann hatte nur eine Möglichkeit, seinen Widersacher zur Räson zu bringen, und das war militärische Gewalt. Allerdings bereiteten sich viele der bischöflichen Ritter im Augenblick darauf vor, Kaiser Heinrich bei seinem dritten Italienzug zu unterstützen. Also würde man weiter in einer Grauzone zwischen Recht und Unrecht leben müssen.

Hezilo lächelte seine Gesprächspartner freundlich an und wechselte das Thema. „Wie geht es Euren Brüdern?“, fragte er, seine hellen Augen auf Werinhard richtend. „Befindet sich Eberhard immer noch im Heer des Kaisers?“

„Ja, er hat sich bereits in etlichen entscheidenden Kämpfen an der Seite Heinrichs ausgezeichnet. Die eingehenden Nachrichten erfüllen meinen alten Vater mit großem Stolz“, antwortete Werinhard, wobei sich die Anspannung in seiner Miene sichtlich löste und einem zufriedenen Lächeln wich.

„Beneidet Ihr ihn nicht ein wenig?“, wollte der Geistliche wissen und zwinkerte dabei verschmitzt. Werinhard lachte auf, aber es klang keinesfalls bitter. „Da hätte ich viel zu tun“, erwiderte er offen. „Eberhard ist jünger als ich, er hat mehr Freiheiten. Ich muss zu Hause bleiben und meinem Vater dienen. So ist es der Brauch.“

Gereon folgte anerkennend der geschickten Gesprächsführung des Paters. Dann bemerkte er, dass Frankos Blicke sich mit unverhohlener Bewunderung dem jungen Werinhard zugewandt hatten. Er schloss daraus, dass wohl bei beiden der Sinn für Loyalität und Pflichterfüllung größer war als der Drang nach Krieg und Abenteuer um ihrer selbst willen.

„Und Cuno?“, wagte Hezilo zu fragen. „Wie ich hörte, ist er Domherr zu Straßburg und Speyer und sogar Propst des Stifts von Goslar. Ein trotz seiner Jugend für seine Gelehrsamkeit berühmter und gefragter Mann.“

Werinhard lächelte bei dieser Frage sichtlich amüsiert vor sich hin. „Der kleine Bruder erfüllt die hochfliegenden Erwartungen unserer Mutter in allerbester Weise.“, antwortete er. „Er kann die ganze Familie und das Hofgesinde stundenlang mit Vorträgen über den Kirchenvater Augustinus langweilen“, fügte er noch launig hinzu.

Priester und Diakon fühlten sich durch den kleinen Seitenhieb auf ihren Stand nicht ernsthaft gekränkt, sie wussten, dass es nicht boshaft gemeint war. Werinhard musste zwar die aggressiven Maßnahmen seines Vaters gegen Speyer mittragen, aber er bemühte sich in vielen Fällen vermittelnd um Kompromisse, die dann wieder eine Weile hielten und ein Zusammenleben ohne ständige Gewalttätigkeiten ermöglichten. Gereon war mittlerweile einige Male bei Bischof Huzmann in Speyer gewesen und hatte mit ihm über die schwierige Lage im Murgtal gesprochen.

„Daneben ist er auch noch ein guter Schwertkämpfer und Reiter!“, ließ sich Werinhard gerade vernehmen.

Gereon brauchte eine Sekunde, um ins Gespräch zurück zu finden. Es ging um Cuno von Michelbach, der gute Aussichten hatte, einmal einen Bischofsthron zu besteigen, vielleicht sogar den der alten Diözese von Straßburg. Der junge Diakon fühlte den Stich der Eifersucht. Cuno hatte wie er die Domschulen von Speyer und Bamberg durchlaufen und war wie er in die sieben freien Künste eingewiesen worden: Grammatik, Dialektik, Rhetorik, Arithmetik, Geometrie, Astronomie und Musik. Das viel gepriesene Lehrbuch des Martianus Capella über diese Disziplinen hatte er, Gereon, sogar Wort für Wort aus dem Lateinischen übersetzt. Wie Cuno hatte auch er die Schriften der Kirchenväter und die antiken Philosophen studiert. Auch er, Gereon, kannte „seinen“ Augustinus in- und auswendig. Einige Werke, darunter den „Gottesstaat“ und die „Bekenntnisse“ hatte er sogar für die Dombibliothek neu abgeschrieben und damit auch die Geheimnisse der Schreibstube, des Skriptoriums, kennen gelernt. Auch Augustinus‘ Traktat über die Juden hatte er gelesen. An Bildung fehlte es ihm also nicht, um hoch hinaufzusteigen. Aber die Frage war, was er wirklich wollte. Schon die Weihe zum Priester schob er jetzt schon eine Weile vor sich her.

Werinhard setzte seinen Becher auf den Tisch und erhob sich. „Wir müssen uns verabschieden“, stellte er fest und schwang eines seiner langen Beine beim Aufstehen über die Bank. „Die Pflicht ruft!" Die beiden Geistlichen erhoben sich ebenfalls.

„Wir danken Euch, Pater, für den würdigen Gottesdienst", meinte der junge Adlige, und dann, sich an Gereon wendend: „Und Euch für die feurige Predigt! Damit habt Ihr viele in Euren Bann gezogen!" Der Diakon neigte den Kopf und konnte nur noch ein „Zu Euren Diensten" murmeln, bevor der junge Herr von Michelbach und sein Vasall zum Abschiedsgruß die Hand hoben und sich in Richtung ihrer Pferde abwandten, die am Ufer des Flusses angepflockt waren und von einem Dorfjungen bewacht wurden.

Solange die Ritter in Sichtweite waren, schauten ihnen die beiden Kleriker nach. Erst als Herr und Hauptmann sich in den Sattel geschwungen hatten und auf dem Weg in Richtung Michelbach verschwunden waren, blickte Hezilo seinen Diakon mit zusammengekniffenen Augen an und fragte unverblümt: „Und? Was meinst du?" Gereon zuckte mit den Schultern. „Mit dem Jungen kann man reden, mit seinem Vater nicht. Der Hauptmann neigt dem Jungen zu, muss aber im Zweifelsfall dem Alten gehorchen."

„Richtig beobachtet", kommentierte der Pater. Nachdenklich hob er seinen Becher an die Lippen, bemerkte aber, dass nichts mehr darin war. In diesem Moment trat Gerwin mit einem Krug in den Händen an sie heran.

„Darf ich euch noch etwas nachschenken und mich einen Moment zu euch setzen?", erkundigte er sich, wobei er mit fragendem Blick den Krug hob. Hezilo nickte ihm zu und streckte ihm seinen leeren Becher hin. Gereon tat es ihm nach. Gerwin schenkte nach, hob dann seinen eigenen Becher und trank ihnen zu. „Ein schönes Fest", meinte er. „Und ein festlicher Gottesdienst, mit einer spannenden Predigt", lobte er, und man konnte an seinem ehrlichen Gesicht ablesen, dass er meinte, was er sagte.

„Wie geht es denn in deinem famosen Gernsbach voran?" Hezilo wusste, dass er mit dieser Frage Gerwins Lieblingsthema ansprach. Um ihn nicht zu verärgern, hatte er diesmal die diskriminierende Bezeichnung „sogenannt" weggelassen.

Von dem ehemaligen Bauern kursierte eine wilde Geschichte im Tal. Vor einigen Jahren, so erzählte man sich, war er wegen einer Unbotmäßigkeit gegen Domkapitel und Bischof verurteilt und von seinem Hof gejagt worden. Mittellos, wie er gewesen war, hatte er dann, so ging das Gerücht weiter, sich einer Bande von Räubern und Mördern angeschlossen und einen Überfall auf das Dorf Bukinisheim in der Rheinebene mitgemacht. Die Gesetzlosen seien alle bis auf ihn allein von einer Truppe des jungen Werinhard von Michelbach niedergemacht worden.

Gerwin selbst war Fragen nach seiner Vergangenheit immer ausgewichen mit dem Hinweis, er wolle sich an diese Dinge nicht erinnern. Auch die Bewohner von Bukinisheim bestätigten, falls ein Murgtäler überhaupt jemals dorthin kam, die Geschichte nur in groben Umrissen, ohne auf Einzelheiten näher einzugehen. Es war, als sei ein Mantel des Schweigens über die Angelegenheit gebreitet worden. Auf jeden Fall hatte der alte Herr von Michelbach Gerwin in Gnaden wieder aufgenommen und als Organisator der Aufbauarbeiten in der geplanten neuen Ansiedlung an der Furt ganz hinten im Talgrund eingesetzt.

„Die Arbeiten gehen sehr gut voran", berichtete Gerwin bereitwillig. „Einige Leute sind sogar schon in die Hütten eingezogen!", fügte er hoffnungsvoll hinzu.

Gereon konnte nicht umhin, den Kopf zu schütteln. „Wer um alles in der Welt ist bereit, in einer solchen Wildnis zu leben?", fragte er zweifelnd. Er hatte sich zu dieser Frage bereits eine eigene Meinung gebildet, wollte aber hören, wie Gerwin und damit auch die Herren von Michelbach die Lage einschätzten.

„Die Bauern, die hier keine Lebensgrundlage mehr sehen, weil das Land knapp wird", führte Gerwin aus. „Im engeren Umkreis von Rotenfels ist für neue Siedler schon keine Stelle mehr frei. Also ziehen sie weiter nach Süden. Da können sie auch sicher sein, nur einem Herrn abgabepflichtig zu sein."

Hezilo schwieg, Gereon verstand das als Aufforderung des Priesters an ihn, Gerwin zu antworten.

„Aber in dem neuen Ort ist ihre Lage genauso unsicher!", stellte er darum fest. „Nach dem geltenden Recht ist Speyer der einzige legitime Eigentümer des gesamten Tals, auch der Teile, die bis dato noch unbesiedelt sind oder gerade erst besiedelt werden!" Mit gerunzelter Stirn blickte er Gerwin an. „Der Vater des gegenwärtigen Kaisers, der verstorbene Kaiser Heinrich, Gott hab ihn selig, hat das Gut Rotenfels dem Domstift

Speyer mit allem, was dazu gehört, ohne alle Einschränkungen vor einem halben Jahrhundert zu Eigen geschenkt!“

„Das mag sein“, entgegnete Gerwin bedächtig, während sich seine Miene verhärtete. „Aber welches Gebiet umfasste das Gut Rotenfels zum Zeitpunkt dieser Schenkung?“ Nachdem er die Frage in den Raum gestellt hatte, gab er gleich selbst die Antwort. „Das Gut war ein ziemlich kleines Stück Land. Der größte Teil des Tales war unbesiedelt. Unbesiedeltes Land gehört aber zuerst dem König. Und dann demjenigen, der es urbar macht! So ist es von alters her!“

Gereon hatte eine andere Meinung, wollte sich aber nicht mit dem Alten anlegen, den er ansonsten sehr schätzte. Gerwin war, wie er jetzt erkannte, ein treuer Gefolgsmann der Michelbacher. Der junge Werinhard hatte ihn vor dem sicheren Tode gerettet, der alte hatte ihn begnadigt und sein Leben doch noch zum Guten gewendet. Sein Unglück war dagegen von einem Abgesandten von Speyer verursacht worden. Es war verständlich, dass Gerwin die Sachlage auf diese Weise betrachtete.

Gereon seufzte unwillkürlich, Hezilo legte ihm die Hand auf die Schulter. Er konnte die Gedanken seines Diakons gut nachvollziehen. „Es ist müßig, sich um die Belange der Herren zu streiten“, meinte er dann, blickte zu Gerwin hinüber und fragte: „Ist eigentlich von deinem neuen Ort heute jemand hier – außer dir?“

„Nein“, gab der Alte verlegen zu. Dann beugte er sich vor und senkte die Stimme: „Ausgerechnet gestern Abend ist unerwartet eine Gruppe von Reisenden aus dem Rheintal eingetroffen! Handelsleute mit kostbaren Schwertern, angeblich Ware aus Damaskus. Ich habe sofort einen Boten nach Michelbach hinübergeschickt. Wir mussten die Reisenden erst versorgen und dann zur Burg begleiten.“

Gerwin brach ab und schien zu überlegen. Dann meinte er: „Überhaupt wäre es gut, wenn wir eine eigene Kapelle hätten. Bei der vielen Arbeit, die wir haben, ist der Weg nach Rotenfels einfach zu weit.“ Der Alte schien diese Idee schon mehrfach gewälzt zu haben. Lebhaft fuhr er fort, sie weiter auszuspinnen: „Die Leute laufen mindestens zwei Stunden hin und zwei Stunden wieder zurück!“

Schon holte Gerwin Luft, um die weiteren Vorzüge einer eigenen Kapelle aufzuzählen, da unterbrach ihn Pater Hezilo in schroffem Tonfall. „Wer sollte diese Kapelle versorgen?“, fragte er ärgerlich. „Was glaubst du, wie viele Meilen ich am Tag zusammenlaufe und reite, um alle Gläubigen zu erreichen?“ Dann beugte er sich ganz nah zu Gerwin und fragte mit gesenkter Stimme: „Oder hat dein Herr vielleicht schon seinen Schwager Adalbert von Calw darum gebeten, einen Priestermönch aus Hirsau zu schicken?“

Gerwin verstummte und presste die Lippen zusammen.

„Verzeih‘ meinen Ausbruch“, meinte der Priester nun beschwichtigend. „Aber ich befürchte, dass deine Herren offenbar Pläne betreiben, von denen wir nichts wissen, und die, soweit ich sehe, gegen die Kirche von Rotenfels und damit gegen Domkapitel und Bischof gerichtet sind!“ Beide, Hezilo und der alte Gerwin, wirkten verstimmt und verfielen in Schweigen.

Nun war es Gereon, der sich bemühte, den Frieden wieder herzustellen. „Haben wir nicht eben noch übereinstimmend festgestellt, dass es müßig sei, sich um die Belange der Herren zu streiten?“ Der Blick des Diakons wanderte zuerst zu Hezilo, dann zu Gerwin. Um von dem heiklen Thema abzulenken, fragte er stattdessen den Alten aus reiner Neugier: „Die Reisenden mit den Schwertern, kannst du die näher beschreiben?“

Gerwin wirkte anfangs noch etwas verärgert, taute dann aber bei dem Bericht über die Vorgänge in „seinem“ Ort zusehends wieder auf.

„Es waren zehn im Ganzen“, berichtete er. „Anführer waren ein alter Mann und ein junger. Der alte stellte sich uns als Jakob vor. Jakob und noch irgendein Zuname, den ich mir nicht merken konnte. Kali … oder so ähnlich.“ Gereon fuhr auf: „Kalonymos“, fuhr er den erschrockenen Gerwin unvermittelt heftig an. „Jakob Kalonymos?“

Hezilo fasste seinen Diakon plötzlich scharf ins Auge.

„Ja ich glaube, das war sein Name“, bestätigte Gerwin und sah den Diakon überrascht an.

„Und der andere?“, setzte Gereon ihm aufgeregt weiter zu. Gerwin überlegte: „Der hieß Elijah“, behauptete er dann.

„Eliezer“, verbesserte ihn Gereon, und Gerwin nickte. „Ja, richtig, jetzt wo du es sagst, fällt es mir wieder ein. Eliezer, das war sein Name, nicht Elijah.“

„Was ist?“, wollte Hezilo von seinem offenbar um Fassung ringendem Diakon wissen. „Kennst du diese Leute?“

„Ja“, antwortete Gereon und holte tief Luft. „Wenn es die sind, die ich meine, gehören sie zur Judengemeinde von Worms.“ Als ihm die Tragweite seiner eigenen Feststellung zum Bewusstsein kam, breitete sich in seinem Inneren eine quälende Spannung aus, er fühlte, wie ihm heiß wurde.

„Wie kommst du zur Judengemeinde von Worms?“, hörte er Hezilo fragen. „Soviel ich weiß, hast du in Speyer und Bamberg studiert.“

Gereon hatte die Ellbogen auf den Tisch gestützt und das Gesicht in den Händen vergraben. „Pater, bitte fragt nicht. Das kann ich jetzt nicht erklären“, murmelte er, während er versuchte, tief ein- und auszuatmen, in der Hoffnung, sein rasendes Herz zu beruhigen.

Er ahnte nicht, dass Hezilo gerade in seinem Innersten lesen konnte wie in einem aufgeschlagenen Buch. Dem Priester tat es in der Seele weh, seinen Gehilfen so außer sich zu sehen.

Während der junge Kleriker immer noch die Hände vor das Gesicht geschlagen hielt, gab der Pater dem alten Gerwin verstohlen ein Zeichen. Der verstand sofort und zog sich zurück.

Mit einem Mal fuhr Gereon hektisch auf: „Ich muss sofort los“, stieß er hervor, während er aufsprang und dabei eine Kanne umwarf, die mit lautem Klirren auf dem gestampften Boden zerspellte. Die ihnen am nächsten Sitzenden drehten sich bereits um und begannen zu tuscheln.

Hezilo umfasste den Arm des Diakons mit einer Hand und presste ihn wie in einer Eisenklammer zusammen. Der junge Kleriker schien wie aus einer Trance aufzuwachen und blickte seinen Vorgesetzten verwirrt an.

„Lass uns gehen! Wie ich sehe, ist dir nicht gut“, stellte der Priester fest und sprach dabei so laut, dass es die Umgebung hören konnte. Dann führte er seinen Gehilfen mit hartem Griff durch die Reihen der Tische vom Festplatz weg. Den Umsitzenden zwinkerte er dabei vielsagend zu. Mochten sie ruhig glauben, der Junge habe zu viel gebechert. In Kriegslisten kannte der Pater sich aus, seine Berufung hatte ihn erst spät erreicht.

„Der Diakon hat ausnahmsweise mal zu viel gezecht“, bemerkte einer der Bauern und lachte gutmütig. „So rührig, wie der ist, kann ihm das niemand verübeln.“ Die anderen grinsten ebenfalls amüsiert und tranken sich ein weiteres Mal zu. „Hoffen wir, dass er seinen Rausch bald ausgeschlafen hat“, meinte ein anderer, der wie etliche seiner Zechkumpane bereits verwaschen sprach und beim Aufstehen schwankte.

Unter denen, die den Vorfall miterlebt hatten, fiel keine gehässige Bemerkung. Im Gegenteil, alle schienen zufrieden, dass ihrem zweiten Geistlichen auch einmal so etwas passiert war. Das zeigte doch nur, dass er einer von ihnen war. Im Gegensatz zu Pater Hezilo, der seine Enthaltsamkeit so eisern durchhielt, dass es vielen Gläubigen geradezu unmenschlich erschien. Wegen ihrer eigenen Anfälligkeit gegenüber den Versuchungen dieser Welt empfanden sie zu große Unbestechlichkeit eher als beunruhigend. Mit dem jungen Diakon verband sie neben dem Respekt vor dem geistlichen Stand auch ein Band der Kameradschaft. Dem älteren Priester dagegen begegneten sie mit einer gewissen Scheu. Er schien über jeden von ihnen alles zu wissen, ohne dass jemand etwas über ihn wusste. Das war den meisten unheimlich.

Gereon hatte sich in seiner Kammer auf die Bank gesetzt und den Becher Wasser ausgetrunken, den ihm der Pater gebracht hatte, als es an die Tür klopfte. Hezilo öffnete, sprach etwas in leisem Ton und kam wieder herein. Gereon blickte fragend auf. „Es war nur Irmengard. Sie wollte wissen, ob wir …, ob du etwas brauchst“, meinte der Priester.

Gereon seufzte. „Morgen wollte ich sie besuchen“, bemerkte er. „Sie ist so abweisend, aber trotzdem liebt sie die Menschen“, sinnierte er vor sich hin.

„Ja, und besonders liebt sie dich“, erwiderte der Pater unerwartet direkt, fast grob, nahm sich aber sofort wieder zurück. „Verzeih“, bat er, wobei er den Kopf schüttelte. „Du hast dir nichts zuschulden kommen lassen, aber ich habe so meine Beobachtungen gemacht.“

Der Diakon blickte ungläubig auf. „Dann werde ich nicht zu ihr gehen“, stellte er mit einigem Befremden fest.

„Du musst zu ihr gehen!“, erwiderte Hezilo bestimmt. „Du bist der einzige, mit dem sie ernsthaft redet“, führte er weiter aus. „Weil du dich auch bei den Pflanzen auskennst.“

„Aber ich will ihr nicht weh tun!“, protestierte Gereon. „Ich will nicht, dass sie glaubt, ich könnte ihr auch …“ Hier stockte er und gestikulierte fahrig mit den Händen in der Luft herum. Dann fuhr er fort, ziemlich verlegen und auf der Suche nach den passenden Worten. „Also, sie soll nicht glauben, ich würde ihr ein Gefühl entgegenbringen.“ Der Pater zog ungläubig die Brauen hoch. „Ein Gefühl?“, fragte er streng. Gereon merkte, dass er sich missverständlich ausgedrückt hatte. Er ballte die

Faust und schlug sie in die Fläche der anderen Hand. „Gefühl schon, natürlich", korrigierte er sich dann ärgerlich, „aber doch keine Liebe, jedenfalls nicht diese Art Liebe, du weißt schon!"

„Ich denke nicht, dass sie das glaubt", erwiderte Hezilo mit schwachem Lächeln. „Du könntest es sie auch gar nicht glauben machen", setzte er nachdenklich hinzu und wurde wieder ernst. Dann erklärte er dem jungen Diakon das Wesen einer Liebe, die nichts fordern, sich niemals ungehörig verhalten und nur auf das Wohl des anderen bedacht sein würde. „Geh zu ihr", forderte ihn Hezilo am Schluss noch einmal auf. „Du kannst nichts falsch machen."

Gereon war wie vor den Kopf geschlagen. Er verstand seinen Vorgesetzten nicht mehr. Er würde das Gegenteil von dem tun, was der ihm gerade geraten hatte! In Zukunft würde er sich jedes Zeichen von Freundlichkeit genau überlegen, um keinen falschen Anschein zu erwecken und sich selbst nicht ins Gerede zu bringen.

Hezilo verfolgte mit einer gewissen Enttäuschung, wie sich zuerst Zweifel, dann Verhärtung in den Zügen seines Diakons spiegelten, und ging zu einem kühleren Ton über: „Du hast den Wunsch geäußert, die von Gerwin erwähnte Reisegesellschaft zu treffen. Das müsstest du allerdings noch heute tun, da ich dich morgen wieder brauche", verkündete er. „Du kannst den Maulesel nehmen", setzte er noch lapidar hinzu, bevor er sich abwandte und wieder hinaus zu seinen Gläubigen ging.

In Gereon machte sich ein unbestimmtes Gefühl der Missstimmung breit. Das selbstverständliche Einvernehmen, das gerade noch zwischen ihm und dem Pater geherrscht hatte, war unversehens gestört worden.

Als er den geduldigen Maulesel auf dem festen und hochwassersicheren Weg in Richtung Michelbach vorantrieb, grübelte er über das Vorgefallene nach. Plötzlich fühlte er wieder den Schmerz im Oberarm, den er in der letzten Stunde verdrängt hatte. Er krempelte den Ärmel der Kutte hoch und erblickte eine ausgedehnte, dunkle Verfärbung. Pater Hezilo hatte offenbar einen mehr als festen Griff. Im ersten Moment hatte sich der Diakon nichts dabei gedacht, jetzt, im Rückblick, kam es ihm merkwürdig vor. Der Priester hatte schon immer einen Eindruck von drahtiger Wendigkeit und Kraft vermittelt. Gereon hatte das mehr unbewusst mit dessen asketischer Lebensweise in Zusammenhang gebracht. Jetzt war er sich darüber nicht mehr so sicher.

Als der junge Geistliche an die Kreuzung am Michelbach kam, nahm er den Weg nach Nordosten, hinauf zur Burg. Auch wenn die Beziehungen zwischen Speyer und Michelbach gespannt waren – die Geistlichen von Rotenfels hatten nichts zu befürchten. Gewalt übten die Burgherren nur gegen aufsässige Bauern und uneinsichtige speyerische Beamten aus. Die einen wurden zu Abgaben gezwungen, die anderen aus den von ihnen verwalteten Gütern vertrieben oder einfach übergangen. Gegen solche Gewaltakte verfasste der bischöfliche Hof dann jeweils eine schriftliche Protestnote, von der ein Duplikat säuberlich in der bischöflichen Kanzlei abgelegt wurde.

Gereon hatte schon mehrere solche Schreiben überbringen und dabei die schlechte Laune des alten Herrn Werinhard ausbaden müssen. Der ging offenbar davon aus, dass Kaiser Heinrich mit dem Kampf gegen all die gegen ihn aufgestellten Gegenherzöge und Gegenbischöfe im Reich so beschäftigt war, dass er keine Zeit haben würde, sich in die kleineren Händel einzumischen. Dabei vertraute er auch auf seine Verwandtschaft mit dem Kaiser und auf die Tatsache, dass sein zweitältester Sohn Eberhard im kaiserlichen Heer diente und bei Hofe angesehen war.

Bischof Huzmann dagegen war zwar einer der engsten Vertrauten des Kaisers, aber in dieser Funktion eben auch oft mit ihm im Reich unterwegs. War er in Speyer anwesend, nahm er seine geistlichen Pflichten ernster als die materiellen seiner Domherren, die, so befand der Bischof, auch mal auf Einnahmen verzichten konnten, da sie sowieso gut genug lebten. Bis dato war es immer wieder gelungen, Huzmann unter Versprechungen zukünftiger Besserung zur Tolerierung der jeweiligen Michelbacher Übergriffe zu bewegen, nicht zuletzt dank dem Verhandlungsgeschick und der Kompromissfähigkeit von Gereon und Werinhards ältestem Sohn.

Mittlerweile war der Diakon in den Weiler am Fuß der Burg gelangt. Überall waren die Leute bei der Arbeit, in den Krautgärten zwischen den Häusern, in den Obstgärten an den Hängen, auf den kleinen, zwischen den Hügeln eingestreuten Feldern und Weiden. Beim Durchqueren des Dorfes drangen vertraute Geräusche an sein Ohr wie das helle Hämmern auf Metall, das dumpfe Schlagen von Äxten, das Gackern und Gurren der Hühner und das Jauchzen der Kinder. Von überall her winkte man ihm zu, und er grüßte freundlich zurück. Rasch hatte er die wenigen Häuser und Höfe hinter sich gelassen und folgte nun zu Fuß dem steilen Weg, der in einem weiten Bogen in die breite Rampe überging, die von Nordosten her auf den Burgberg und dann an der östlichen Burgmauer entlang zum Haupttor führte. Den Maulesel hatte er an einem Zaunpfosten im Dorf angebunden.

Gereon kannte den Wachhabenden am Tor, der ihn freundlich nach dem Grund seines Besuchs fragte.

„Sind die Reisenden vom Ost-West-Weg schon eingetroffen?“, wollte der Diakon wissen. Der Wächter bejahte und wies mit dem ausgestreckten Arm in den Burghof hinein.

„Sie sind gerade im großen Saal, damit Herr Werinhard und Frau Adelheid die Waren in Augenschein nehmen können“, erklärte er.

Dann blickte er auf die jugendliche Gestalt in der einfachen Kutte. „Aber du bist doch nicht gekommen, um dir die Waren anzuschauen“, lachte er gutmütig. „Die sind für unsereins unerschwinglich!“, setzte er hinzu, wobei er sein Gesicht in Trauerfalten legte, die der Richtung seines hängenden Schnauzbartes nach unten folgten.

Aber die gespielte Betrübnis wich schnell einem Ausdruck erhöhter Wachsamkeit. Das Interesse des Geistlichen an den Neuankömmlingen war dem Posten aufgefallen. Er wartete auf eine Antwort.

Gereon überlegte fieberhaft. Was sollte er jetzt sagen, ohne besondere Aufmerksamkeit zu erregen?

„Nach dem, was uns Gerwin auf dem Fest erzählt hat“, erklärte er dem Wächter, „könnten die Kaufleute aus Worms stammen.“ Diese Feststellung war unverdächtig und entsprach obendrein noch der Wahrheit. „Ich habe Verwandte dort“, fuhr Gereon fort, „und wollte nur fragen, ob sie etwas von denen gehört haben, das ist alles.“ Das Letztere war gelogen, klang aber plausibel und leuchtete dem Wachhabenden sofort ein. Bereitwillig gab er den Weg frei. „Warte einfach im Hof“, empfahl er dem Diakon. „Vielleicht hat die Küche sogar noch was Leckeres für dich übrig“, setzte er augenzwinkernd hinzu.

Gereon hob die Hand. „Bis nachher“, rief er dem Posten noch zu und wandte sich in Richtung Küchenbau, der wegen der Feuergefahr im westlichen Teil des Burghofs untergebracht war. Er streckte seinen

Kopf durch die offene Tür in den dunklen Innenraum und schnupperte in Richtung des großen Kessels über dem Feuer. Von dort stieg ihm der betörende Geruch von Schmalzgebackenem in die Nase, das in siedendem Öl herumschwamm. Die fertigen Teile lagen auf einem über die große Tischplatte ausgebreiteten Tuch, um das Fett aufzusaugen.

Die Mägde wuselten herum, einige drehten sich nach ihm um und kicherten. Sehr bald bekam er einen Holzteller gereicht, auf dem sich einige der immer noch warmen Köstlichkeiten befanden. „Vergelt's Gott!", rief Gereon lachend, der seit dem bescheidenen Mahl nach der Messe nichts mehr zu sich genommen hatte. „Ihr meint es gut mit einem hungrigen Mann der Kirche!"

Er ging nach draußen, setzte sich auf einen Holzblock und begann, das Gebäck zu verzehren. Es schmeckte wundervoll, das Fett triefte von seinen Fingern, und er hatte Mühe, sein Gewand aus der Gefahrenzone zu bringen.

Nachdem er fertig war, brachte er den Holzteller in die Küche zurück, bedankte sich und lobte die Speisung über den grünen Klee, was bei den Mägden erneutes Kichern auslöste. Dann schlenderte er über den Hof, schaute beim Schmied hinein, mit dem er einige Worte wechselte, besah sich die Pferde im Stall, schwatzte ein wenig mit dem Stallmeister, und ging dann zum Brunnen, um etwas gegen seinen Durst zu tun.

In diesem Augenblick sah er die Besucher auf den oberen Absatz der Freitreppe treten, die in den Anbau führte, durch den man das Herzstück der Burg, den Wohnturm, erreichte. Seine Ahnung hatte ihn nicht getrogen: Es waren die Wormser, er erkannte Jakob und den jungen Eliezer. Mit klopfendem Herzen ließ er seine Blicke mehrfach über die Gruppe hin schweifen.

Aber so sehr er auch suchte: Frau Mirjam war nicht dabei! Natürlich nicht! Das hätte er wissen müssen. Vielleicht hatte er es auch schon längst gewusst, aber nicht wahrhaben wollen. Warum hätte sie an dieser Handelsreise teilnehmen sollen! Gereon fühlte Enttäuschung über die Gewissheit in sich aufsteigen, aber gleichzeitig auch Verärgerung über sich selbst, dass er wider besseres Wissen eine so törichte Hoffnung gehegt hatte! Er brauchte eine Weile, um sein inneres Gleichgewicht wieder zu finden. Dann setzte er sich in Bewegung.

„Ah, wer gibt uns denn da die Ehre!“, dröhnte die Stimme des alten Werinhard quer über den Hof, sobald er den Diakon erblickt hatte. Der Burgherr hielt es aber nicht für nötig, auf den Geistlichen zu warten. Stattdessen verabschiedete er sich auf dem obersten Absatz der Treppe kurz von den Besuchern und verschwand wieder im Gebäude. Seine Frau Adelheid war erst gar nicht mit nach draußen gekommen.

Werinhard der Jüngere zeigte keinerlei Anzeichen von Verlegenheit. Das Verhalten seines Vaters entsprach dem normalen Dünkel seines Standes, der sich mittlerweile durch einen gewissen Altersstarrsinn noch verfestigt hatte. Die Besucher waren zudem nicht hochrangig und verfolgten wirtschaftliche Interessen, die in Adelskreisen üblicherweise als niedrig verachtet wurden.

Der junge Michelbacher dachte, zumindest im Fall von Jakob und Eliezer, weniger einseitig.

„Dies ist Gereon, einer der Vertreter der Kirche in unserem Tal“, stellte er den Diakon vor. Die Reisenden verbeugten sich höflich, Gereon folgte ihrem Beispiel. Dann deutete Werinhard auf Jakob und Eliezer und erklärte, zu Gereon gewandt: „Jakob und Eliezer Kalonymos, Handelsherren aus Worms und Anführer dieser Gesellschaft.“ Wieder verbeugten sich alle. Der Diakon meinte, ein Aufleuchten in Jakobs dunklen Augen zu erkennen. Sein langes Gesicht war von scharfen Falten durchfurcht.

„Gereon, diese Kaufleute kommen von Gernsbach und wollen weiter ins Rheintal, werden also über Rotenfels reisen. Würdest du sie begleiten?“, fragte der junge Michelbacher. Der Diakon erklärte sich sofort bereit. Die Bitte kam ihm sehr gelegen, da er sich schon krampfhaft überlegt hatte, welchen Grund er anführen könnte, die Burg gleich wieder zu verlassen, noch dazu zusammen mit den Judäern.

Der Diakon war froh, dass die bewaffnete Begleittruppe, die Werinhard der Gesellschaft bis Worms zur Verfügung gestellt hatte, erst morgen in Rotenfels eintreffen würde. Auf diese Weise würde er sich auf dem Weg ungestört mit Jakob unterhalten können.

Gemeinsam mit den Judäern verließ Gereon die Burg. Da er kein Reittier hatte, liefen auch die anderen und führten ihre Pferde am Zügel. Im Dorf band er seinen Maulesel vom Zaun. Einige Minuten später passierten sie den Wachtturm, der einen weiten Blick in das Tal des Michelbaches bot, und von dem man folglich auch sehen konnte, falls sich aus Richtung Murgtal etwas näherte. Eine ganze Weile schwiegen die Reisenden noch, dann lag der Turm so weit hinter ihnen, dass sie sich sicher vor Beobachtung fühlten und eine Unterhaltung begannen. Natürlich hatte Jakob den Diakon als ehemaligen Domschüler und Schüler seiner Nichte wiedererkannt. Gereon fragte als erstes nach Frau Mirjam und war glücklich, dass es ihr gut ging. Jakob berichtete ihm viel über sie, über ihre Arbeit und ihren Garten.

Als Gereon fragte, ob jemand zufällig etwas über seinen kleinen Schützling Vitus in Speyer gehört habe, gab Jakob an, nichts Näheres über seinen Fortgang zu wissen, nur dass er lebe und gesund sei. Dass der Domschüler inzwischen bei einem Besuch seiner Eltern in Germersheim am Fieber gestorben war, das in diesem Sommer besonders heftig am Rhein gewütet hatte, verschwieg er dem Diakon. Für diese traurige Nachricht, so befand Jakob, würde sich auch später noch eine Gelegenheit ergeben. Die kurze Zeitspanne der Wiedersehensfreude und der glücklichen Nachrichten wollte er dem jungen Mann nach Möglichkeit ungetrübt erhalten.

Die Reisenden unterhielten sich mittlerweile immer lebhafter, häufig kam es zu gegenseitigen Zurufen und Gelächter. Dass sie von der anderen Seite des Baches schon längst beobachtet wurden, fiel dabei niemandem auf.

Ein Geistlicher, der lachte, gemeinsam mit diesen verfluchten Judäern! Wo doch das Lachen als ein Merkmal des Teufels galt, und die Juden unverbesserliche Häretiker und Mörder des Herrn waren! Eine Welle der Erbitterung überkam den hochgewachsenen, knochigen Mann, dessen Augen unter einer tief ins Gesicht gezogenen Kapuze verborgen waren. Beim Herannahen der Reisegruppe war er rasch in den Schatten des Waldrands zurückgetreten, um nicht gesehen zu werden. Als er bemerkt hatte, dass sich ein Vertreter der heiligen römischen Kirche bei diesem gottlosen Krämerhaufen befand, war seine Erbitterung in Hass umgeschlagen. Die göttliche Vorsehung, da war er sich jetzt sicher, hatte ihn in diese Gegend geführt, um die Menschen auf den rechten Pfad zurückzuführen.

Nachdem die Stimmen der Kaufleute verklungen waren, verharrte er noch einen Moment und atmete einige Male heftig ein und aus. Dann wandte er sich wieder in Richtung Michelbach. Während er an seinem Stab dahin schritt, versenkte er sich in ein langes Dank- und Bittgebet, das ihn hinüber leitete zu der Formulierung geeigneter Argumente, mit denen er die Herde Christi wieder auf den Weg des rechten Glaubens zurückzubringen gedachte.

Der Gedanke, dass es an ihm lag, die Seelen zu führen und für das ewige Leben zu retten, befriedigte ihn tief. Die Vorstellung, das Böse mit Stumpf und Stiel auszurotten, ließ ihn vor Eifer brennen. Er handelte nach Gottes Willen, daran gab es keinen Zweifel. Die tiefe Befriedigung, die ihn bei der Besserung und Bestrafung von Abtrünnigen überkam, konnte nur ein Zeichen der göttlichen Bestätigung und Berufung sein! Er würde Buße, Umkehr und Gehorsam predigen, so wie er es in Reichenbach getan hatte, wo die faulen Früchte im Weinberg des Herrn dank seiner Strenge ausgemerzt worden waren. Er war nur ein einfacher Wanderprediger, aber er fühlte sich verpflichtet, die Gebote der Schrift zu Gehör zu bringen und durchzusetzen, er, Wideradus, den Gott selbst dazu berufen hatte.

Und jetzt harrte neue Arbeit auf ihn, diesmal weiter unten im abgelegenen Tal der Murg. Wie er von allerlei Volk auf den Straßen gehört hatte, herrschten dort unhaltbare Zustände. Schismatische Geistliche verseuchten die Landbevölkerung mit dem verderblichen Gift der Gotteslästerung und verdammten die Gläubigen noch im Leben zur ewigen Finsternis, während die Herrschenden auf ihren Burgen saßen und der Verwüstung vor ihren Augen nicht Einhalt geboten. Diesen Herren galt es ins Gewissen zu reden, oder vielmehr ihren Frauen. Auch wenn er, Wideradus, für dieses unvollkommene Geschlecht eine tiefsitzende Verachtung hegte, da es seiner Meinung nach nur dafür geschaffen worden war, im besten Fall dem Mann zu dienen und im schlimmsten Fall die Gottesfürchtigen in Versuchung zu führen.

Es gab da in seinen Augen nur wenige Ausnahmen, und glücklicherweise war ihm Adelheid von Michelbach als eine solche geschildert worden. Als Schwester des Grafen Adalbert von Calw war sie eine Anhängerin der Kirchenreform. Pater Wideradus war überzeugt, dass sie den geistlichen Anweisungen, die von einem Vertreter dieser Reform kamen, unbedingt folgen würde. Das Empfehlungsschreiben, das vom Abt des Klosters Hirsau persönlich gesiegelt war, würde ihm das Vertrauen dieser Frau garantieren. Durch seine weit reichenden Beziehungen hatte Wideradus auch erfahren, wie in etwa die geistliche Führung durch seine Vorgänger Otloh und Gottschalk ausgesehen hatte. Besonders der Mönch Otloh hatte Frau Adelheid in ihrer strengen Selbstdisziplin und Gottesfurcht bestärkt. Otloh und der ihm nachfolgende Gottschalk waren nun aber schon vor Jahren gestorben. Es war daher anzunehmen, dass Frau Adelheid froh sein würde, wieder einen Priester in ihrer Nähe zu wissen, der besonders strenge Richtlinien vertrat!

Dabei vermutete der Pater, dass auch der Herr von Michelbach, wie die meisten Männer, bis zu einer gewissen Grenze den Einflüsterungen und Klagen seines Weibes zugänglich war. Das galt es auszunutzen! Herr Werinhard würde unangenehm reagieren, wenn jemand versuchen sollte, seinen Machtansprüchen in die Quere zu kommen. Aber das wollte er, Wideradus, ja gar nicht! Er wollte nur das Unkraut im Weinberg des Herrn ausreißen! Und dieser Pflicht würde sich auch der Herr von Michelbach nicht verschließen können, erstens weil er selbst nicht in den Geruch eines Häretikers kommen wollte, und zweitens, um die Ängste seines Eheweibs zu beruhigen und die von ihr gewohnte klaglose und für ihn so bequeme Fügsamkeit zu erhalten.

Im Geist fuhr der Wanderprediger fort, sich die passenden Worte zurechtzulegen. Er würde nicht nur über die schismatischen Geistlichen sprechen, oh nein! Er würde noch andere Verbrechen aufdecken, da war er sich sicher.

Aus der Gefolgschaft des Klosters Hirsau war ihm zugetragen worden, dass sich die Tochter der Drude, die vor einigen Jahren in Reichenbach gestorben war, jetzt in Rotenfels befand - mitten unter der arglosen Landbevölkerung! Eine Frau, derer man sich in Reichenbach entledigt hatte, da sie der Zauberei überführt worden war! Solche Menschen, besonders Weiber, waren nicht imstande, dem Bösen jemals abzuschwören, sobald sie sich dem Dämon einmal ausgeliefert hatten. Er würde dieses Weib beobachten, ihm auf die Schliche kommen, es auf frischer Tat überführen!

Und hatte ihm nicht auch eine trübe, aber gut informierte Quelle zugeraunt, der junge Diakon von Rotenfels sei durch eine unerlaubte Beziehung in diesem Unflat verstrickt? Welches Werk der Gottesliebe würde es sein, Frau Adelheid, der Herrin von Michelbach, die Verbrechen aufzuzeigen, die unter der Herrschaft ihres Mannes im Tal eingerissen waren, und sie dazu zu ermahnen, nun endlich dazu beizutragen, das Übel abzustellen!

Gegen Abend erreichte Pater Wideradus die Burg von Michelbach und wurde auf Geheiß von Frau Adelheid freundlich und mit großer Ehrerbietung aufgenommen.

Hezilo hatte den Judäern erlaubt, auf dem Dorfplatz ihr Lager aufzuschlagen. Die Nacht war warm und trocken gewesen, Gereon hatte noch lange mit Jakob und Eliezer am Feuer gesessen und sich mit ihnen unterhalten.

Am nächsten Morgen, nach Ankunft der bewaffneten Begleitmannschaft von Burg Michelbach, brachen die Kaufleute ins Rheintal auf. Gereon meldete sich bei Pater Hezilo, der angeblich einige Aufgaben für ihn hatte.

Der Priester fragte ihn zunächst, was es Neues auf Burg Michelbach gebe. Gereon konnte ihm da allerdings nicht viel berichten, da er sich nur kurz dort aufgehalten hatte.

„Hm", machte Hezilo und schien nachzudenken. „Du hast nichts über einen neuen Priester gehört, der dort angekommen sein soll?", fragte er dann. Der Diakon verneinte. Gerne hätte er seinen Vorgesetzten näher dazu befragt, aber Hezilos verschlossenes Gesicht hielt ihn davon ab.

„Nun gut, wir werden sehen", meinte der Priester nachdenklich, mehr zu sich selbst. Dann wandte er sich abrupt seinem Diakon zu.

„Ich gehe jetzt zu Irmengard", stellte er fest. „Und du wirst mich begleiten – als Zeuge!" Pater Hezilo hatte sich unmittelbar nach den letzten Worten zur Tür gewandt, ohne eine Antwort abzuwarten. Gereon blieb nichts anderes übrig, als seinem Vorgesetzten widerspruchslos zu folgen. Er hatte keine Ahnung von dem, was nun folgen sollte.

Sie trafen Irmengard bei der Arbeit im Garten. „Uns sind Klagen über dich zu Ohren gekommen", begann der Pater. „Wir halten sie nicht für gerechtfertigt, müssen dich aber dazu befragen", erklärte er. „Aber das tun wir besser in deiner Hütte", setzte er hinzu. „Die Nachbarn müssen nicht alles mitbekommen."

In der Hütte rückte Irmengard, ohne ein Wort zu verlieren, drei grobe Schemel heran. Als sie alle saßen, eröffnete Hezilo die Befragung. „Mir ist bekannt geworden, dass deine Mutter und du selbst vor einigen Jahren in Reichenbach in Haft gewesen seid“, stellte er fest. „Kannst du dazu etwas sagen?“

Irmengard schwieg beharrlich. Für Gereon waren diese Anschuldigungen völlig neu. Er fragte sich, wie der Pater davon erfahren hatte. Bevor er sich einen Reim darauf machen konnte, fuhr der Priester aber schon fort. „Deine Mutter hat durch Zauberei eine Viehseuche verursacht, und du selbst hast vor den Augen der übrigen Dorfbewohner einen Wetterzauber ausgeführt.“

Gereon blickte fassungslos von Hezilo zu Irmengard, die trotz der schweren Beschuldigungen weiter schwieg.

Hezilo verschränkte seine Hände und beugte sich vor. „Wenn es so ist, wie ich befürchte, wird sich die Geschichte herumsprechen“, begann er erneut und warf Irmengard einen sorgenvollen Blick zu. „Die Leute reden, wovon sie nichts verstehen. Du musst uns alles sagen, was du tust! Wir müssen wissen, wie du die Pflanzen behandelst. Ob du sie bei Vollmond erntest, ob du Gebete dabei sprichst. Ob du Amulette verwendest. Was du getan hast, um das Kind der Azela zu holen, einfach alles, hörst du?“ Hezilo hatte einen drängenden Ton angeschlagen und ließ die Frau nicht aus den Augen.

Gereon begann zu begreifen, warum der Pater ihm neulich ans Herz gelegt hatte, sich um Irmengard und ihre Heilmethoden zu kümmern. Wahrscheinlich hatte er schon geahnt, dass eine unheilvolle Entwicklung dieser Art über kurz oder lang in Gang kommen würde. Hing vielleicht auch die Frage Hezilos nach einem neuen Prediger auf Burg Michelbach damit zusammen?

Die beiden Geistlichen warteten immer noch auf eine Reaktion, aber Irmengard starrte blicklos vor sich hin und schwieg. Endlich, nach einer Ewigkeit, öffnete sie den Mund, ohne einen der beiden Besucher anzublicken.

„Der Diakon hat eine gute Kenntnis der Pflanzen“, begann sie. „Wenn ihr wollt, werde ich ihm meinen Garten erklären und alles, was ich sonst verwende, und auch, wie ich es anwende.“ Dann richtete sie den Blick fragend auf Pater Hezilo, der sein Einverständnis durch ein Kopfnicken bezeugte.

Noch am selben Tag begann Irmengard, dem Diakon ihren Garten zu erklären. Gereon staunte und stellte viele Fragen, die alle beantwortet wurden. Die Bedenken, wegen denen er den Vorschlag Hezilos zuerst so brüsk abgelehnt hatte, schienen nicht mehr wichtig, ja kamen ihm im Nachhinein lächerlich vor, zumal da, um Verleumdungen im Keim zu ersticken, Margreth meist an ihrer Seite oder ansonsten mit irgendeiner Arbeit in ihrer Nähe beschäftigt war.

Obwohl die Rotenfelser Geistlichen strengstes Stillschweigen bewahrt hatten, verbreitete sich das Gerücht über die Zauberei Irmengards und ihrer Mutter ziemlich rasch. Allerdings gelang es dem Pater, die Beschuldigungen wirksam zu entkräften, indem er den Leuten erklärte, Mutter und Tochter seien wegen übler Nachreden in Haft geraten und nach eingehender Untersuchung wegen erwiesener Unschuld wieder entlassen worden, wobei die Mutter infolge ihres Alters und der erlittenen Strapazen kurz darauf verstorben sei.

In der nächsten Zeit konnten die Rotenfelser häufig beobachten, wie sich der Diakon, der offenbar auf diesem Gebiet auch einige Kenntnisse besaß und mittlerweile selbst bei der Kirche einige Beete angelegt hatte, von Irmengard die Wirkungen der Heilpflanzen erklären ließ. Die Dorfbewohner, die nie an Irmengard gezweifelt hatten, fühlten sich bestätigt. Die wenigen, die gezweifelt hatten, gewannen ihr Vertrauen zu ihr rasch zurück, besonders da viele von ihnen die Wirkung ihrer Pflanzen schon am eigenen Leibe erfahren hatten. Geäußerte Verdächtigungen gerieten mit der Zeit in Vergessenheit. Die wenigen, die nicht davon ablassen wollten, mussten ihre Zungen hüten, da Pater Hezilo das Gerede über böse Geister und Dämonen unter die Strafe der öffentlichen Kirchenbuße gestellt hatte.

Burg Eberstein, Januar 1090

Hezilo war nicht nur für die Kirche in Rotenfels verantwortlich, sondern auch für die in Cuppenheim. Der Ort hatte ursprünglich auch zum Gut Rotenfels gehört, was der Herr von Eberstein, der hier faktisch die

Ortsherrschaft ausübte, nie in Zweifel gezogen hatte. Das Machtzentrum der Ebersteiner lag im Rheintal, sie waren im Augenblick mehr an einer Erweiterung ihrer Interessen nach Norden hin orientiert. Im Murgtal reichte ihnen der unmittelbare Einfluss auf den florierenden Markt Cuppenheim.

Hezilo stand etwa im selben Alter wie der ältere Berthold von Eberstein, dessen Vertrauen er genoss. Daher las er auch häufig die Messe in der Kapelle von Burg Eberstein. Danach konnte es passieren, dass Herr Berthold den Pater zum Essen einlud und sich mit ihm bei einem Becher Wein unterhielt. Den Wein schätzte Hezilo sehr, Berthold ließ ihn hauptsächlich auf seinen ausgedehnten Gütern bei Bühl und Ottersweier anbauen.

Wieder einmal, an einem Sonntag im Januar, hatten Hezilo und Gereon die Messe in der Burgkapelle zelebriert und waren danach von Herrn Berthold eingeladen worden, zusammen mit ihm und seinem jüngeren Sohn Eberhard zu essen. Da der Pater und sein Diakon die Gottesdienste in Cuppenheim und Rotenfels bereits hinter sich hatten, nahmen sie das Angebot gerne an.

„Pater Hezilo", begann der Ebersteiner. „Ihr wisst, dass Ihr mein volles Vertrauen habt. Als der alte Pater Gero vor einigen Jahren starb, waren wir froh, dass Ihr das Amt übernommen habt."

Gereon war hungrig und sprach den Speisen daher eifrig zu, lauschte aber daneben auf jedes Wort, das gesprochen wurde. Er konnte sich noch gut erinnern, als er zusammen mit Pater Hezilo in Rotenfels eingetroffen war. Der für das ganze Tal zuständige Pater Gero von Cuppenheim stand damals unter dem Verdacht, ein falscher Priester zu sein, der keine wirksamen Sakramente spenden konnte. Diese Behauptung hatte ein übereifriger, angeblich aus Hirsau stammender Wanderprediger in die Welt gesetzt und damit die Bevölkerung in Angst und Schrecken versetzt.

Pater Gero war nicht lange danach gestorben, worauf Hezilo, der neue Priester von Rotenfels, dessen Amt mit übernommen hatte. Gereon hatte seinem Vorgesetzten nach Kräften geholfen, die Landbevölkerung auf seine Seite zu bringen. Es war ihm leichtgefallen, theologische Inhalte in eine verständliche Form zu bringen und den Leuten zu erklären. In den Zeiten religiöser Zerrissenheit hatte sich das als nützliche Begabung erwiesen, um den Gläubigen wieder ein Gefühl der Sicherheit zu geben.

„Dank der theologischen Kenntnisse Eures Diakons hat sich die Aufregung unter den Leuten damals auch bald wieder beruhigt", ließ sich Herr Berthold vernehmen. Hezilo blickte voller Stolz zu Gereon hinüber, der sich über Gebühr gelobt fühlte.

Die Erklärung, dachte der Diakon, war doch im Grunde einfach gewesen: Pater Hezilo war in Zeiten zum Priester geweiht worden, als die Einsetzung von Bischöfen durch den König noch völlig normal gewesen war. Der König hatte seit jeher bestimmt, wen das Domkapitel zum Bischof wählen sollte. Der König hatte dem Gewählten danach Ring und Stab übergeben und ihn so mit den Abzeichen der geistlichen Würde versehen.

Gereon hatte den Gläubigen den Begriff der Investitur sogar anhand des lateinischen Wortes *investire* erklärt, das so viel bedeutete, wie einen Amtsanwärter mit der Amtskleidung oder den Amtsabzeichen zu versehen. Da Hezilo, so war die Erklärung weiter gegangen, durch einen rechtmäßig investierten Bischof geweiht worden sei, müssten auch die von ihm gespendeten Sakramente gültig sein. Die Bauern hatten diese Schlussfolgerung sofort verstanden, auch wenn sie weder lesen noch schreiben konnten. Daneben hatte sie aber noch etwas anderes überzeugt und Gereon empfand es als recht und billig, darauf hinzuweisen.

„Herr Berthold, ich danke Euch für die wohlwollende Beurteilung", antwortete er daher auf das Lob. „Aber Pater Hezilo hat ebenfalls viel dazu beigetragen, die Talbewohner in diesen wirren Zeiten zu beruhigen."

„Das weiß ich wohl", erwiderte Berthold und war sich bewusst, dass der Diakon auf die Lebensführung und persönliche Integrität des Priesters anspielte. Trotzdem verdüsterte sich seine Miene, ohne dass es ihm bewusst wurde. Den Geistlichen fiel die Veränderung sofort auf.

„Was bedrückt Euch, mein Herr?", fragte Pater Hezilo vorsichtig.

Herr Berthold holte tief Lust, dann meinte er: „Abt Wilhelm hat angekündigt, uns einen Priester zu schicken. Ich selbst hatte ihn einmal darum gebeten. Bevor ihr hier im Tal die Sorge für die Gläubigen übernommen habt."

Dann berichtete Herr Berthold von seinem Besuch im Priorat Reichenbach. Hezilo und Gereon erfuhren bei dieser Gelegenheit auch von den Unruhen dort um eine angebliche Drude. Als Hezilo fragte, ob er sich noch an deren Namen erinnern könne, zuckte Herr Berthold die Schultern und wandte sich mit fragendem Blick an seinen jüngeren Sohn, der mit am Tisch saß.

„Irmengard! So nannten sie diese Bauern“, erwiderte Eberhard mit vollem Mund ohne einen Moment des Zögerns.

Hezilo stutzte, sagte aber nichts. Das Gerücht über die Vorgänge in Reichenbach war ihm von dem jungen Herrn Werinhard zugetragen worden, der es offenbar aus dem Mund des neuen Priestermönchs für die Burgkapelle von Michelbach gehört hatte.

„Wie dem auch sei“, fuhr Herr Berthold fort. „Abt Wilhelm hat mir nun angekündigt, dass er meinem Wunsch willfahren und einen geeigneten Geistlichen auf unsere Burg schicken will.“

Hezilo drehte schweigend seinen Becher auf der Tischplatte.

Gereon war sich noch nicht im Klaren, wie die Ankündigung des Ebersteiners zu bewerten war, vor allem, was sie für Hezilo bedeutete. Würde der neue Priester sich nun auch um die Kirche von Cuppenheim kümmern?

„Es sieht so aus, als ob die Hirsauer Reform sich ins Murgtal ausdehnen wollte“, resümierte Pater Hezilo endlich.

„Es kommt darauf an, was man unter Reform versteht“, entgegnete der Ebersteiner nachdenklich.

Die Unterredung wurde unterbrochen, als Krüge mit neuem Wasser und Wein gebracht wurden.

Eberhard, der sein Essen in offensichtlicher Eile hinuntergeschlungen hatte, ergriff die Gelegenheit und bat seinen Vater darum, ihn zu entlassen. Er habe eine Übungsrunde mit dem Waffenmeister vereinbart. Als der junge Mann die Tür hinter sich geschlossen hatte, seufzte Berthold Senior. „Er will immer gewinnen! Aber der Waffenmeister hat mehr Erfahrung.“ Der Vater zwirbelte nachdenklich die Enden seines Schnauzbartes.

„Wie geht es seinem Bruder?“, erkundigte sich Hezilo höflich. Nach Bertholds Gemahlin brauchte er nicht zu fragen, sie war vor einigen Jahren gestorben.

„Mein Sohn Berthold dürfte zurzeit bei meinem Bruder Burkhart auf Burg Staufenberg sein, dann will er weiter nach Burg Zollern, wo eine meiner Schwestern verheiratet ist", stellte der Ebersteiner fest. „Wir müssen unbedingt bald eine passende Frau für ihn finden", setzte er noch hinzu, ein Problem, das ihm offenbar schon seit längerem Kopfzerbrechen bereitete.

Gereon bedauerte insgeheim, dass die Unterhaltung von dem vorherigen Thema abgekommen war. Er hätte zu gern gewusst, was der Ebersteiner zur Hirsauer Kirchenreform noch zu sagen gehabt hätte. Stattdessen begann nun Pater Hezilo, umständlich von dem frisch aufgetischten Wein zu kosten.

„Der riecht schon vorzüglich!", lobte er dann, indem er seine Nase möglichst weit in den Becher hinein hielt und den Duft genießerisch einsog. Der Herr von Eberstein fühlte sich sichtlich geschmeichelt.

„Der kommt von meinen Gütern bei Steinbach", erklärte er dann und hob seinerseits den Becher, um Hezilo zuzutrinken.

Gereon ärgerte sich über dieses in seinen Augen läppische Abschweifen von einem wichtigen Thema. Er brannte darauf, die Meinung des Ebersteiners zur Partei der Kirchenreformer zu hören und konnte sich beim besten Willen nicht vorstellen, wie diese langweilige Weinverkosterei zu diesem Gegenstand zurückführen sollte. Aber er hatte Pater Hezilo unterschätzt.

„Könntet ihr mir von diesem Wein demnächst etwas für die Messfeier überlassen?", fragte der Pater lächelnd. „Ich denke, er ist rein genug." Dann umwölkte sich plötzlich seine Stirn und er setzte hinzu: „Natürlich nur, falls ihr wünscht, dass ich in Cuppenheim weiter die Messe lese."

Gereon kannte Hezilos wendigen Geist, aber jetzt war er doch überrascht, wie zielsicher der Pater die Unterhaltung wieder in die gewünschte Richtung lenkte. Dabei war es ihm, was der Diakon bewunderte, sogar noch gelungen, seinen Gesprächspartner positiv einzustimmen! Eine klassische *Captatio Benevolentiae,* eine *Erzeugung von Wohlwollen,* wie nach dem Lehrbuch des Cicero.

Der Ebersteiner hatte den rhetorischen Kunstgriff allerdings auch bemerkt, mit einem sparsamen Lächeln zwinkerte er dem Pater zu.

„Ich sehe, wir verstehen uns", meinte er dann. „Wir sind beide an der Kirchenreform interessiert." Er stellte seinen Becher auf die Tischplatte und überlegte eine Weile.

„Ehrlich gesagt, ich weiß gar nicht, ob ich mich über den Prediger aus Hirsau freuen soll oder nicht", äußerte er dann zu Gereons Erstaunen. Hezilo hatte seine hellen Augen unverwandt auf den alten Ritter gerichtet.

„Im Grunde haben wir die Reform doch schon", fuhr Herr Berthold in seinem Gedankengang fort. „Was eine Lebensführung in Besitzlosigkeit und Enthaltsamkeit anbetrifft, kann man weder dem verstorbenen Gero noch Euch oder Eurem Diakon etwas vorwerfen."

„Das ehrt uns sehr", antwortete Hezilo. „Und worin werft Ihr uns dann etwas vor?", wollte er wissen.

Gereon fühlte die Anspannung in Form eines anhaltenden Ziehens in der Magengegend. Die entscheidende Frage war gestellt. Wie würde der Herr von Eberstein antworten? Immerhin war er einer der Machthaber im Tal, mit dem sie bis jetzt im guten Einvernehmen gelebt hatten. Obwohl er, das war ihnen klar, zur Seite der Hirsauer Kirchenreformer tendierte und damit auf der Seite der Feinde des Kaisers stand. Was würde passieren, wenn nun auch die Herren von Eberstein sich offen gegen Bischof Huzmann wenden würden?

„Ihr seid Huzmann ergeben und damit auch Kaiser Heinrich. Beide befinden sich bereits seit Jahren im Kirchenbann", stellte Herr Berthold mit gerunzelter Stirn fest. Gereons Befürchtungen schienen sich zu bewahrheiten.

Hezilo holte tief Luft. „Den Bann hat Papst Gregor ausgesprochen, der bereits seit Jahren tot ist", bemerkte er. „Außerdem war der Bann nie wirksam, da Gregor nie rechtmäßiger Papst war", fügte er hinzu. „Alle Bannflüche, die danach ausgesprochen wurden, hatten eindeutig politische Zwecke und sind daher null und nichtig!"

Berthold machte eine vage Handbewegung. „Sparen wir uns das übliche Hickhack", schlug er vor. „Kaiser Heinrich hat in den letzten Jahren im Reich wieder die Oberhand gewonnen", stellte er fest. „Nur leider will er ausgerechnet jetzt nach Italien. Die Anhänger Gregors sind dort wieder übermächtig geworden."

„Was schlagt Ihr also vor?", fragte Hezilo, äußerlich unbewegt.

Herr Berthold lächelte hintergründig. „Ihr bekommt euren Wein", meinte er dann. „Wir werden sehen, wen Abt Wilhelm uns schickt und ob er mir gefällt. Wenn ja, kann er euch im Tal helfen. Wenn nicht, muss ich mir etwas einfallen lassen."

„Vielleicht denkt Abt Wilhelm, dieser Wideradus, den er nach Michelbach geschickt hat, könnte gut auch bei Euch Dienste tun", warf Hezilo ein.

Der Ebersteiner verengte seine Augen zu Schlitzen und schüttelte den Kopf. „Ich wünsche keinen Spion auf meiner Burg", stellte er fest. „Das wird Abt Wilhelm verstehen."

Hezilo atmete auf. Das gute Einvernehmen mit dem Herrn von Eberstein würde gewahrt bleiben, den Prediger, der seit kurzer Zeit in Michelbach die Burgkapelle versorgte, würde er nicht akzeptieren. Nach dem, was Hezilo von diesem Pater Wideradus gehört hatte, handelte es sich um einen fanatischen Gregorianer, der die Ruhe im Tal erheblich stören konnte, wenn man nicht aufpasste.

Am nächsten Tag traf ein Bote mit militärischer Bedeckung in Rotenfels ein und übergab dem Priester ein Schreiben. Darin entbot Bischof Huzmann dem geschätzten Pater Hezilo seine besten Grüße und bat ihn dringend darum, den Diakon Gereon möglichst bald für einige Wochen nach Speyer zu schicken. Hezilo las den Brief mehrfach durch und verabschiedete seinen Helfer schon am folgenden Tag schweren Herzens. Vor der Abreise hielten sie noch eine kurze Besprechung und Hezilo bat seinen Diakon, in der Bibliothek der Domschule nach Abhandlungen und Büchern zu suchen, in denen es um die Beurteilung und Behandlung von bösen Geistern und Dämonen ginge.

Der Ring des Kaisers

Speyer, Januar/Februar 1090

Das schwache Licht der winterlichen Mittagssonne fiel durch die kleinen Fenster der Bibliothek und warf geometrische Figuren auf die Pulte, die bald wieder in dunkle Schatten gehüllt sein würden. Gereon saß über einer aufgeschlagenen Kopie des Sendhandbuchs Reginos von Prüm. Schon zum dritten Mal las er nun das Kapitel 371 des zweiten Buches über die *Frauen, die behaupten, sie ritten zu nächtlicher Stunde mit Dämonen.* Er musste an das denken, was ihm Irmengard über ihre Mutter erzählt hatte.

Gereon hatte seine Reise an den Bischofshof zu Speyer, wie von Pater Hezilo erbeten, auch dazu genutzt, um die vorhandene Literatur zu diesem Thema in der Bibliothek der Domschule zu konsultieren. Im einschlägigen Rechtshandbuch hatte er nun den betreffenden Paragraphen gefunden. Die kirchliche Strafe für Frauen, die behaupteten, mit Dämonen geritten zu sein, lautete Ausschluss aus der Pfarrgemeinde, und damit Ausstoßung aus der Kirche. Das harte Urteil wurde genau begründet. Auch wenn die Frau vielleicht nur von einer Vision, einem Hirngespinst, einer geistigen Verwirrung heimgesucht worden war, so bekundete ihre Behauptung, tatsächlich mit Dämonen geritten zu sein, ihren Abfall vom Glauben. So etwas konnte nur der für real und wirklich geschehen halten, der unter dem Einfluss Satans stand und sich als hartnäckiger Häretiker dem Bösen ergeben hatte.

Aus einigen Chroniken hatte Gereon erfahren, dass ähnliche Fälle von Häresien in manchen Landstrichen zu Todesurteilen oder Tötung der betreffenden Frauen durch aufgebrachte Dorfbewohner geführt hatten. Beim Weiterlesen im Sendhandbuch stieß er auf die Vorschrift *Wer Weissagekunst und Beschwörungen praktiziert, muss von der Gemeinschaft der Kirche getrennt werden. Ebenso auch derjenige, der dem Aberglauben der Juden anhängt und ihre Feiertage begeht.* Der nächstfolgende Absatz verlangte die Todesstrafe für jeden, der es wagen sollte, einen Dämonenbeschwörer oder Wahrsager über die Zukunft zu befragen.

Gereon überlegte betroffen. Die Bauern wollten doch nur ein bisschen mehr Gewissheit und Sicherheit! Konnte man es ihnen verübeln, wenn sie Leute um Rat fragten, die dafür bekannt waren, die Zukunft vorhersagen zu können? Die Verzweiflung der Landbevölkerung in manchen schlechten Jahren hatte er bereits kennengelernt. Die Kirche konnte den Armen im Diesseits nur mit ein paar Almosen unter die Arme greifen, sie aber nicht dauerhaft von dem furchtbaren Kreislauf von wiederkehrenden Missernten, daraus folgenden Hungersnöten und tödlichen Epidemien befreien, bei denen die Menschen in regelmäßigen Abständen starben wie die Fliegen.

Strafbar, so erfuhr er dann in einer der nächsten Vorschriften, sollte auch die Beachtung von Vorzeichen und Orakeln sein, die fälschlich als Weissagungen der Heiligen oder göttliche Eingebungen ausgegeben wurden. Wer aber, so fragte er sich ratlos, sollte entscheiden, ob es sich um eine göttliche Weissagung oder ein verbotenes Orakel handelte?

Bei der Vorschrift über das Sammeln von Kräutern wurde der Diakon dann besonders hellhörig: *Es ist nicht erlaubt, beim Sammeln medizinischer Kräuter irgendwelche Zaubersprüche oder Beschwörungsformeln zu sprechen außer dem Glaubensbekenntnis und dem Vaterunser,* las er da. Gereon dachte an Irmengard, wie sie das Vieh durch ihr Gemurmel zu beruhigen pflegte, während sie Verletzungen behandelte. Wie oft hatte er ihr dabei zugehört und sich eingebildet, heidnische Verse wie *Bein zu Bein, Blut zu Blut, Glied zu Glied* aus ihrem Singsang herauszuhören. Beim Kräutersammeln war ihm noch nichts aufgefallen, aber er wusste, dass sie einige Pflanzen nur bei bestimmten Mondphasen suchte, was nach den Bestimmungen des Handbuches ebenfalls verboten war.

Nachdenklich blickte der Diakon von seiner Lektüre auf. Er musste diese Vorschriften unbedingt kopieren, das würde mehrere Tage in Anspruch nehmen. Er hoffte, dass ihm noch so viel Zeit blieb. Außerdem musste er zusehen, dass er noch weitere Schriften über diese Thematik auftreiben konnte. War das, was er bei Irmengard beobachtet hatte, nach diesen Gesetzen überhaupt erlaubt? Sobald er wieder zurück in Rotenfels war, musste er sofort mit Hezilo darüber sprechen.

Noch immer wusste Gereon nicht, warum ihn der Bischof so eilig nach Speyer zitiert hatte. Einerseits beunruhigte ihn diese Ungewissheit mit jedem Tag mehr. Andererseits war er froh, weil er mehr Zeit für seine Forschungen in der Bibliothek hatte. Wenn ihm die Augen vom Lesen brannten oder der Rücken vom vielen Sitzen und Stehen schmerzte, ging er zur Dombaustelle hinüber, wanderte zwischen den himmelstürmenden Mauern umher und sah den Handwerkern zu, wie sie in der Höhe auf den Gerüsten arbeiteten, oder schaute ihnen über die Schulter, wenn sie am Boden an einzelnen Werkstücken meißelten.

Eines Abends folgte Gereon der Einladung ins Haus des jungen David Kalonymos. David war mit Jakob und Mirjam verwandt und stammte ursprünglich aus Mainz, hatte es aber wie viele andere auch vorgezogen, der Einladung des Bischofs zu folgen und in die neu angelegte Judensiedlung nach Speyer zu ziehen. Gereon hoffte nur, dass heute kein jüdischer Feiertag war! Wie hatte die Vorschrift noch gelautet, die er gerade notiert hatte? Wer einen jüdischen Feiertag begeht, muss aus der Kirche ausgeschlossen werden!

Dann überlegte er. Wenn heute tatsächlich ein Feiertag der Juden sein sollte, was er nicht wusste, würde er diesen Feiertag ja kaum durch seine zufällige reine Anwesenheit tatsächlich begehen. Beinahe wäre er stolz auf seine eigene spitzfindige Argumentation gewesen, wenn ihm nicht rechtzeitig eingefallen wäre, dass er das im Ernstfall einer Anklage nie würde beweisen können! Gereon verfluchte die engstirnigen Vorschriften und beschloss, sie zumindest in diesem Punkt für die nächsten paar Stunden zu vergessen, besonders da er erfahren hatte, dass auch Jakob und Mirjam aus Worms da sein würden! Um alles in der Welt hätte er es sich nicht nehmen lassen, Frau Mirjam nach so langer Zeit wiederzusehen!

Es wurde ein wunderbarer Abend. Der Gastgeber empfing den jungen Diakon wie einen lange entbehrten Verwandten. Jakob und Eliezer waren da und nahmen ihn gleich nach der Begrüßung unter ihre Fittiche. Am meisten aber sehnte sich Gereon nach dem Wiedersehen mit Frau Mirjam. Irgendwann im Lauf des Abends stand er ihr nach einer langen Zeit wieder von Angesicht zu Angesicht gegenüber. Sie lächelte, aber ihre Blicke ruhten prüfend und durchdringend auf ihm. Er fühlte sich, als ob seine Seele nackt vor ihr lag, und die alte, seltsame Anziehung stieg wieder in ihm auf, die ihn so lange bis in seine Träume hinein verfolgt hatte. Sie war gealtert, aber ihre braungrünen umschatteten Augen fesselten ihn wie früher, er musste sie ansehen, obwohl es ihm gleichzeitig peinlich war.

Die Jüdin half ihrem ehemaligen Schüler über seine Verlegenheit hinweg, indem sie ihn danach fragte, wie es ihm ergangen war, was er jetzt tat, wie seine Arbeit aussah. Alles wollte sie wissen und Gereon war zumute, als würde ein Damm in seinem Inneren brechen. Er erzählte ihr vom Tal der Murg, von den Kirchen, die zu versorgen waren, von dem Herrn von Eberstein und dem von Michelbach, von den Dorfbewohnern von Cuppenheim und Rotenfels, von der neuen Siedlung Gernsbach, von Pater Hezilo, von Irmengard, und je mehr er erzählte, desto stärker wurde das Gefühl der Vertrautheit in ihm, fast so, als sei er nie von Frau Mirjam getrennt gewesen.

Der Abschied wäre ihm unendlich schwergefallen, wenn Jakob ihm nicht im Verlauf des Abends im Vertrauen ein Angebot gemacht hätte. Er habe eine Reisegesellschaft von Kaufleuten zusammengestellt, die sich Anfang April durchs Rheintal nach Süden aufmachen würde. Auch seine Nichte wolle bis Baden mitreisen, dort werde sie von Herrn Werinhard von Michelbach erwartet, der sie ins Murgtal begleiten wolle. Gereon, so Jakob, könne sich da gerne anschließen.

„Frau Mirjam kommt in unser Tal?“, fragte Gereon ungläubig. „Aber warum?“

„Der Ruf meiner Nichte hat sich bis zu den adligen Familien im Tal herumgesprochen“, entgegnete Jakob. „Du könntest ihr bei den Besuchen behilflich sein“, schlug er dem jungen Priester vor.

Gereon konnte sein Glück kaum fassen. Er würde seiner alten Ratgeberin und mütterlichen Freundin seine Kräuterbeete zeigen können! Seine und die von Irmengard! Am liebsten wäre er morgen aufgebrochen.

„Ich weiß nicht, wie lange ich in Speyer bleiben muss“, warf er stattdessen ein. „Bischof Huzmann hat mich für morgen einbestellt.“

„Auch meine Nichte kann noch nicht morgen reisen“, antwortete Jakob. „Sie hat einen Patienten, der im Sterben liegt.“

„Vielleicht kann sie ihm noch helfen“, meinte Gereon, aber Jakob schüttelte den Kopf. „Wohl kaum“, erwiderte er. Sein Gesicht schien noch schwermütiger als sonst.

Der Diakon war bereits auf dem Weg zurück in die Bischofspfalz, als ihm diese Bemerkung wieder einfiel. Vor lauter Vorfreude auf die bevorstehende Reise hatte er sie zunächst vollständig vergessen. Jetzt ärgerte er sich über seine Leichtfertigkeit und machte sich Vorwürfe.

Statt an diese Reise und an sein eigenes Vergnügen zu denken, hätte er ein Gebet sprechen müssen für diesen Menschen, der da im Sterben lag, auch wenn er ihn nicht kannte.

Dass er gerade für diesen Menschen, den er sehr wohl kannte und liebte, noch viele Gebete sprechen würde, das wusste er in diesem Augenblick noch nicht.

Einen Tag später, am 13. Januar, erfuhr Gereon den eigentlichen Grund, warum er nach Speyer zitiert worden war. Bischof Huzmann empfing ihn in seinen privaten Räumen zum Bericht, was der Diakon als großen Vertrauensbeweis empfand. Als er dem Bischof gegenüberstand, erschrak er. Der Geistliche war so gebeugt und zusammengefallen, dass er ihn kaum wiedererkannte. Rüdiger Huzmann setzte ein angestrengtes Lächeln auf und ließ sich mit leisem Ächzen auf seinen Stuhl nieder, wobei er seine Gewänder ordnete. Gereon starrte wie hypnotisiert darauf, wie die viel zu weite Albe um den ausgezehrten Körper des Geistlichen schlotterte. Bischof Rüdiger bemerkte es. „Ja, ja, ich weiß, mein junger Freund, ich bin kein schöner Anblick mehr. Mein Tod ist nicht mehr weit“, meinte er mit einem Anflug milder Ironie.

Gereon war entsetzt, er konnte es im ersten Moment nicht begreifen. Sein geistlicher Vater, dem er alles zu verdanken hatte, durfte noch nicht sterben, nicht jetzt! Der junge Mann durchmaß den Raum zwischen sich und der zusammengesunkenen Gestalt auf dem Bischofsthron mit einem Sprung und fiel zu Füßen Huzmanns nieder. Er griff mit beiden Händen nach der Hand des Bischofs und küsste sie, während ihm die Tränen über die Wangen liefen.

Huzmann blickte auf ihn hinunter und strich ihm über den Kopf. „Vorher müssen wir reden“, meinte er dann, und bedeutete dem Diakon mit einer Handbewegung, sich einen Stuhl heranzuziehen und sich zu setzen. Gereon fuhr sich über die Augen und schniefte, dann tat er, wie ihm geheißen. „Aber das verstehe ich nicht …“, hob er an. Huzmann winkte ab und schüttelte den Kopf. „Wir müssen alle einmal gehen, ich werde schon bald die letzte Reise antreten und vor meinen Schöpfer treten.“

Der Bischof wandte den Blick zu einem Holzkästchen, das auf einem Tisch in der Nähe stand. „Bring mir das Kästchen“, befahl er dem Diakon. Gereon stand auf, griff das Kästchen mit beiden Händen und stellte es dem Bischof auf den Schoß. Der klappte den unverschlossenen Deckel zurück und bedeutete Gereon, einen Blick hineinzuwerfen. In der kleinen Holztruhe lag vor ihm auf rotem Samt ein kostbarer Ring. „Du kannst ihn ruhig herausnehmen“, ermunterte ihn der Bischof. Gereon hob den Ring vorsichtig mit Daumen und Zeigefinger hoch und betrachtete ihn dann von allen Seiten.

In der Mitte ruhte ein großer, unten flach und nach oben gewölbter Edelstein in einer blau-violett leuchtenden Färbung. Gereon meinte, einen Saphir vor sich zu haben. Jakob hatte ihm einmal einen gezeigt, der allerdings kleiner gewesen war als dieser hier. Der Judäer hatte ihn dann über die Herkunft dieser Art von Steinen aufgeklärt, ihren Wert und wie sie geschliffen und verarbeitet wurden. Soweit Gereon verstanden hatte, kamen sie aus Indien, einem unvorstellbar weit entfernten Land am östlichen Rand der Welt, und waren hierzulande so teuer, dass sich nur Könige und hohe Herren solchen Schmuck leisten konnten.

„Es ist ein seltener und kostbarer Saphir“, bestätigte Huzmann in dem Augenblick, als er Gereons Blick auf dem Stein ruhen sah. Der Diakon fuhr staunend in seiner Betrachtung fort. Nach allem, was er im Wormser Judenviertel über diese Dinge gelernt hatte, handelte es sich hier um eine Goldschmiedearbeit von höchster Kunstfertigkeit und ganz ungewöhnlicher Konzeption. Die aufwändige Fassung des Steins war auf die Ringschiene gesetzt, die den Finger umschloss. Alles war aus rötlichem Gold geschmiedet. Der Stein wurde von goldenen Blattornamenten gehalten und thronte wie eine Kuppel auf durchbrochenen goldenen Arkaden, die einen Mauerring anzudeuten schienen, an dem drei von goldenen Arkaden verkleidete Türmchen hervor kragten, die durch drei mit Goldband eingefasste weiß-hellgrau schimmernde Perlen bekrönt wurden.

Huzmann schien seine Gedanken zu erraten. „Er sieht aus wie das himmlische Jerusalem“, meinte er mit versonnenem Blick auf das Schmuckstück. „Die drei Perlen symbolisieren Glaube, Liebe, Hoffnung. Mit denen müssen wir Gläubigen das himmlische Jerusalem Gott entgegen bauen.“ Er verstummte.

Gereon folgte nun, neugierig geworden, der Umschrift auf der Außenseite der Ringschiene. „Adelbero Episcopus", las er halblaut, und hob den Kopf. „Adalbert von Würzburg?" Er blickte Huzmann fragend an. Der schüttelte den Kopf. „Adalbero von Metz", korrigierte er.

„Die Kirche von Speyer verwahrt diesen Ring schon seit langer Zeit", führte Huzmann nun mit geschlossenen Augen aus. „Einst trug ihn Bischof Adalbero von Metz. Ich habe ihn noch erlebt, als ich jung war – ein höchst beeindruckender, gerechter und unbestechlicher Mann! Er war der Lehrer von Papst Leo, dem großen Kirchenreformer, und begleitete den verstorbenen Kaiser Heinrich, den Dritten seines Namens und Vater des regierenden Kaisers, vor über vierzig Jahren nach Rom." Der Bischof machte eine Pause und strich sich mit einer Hand über die Augenlider.

Gereon bettete das funkelnde Schmuckstück jetzt sorgfältig in die Schatulle zurück, nicht ohne noch einmal einen bewundernden Blick darauf zu werfen, bevor er sich wie ein gehorsamer Ministrant wieder auf seinen Stuhl setzte. Er wusste nicht recht, was er von Huzmanns Vortrag halten sollte. War es die Erinnerung an alte glorreiche Zeiten, die seinen väterlichen Lehrer nun, da er sich gebrechlich und krank fühlte, so mitteilsam werden ließ?

„Bischof Adalbero von Metz verschenkte den Ring an den König", fuhr der Bischof plötzlich unvermittelt fort, stützte den Kopf in eine Hand und öffnete langsam die Augen. Gereon sah den alten Mann an und nickte höflich, um zu zeigen, dass er alles verstanden habe. Adalbero hatte den Ring an König Heinrich verschenkt, mit dem er in Italien gewesen war, wo der Kaiser auf der Synode von Sutri gleich drei Päpste abgesetzt und einen neuen hatte wählen lassen, der ihn dann zum Kaiser gekrönt hatte. Für Gereon war es gut nachvollziehbar, dass Adalbero dem Kaiser seinen Ring gegeben hatte, um ihn in seinem Glauben zu bestärken und ihn immer daran zu erinnern, dass sie gemeinsam dazu berufen waren, am himmlischen Jerusalem zu arbeiten.

Als ob Huzmann die Gedanken des jungen Diakons gelesen hätte, verbesserte er ihn jetzt. „Adalbero schenkte den Ring nicht Kaiser Heinrich, sondern seinem Sohn, dem jungen König Heinrich." Gereon vernahm die Richtigstellung, ohne ihre Bedeutung zu erfassen. Verständnislos blickte er den Bischof an.

„Ich habe selbst noch erlebt, wie sehr Heinrich schon als kleiner Junge dem Bischof Adalbero zugetan war", erinnerte sich Huzmann. „Bei vielen anderen Großen, auch den Bischöfen, musste der König später erfahren, wie sie versuchten, ihn auszunutzen", fuhr er fort. „Adalbero war immer redlich und uneigennützig. Diese Erfahrung prägt sich besonders bei einem jungen Menschen ein."

Dem Diakon, der zunächst gemeint hatte, Sinn und Zweck des Vortrags einigermaßen begriffen zu haben, entglitt nun jeglicher Zusammenhang des Gesagten. „Und wie kam der Ring hierher?", fragte er schließlich ratlos. Es war die einzig sinnvolle Äußerung, die ihm dazu einfiel.

Huzmann schien auf diese Frage hingesteuert zu haben, bedächtig wiegte er den Kopf und räusperte sich. „Er wurde mir zu treuen Händen überantwortet", erklärte er dann, und setzte nach einer Pause wie zur Bestätigung hinzu: „Als ein Zeichen deiner Abkunft." Der Bischof schwieg und beobachtete aufmerksam, welche Wirkung seine Worte entfalten würden. Gereon starrte ihn verständnislos an. „Welche Abkunft?", kam es ihm spontan und fast grob über die Lippen. „Ich bin ein Findelkind!" Der Bischof schüttelte fast unmerklich den Kopf. „Nein", meinte er nur.

„Nein?" Gereon verschluckte sich fast an dem Wort. „Exzellenz! Was wollt Ihr damit sagen?" Verwirrt beugte er sich auf seinem Stuhl vor und krampfte in den weiten Ärmeln seiner Kutte die Hände um seine Unterarme, als müsse er seine Glieder mit Gewalt zusammenhalten. Noch immer schwieg der Bischof und sah ihn forschend an, so als erwarte er etwas von ihm. Vielleicht eine Schlussfolgerung? Gereons Gedanken begannen hinter seiner Stirn zu rasen. *Denk nach, denk nach!*, ermahnte er sich selbst. Der Ring! Er war einem Bischof von Speyer übergeben worden als Zeichen für die Abkunft eines Namenlosen – seiner Abkunft! Der Diakon rang sichtlich um Fassung.

„Exzellenz, wie lange befindet sich der Ring schon im Besitz der Domkirche zu Speyer?", wandte er sich nun an den Bischof und bemühte sich, seiner belegten Stimme einen möglichst ruhigen Klang zu verleihen. Einem anderen wäre seine innere Anspannung vielleicht verborgen geblieben, nicht aber Bischof Huzmann. Sein ehemaliger Schüler tat ihm unendlich leid, aber er musste ihn darauf vorbereiten, bevor er sterben würde.

Der Bischof hielt eine Hand vor sein Gesicht und stöhnte unwillkürlich auf. Gereon hielt es nicht länger auf seinem Stuhl. Wieder kniete er zu Füßen Huzmanns nieder. Der Anblick der greisenhaften, eingefallenen Gestalt überwältigte ihn, er spürte, wie sich ein Ziehen in seiner Brust ausbreitete, das ihm weh tat. Sein geistlicher Vater lag im Sterben, die Erkenntnis drängte sich unerbittlich in sein Bewusstsein, auch wenn er sie noch nicht wirklich annehmen konnte. Er fühlte, wie ihn eine Welle des Gefühls überschwemmte, eine grenzenlose Liebe und Ehrfurcht vor diesem alten Mann, dem er alles zu verdanken hatte, was er war. Und er konnte nichts tun! Hilflos ergriff er die fleckige Hand des Bischofs, die schlaff neben der Lehne des Sessels herabhing, und küsste sie erneut. Ein dichter Tränenschleier hing vor seinen Augen.

Nach einer Weile des Schweigens fühlte der Diakon, wie Huzmann ihm wieder die Hand auf den Kopf legte. „Deine Zuneigung ehrt mich sehr", meinte er mit erstaunlich klarer und fester Stimme. „Aus diesem Grund musst du es wissen. Setz dich wieder hin und hör mir zu. Und mach dir keine Sorgen um mich. Mein Leben ruht in Gottes Hand."

Gereon erhob sich gehorsam. Im Moment war ihm entfallen, worum es gegangen war. Er überlegte noch, da sprach Huzmann schon weiter. „Die Domkirche von Speyer befindet sich seit beinahe zwanzig Jahren im Besitz des Rings. Derjenige, der dich zeugte, hat ihn hinterlassen."

„Derjenige, der mich zeugte, hat ihn hinterlassen", echote Gereon mechanisch, ohne sich der Bedeutung der Worte sofort klarzuwerden. Er überlegte angestrengt und sah dabei auf Huzmann. Der Bischof wirkte plötzlich nicht mehr so elend wie noch kurz zuvor. Seine Augen blickten wach und aufmerksam, sein Körper schien von einer inneren Spannung aufrecht gehalten zu werden. Der Diakon wiederholte den Satz noch einmal bei sich, dann begannen sich seine Gedanken zu überschlagen.

„Ehrwürdiger Vater", wandte er sich dem Bischof zu. Die vertrauliche Anrede klang fast flehend. „Nach dem, was ich verstanden habe, gehörte dieser kostbare Ring Bischof Adalbero von Metz, bevor er ihn an den jungen König Heinrich weitergab. Und an wen gab der König den Ring weiter?"

Der Bischof schwieg, während Gereon auf eine Antwort wartete. „Kannst du es dir nicht denken?", fragte Huzmann zurück. Langsam ging dem Diakon die Bedeutung der Worte auf, aber er konnte es nicht glauben – noch nicht. Huzmann sah die widerstreitenden Gefühle in der Miene seines Gegenübers. Mühsam beugte er sich ein wenig vor, sein Tonfall war fest: „Gereon, was ich jetzt sage, ist die Wahrheit und nichts als die Wahrheit: Der Ring, den wir schon so lange verwahren, stammt von Heinrich, dem vierten römischen König und dritten Kaiser dieses Namens. Ehre ihn, so lange du lebst. Er ist nicht nur dein König und Kaiser, dem du Treue schuldest. Er ist dein irdischer Vater."

Jetzt war es Gereon, der in sich zusammensackte. Wie oft hatte er sich ausgemalt, einen Vater zu haben! In wie vielen schlaflosen Nächten hatte er sich vorgestellt, wie dieser Vater wohl ausgesehen haben könnte. Wie sehnlich hatte er sich gewünscht, zu erfahren, wie er wohl gewesen war. Und wenn es der geringste Bauer gewesen wäre, es hätte ihm nichts ausgemacht! Wie sehr hatte er sich mit der Frage gequält, warum ihn seine Eltern nicht haben wollten, warum sie ihn ausgesetzt hatten. Waren sie zu arm gewesen? Hatte sein Vater die Familie nicht ernähren können? Das hätte er verstanden. Aber all die Jahre hatte er nichts in Erfahrung bringen können.

Selbst die Geschäftsfreunde von Jakob, die doch so weit herumkamen, hatten ihm nicht weitergeholfen. Nur Jakob selbst hatte ihn manchmal, wenn er sich einmal wieder nach Neuigkeiten erkundigt hatte, so seltsam angeschaut. So, als ob er etwas wüsste, das ihm selbst verborgen war. Er hatte das dann immer auf Jakobs üblichen Gesichtsausdruck geschoben, der von Natur aus, wenn er nicht gerade ausdrücklich fröhlich oder extrem zornig gestimmt war, einen melancholischen Zug hatte.

„Jakob Kalonymos", fragte Gereon in die Stille. „Hat er es gewusst?" Der Bischof seufzte. Er durfte nicht lügen, aber er bemühte sich, die Wahrheit so schonend wie möglich zu verpacken.

„Ja, er hat es gewusst", bestätigte er. „Aber er musste einen Eid ablegen, niemals darüber zu sprechen – zu niemandem."

Gereon fühlte Bitterkeit in sich aufsteigen. Einer seiner besten Freunde hatte ihm jahrelang die Wahrheit vorenthalten, ihn belogen und betrogen. Wie musste er sich darüber amüsiert haben, wenn er, der dumme Gereon, einmal wieder zu ihm gekommen war, um ihn auszufragen, ob sich bei den vielen Verbindungen der Wormser Judäer vielleicht ein neuer Hinweis auf seine Eltern ergeben habe.

Wieder hatte Bischof Huzmann seinen ehemaligen Schüler genau beobachtet und sein Mienenspiel richtig gedeutet. „Sei jetzt nicht ungerecht“, ermahnte er den Diakon. „Du darfst dem alten Jakob keine Schuld geben! Er hat nur getan, was er musste und was er für das Beste hielt!“

Gereon sah das von dieser rätselhaften, scheinbar grundlosen Traurigkeit erfüllte Gesicht des Juden vor sich. Plötzlich konnte er sich in ihn hineinversetzen. Wie furchtbar musste er sich gefühlt haben, als er die Qual des Jungen sah, der nach seinen Eltern suchte, aber ihm nicht helfen durfte! Selbst wenn Jakob ihm seine Herkunft verraten hätte – was hätte es ihm nützen können? Der Kaiser war für ihn, den kleinen Domschüler, so unerreichbar gewesen wie der Mond. Und wenn er das Geheimnis einem Mitschüler verraten hätte – die Folgen wären sicher nicht angenehm gewesen.

„Und meine Mutter?“, wollte Gereon nun wissen. Huzmann schüttelte den Kopf und machte eine vage Handbewegung. Er war sich im Klaren, dass er zwar nichts Konkretes gesagt hatte, sein Schweigen aber einer Lüge gleichgekommen war. Angesichts seines nahenden Endes hätte er diese Situation lieber vermieden, aber er konnte es nicht verantworten, die Wahrheit zu sagen. Er wollte seinen ehemaligen Schüler nicht in Gewissenskonflikte stürzen.

Gereons Stimme nahm einen gehässigen Klang an. „Aha“, meinte er. „Ich verstehe. Ich bin ein Produkt der wilden Zeit des Königs. Das Ergebnis einer Hurerei, von denen man ihm so viele nachgesagt hat!“

Der Bischof runzelte die Stirn und fixierte den Diakon nun durchdringend, das Wohlwollen in seiner Miene war verschwunden und hatte einem Ausdruck von Unnahbarkeit und Strenge Platz gemacht. „Aus dir spricht gekränkte Eitelkeit statt Liebe“, beschied er dem Diakon kühl. „Du denkst von der Frau, die dich geboren hat, wie die Juden von der Gottesmutter Maria. Wo du doch allezeit fürchten musst, dass Huren und Zöllner eher ins Reich des Vaters eingehen als du!“

Gereon erschrak, die Worte trafen ihn unerwartet und taten ihm weh, obwohl Huzmann wahrscheinlich nicht einmal ihn persönlich gemeint hatte, schließlich ließ sich das Bibelwort auf die meisten problemlos anwenden. Trotzdem fühlte er sich in unangenehmer Weise angesprochen. Hatte er sich wie ein Pharisäer aufgeführt? Hatte er ein Urteil gefällt, das ihm nicht zukam? Er bemerkte nicht, wie der Bischof ihn gespannt beobachtete. Offenbar las Huzmann auch jetzt wieder richtig im Mienenspiel seines Schützlings.

„Wie ich hoffe und vermute, bist du auf dem richtigen Weg“, stellte der Bischof jetzt fest. Es klang immer noch streng, aber nicht mehr so abweisend.

Gereon hielt seinen Kopf mit beiden Händen, als ob er ihn vor dem Zerspringen bewahren wollte. Dabei schaukelte er den Oberkörper vor und zurück, und unterdrückte ein Stöhnen. Eine Weile lang fand er keine Worte. Endlich stieß er hervor: „Mein Vater ist fern. Für ihn bin ich nichts. Und meine Mutter kenne ich nicht. Wer bin ich also?“

Huzmann antwortete nicht sofort auf die Frage. Als er die vor- und zurückschaukelnden Bewegungen des jungen Mannes sah, schoss ihm ein Psalm in den Sinn: *Alle meine Gebeine sollen sagen: Herr, wer ist dir gleich.* Der Bischof musste lächeln. In diesem Augenblick schaute Gereon auf.

„Exzellenz, Ihr lächelt?“, fragte er, ohne die Bitterkeit in seiner Stimme unterdrücken zu können.

„Mir ist gerade aufgefallen, dass du dich bewegst wie die Judäer, wenn sie beten, so wie es im Buch der Psalmen steht.“ Und Huzmann wiederholte den Vers.

Dem Diakon entging der verborgene Sinn der Äußerung. „Ich habe die Erfahrung gemacht, dass sich fast jeder Schmerz leichter ertragen lässt, wenn man die Glieder bewegt“, erklärte er tonlos.

Immer noch lächelte der Bischof, in seiner Miene lag der Glanz einer in sich ruhenden Abgeklärtheit, als er jetzt auf die Frage des Diakons zurückkam. „Du hast gefragt, wer du bist“, sagte er. „Die Antwort steht beim Propheten Jesaja: *Und nun spricht der HERR, der dich geschaffen hat, Jakob, und dich gemacht hat, Israel: Fürchte dich nicht, denn ich habe dich erlöst; ich habe dich bei deinem Namen gerufen; du bist mein!*

Huzmann beugte sich vor und umklammerte die Armlehnen seines Sessels. Er suchte Gereons Augen. „Nur der Herr kennt deinen Namen und weiß, wer du wirklich bist!“, fuhr er in beschwörendem Ton fort. „Du hast dich als gelehrsam erwiesen. Du bist immer ein Freund der Schwächeren gewesen. Das Urteil der Stärkeren hast du immer gut in deinem Herzen erwogen. Du hast die christlichen Tugenden gelebt. Du kennst vielleicht nicht alle deine Wurzeln. Aber deine Äste streben nach oben und in die Weite und das, was du hervorbringst, ist Nächstenliebe, Geduld,

Freundlichkeit und Güte – alles Früchte des Geistes." Huzmann lehnte sich zurück, er schien erschöpft, aus seinem Gesicht war jegliche Farbe gewichen, es schien von einem Moment auf den anderen eingefallen.

Gereon erstarrte. Er hatte nur an sich gedacht! An sich und seine kleinen Sorgen! Mit seinem kindischen Gejammere hatte er seinen Ziehvater erschöpft, anstatt ihm aufzuwarten und ihn zu stärken. Wie gütig war Bischof Huzmann! Trotz seiner Schwäche hatte er sich so viel Mühe mit ihm gegeben, um die richtigen Worte zu finden. Und er hatte sie gefunden, weiß Gott.

Gereon sprang auf, um an die Seite des Greises zu eilen. „Vater, Ihr habt Recht!", bat er inständig, nach der Hand des Bischofs fassend. „Verzeiht mir meine Gedankenlosigkeit! Ich hätte etwas für Euch tun können, anstatt Euch mit meinen Problemen zu ermüden", murmelte er schuldbewusst. Huzmann wandte den Kopf zu einem Tisch, wo eine Karaffe mit Wasser stand. Der Diakon folgte seinem Blick, schenkte einen Becher ein und hielt ihn dem Bischof an die Lippen. Der alte Mann nahm mühsam ein paar Schlucke und erholte sich ein wenig. Nach einer Weile griff er mit beiden Händen selbst nach dem Trinkgefäß und Gereon übergab es vorsichtig aus seinen Händen in die des Bischofs. Huzmann trank noch einmal und schien neue Kräfte zu sammeln. Nach einer Weile begann er erneut zu sprechen. Seine durchdringende Stimme war jetzt zu einem Flüstern herabgesunken.

„Der Kaiser hält sich bereits in Speyer auf. Übermorgen ist der 15. Februar, der Jahrestag des Todes seiner Großmutter Gisela. Er wird an den Gräbern seiner Vorväter beten und sich mit Otto beraten, dem neuen Baumeister des Domes. Und es wird auch eine Versammlung der Großen geben. Der Kaiser will die Angelegenheiten des Reiches in Ordnung wissen, er wird im März nach Italien ziehen."

„Davon habe ich auch schon gehört, aber warum tut er das?", fragte Gereon kopfschüttelnd. „Die Sachsen sind noch nicht niedergeschlagen und im Süden und Südwesten hält ihm nur Friedrich von Staufen die Treue. Es gibt noch so viel in Deutschland zu tun!"

Huzmann lachte trocken auf und hustete. Dann erklärte er seinem Schützling den Skandal, den der neue Papst Urban, ein Feind des Kaisers, eingefädelt hatte. Man hatte eine Ehe zwischen dem Sohn des Bayernherzogs und der Markgräfin Mathilde von Tuszien arrangiert, um die kaiserfeindlichen Kräfte diesseits und jenseits der Alpen zu verbünden. Der einzige Fehler war, dass die Braut über vierzig Jahre alt war und der Bräutigam erst siebzehn! „Diese Mathilde ist entweder dem Papst vollkommen hörig oder verboten geil! Oder beides!"

Die drastischen Formulierungen ließen Gereon zusammenzucken. Eine solche Ausdrucksweise war er von seinem alten Lehrer nicht gewohnt. Und doch schien sie ihm angemessen angesichts der Ungeheuerlichkeit des päpstlichen Plans. Es schien, als ob die ehrliche Empörung über einen solchen Grad von Perfidie noch einmal die alte Kraft in Huzmann geweckt hätte. Seine Augen funkelten aus tiefen Höhlen, als er fortfuhr: „Du wirst mich übermorgen bei der Versammlung begleiten, in meinem Zustand brauche ich jemanden, der mich stützen kann." Gereon zog die Luft ein. „Sei unbesorgt", wies ihn der Bischof an. „Der Kaiser kennt dich, aber er wird es nicht zeigen. Beobachte ihn einfach und lerne von seinen Stärken, aber auch von seinen Schwächen!"

Die nächsten Tage wurden sehr anstrengend. Gereon befand sich oft an der Seite des Bischofs, sowohl bei den Verhandlungen mit den Bischöfen und Großen des Reiches als auch bei der Erteilung von Privilegien und Schenkungen. Bei dieser Gelegenheit erfuhr der Diakon auch, dass Heinrich bereits einen neuen Bischof bestimmt hatte, mit dem auch das Domkapitel einverstanden war. Sein Name war Johannes und er stammte aus der im Kraichgau begüterten Familie der Zeisolfe und Wolframe. Auch der alte Huzmann hatte diesen Nachfolger für würdig befunden, den Bischofsstuhl zu besteigen, sobald er selbst im Grab lag.

Nur bei wenigen Audienzen, die Huzmann jetzt noch abhielt, blieb der junge Diakon ausgeschlossen. Eine davon war die Unterredung des Bischofs mit dem Kaiser. Gereon verließ den Raum und wich beiseite, als ihm Heinrichs Adjutant entgegenkam, dicht gefolgt von seinem Herrn. Für einen kurzen Moment trafen sich ihre Blicke, bevor der Diakon sich verneigte. Dann schloss sich die Tür hinter den beiden Männern. Gereon hatte nichts im Gesicht des Kaisers lesen können. Die großen, dunkel-violett scheinenden Augen hatten ihn kaum wahrgenommen, ja wie ihm schien, glatt durch ihn hindurch geblickt.

Gereon dachte an Huzmann, an seine Hinfälligkeit, und versuchte, sich die unerschütterliche Persönlichkeit vor Augen zu führen, die er einst gewesen war. Er hatte zu den Zuverlässigsten unter Heinrichs Gefolgsleuten gezählt. Ein Ratgeber, der seinem Herrn immer zur Seite gestanden hatte, in jeder Situation, bei jeder Schwierigkeit, in allen Stürmen, die das Reich seit fast dreißig Jahren heimgesucht hatten. Huzmann hatte den Kaiser als jungen Mann gekannt, all seine Schwächen und Fehler mitangesehen und ihm trotzdem immer die Treue gehalten. Es musste dem Kaiser klar sein, dass der Bischof nur noch wenige Wochen, vielleicht sogar nur noch Tage zu leben hatte. Was mochte im Audienzsaal hinter diesem Portal aus undurchdringlichem Eichenholz jetzt vorgehen?

Es schien dem Diakon, als habe er eine Ewigkeit gewartet, als der Offizier heraustrat und dem Kaiser einen der hohen Türflügel aufhielt. Gereon starrte wie gebannt auf das Gesicht seines Vaters, aber er konnte es nicht sehen. Heinrich hatte eine Hand vor die Augen geschlagen, sein Gang war unsicher. Der Adjutant hielt sich dicht hinter ihm, seine Miene schien besorgt. Plötzlich ballte der Kaiser die Hand zur Faust und presste sie vor den Mund, als wollte er hineinbeißen, um ein Stöhnen zu ersticken und den Schmerz leichter zu ertragen. Gereon sah, dass seine Augen in Tränen schwammen. Er fühlte, wie ihn eine Welle der Zuneigung durchströmte, und senkte den Blick.

Einige Tage später bestätigte und erweiterte Heinrich auf Bitten Huzmanns hin das Privileg, das der Bischof im Jahr 1084 der neuen Judengemeinde von Speyer gewährt hatte. Die meisten der Neuankömmlinge waren damals aus Mainz vertrieben worden. Huzmann hatte sie aufgenommen und nördlich der Stadt auf einem Gebiet mit einem eigenen Friedhof angesiedelt, um ihnen ein ungestörtes Gemeindeleben zu ermöglichen. Innerhalb ihres Bezirks war ihnen damals eigene Selbstverwaltung und ungestörte Ausübung ihrer Religion garantiert worden. In der gesamten Stadt hatte der Bischof ihnen den freien Handel und Geldwechselgeschäfte erlaubt. Auch die Beschäftigung christlicher Knechte und Ammen war ihnen ausdrücklich gestattet worden. Jetzt bestätigte der Kaiser dieses Privileg, indem er die Juden ausdrücklich unter seinen

Schutz stellte und ihnen alle bereits vom Bischof gewährten Rechte und Freiheiten noch einmal garantierte.

Gereon erinnerte sich gut daran, wie die Speyerer Juden das erste Privileg erhalten hatten. Damals war er noch Domschüler gewesen und hatte im Unterricht danach gefragt, ob denn eine solche Besserstellung von Juden überhaupt vom Kirchenrecht her erlaubt sei. Der Bischof hatte von dieser Frage erfahren und sie vor der versammelten Lehrer- und Schülerschaft beantwortet.

„Es ist Gottes Wille“, hatte er erklärt, „dass wir die Juden erhalten und schützen.“ Und als er in die fragenden Gesichter blickte, hatte er eine der höchsten Autoritäten der Kirche angeführt: „Der heilige Augustinus selbst hat uns das aufgetragen! Wir müssen sie schützen, weil wir ihnen die Schriften des Alten Testaments verdanken, in denen das Kommen von Jesus Christus angekündigt wird.“

Danach hatte Huzmann Gereon angeblickt und von ihm verlangt, das Gesagte mit eigenen Worten zu wiederholen und so weit zu erklären, wie er es verstehe. Der junge Schüler hatte nach kurzem Überlegen erwidert, ohne Juden gäbe es kein Altes Testament, und ohne Altes Testament könne man das Neue Testament nicht „neu“ nennen und außerdem auch nicht beweisen, dass es keine bloße Erfindung der Christen sei. Huzmann wusste, dass die Schrift des Augustinus über die Juden kein Unterrichtsstoff gewesen war, dass also der Schüler die Meinung des Kirchenlehrers zu diesem Thema gerade eben eigenständig formuliert hatte, ohne sie zu kennen. Das daraus folgende Lob hatte sich dem Schüler ins Gedächtnis eingeprägt.

Mit zunehmendem Alter hatte Gereon natürlich auch begriffen, dass der Bischof nicht nur von theologischen, sondern auch von handfesten wirtschaftlichen Interessen geleitet war. In seinem Privileg war immerhin die Rede davon, dass er durch die Ansiedlung von Juden den kleinen Ort Speyer zu einer der bedeutenden und wohlhabenden Städte im deutschen Reich entwickeln wollte.

Mittlerweile war Speyer auf dem besten Weg dorthin. Die kaiserliche Bestätigung der Rechte und Freiheiten für die jüdische Bevölkerung trug das Datum des 19. Februars. Wenig später, noch am selben Tag, verließ Kaiser Heinrich die Stadt Speyer und begab sich auf seinen Feldzug nach Italien. Drei Tage später verstarb Bischof Rüdiger Huzmann im sechsundzwanzigsten Jahr seines Episkopates. Eine seiner letzten Amtshandlungen war, den ehemaligen Domschüler Gereon zum Priester zu weihen.

Unter tiefer Anteilnahme der Domgeistlichkeit und der Einwohner der Stadt Speyer wurde der Bischof nach der Aufbahrung und dem feierlichen Leichenzug im Inneren des Doms, in der Nähe des Kreuzaltars vor der Vierung, nicht weit von den Angehörigen der kaiserlichen Dynastie, in einem steinernen Sarkophag beigesetzt.

Der weitläufige Kirchenraum lag an diesem Tag nicht wie früher in mystischem Halbschatten. Das Dach des Mittelschiffs war vor nicht langer Zeit geöffnet worden, um statt der bisherigen flachen Decke ein Gewölbe einzubauen, das hinauf in unerhörte, noch nie zuvor erreichte neue Höhen streben sollte. Durch die Öffnung hoch oben über den Köpfen der versammelten Trauergemeinde schimmerte der blassblaue Februarhimmel. Es war klirrend kalt, und Gereon war nicht der einzige, dem während der Zeremonie die Tränen auf den Wangen gefroren.

Teufelsnacht

Michelbach/Gernsbach, April 1090

Adelheid von Michelbach versuchte, ihre Schwiegertochter Duda zu beruhigen. Die junge Frau war vor einem Jahr auf Burg Michelbach eingezogen und stammte, wie sie selbst, aus der Familie der Herren von Calw. Jetzt war sie schwanger, bis zur Geburt würde es nicht mehr lange dauern.

„Pater Wideradus hat mich nicht absolviert", berichtete Duda verzweifelt. „Er verlangt, dass ich zuerst all meinen Einfluss einsetzen muss, um Euren Sohn davon abzubringen, mit Häretikern und Schismatikern zu paktieren!", fuhr sie fort. Die junge Frau knetete krampfhaft ihre Finger. „Wenn ich nun bei der Geburt sterbe ohne Lossprechung von meinen Sünden!", flüsterte sie mit belegter Stimme.

Angesichts der Verunsicherung ihrer Schwiegertochter unterdrückte Adelheid ihre eigene Besorgnis und setzte ein entschlossenes Gesicht auf. „Bis zu deiner Niederkunft ist es noch etwas Zeit", meinte sie bestimmt, nahm Dudas Hände und drückte sie fest. „Wir werden das Problem lösen, vertrau mir nur, meine Liebe!" Dann schickte sie die junge Frau in den Küchenbau, um die Vorräte zu revidieren und mit den Bediensteten den Speiseplan für die ganze nächste Woche festzulegen. Damit würde sie eine Weile beschäftigt und vom Nachgrübeln abgelenkt sein.

Adelheid überlegte. Wenn ihr Mann oder ihr Sohn von dieser Angelegenheit erfuhren, würden sie den Prediger zur Rede stellen und im schlimmsten Fall hinauswerfen. Das wollte Adelheid unbedingt vermeiden. Schließlich war er, davon war sie überzeugt, ein Vertreter der Hirsauer Reform, der auch alle ihre eigenen Verwandten in Calw anhingen. Wenn man dem Empfehlungsschreiben Glauben schenken durfte, hatte ihn Abt Wilhelm sogar persönlich ins Murgtal geschickt!

Ihr Mann, das war Adelheid bewusst, hatte für die Auseinandersetzungen zwischen den Anhängern des Kaisers und denen des Reformpapstes schon immer wenig Verständnis gehabt. Die Entwicklungen der letzten Jahrzehnte hin zu einer vom Königtum unabhängigen Kirche hatte er zwar wahrgenommen, sie hatten sich aber nicht auf seine Vorstellungen ausgewirkt – zum Leidwesen seiner Frau. Er folgte immer noch den Idealen seiner Jugend, als die weltlichen Herren auch Herren über die Kirchen in ihren Gebieten gewesen waren und die Könige und Kaiser als Gesalbte des Herrn für die weltliche und gleichzeitig auch die kirchliche Ordnung gesorgt hatten.

Der alte Werinhard ließ zwar von Pater Wideradus die Messen in seiner Burgkapelle lesen und beichtete in den vorgeschriebenen Zeitabständen bei ihm, aber in seine Politik ließ er sich nicht von ihm hineinreden. Rechtmäßiger Herrscher im Reich war nach seiner Ansicht Kaiser Heinrich, auch wenn ihn die Kirchenreformer wegen der Ernennung eines Gegenpapstes zum Schismatiker und Häretiker erklärt hatten. Adelheid fragte sich oft, wie es wohl um das Seelenheil ihres Gemahls bestellt war.

Was der Herrin von Burg Michelbach aber noch größere Sorgen bereitete, war, dass ihr ältester Sohn den Prediger nicht schätzte. Er ließ sich das nicht anmerken, zog es aber in letzter Zeit vor, den jungen Priester in Rotenfels aufzusuchen. Der alte Herr von Michelbach sah das nicht gern, aber weniger aus Gründen der Religion und Seelsorge, als vielmehr aus dem Bedenken heraus, dass Speyer daraus wieder eventuelle Mitbestimmungsrechte ableiten könnte.

Adelheid fragte sich manchmal, was mit ihrem ältesten Sohn geschehen war. Seit er einige Jahre am Hof des Königs verbracht hatte, war eine Veränderung mit ihm vorgegangen. Mit einiger Beunruhigung hatte sie die Vertrautheit ihres Sohnes mit der jüdischen Handelsdelegation bemerkt, die jüngst hier Station gemacht hatte. Schade, dass ihr zweiter Sohn Eberhard nicht da war! Der war am Hof des Emicho von Leiningen zum Knappen ausgebildet worden und hatte schon von daher eine klare Vorstellung davon, was von den Juden zu halten war.

Der nächste Punkt, der Adelheid zu denken gab, war das Verhältnis ihres Sohnes Werinhard gegenüber seinem Eheweib. Duda war ihm angetraut worden, ohne dass sie ihren zukünftigen Mann vorher jemals zu Gesicht bekommen hatte. Es war ein Akt der dynastischen Räson gewesen, genau wie bei ihr und dem älteren Werinhard vor fast einem halben Jahrhundert. Werinhard hatte ihr die Achtung und Stellung zukommen lassen, die ihr zustand, war aber ansonsten seiner Wege gegangen. Sie hatte sich in all ihren Bedürfnissen immer nach ihm richten müssen.

Da erging es Duda, soweit Adelheid beobachten konnte, deutlich besser. Werinhard nahm offenbar Rücksicht auf ihre Befindlichkeiten. Adelheids eigenes eheliches Leben war ohne solche Rücksichten verlaufen. Sie hatte manchmal Mühe, eine Anwandlung von Missgunst gegenüber Duda zu unterdrücken, für die sie sich schämte und von der sie wusste, dass sie ungerecht war. Sie hatte sich fast fünfzig Jahre lang einem unerbittlichen Ehemann fügen müssen. Sollte sie nicht froh sein, dass ihre Schwiegertochter ein besseres Los gezogen hatte?

Andererseits hegte die Mutter die heimliche Angst, ihr Sohn könnte dem Willen seiner Frau zu sehr nachgeben. Nachgeben, das hatte ihr eigener Ehemann ihr nachhaltig eingebläut, war aber immer mit Schwäche verbunden! Eine gewisse Nachgiebigkeit ihres Sohnes meinte sie auch in seinem Verhalten den Speyerern gegenüber bemerkt zu haben. Der ältere Werinhard, obwohl schon im fortgeschrittenen Alter, rückte immer noch mit seinen Bewaffneten aus und besetzte gewaltsam Ländereien, die zum Hochstift Speyer gehörten, erklärte sie zu seinem Eigentum und zwang die hörigen Bauern zu Abgaben. Ihr Sohn dagegen setzte mehr auf friedliche Verständigung und gewaltlose Aufteilung der Interessen.

Der einzige, gegen den ihr Sohn offenbar nicht zum Nachgeben bereit war, dachte Adelheid unwillig, war Pater Wideradus. Wenn er erfuhr, dass der sich geweigert hatte, Duda in der Beichte zu absolvieren, und aus welchen Gründen er das getan hatte, würde es Ärger geben. Das musste verhindert werden, aber wie? Adelheid überlegte fieberhaft. Der jüngere Werinhard würde, wenn überhaupt, nicht vor dem Abend zurückkehren. Er war in dem neuen Ort beschäftigt, an dessen Ausbau ihm so viel gelegen war und für den sich der Name *Gernsbach* eingebürgert hatte.

Bis dahin blieben noch einige Stunden Zeit, um etwas zu unternehmen. Adelheid ließ nach Wideradus schicken.

Gereon war nach seinem Aufenthalt in Speyer mit Jakob, Eliezer, Mirjam und einigen anderen Händlern, die sich angeschlossen hatten, bis Baden geritten, wo die Reisenden vom jüngeren Werinhard von Michelbach und seinem Hauptmann Franko abgeholt und über den Pass hinüber ins Murgtal geleitet wurden.

Der Priester hatte diese Strecke noch nie genommen und war überrascht vom Umfang der Rodungs- und Bauarbeiten im „sogenannten Gernsbach“. Für die Erledigung der notwendigsten Arbeiten hatte sich als erster Handwerker bereits ein Schmied angesiedelt, ein junger Mann namens Gerold ohne familiären Anhang, der in einer primitiven, mit Schilf gedeckten Hütte hauste. Die Werkstatt hatte er sich, wegen der Feuergefahr, etwas abseits der übrigen behelfsmäßigen Unterkünfte nahe dem Ufer eingerichtet. Von dort schallten gerade die Schläge des Schmiedehammers auf Metall durch den Talgrund.

Die Holzfäller waren bereits durch einen Späher weiter oben am Berg auf das Herannahen der Reisenden aufmerksam geworden. Bei ihrem Eintreffen wartete auf dem festgestampften Platz am Flussufer bereits eine Abordnung zur Begrüßung.

Werinhard, Franko und die übrigen Männer der Gesellschaft schwangen sich von den Pferden, Gereon war Mirjam behilflich, indem er ihr Tier am kurzen Zügel festhielt. Sie hätte seine Hilfe nicht gebraucht, ließ ihn aber mit einem Lächeln gewähren. Unter ihrem geschlitzten Reitermantel mit Kapuze trug sie Pluderhosen, die in ihren wadenhohen Lederstiefeln verschwanden.

Zwei der Männer führten die Pferde weg. Der alte Aufseher Gerwin und seine beiden Vorarbeiter komplimentierten die Gäste zu einer der Hütten, vor der grob gezimmerte Bänke und ein klobiger Tisch aufgestellt waren. Zwei Arbeiter brachten Krüge und Becher. Gerwin, seinen Strohhut immer noch in den schwieligen, mit unzähligen Rissen durchfurchten Händen, bat sie Platz zu nehmen. Die beiden Holzfäller begannen, das klare Quellwasser einzuschenken.

Werinhard trank den Becher in einem Zug leer, setzte ihn mit einem genussvollen Laut ab und wischte sich mit dem Handrücken über den Mund.

„Euer Wasser ist hervorragend, das muss ich immer wieder feststellen“, meinte er dann anerkennend zu Gerwin, wobei er sich umschaute. Dann drehte er sich zu den Judäern um und meinte in entschuldigendem Tonfall: „Für euch mag das alles noch roh und primitiv wirken, aber unsere Männer kommen schnell voran. Das Gelände auf beiden Seiten um die Furt ist bereits vollständig gerodet und gesäubert, dazu auch der Felsen dort.“

Der Michelbacher wies bei diesen Worten auf eine Anhöhe ganz in der Nähe, die sich beherrschend über dem Gelände erhob und offensichtlich auch bei Hochwasser für die reißenden Fluten unerreichbar sein würde. „Der Bau des Herrenhofes dort oben macht Fortschritte", stellte er mit zusammengekniffenem Blick fest, wobei er zum Schutz vor der sinkenden Sonne eine Hand über die Augen hielt.

Gereons Augen wanderten den Felsen hinauf. Dort würden die ersten ständigen Bewohner des neuen Ortes angesiedelt werden, das war ihm klar. Sie würden auf dem Herrenhof arbeiten und im Umkreis kleine Felder und hauptsächlich Wiesen für das Vieh anlegen. Für viele Talbewohner würde in der Zukunft der Weg nach Rotenfels weiter sein als der Weg hierher.

Werinhard war seinem Blick gefolgt. „Es sollte auch eine Kapelle dort oben stehen, meinst du nicht?" fragte er den Priester, fast ein wenig herausfordernd.

„Eine Filialkirche könnte ich mir dort oben auch gut vorstellen, der Weg von Rotenfels ist für uns doch ziemlich weit", antwortete Gereon diplomatisch. Der Michelbacher erwiderte nichts.

Der alte Werinhard, da war sich Gereon sicher, würde darunter eher eine Eigenkirche unter dem weitgehenden Einfluss der Herren von Michelbach verstehen. Wie der Sohn genau darüber dachte, das war dem Priester noch nicht ganz klar geworden. Nach seiner, Gereons, Ansicht gehörte die gesamte neue Siedlung sowieso dem Speyerer Domkapitel. Als Vertreter der Speyerer Geistlichkeit durfte er diesen Anspruch gegenüber den beiden Werinharden auch nicht aufgeben. Vor allem nicht, wenn sich dieser Ort tatsächlich zu einem Markt und irgendwann sogar vielleicht zu einer Anlaufstelle auch für den Fernhandel entwickeln sollte.

Nach einem Imbiss aus dunklem Brot, Käse und kaltem Fleisch schickte sich die Reisegesellschaft an, den Fluss zu überqueren. Die späte Aprilsonne erweckte bereits eine Illusion von Wärme auf der Haut, der Himmel wölbte sich hoch und lichtblau und der Wasserstand war niedrig.

Gerade diese idealen Bedingungen schienen den alten Jakob, der Kummer gewohnt war, ins Grübeln zu bringen. „Was wollt ihr eigentlich tun, um den Uferbereich vor Überschwemmungen zu schützen", fragte er in seiner bedächtigen Art. Gerwin wiegte den Kopf und zog die Mundwinkel herab, so als würde er es bedauern, dass dieses Problem noch keine abschließende Lösung erfahren hatte. Er blickte fragend zu seinem Herrn hinüber, der ihm durch ein kurzes Kopfnicken zu verstehen gab, dass er vor den Anwesenden ruhig reden dürfe.

„Wir werden versuchen, den Platz vor der Furt auf der linken Flussseite etwas zu erhöhen und durch Bohlen zu befestigen", führte er aus. „Falls jemals Hütten unterhalb des Felsens nötig werden, sollten sie etwas weiter den Abhang hinauf gebaut werden, dorthin reicht das Wasser nicht." Jakob nickte zustimmend, während er die Blicke über das Gelände schweifen ließ.

Dann stiegen die Reisenden wieder auf ihre Pferde, die von einigen Arbeitern am Zügel genommen und durch den Fluss geführt wurden. Die Männer wateten barfuß durch das Wasser, die Blicke konzentriert auf den Untergrund gerichtet, in dem sie jeden Stein und jede Untiefe kannten.

Die Sonne war schon fast hinter dem Gebirgszug im Westen verschwunden, als die Gruppe auf Burg Michelbach ankam.

Später, beim Nachtmahl in der großen Halle des Wohnturms, wurden die neuesten Nachrichten ausgetauscht. Der jüngere Werinhard berichtete voll Genugtuung von den Fortschritten in seinem neuen Ort und zeigte die drei neuen Schwerter aus Damaszenerstahl herum, die ihm Jakob auf seine Bestellung hin besorgt hatte.

Der ältere Werinhard war nicht erschienen. Offenbar machte ihm sein hohes Alter mehr zu schaffen, als er zugeben wollte.

Gereons Gefühle waren zwiespältig. Über die Fortschritte im „sogenannten Gernsbach" war er angenehm überrascht, auch wenn er die Rechtsposition Speyers vertrat und ihm die Besitzansprüche Werinhards Magenschmerzen bereiteten. Das Murgtal brauchte weiteren Raum für neue Siedlungen, der Platz auf den wenigen schmalen Talauen wurde immer knapper. Und ob das Domkapitel aus eigenem Antrieb und auf eigene Kosten so gewaltige und teure Rodungsaktionen unternommen hätte, das war noch fraglich.

Die Lage im Augenblick war verschwommen. Der Kaiser war nach Italien gegangen, um dort seine Interessen zu verteidigen, von ihm war kein Schutz zu erwarten. Berthold, der ältere Sohn Bertholds von Eberstein, hatte sich dem kaiserlichen Heer angeschlossen, um sich im Kampf gegen die Gegner Heinrichs in Oberitalien erste Sporen zu verdienen.

Dagegen war Eberhard von Michelbach vor Kurzem nach Hause zurückgekehrt, nachdem er jahrelang im Heer des Kaisers gedient und es dort zu militärischen Ehren gebracht hatte. Gereon beobachtete ihn, wie er sich in seiner bulligen Art am Tisch breit machte und große Mengen Wein in sich hineingoss. Offenbar war gerade eine lebhafte Unterhaltung zwischen ihm, seinem Bruder Werinhard und Franko im Gange.

„Was ist schon dieses Cuppenheim! Das gehört Speyer, nicht dem Ebersteiner! Auch wenn er sich dort wie der Herr aufspielt!", tönte Eberhard gerade lautstark über den Tisch. „Aber dieses neue Gernsbach, das haben wir geschaffen, das gehört uns! Da sind wir der Herr!", schrie er dann triumphierend, so dass es alle im Saal hören konnten. Um die Aussage noch zu bekräftigen, schlug er mit der flachen Hand auf die Tischplatte, wodurch Becher und Kannen in scheppernde Bewegung gerieten.

Gereon sah, wie die anderen Gäste sich bemühten, ihr Befremden zu verbergen. Die Judäer bewahrten ihren höflichen Gleichmut und taten so, als hätten sie von dem Ausfall keine Notiz genommen. Das rettete sie aber nicht davor, jetzt direkt in Eberhards Schusslinie zu geraten.

„Ihr solltet diesen Weg häufiger benutzen", riet ihnen der Michelbacher im Brustton der Überzeugung. „Schließlich haben wir euch diese Handelsroute eröffnet! Von Cuppenheim kommt ihr nicht so schnell hinüber ins Schwäbische oder zur Burg Calw! Und wenn ihr es versuchen solltet, werden wir es zu verhindern wissen!" In Eberhards Tonfall schwang eine Mischung von herablassender Anbiederung und Verachtung.

Gereon hielt die Luft an. Wie sollte sich diese unglaublich peinliche Situation auflösen? Doch er hatte nicht mit der Schnelligkeit Werinhards gerechnet. Bevor Eberhard zu neuen kraftmeiernden Reden ansetzen konnte, stand der ältere Bruder auf und begann, vor den Gästen eine Lobrede auf den jüngeren zu halten. Er sei stolz auf ihn, so führte Werinhard aus, da er sich bei den zahlreichen Feldzügen Kaiser Heinrichs in den letzten Jahren über die Maßen verdient gemacht habe und der Kaiser nur wegen des hohen Alters ihres Vaters bereit gewesen sei, ihn zurück auf die heimatliche Burg ziehen zu lassen.

Er selbst, Werinhard, sei zwar der Ältere, habe es aber noch nicht zu diesem Waffenruhm gebracht, da ihn die Pflichten in der von seinem Vater aufgebauten Herrschaft zu sehr beschäftigt hätten. Während seiner Rede hatte Werinhard die Bediensteten durch einen Fingerzeig auf die Kannen zum Nachfüllen aufgefordert und war mit dem Becher in der einen Hand neben seinen Bruder getreten und hatte die andere Hand auf dessen Schulter gelegt.

„Ihr müsst wissen, mein Bruder ist erst gerade von langen Heerfahrten zurückgekehrt, um mir bei der Verwaltung des väterlichen Besitzes zu helfen! Lange hat er nicht mehr hier in der großen Halle gesessen inmitten von Gästen und Damen!"

Bei den letzten Worten wandte sich der Sprecher mit einer höflichen Verbeugung zunächst an seine Mutter Adelheid, dann an Mirjam, dann an Jakob als dem Vertreter der jüdischen Gäste. „Der raue Ton des Feldlagers wird sich wieder verlieren", fuhr Werinhard fort, was von den Judäern als entschuldigende Erklärung aufgefasst werden konnte und auch so gemeint war. „Was bleibt, ist der Ruhm und der Ruf, den sich ein Mann im Kampf für die gerechte Sache verdient hat!"

Nun hob Werinhard seinen Becher. „Lasst uns trinken auf das Wohl meines heimgekehrten Bruders! Er hat schon mehr Waffentaten vollbracht als ich. Wir sind alle stolz auf ihn!" Als er den Becher in die Runde hob, schlossen sich alle sichtlich erleichtert an und tranken Eberhard zu, wobei sie ihm Gesundheit und ein langes Leben wünschten.

Geschickt hatte es Werinhard verstanden, die drohende Konfrontation zu entschärfen. Gereon war beeindruckt. Er bemerkte, wie sich nach dem Zutrinken der Ältere zum Jüngeren hinab beugte und ihm etwas zuraunte, wahrscheinlich eine Warnung, wie der Priester annahm. Offenbar neigte Eberhard zu Prahlerei und diplomatischem Ungeschick. Der Rest des Abends verlief tatsächlich noch harmonisch und ohne weitere Störungen.

Allerdings hatte Werinhard kein gutes Gefühl, als seine Mutter ihn und seinen Bruder nach Aufhebung der Tafel zu einer Besprechung zu sich rufen ließ, die angeblich keinen Aufschub duldete. Seine bösen Vorahnungen schienen sich zu bestätigen, als er den vierten Teilnehmer der Runde neben dem Sessel seiner Mutter warten sah: Es war Pater Wideradus.

Die beiden Söhne verbeugten sich vor ihrer vor dem Kamin sitzenden Mutter, nickten dem Pater zu und setzten sich auf eine einladende Handbewegung Adelheids hin auf zwei bereitstehende bequeme Armstühle ihr gegenüber. „Setzt Euch auch, Pater", forderte die Mutter den Prediger auf und wies auf einen Stuhl, ebenfalls in der Nähe des Feuers. Nachdem alle saßen, wandte sie sich an den Priestermönch und bat ihn darum, ihren Söhnen von den besorgniserregenden Zuständen im Murgtal zu berichten.

Die Reisegruppe der Judäer mit Jakob und Mirjam war nach dem Essen auf der Burg für die Nacht im Herrenhof des Dorfes Michelbach untergebracht worden. Verwalter dort war ein gewisser Wolfger, der das Amt von seinem verstorbenen Vater Bernold übernommen hatte. Franko, der die Gäste von der Burg heruntergebracht hatte, musste wieder einmal feststellen, dass der Apfel hier nicht weit vom Stamm gefallen war. Wolfger war ihm genauso zuwider wie seinerzeit dessen Vater.

Mit Abscheu registrierte der Hauptmann, mit welcher schleimigen Freundlichkeit Wolfger um Frau Mirjam herumscharwenzelte. Er hätte es lieber gesehen, wenn man die Judäerin auf der Burg untergebracht hätte, aber die Herrin, Frau Adelheid, war strikt dagegen gewesen. Den Grund dafür hatte Franko kurz darauf vom jüngeren Werinhard erfahren.

Nach Ankunft der Hebräer hatte Frau Adelheid die Ärztin sofort an das Lager ihres Mannes geführt. Mirjam hatte sie aber aus dem Krankenzimmer hinausgeschickt. Auch die Söhne hatten draußen warten müssen. Nur Gereon hatte sie hineingelassen.

Nach einer eingehenden Untersuchung hatte die Ärztin Frau Adelheid und ihren Söhnen dann erklärt, dass die ärztliche Kunst in diesem Fall vergebens sei. Sie könne nichts mehr für den Kranken tun. Er sei kurz wach gewesen und könne vielleicht auch noch einmal aufwachen, aber das sei nicht sicher. Sicher sei nur, dass er bald in vollkommene Bewusstlosigkeit fallen würde. Dieser Zustand könne einige Tage andauern, aber der edle Herr habe im Moment keine Schmerzen und würde bis zu seinem Ende auch keine erdulden müssen, wie Mirjam versichert hatte.

Die Auskunft hatte Frau Adelheid zuerst mit Fassungslosigkeit, dann mit Ärger erfüllt. Wie konnte diese Ungläubige es wagen, so etwas zu behaupten! Ihr Mann musste das Bewusstsein wieder erlangen, schon allein, um die notwendige, ausführliche Beichte abzulegen und die Sterbesakramente zu empfangen! Das hatte Pater Wideradus ihr eingeschärft.

Dass der ältere Werinhard nach der Untersuchung im Beisein der Jüdin bereits gebeichtet und die Sakramente empfangen hatte, das wusste Frau Adelheid nicht. Gereon hatte in einer Vorahnung kurz vorher das heilige Öl aus der Burgkapelle geholt und in seinem Gewand verborgen, bevor Mirjam ihn ans Lager des alten Werinhard gelassen hatte. Pater Wideradus hatte es dem Rotenfelser Priester nicht verwehren können, denn er war in diesem Moment nicht da gewesen.

Von diesen Vorgängen hatte Werinhard seinen Hauptmann in knappen Worten in Kenntnis gesetzt, bevor er ihn mit der Gesellschaft der Judäer zum Herrenhof in den Ort Michelbach hinunterschickte.

Um den älteren Werinhard tat es Franko ehrlich leid. Er war zwar zeit seines Lebens ein harter Mann gewesen, aber auch gerecht und vor allem berechenbar. Für den alten Herrn empfand der Hauptmann Respekt und Dankbarkeit, und diese Gefühle schuldete er selbstverständlich auch dessen Sohn und Nachfolger. Und doch verband ihn mit dem jüngeren Werinhard noch etwas anderes als reine Loyalität.

Dieser Herr, so empfand es der Hauptmann, nahm den Gehorsam seiner Diener nicht als selbstverständlich geschuldet hin, sondern auch als etwas, das vom Herrn selbst verdient werden musste. Nicht nur durch die übliche Grundversorgung mit Nahrung, Unterbringung oder Ausrüstung, sondern auch durch eine gewisse Teilhabe an Entscheidungen und eine Wertschätzung, die über Erwägungen der Nützlichkeit hinaus gingen. Obwohl der alte Herr ihn auch häufig um seine Meinung gefragt hatte, worauf Franko immer sehr stolz gewesen war, hatte das am Verhältnis von Herrn und Knecht nie etwas geändert. Für den jungen Herrn, das fühlte Franko auf unbestimmte Weise, war er nicht nur ein zuverlässiger Knecht, sondern ein Waffenbruder, vielleicht sogar ein Freund.

Aus diesem Grund empfand es Franko jetzt auch als besondere Verantwortung, für die Bequemlichkeit und Sicherheit der Judäer zu sorgen, besonders für die der Frau Mirjam. Der Hauptmann wusste, dass sein Herr große Stücke auf sie hielt.

Wolfger hielt Franko mit einem schmierigen Grinsen die Tür zu dem Raum auf, der für Mirjam vorgesehen war. Franko warf einen Blick hinein. Die Bettstatt war ordentlich aufgeschüttet und mit Fellen belegt. Der vom Fußboden aufsteigende Duft verriet, dass der Strohbelag frisch gestreut worden war. In dem kleinen Kamin brannte ein Feuer, auf einem Tisch stand ein Teller mit Brot und Käse, daneben eine Kanne mit Wasser.

Franko scheuchte Wolfger mit einer Handbewegung von der Tür weg. Dann hielt er sie selbst auf und bat Mirjam einzutreten. Missbilligend bemerkte er, dass an der Tür kein Schloss war, verkniff sich aber eine Bemerkung, als er sah, wer gerade im Gang neben der Zimmertür auf mehreren Fellen sein Lager aufschlug. Wer immer sich nachts hier hereinwagen sollte, er würde Eliezers Klinge zu spüren bekommen. Außerdem, dachte Franko beruhigt, hielten seine eigenen Leute um das Haus herum Wache.

Gereon hatte sich in den Stall zu seinem treuen Maulesel begeben und nachgesehen, ob er auch gut versorgt war. Dann hatte er ihn eine Weile gestriegelt und gestreichelt und war dann ins Heu gefallen. Ein großer Teil der Nacht war schon vorbei und morgen würde ein aufregender Tag werden. Eine Weile lauschte er noch dem Schnauben der Tiere, dann schlief er ein.

Dass zu derselben Zeit oben in der Burg über das weitere Schicksal des Murgtals entschieden wurde, das wusste er nicht.

Pater Wideradus ließ sich von Frau Adelheid nicht zweimal um seinen Bericht zur Lage im Murgtal bitten. Nachdrücklich führte er seinen Zuhörern, der Herrin von Michelbach und ihren Söhnen Werinhard und Eberhard, vor Augen, dass in ihrem nächsten Umkreis Sünden an der Tagesordnung waren, die nicht nur die Täter, sondern auch die ihnen anvertrauten Opfer in den Abgrund der ewigen Verdammnis reißen würden.

Die erste Anklage des Paters betraf die beiden Priester von Rotenfels. Sowohl Hezilo als auch Gereon seien von schismatischen Bischöfen geweiht, also Bischöfen, die auf Seiten Kaiser Heinrichs gestanden hätten und damit wie der Kaiser selbst durch den Bann des Papstes aus der Kirche ausgeschlossen worden seien.

Werinhard hatte gehofft, dass diese alten Vorwürfe endlich einmal verstummen würden, aber nun kamen sie doch wieder hoch. *Wie der*

Dreck in einem Hafen, fuhr es ihm durch den Sinn und er fragte sich, wann das endlich einmal ein Ende haben würde. Unwillkürlich runzelte er die Stirn, aber da hatte sich der Priestermönch schon seiner Mutter zugewandt.

„Leider mussten wir feststellen, dass Euer Ehemann, und dann auch Euer Sohn diese falschen Priester bis jetzt geduldet haben", äußerte der Mönch in strengem Tonfall und heftete seine tiefliegenden Augen jetzt direkt auf Frau Adelheid.

„Soweit mir bekannt ist", fuhr Wideradus fort, „beichtet Euer Sohn sogar bei diesem Hezilo".

In Werinhard stieg der Zorn hoch, er wartete die Antwort seiner Mutter nicht ab. „Die beiden Priester sind rechtmäßig geweiht", herrschte er den Mönch an. „Ich dachte, das wäre lange geklärt, vor allem, da auch Herr Berthold von Eberstein sie anerkennt und zulässt, dass sie die Messe in der Kirche von Cuppenheim lesen."

Werinhard wartete auf eine Reaktion, aber Pater Wideradus hatte die Augen geschlossen und schien nachzudenken. Nach einer Weile hob er die Lider, und richtete den Blick auf den Michelbacher. In seinen stechenden Augen lag ein Glitzern, das Werinhard einen Schauer über den Rücken jagte.

„Herr Berthold hat dem Kloster Hirsau eine größere Schenkung versprochen und Abt Wilhelm gebeten, ihm Reliquien für die Kirche in Cuppenheim zu überlassen", erklärte Pater Wideradus nun in einem salbungsvollen Tonfall, der seine Schadenfreude nicht ganz verbergen konnte. „Und bei dieser Gelegenheit hat er auch um einen eigenen Priester für den Ort Cuppenheim gebeten, für den er sich als Schutzherr verantwortlich fühlt", setzte er dann noch hinzu, ohne den Triumph in seiner Stimme jetzt länger zu verhehlen.

Werinhard war überrascht. Warum hatte der Ebersteiner das getan? Neigte er der Hirsauer Kirchenreform doch mehr zu, als der junge Michelbacher bisher angenommen hatte? Rechnete er damit, dass sich Kaiser Heinrich länger in Italien aufhalten würde? Oder vielleicht nie mehr zurückkommen würde? Und wollte er sich für diesen Fall die Unterstützung seiner schwäbischen Verwandtschaft sichern, die alle glühende Anhänger der Kirchenreform waren? Der Ebersteiner rechnete offenbar damit, so schien es Werinhard, dass die Feinde des Kaisers demnächst den Zähringer Berthold als Gegenherzog in Schwaben erheben würden und vielleicht auch bald einen Gegenkönig gegen Heinrich. Dieser Gegenkönig würde dann in Deutschland präsent sein und nur die zu seinen Anhängern zählen, die auch Anhänger der Kirchenreform waren.

Die Stimme seiner Mutter riss Werinhard aus seinem Gedankengang. „Mein Sohn wird sich Euren Anordnungen fügen, Pater, da bin ich mir sicher", hörte er sie sagen. Er wollte auffahren, beherrschte sich aber gerade noch rechtzeitig und zog es vor zu schweigen – vorerst.

„Ein Sohn sollte immer dem Rat seiner Eltern folgen", ließ sich der Mönch nun feierlich vernehmen und schlug mit priesterlicher Geste das Kreuzzeichen über Frau Adelheid, die in frommer Ergebenheit ihre Hände gefaltet hielt. Dann holte der Mönch zum nächsten Schlag aus. „Ein rechtmäßiger Seelsorger tut auch deshalb not", betonte er jetzt, „da besagter Gereon nicht nur der unrechtmäßigen Amtsführung schuldig ist!"

Werinhard horchte auf. Was kam jetzt noch? Was hatte dieser Mönch noch vorzubringen, von dem er nichts wusste?

„Dieser Priester ist nicht nur selbst ein Häretiker, ein Abtrünniger der Kirche! Er hat auch noch engen Verkehr mit Ungläubigen, genauer mit Juden", präzisierte Wideradus jetzt seinen Vorwurf. „Nach dem, was mir zugetragen wurde, stammt er sogar selbst von einem Juden ab!"

Jetzt konnte sich Werinhard nicht mehr länger beherrschen. Wütend funkelte er den Priestermönch an. „Könnt Ihr das zweifelsfrei nachweisen?", wollte er wissen. Ohne auf eine Antwort zu warten, fuhr er fort: „Wenn Ihr es nicht könnt, würde ich Euch raten, solche Behauptungen nicht weiter zu verbreiten."

„Warum erregt Ihr Euch so, edler Herr?", fragte Wideradus mit spöttisch verzogenem Mund. „Könnt Ihr beweisen, dass es nicht so ist? Dieser Priester ist ein Findelkind! Er kennt seine Eltern nicht!"

Werinhard war von der Dreistigkeit des Mönchs wie vor den Kopf geschlagen, aber kaum hatte er diesen Angriff verkraftet, da erfolgte schon der nächste. Der Pater beugte sich weit auf seinem Stuhl vor und fuhr mit gefährlich leiser Stimme zu sprechen fort, so dass alle gezwungen waren, seinen Ausführungen mit höchster Konzentration zu lauschen.

„Abgesehen von der Verstrickung in die abscheuliche Gemeinschaft der Gottesleugner duldet dieser falsche Priester offenbar auch noch eine heimliche Drude in Rotenfels!“

Adelheid schrie auf und schlug die Hand vor den Mund. Eberhard, der bis jetzt der Unterhaltung schweigend zugehört hatte, blickte fragend zu seinem Bruder hinüber.

Werinhard selbst wusste nur eins, nämlich dass er diese Frage nicht hier und nicht jetzt klären durfte. Er brauchte Zeit zum Nachdenken und zur Beratung. Daher kämpfte er seinen Zorn nieder und stand auf. Sein Bruder und der Mönch erhoben sich ebenfalls. Als auch Adelheid aufstehen wollte, bat ihr Ältester sie, sitzen zu bleiben.

„Habt Ihr alle Anklagepunkte genannt?“, fragte er dann den Mönch in möglichst ruhigem Tonfall.

„Ich hoffe, Ihr erkennt, junger Herr, dass es schwerwiegende Anklagepunkte sind und dass Ihr sie nicht einfach übergehen könnt“, antwortete Pater Wideradus. „Bedenkt, dass Euer Vater und Euer Eheweib die Absolution benötigen“, setzte er dann noch hinzu.

Werinhard schloss kurz die Augen, um die Beherrschung nicht zu verlieren. Dass seine Mutter auf ihre alten Tage diesem widerwärtigen Eiferer mehr oder weniger hörig war, das wusste er. Dass sein Vater heimlich von Gereon absolviert worden war, hatte er von Mirjam erfahren und war erleichtert gewesen. Aber Duda?

„Wir werden uns beraten und Euch Nachricht geben“, erklärte er dem Priestermönch steif. „Für jetzt seid Ihr entlassen! Geht!“

Pater Wideradus warf Frau Adelheid einen vielsagenden Blick zu. Bevor er die Tür hinter sich schloss, drehte er sich noch einmal um.

„Wartet nicht zu lange, edler Herr Werinhard!“ hörte der junge Michelbacher ihn sagen. Dann schloss sich die Tür.

Cuno, schoss es Werinhard durch den Kopf, er musste endlich mit Cuno reden. Das hatte er schon lange vorgehabt. Gleich morgen würde er einen Boten an seinen jüngsten Bruder, den Domherrn in Straßburg schicken.

Die judäischen Kaufleute zogen nach der in Michelbach verbrachten Nacht früh am nächsten Morgen nach Rotenfels weiter, wo sie eine Pause einlegten, um Mirjam Gelegenheit zu geben, die dortigen Anpflanzungen zu besichtigen. Gemeinsam mit Gereon wanderte die Jüdin nun durch den Garten der Irmengard von Beet zu Beet und untersuchte die verschiedenen Heilkräuter. Über ihnen wölbte sich ein blauer Himmel, der nur von einigen weißen Wölkchen durchzogen war. Die Morgensonne wärmte schon angenehm.

Mirjam hatte viele Fragen, die Irmengard ausführlich beantwortete. Der Priester war glücklich, dass sich die beiden von ihm so geschätzten Frauen offenbar gut verstanden. Auf das Pflücken im Wald während bestimmter Mondphasen musste er später noch einmal zurückkommen, wenn er Irmengard nur im Beisein der alten Margreth befragen konnte. Zu seinem Erstaunen kam sie aber jetzt aus eigenem Antrieb darauf zu sprechen. Mirjam hörte sich alles aufmerksam an und bestätigte in einigen Fällen sogar den Einfluss des Mondes auf bestimmte Pflanzen und Bäume!

Danach führte Gereon die beiden Frauen zu seinen eigenen Pflanzen. Frau Mirjam stellte viele Fragen und lobte seine Arbeit. Als Geschenk hatte sie ihm die Kopie eines Rezeptbuches mitgebracht. Sie schien stolz auf ihren ehemaligen Schüler zu sein, das konnte sie nicht verhehlen. Dabei bemerkte sie wohl, dass Irmengard sie die ganze Zeit über aufmerksam beobachtete. Die beiden Frauen warfen sich schließlich Blicke zu, deren Bedeutung dem Priester entging.

Nach einigen Stunden des Prüfens, Riechens, Schmeckens und Diskutierens lud Irmengard sie noch in ihre Hütte ein und setzte ihnen ein bescheidenes, aber von Margreth sorgfältig vorbereitetes Essen vor. Danach ging es ans Abschiednehmen. Mirjam umarmte sowohl Irmengard als auch Gereon herzlich, dann begab sie sich zu ihrer Reisegesellschaft zurück, die am Rand des Dorfes auf sie wartete, schon zum Aufbruch in Richtung Rheintal bereit.

Gereon blieb mit Irmengard und der alten Margreth in der Hütte zurück. Er hatte sich bereits am frühen Morgen von Jakob und Eliezer verabschiedet. Frau Mirjam ein zweites Mal, wahrscheinlich wieder für lange Zeit, Lebewohl sagen zu müssen, hatte er nicht über sich gebracht. Der Abschied hatte ihm auch so schon in der Seele weh getan, und er suchte jetzt etwas, um sich abzulenken und nicht daran denken zu müssen. Da kam ihm der Gedanke, dass jetzt, wo er doch schon einmal da war, eine gute Gelegenheit wäre, nach den Gebeten und Sprüchen zu fragen, die Irmengard beim Sammeln von Kräutern und auch beim Behandeln von Menschen und Tieren einzusetzen pflegte, was viele der Talbewohner bestätigen konnten. Auch nach den Vorkommnissen bei Azelas Niederkunft wollte er sich erkundigen. Er beschloss, mit dem Letzteren zu beginnen.

Gereon stellte vorsichtig die erste Frage, da fiel ihm Irmengard schon ins Wort.

„Warum fragt Ihr nicht Frau Mirjam?“, wollte sie wissen, und in ihrer Stimme glaubte der Priester einen herausfordernden Ton wahrzunehmen.

„Frau Mirjam war nicht dabei“, versuchte Gereon, sie zu beschwichtigen. „Wie sollte sie da wissen, was im Einzelnen passiert ist?“

Irmengard runzelte die Stirn. „Was soll passiert sein?“, fragte sie. „Die Wehen kamen nicht, das Kind lag falsch.“ Sie zuckte die Achseln. „Fragt die Jüdin, und sie wird Euch sagen, was in solchen Fällen zu tun ist!“

„Warum sollte ich sie fragen, wenn du doch dabei warst?“, fragte der Priester geduldig weiter. „Ich frage doch nur, weil manche im Dorf die wildesten Geschichten herumerzählen“, erklärte er ihr mit besorgter Miene. Aber Irmengard wechselte abrupt das Thema.

„Warum ist Frau Mirjam so stolz auf Euch?“, wollte sie plötzlich wissen. Gereon blickte sie fragend an.

„Streitet es nicht ab“, verlangte sie jetzt in einem Ton, der heftiger war, als es der Priester von ihr gewohnt war. Er konnte sich nicht erklären, woher ihr Wunsch kam, das zu wissen, beschloss aber, ihr zu antworten.

„Wahrscheinlich, weil ich mich in der Domschule mit Pflanzen beschäftigt habe und dort Beete anlegen durfte. Frau Mirjam hat mir dabei geholfen“, erklärte er wahrheitsgemäß. „Und jetzt freut sie sich, dass ich nicht alles vergessen habe, was sie mir beigebracht hat“, schloss er seine Ausführungen ab.

„Sie liebt Euch“, stellte Irmengard übergangslos fest. Der Satz traf Gereon unvorbereitet, er fühlte sich bloßgestellt, wusste nicht, was er darauf erwidern sollte. Wieso sagte sie so etwas! War sie am Ende doch eifersüchtig? Hatte sein Amtsbruder Hezilo Unrecht gehabt mit seiner Einschätzung? Hatte Irmengard doch etwas von ihm erwartet und war jetzt enttäuscht? Aber was sollte sie von ihm erwartet haben? Er war zum Priester geweiht! Die Frau, die ihm gegenüber am Tisch saß, erschien ihm plötzlich fremd. Er sah sie fassungslos an.

Irmengard erkannte das Entsetzen in seinem Gesicht. Sie lächelte schwach, dann sagte sie: „Ihr habt Recht, Pater. Ich liebe Euch auch, aber nicht so wie sie, und nicht so, wie Ihr denkt. Oder vielleicht mehr, je nachdem“, setzte sie noch nachdenklich hinzu.

Gereon verstand nichts mehr. Er sah sich nur in seinen schlimmsten Befürchtungen bestätigt. Er musste gehen, jetzt sofort. Wieder huschte ein kurzes Lächeln über Irmengards Gesicht. Dann wurde sie ernst.

„Pater Gereon“, sagte sie. „Ihr seid gelehrt und habt eine berühmte Domschule besucht! Aber die einfachen Dinge seht Ihr nicht.“ Sie wartete eine Weile, aber der Priester war wie gelähmt, zu keiner Reaktion fähig.

„Frau Mirjam liebt Euch“, wiederholte Irmengard noch einmal. „Und Ihr liebt sie, habt Ihr das noch nicht bemerkt?“

Gereon glaubte zuerst, nicht richtig verstanden zu haben. Dann sank er auf seinen Stuhl zurück und fuhr sich mit den Händen über das Gesicht. Unwillkürlich stöhnte er auf und begann, mit dem Oberkörper vor und zurück zu schaukeln. Jetzt war es soweit, dachte er verzweifelt. Jetzt holte ihn diese unselige Leidenschaft doch noch ein. Und wenn es diese Frau erkannt hatte, wer würde es dann nicht erkennen?

Irmengard beobachtete ihr Gegenüber eine Weile lang schweigend. Zu sehen, wie er sich quälte, tat ihr weh. Er empfand Liebe, wusste aber nicht, wie er sie einordnen sollte. Und sie selbst? Konnte sie ihrer Sache sicher sein? Aber wie hätte sie es übersehen können? Dieser leicht verschattete Blick der braungrünen Augen. Die Nachdenklichkeit und Zurückhaltung, die aus ihnen sprach. Die Liebe zu den Pflanzen. Die Liebe zu den Mitmenschen und die Bereitschaft, auf sie zuzugehen und sie anzuhören. Die Angewohnheit, die Fingerspitzen aneinander zu pressen, um sich besser zu konzentrieren. Überhaupt, die Art sich zu bewegen und zu sprechen. Nein, sie hatte sich nicht geirrt. Margreth war es auch aufgefallen. Aber wie sollte sie es ihm erklären?

„Hört mir zu, Pater", forderte sie ihn auf. „Und schaut mich an dabei! Es ist wichtig, was ich Euch zu sagen habe!" Bei diesen Worten hatte sie sich über den Tisch zu ihm hin gebeugt.

Widerwillig ließ er die Hände sinken und sah ihr Gesicht plötzlich so dicht vor sich, dass er ihren Augen nicht ausweichen konnte.

„Von mir habt Ihr nichts zu befürchten", begann sie. „Ich weiß, dass Ihr ein Diener Gottes seid!" Dann wandte sie ihren Blick ab und ihre Stimme wurde leiser. „Aber Frau Mirjam", sie machte eine Pause, bevor sie sich Gereon wieder direkt zuwandte. „Sie", setzte sie neu an, das Sprechen fiel ihr jetzt sichtlich schwer. „Sie ist Eure Mutter."

Nur langsam tropften die Worte, wie zähflüssiger Schleim, in Gereons Bewusstsein, dann aber verwandelten sie sich in einen heißen Strom, der seinen Körper in immer heftigeren Wellen durchflutete. In seinem Kopf pulsierte es so stark, dass er kaum noch etwas wahrnehmen konnte. Die Bilder begannen vor seinen Augen zu tanzen, bis der Druck so unerträglich wurde, dass er die Handteller mit aller Kraft gegen seine Schläfen presste. Irmengard erschien ihm verzerrt wie durch einen Schleier, er wollte sie fragen, woher sie das alles wissen wollte! Gleichzeitig wusste er, dass es die Wahrheit war. Sie war nur verborgen gewesen in den Tiefen seiner Seele in all den Jahren. Er spürte, wie das Blut in ihm kochte und, ohne dass es ihm bewusst wurde, krampfte er jetzt die Hände mit aller Macht auf der Tischplatte zusammen, dann schlug er die Stirn auf seine geballten Fäuste.

Irmengard wartete, sie konnte seine Verwirrung und seinen Schmerz fühlen. Nach einer Weile versuchte sie vorsichtig, ihm die Hände zu lösen. Dabei begann sie, in einem melodischen Singsang das Vaterunser zu beten. Gereon holte tief Lust und registrierte, wie die Verkrampfung aus seinen Gliedern wich. Er blickte zu Irmengard auf, dann kamen ihm Hezilos Worte in den Sinn. Sie sei ohne Eitelkeiten, ohne Hintergedanken, ohne eigenes Interesse, hatte er gesagt. Sein Amtsbruder hatte sie richtig eingeschätzt. Im Gegensatz zu ihm selbst.

Als er das Haus verließ, wusste er die Antwort auf vieles von dem, was er hatte wissen wollen. Vielleicht, so dachte er, war es eine glückliche Fügung gewesen, dass er nicht früher erfahren hatte, wer seine Mutter war.

Irmengard hatte sich aufgemacht zum großen Wald oberhalb von Rotenfels. Nach kurzem Fußmarsch gelangte sie zum Waldrand mit seinen hochragenden Buchen, die sich gegen den nachtblauen Himmel im Osten abhoben. Seit Monaten hatte man hier nichts mehr von Gesetzlosen gehört. Außerdem fürchtete sich Irmengard nicht vor ihnen. Damals, als man sie aus Reichenbach vertrieben hatte, da hatte sie ja selbst in Erwägung gezogen, sich einer solchen Bande anzuschließen. Ja, häufig waren das Verbrecher, oft aber auch die Ärmsten der Armen, die stahlen und raubten, nur um zu überleben. In dieser Beziehung taugte sie nicht zum Opfer. Bei ihr gab es nichts zu holen.

Der Vollmond war bereits aufgestiegen, es war eine geeignete Zeit, um bestimmte Pflanzen zu ernten. Irmengard kannte eine Stelle am Waldrand, wo größere Mengen von Krampfkraut wuchsen. Vielleicht würde sie auch noch auf Beifuß stoßen, mal sehen. Daneben wollte sie schauen, ob sie später im Jahr hier noch bestimmte andere Pflanzen, darunter den Eisenhut, finden könnte.

Irmengard suchte den Boden im Übergangsbereich zwischen Wiese und Waldrand systematisch ab. Dabei murmelte sie die Gebete, die ihre Mutter sie gelehrt hatte. Man durfte nichts aus der Natur nehmen, ohne um Verzeihung zu bitten und für die Gabe zu danken. Wenn sie auf ein Gewächs stieß, das ihr geeignet erschien, kniete sie nieder, umschloss es beinahe zärtlich mit den Händen und sprach die vorgeschriebenen Bitten um Erlaubnis, Vergebung und Dank aus. Zum Schluss ließ sie immer noch das Vaterunser und das Glaubensbekenntnis folgen. Erst dann stach sie, fast widerstrebend und sehr vorsichtig, um die Pflanze herum einen Kreis in die Erde, so dass sich die Wurzel ohne Gewalt herausheben ließ. Bei manchen Gewächsen reichte es auch schon, einige Blätter, Früchte oder Samen von ihnen zu nehmen. Auch dabei achtete Irmengard darauf, keines der in ihren Augen beseelten Pflanzenwesen über Gebühr zu verletzen. Alles, was sie auf diese Weise gewonnen hatte, legte sie dann unter erneuten Gebeten behutsam in ihren Korb.

Irmengard blickte zum Nachthimmel auf. Der Mond leuchtete hell und schien unnatürlich groß. In der Ferne heulte ein Wolf, ein zweiter und ein dritter fielen ein, aber das konnte sie nicht erschrecken. Der Winter war vorbei, und die Tiere fanden von selbst genug Futter im Wald, ohne sich menschlichen Behausungen nähern zu müssen. Aber was war das? Hatte sie nicht eben das Knacken eines Astes gehört, wie unter dem Tritt eines Menschen?

Irmengard kniff die Augen zusammen und spähte angestrengt in die Richtung, aus der sie das Geräusch vernommen hatte. Sie hatte sich nicht getäuscht. Aus dem Schatten des Waldrands löste sich eine hohe menschliche Gestalt, die direkt auf sie zukam. Irmengard packte ihren Korb fester und blieb wie angewurzelt stehen. Sie war kein Mensch, der weglief, und außerdem war dafür auch gar keine Zeit mehr.

Die Person, die Irmengard wegen ihrer Größe für einen Mann hielt, war in einen langen schwarzen Mantel gehüllt, das Gesicht lag im Schatten einer Kapuze. Erst als der Fremde vor ihr stand, meinte sie, ihn zu erkennen. War das nicht dieser Priestermönch, der auf Burg Michelbach die Messe las? Sie hatte ihn erst einmal in Rotenfels gesehen. Bei einer Predigt, die ihr und, wie sie wusste, auch Gereon und Hezilo nicht gefallen hatte.

„Was machst du hier?“, fragte er unfreundlich.

Irmengard zeigte ihren Korb vor. „Ich habe Pflanzen gesammelt“, antwortete sie wahrheitsgemäß. „Und warum ist ein Geistlicher zu so später Stunde noch unterwegs?“, fragte sie dann unerschrocken zurück.

Als Antwort folgte ein hässliches Lachen.

„Du befindest dich auf dem Gebiet des Herrn von Michelbach“, stellte der Mönch fest.

„Nein“, hielt Irmengard dagegen. „Diese Wiese gehört zum Gut Rotenfels. Wir befinden uns hier auf speyerischem Boden.“

Der Mönch wechselte das Thema. Indem er unangenehm nah an sie herantrat, fragte er: „Du weißt, dass es verboten ist, den Vollmond anzubeten?“

„Ich habe den Vollmond nicht angebetet“, erwiderte Irmengard und trat unwillkürlich einen Schritt zurück, um seinem Atem nicht ausgesetzt zu sein. Dabei stolperte sie und fiel nach hinten. Sie versuchte noch, den Korb festzuhalten, um die darin befindlichen Pflanzen vor dem Herausfallen zu schützen, aber es gelang ihr nicht mehr. Der Korb flog ihr aus der Hand, sie selbst landete mit dem Rücken auf etwas Hartem, wahrscheinlich einer Wurzel. Einige Sekunden lang stockte ihr der Atem, dann fühlte sie einen stechenden Schmerz. Sie versuchte, sich zu bewegen, auf die Seite zu drehen, aber es gelang ihr nicht. Jetzt packte sie der Prediger an den Armen und schleifte sie über den Boden in Richtung Wald.

Irmengard wusste, dass es jetzt um ihr Leben ging. Sie versuchte zu schreien, brachte aber vor Angst nur ein Krächzen heraus. Sie versuchte, ihre Fersen in den weichen Boden zu drücken in der Hoffnung, das Schleifen aufzuhalten, aber der Mann zog sie unaufhaltsam an ihren nach hinten gedehnten Armen weiter. Sie wollte ihn treten, konnte ihn aber aufgrund ihrer unglücklichen Lage mit den Beinen nicht erreichen. Dann erblickte sie über sich das Astwerk der ersten Bäume, die Bewegung hörte abrupt auf, der eiserne Griff lockerte sich. Sie dachte schon, ihre Arme seien frei und wollte sie wieder an den Körper ziehen, da fühlte sie, wie ein Strick um ihre Handgelenke geschlungen und mit einem scharfen Ruck festgezurrt wurde. Mit großer Anstrengung drehte sie den Kopf ein wenig und erkannte, dass ihre Arme nach hinten um einen Baum herum gefesselt waren.

Abwehrbereit zog sie ihre Beine an, um den Mann zu treten, sobald er in ihre Reichweite kommen würde. Aber jede Bewegung verursachte ihr Schmerzen. Ihr Oberkörper war so zu liegen gekommen, dass er über eine scharfkantige Erhebung am Boden gedehnt wurde. Es musste ein Stein oder eine Wurzel sein, schoss es ihr durch den Kopf. Dann hockte er plötzlich mit seinem ganzen Gewicht auf ihr. Vor Angst trat sie trotz der Schmerzen mit den Beinen aus, aber er lachte nur knurrend, und der unerträgliche Druck verstärkte sich noch. Jetzt hatte sie ihre Stimme wieder gefunden und schrie vor Panik aus Leibeskräften. Sein Gesicht über ihr verzerrte sich vor Wut. Er keuchte und drückte ihr mit einer Hand fest die Nase zu. Als sie den Mund öffnete, um Luft zu bekommen, fühlte sie, wie ihr etwas Hartes zwischen die Zähne und weiter bis in den Rachen gestoßen wurde. Sie drehte den Kopf wild hin und her und versuchte, den Mund zu schließen, aber es ging nicht mehr. Dann fühlte sie, wie ihr eine Masse in die Mundhöhle gedrückt wurde, die sich anfühlte wie nasse Wolle. Unbarmherzig stopfte ihr Peiniger immer mehr von diesem Knebel in ihren Schlund hinein, bis sie einen Brechreiz verspürte. Sie glaubte schon, ersticken zu müssen, als er aufhörte. Doch während sie noch halb betäubt wie eine Ertrinkende die Luft durch die Nase einzog, durchfuhr sie ein heftiger Schmerz, der sich mit zunehmender Gewalt wiederholte. Ihr war, als würde ihr Unterleib auseinander gerissen und ihr Rücken auf den Wurzeln, auf denen sie lag, zermalmt werden. Als die Qualen nach einer Weile etwas nachließen, stöhnte sie vor Erleichterung und versuchte, etwas von der Knebelmasse auszuspucken. Sofort wurde ihr die Nase erneut zugehalten und der eklige Klumpen wieder in den Rachen zurück gepresst. Es war noch nicht vorbei, das wusste sie. Im milchigen Mondlicht sah sie noch lange das Gespinst der Zweige über sich hängen, bis sie die Schmerzen endlich nicht mehr wahrnahm und in einer schwarzen, gefühllosen Leere versank.

Einige Tage später entdeckte man ihre Leiche. Merkwürdigerweise war ihr Gesicht erkennbar, während ein großer Teil des Körpers von wilden Tieren, offenbar Wölfen, zerfleischt worden war. Auf ihrer Stirn war die Zahl 666 eingeritzt, ihr Mund war mit einer schleimigen Masse gefüllt, in der die Bauern die verwesenden Überreste eines Wolfshoden zu erkennen glaubten.

Michelbach, April 1090

Die Lage war ernst, die Stimmung entsprechend gedrückt. Werinhard, Eberhard und Cuno von Michelbach hatten sich mit ihrer Mutter in der großen Halle von Burg Michelbach eingefunden. Werinhard war von Gereon über das Verbrechen informiert worden und hatte sich die Leiche noch vor Ort im großen Wald über Rotenfels gemeinsam mit seinen Brüdern angesehen. Jetzt mussten sie beraten, was zu tun war.

Adelheid hatte darauf bestanden, auch Pater Wideradus hinzuzuziehen. Um Streitigkeiten zu vermeiden, hatte Werinhard ihrem Wunsch entsprochen. Finster blickte er auf, als der Mönch den Raum betrat.

Werinhards jüngster Bruder Cuno ergriff als erster das Wort. „Offenbar haben wir es hier mit einem scheußlichen Verbrechen zu tun“, resümierte er sachlich. „Der Zustand der Toten ist geeignet, das ganze Tal in Angst und Schrecken zu versetzen.“

„Wieso sprecht Ihr von einem Verbrechen, edler Herr Cuno“, warf der Pater lauernd ein.

„Nun, was sollte es Eurer Meinung nach sonst sein?“, erwiderte der Domherr frostig.

„Und die Zahl auf der Stirn der Toten?“, beharrte der Pater. „Ihr seid ein Diener der Kirche! Nicht nur ein einfacher Prediger, so wie ich es bin! Ihr seid Mitglied des ehrenwerten Domkapitels von Straßburg! Ihr solltet wissen, was es bedeutet!“

Cuno schnaubte. „Worauf wollt Ihr hinaus?“, bellte er den Mönch jetzt an. „Etwa auf die Offenbarung des Johannes?“

„Dort ist von einem gotteslästerlichen Tier die Rede, das dieses Kennzeichen trägt“, warf Adelheid ein. „Es ist das Zeichen Satans!“

„Mutter, ich bitte Euch!“, fuhr Cuno jetzt auf. „Das Zeichen kann jeder dieser Frau in die Stirn geritzt haben! Auch der, der sie ermordet hat!“

„Woher wollt Ihr wissen, dass sie ermordet wurde?“ Die hinterhältige Frage des Mönchs reizte den Domherrn bis zur Weißglut, aber er durfte es sich nicht anmerken lassen. Angewidert verzog er den Mund.

„Wer sollte ihr sonst das Zeichen auf der Stirn angebracht haben?“, fragte er sarkastisch. „Vielleicht die Wölfe?“ Er überlegte kurz, dann setzte er noch hinzu. „Ich habe die Leiche untersucht. Trotz der vielen Fraßspuren schien es mir, als habe sie Wundmale an ihren Handgelenken gehabt, so als wäre sie mit Stricken gebunden gewesen.“

Der Mönch stieß verächtlich die Luft aus. „Diese Drude hat ein Teufelsbalg lebend aus dem Bauch der Mutter gezogen, ein Kind, das gar nicht hätte geboren werden können, wenn es mit rechten Dingen zugegangen wäre!“, wies der Pater den Domherrn mit schneidender Stimme zurecht. „Wollt Ihr, edler Herr Cuno von Michelbach, etwa einen unschuldigen Bauern aus dem Tal für etwas büßen lassen, das offenbar der Teufel selbst verübt hat, dem sich dieses Weib verschrieben hatte?“

„Ihr glaubt also, der Teufel bindet seine Opfer mit Stricken, bevor er sie tötet?“, herrschte Cuno den Pater jetzt an und ärgerte sich im nächsten Moment darüber, dass er sich zu dieser unbedachten Äußerung hatte hinreißen lassen.

„Ihr glaubt nicht, dass der Teufel dazu die Macht hat?“, erwiderte der Mönch darauf mit einem dünnen Lächeln.

Adelheid saß leichenblass und wie erstarrt in ihrem Stuhl. „Cuno, mäßigt Euch!“, wies sie ihren Sohn zurecht. Der bereute es, dass er sich von dem Priestermönch so hatte aus der Reserve locken lassen. Er warf Werinhard einen Blick zu, der ihm unmerklich zunickte und sich räusperte.

„Ich denke, die unmittelbare Ursache für diesen Tod wird sich, wenn überhaupt, erst nach weiteren Untersuchungen ermitteln lassen", fasste Werinhard zusammen. „Wofür wir jetzt als erstes sorgen müssen, das ist die Beruhigung der Bevölkerung und die Aufstellung einer Wache gegen die Wölfe."

Dann dankte Werinhard seinen Brüdern und auch dem Mönch für ihre Teilnahme an der Besprechung und ihren wertvollen Rat.

„Pater Wideradus, Ihr mögt es entschuldigen, wenn wir uns jetzt zurückziehen", wandte er sich dann mit steinerner Miene an den Geistlichen. „Unsere Mutter leidet unter der Aufregung", erklärte er kurz angebunden, dann löste er die Versammlung auf, offenbar zum Unwillen des Predigers, der aber in diesem Augenblick nichts dagegen unternehmen konnte. Cuno war bereits aufgesprungen, um seiner Mutter den Arm zu reichen und sie möglichst rasch in ihre Gemächer zu führen.

Dort gelang es ihm, sie durch dringende Bitten davon zu überzeugen, die schwangere Duda über Nacht bei sich zu behalten, um sie aus jedem Gespräch über den furchtbaren Vorfall herauszuhalten.

Bis in die Nacht saßen die drei Brüder dann zusammen mit Franko im Gemach Werinhards zusammen, das, unerreichbar für unerwünschte Lauscher, im obersten Stockwerk des Wohnturms lag. Sicherheitshalber hatte der Hauptmann noch zwei seiner zuverlässigsten Leute als Wachen auf der Treppe postiert.

Am nächsten Tag ritten sie nach Rotenfels hinunter, um die beiden Geistlichen dort von ihren Plänen in Kenntnis zu setzen. Die Würfel waren gefallen, Herr Werinhard hatte, wenn auch schweren Herzens, eine Entscheidung getroffen.

Gewalt und Frieden

Rotenfels, April 1090

Hezilo und Gereon führten die Herren aus Michelbach in ihre Hütte und berichteten zunächst über die Lage in Rotenfels. Die sterblichen Überreste der Irmengard waren inzwischen beigesetzt worden. Um die Bauern nicht noch mehr zu verängstigen, hatten die beiden Priester sie in aller Stille auf dem Friedhof begraben, ohne das Grab zu kennzeichnen. Nur Margreth hatte es gewagt, an der Totenmesse und der Beerdigung teilzunehmen. Bei der übrigen Bevölkerung hatte die Furcht das Mitleid überwogen, besonders da der Michelbacher Priestermönch im Ort herum gegangen war und die Leute ermahnt hatte, dem Bösen zu widerstehen. Hezilo hatte keine Möglichkeit gesehen, ihm Einhalt zu gebieten, besonders da er sehr geschickt vorgegangen war. Er hatte mit keinem Wort behauptet, Irmengard sei von einem Dämon oder bösen Geist besessen gewesen. Doch er hatte auf die grausigen Umstände ihres Todes verwiesen und damit die Schlussfolgerung suggeriert, dass Satan seine Hand im Spiel gehabt haben müsse.

Die Zahl des Tieres aus der Apokalypse auf der Stirn des Opfers hatte die meisten verunsichert, besonders da viele das Teufelszeichen nach der Entdeckung der Leiche mit eigenen Augen gesehen hatten. Und natürlich war besonders ins Gewicht gefallen, dass Irmengard während des Sammelns von Heilpflanzen bei Vollmond von dieser bösen Macht überwältigt worden war.

Jedermann im Tal wusste, dass sie den Mond angebetet hatte, anders konnte man sich ihr seltsames Gebaren nicht erklären. Außerdem war bekannt geworden, dass sich die Brustwarzen der Azela in offene Wunden verwandelt hatten - von den Bissen des Säuglings, den Irmengard geholt hatte! Hinter vorgehaltener Hand bezeichnete man das Kind als „Teufelsbrut“ und keine der anderen Frauen, die gerade stillten, war bereit, einen solchen Balg zusammen mit dem eigenen Kind an die Brust zu legen.

Werinhard, Eberhard, Cuno und Franko hörten sich die Berichte an und machten betretene Gesichter. Dann legten sie den beiden Priestern ihre eigenen Vorstellungen dar. Nach ihrer Ansicht müsse die Bevölkerung besser geschützt werden. Cuno äußerte die Absicht, Abt Wilhelm von Hirsau zu bitten, Pater Wideradus durch einen anderen zu ersetzen.

„Wer weiß, ob der Empfehlungsbrief dieses Mönchs nicht gefälscht ist!", argwöhnte der Domherr. „Und wenn er echt ist, dann glaube ich kaum, dass Wilhelm mit dem jetzigen Gebaren dieses Priesters einverstanden wäre."

„Da gebe ich Euch recht", pflichtete Hezilo ihm bei. „Auch Herr Berthold drüben auf Burg Eberstein hat es abgelehnt, auf die Dienste von diesem Wideradus zurückzugreifen, und Abt Wilhelm stattdessen nach einem anderen Priester für seine Burgkapelle und für die Kirche von Cuppenheim gebeten."

„Wenn die Leute nicht mehr andauernd das Gerede dieses Fanatikers über Satan und Dämonen hören", führte Cuno aus, „dann sind sie vielleicht wieder mehr für die christliche Nächstenliebe empfänglich."

„Damit wären die geistlichen Angelegenheiten geklärt", meinte Werinhard. „Aber wenn der Tod dieser Irmengard doch durch einen Menschen verursacht wurde, wovon ich ausgehe, dann müssen wir die Bewohner, zumindest auf unserer Seite des Tals, besser schützen."
Gereon ahnte, worauf das Vorhaben der Brüder Michelbach hinauslaufen würde, besonders da sich jetzt der zweitälteste von ihnen anschickte, die Sache zu erklären. Und der Priester sollte sich nicht geirrt haben.

„Wir brauchen mehr Soldaten und damit mehr Einkünfte", stellte Eberhard von Michelbach lapidar fest. „Das bedeutet, wir werden Rotenfels jetzt ganz offiziell mit einem Schlag in unseren Besitz übernehmen mit allen Leibeigenen, Hörigen, Einkünften und so weiter. Schluss mit dem ewigen Gezänk um einzelne Besitztitel! Da Speyer keine wirksame Schutztruppe stellt, müssen wir das selbst übernehmen."

Das war folgerichtig gedacht, musste Gereon zugeben. Denn wer den Schutz bot, der übte auch die Herrschaft aus. Das war ein uralter

Grundsatz. Man hätte damit rechnen können, dass gerade Eberhard, der fast zwanzig Jahre lang im königlichen und kaiserlichen Heer gedient hatte, den gewaltsamen Tod einer Dorfbewohnerin auf diese Weise ausnutzen würde.

„Oberweier und Winkel waren von jeher Michelbacher Eigentum", fuhr Eberhard nun fort. „Die Orte südlich von Rotenfels gehören uns, weil wir das Land erschlossen haben", setzte er hinzu. „Da ist es nur natürlich, wenn Rotenfels selbst künftig auch ohne Wenn und Aber zu unserem Besitz gehört", schloss er seine Überlegungen ab.

„Speyer hat die übergeordnete Grafengewalt im Ufgau inne", wagte Gereon einzuwenden.

„Die tatsächlich von Euch, Gereon, als Richter und Rechtsgelehrtem ausgeübt wird und die wir anerkennen", stellte Eberhard ungerührt fest. „Das ändert aber nichts an unserem Eigentum!"

„Seid Ihr sicher, Herr Eberhard, dass Kaiser Heinrich damit einverstanden sein wird, wenn er aus Italien zurückkehrt?", wollte Gereon wissen. „Ihr wart viele Jahre lang sein Gefolgsmann!"

Gereon war gespannt, wie Eberhard auf diesen Einwand reagieren würde. Doch der Michelbacher ließ sich nicht aus der Ruhe bringen. „Wenn der Kaiser nach Deutschland zurückkehrt, wird er Kämpfer brauchen, um seine Macht zu sichern. Dann wird die Truppe von Michelbach zu seiner Verwendung für ihn bereitstehen", erklärte Eberhard im Brustton der Überzeugung.

Gereon wusste, dass es keinen Sinn hatte, Gegenargumente vorzubringen. Eberhard war ein Gewaltmensch und offenbar war es ihm gelungen, seine Brüder von seiner Lösung zu überzeugen.

Werinhard mochte glauben, auf diese Weise doch noch das Vermächtnis seines inzwischen verstorbenen Vaters zu verwirklichen, der immer danach gestrebt hatte, den Michelbacher Besitz zu erweitern und zu arrondieren. Der Domherr Cuno liebäugelte mit dem Bischofssitz von Straßburg, und musste damit rechnen, seine Wahl eventuell ziemlich teuer bezahlen zu müssen. Eberhard selbst war ein Kämpfer, der gerne Truppen um sich sammelte und nicht sehr viel weiter darüber hinaus dachte.

Dass Kaiser Heinrich das Bistum Speyer, wo er den Dom, die Grablege seiner Vorfahren, gerade erst hatte großartig ausbauen lassen, niemals benachteiligen würde, das war Gereon klar. Er vermutete, dass diese Tatsache zumindest auch Werinhard und Cuno bewusst war. Cuno spekulierte wahrscheinlich darauf, dass er bis zu einer eventuellen Rückkehr Heinrichs genügend Mittel aus dem väterlichen Besitz herausgezogen haben würde, um seine Wahl zum Bischof zu sichern. Werinhard war wahrscheinlich der einzige, der sich für diese Lösung entschieden hatte auch aus der Sorge heraus für die Menschen, die unter seiner Herrschaft lebten und die er besser schützen wollte.

In den folgenden Jahren mussten sich Hezilo und Gereon den Vorstellungen der Michelbacher fügen. Sämtliche Einnahmen aus den Speyerer Besitzungen im Murgtal flossen nun zunächst einmal nach Michelbach. Die beiden Geistlichen und die Kirche in Rotenfels waren dadurch aber nicht schlechter gestellt. Nur das Domkapitel in Speyer erhielt nichts mehr.

Cuppenheim blieb im Einflussbereich des Ebersteiners, der sich gegenüber dem Bischof weitaus kulanter verhalten hatte, indem er weder jemals das volle Eigentumsrecht verlangt, noch dem Domstift die geforderten Einkünfte vorenthalten hatte. Der neue Priester aus Hirsau erwies sich als sittenstreng und umgänglich, so dass der alte Herr Berthold auf diese Weise gute Beziehungen bewahren konnte sowohl zur Partei der Kirchenreformer als auch zur Partei des Kaisers. Der junge Eberhard von Eberstein hätte zwar gern einen Krieg gegen die Michelbacher um das neue Gernsbach angezettelt, aber da hatte der Alte seinen jüngsten Sohn streng gezügelt. Der ältere Sohn, ebenfalls ein Berthold, war mit dem Heer des Kaisers nach Italien gegangen.

Cuno von Michelbach wurde persönlich bei Abt Wilhelm in Hirsau vorstellig, um die Abberufung des Wideradus zu erreichen. Seiner Bitte wurde stattgegeben. Es kam ein neuer Priester nach Burg Michelbach, der die Hirsauer Tugenden vorbildlich verkörperte. Pater Wideradus dagegen war eines Morgens verschwunden, niemand wusste, wohin.

In den Wäldern rund um Michelbach gab es bald keine Gesetzlosen und auch keine Wölfe mehr. Die Menschen im Tal lebten in

Frieden. Draußen im Reich dagegen drohte der Bürgerkrieg wieder auszubrechen, da der Kaiser, von seinen Feinden eingekesselt, in Verona gefangen war und dort zu sterben drohte.

Untergang in Italien

Mantua, 1093

Berthold von Eberstein war für den ganzen Tag zum Bereitschaftsdienst eingeteilt. Der Kaiser hatte sich mit seinen Vertrauten in eine kleine Festung nahe Mantua zurückgezogen, die dem Ulrich von Eppenstein gehörte, dem Patriarchen von Aquileia. Er war einer der wenigen, denen Heinrich in Italien noch vertrauen konnte.

Der Ebersteiner drehte seine Runden auf dem Wehrgang und konnte in der Ferne die Befestigungen der Stadt Mantua sehen. Um die Mauern und Türme herum glitzerten die Seen und die Fluten des Mincio in der Frühlingssonne. Wehmütig dachte Berthold daran, wie glücklich der Italienfeldzug des Kaisers begonnen hatte. Die mit Papst Urban verbündete, mächtige Markgräfin Mathilde von Tuszien hatte ihre wichtigste Stadt Mantua nicht halten können! Schmählich war die alte Markgräfin mit ihrem Gemahl Welf, dessen Mutter sie hätte sein können und den sie auf Wunsch des Papstes geheiratet hatte, in die Berge des Appenin geflohen. Von da aus hatte sie versucht, die Mantuaner mit Lebensmitteln zu unterstützen, aber vergeblich. Nach einem Jahr der Belagerung hatten die Stadtbewohner Kaiser Heinrich und seinen Truppen ihre Tore geöffnet. Berthold hatte die Bilder des triumphalen Einzugs noch vor Augen. Kurz danach hatten sie in der eroberten Stadt das Osterfest begangen. Die feierlichen Festgottesdienste im Dom würden Berthold für immer im Gedächtnis bleiben.

Und jetzt? Das Kriegsglück hatte sich vollständig gewandelt. Dieser Welf hatte sich trotz seiner Jugend als gar nicht so ungeschickter Feldherr erwiesen. Und der Kaiser hatte einen entscheidenden Fehler begangen: Ohne militärische Notwendigkeit hatte er sich darauf versteift, Mathildes uneinnehmbare Festung Canossa zu erobern, und dabei eine verlustreiche Niederlage eingesteckt. Berthold konnte sich denken, warum Heinrich wider alle Vernunft ausgerechnet Canossa hatte einnehmen wollen. Der Ebersteiner war im Jahr 1077, als Heinrich über die Alpen zog und vom Papst in genau dieser Feste vom Kirchenbann gelöst wurde, zwar erst acht

Jahre alt gewesen, aber er kannte alle Geschichten, die davon im Umlauf waren, und konnte dem Kaiser gut nachempfinden, dass er es ausgerechnet auf diese Festung, den Ort seiner Demütigung, abgesehen hatte.

Wenn Berthold zurückblickte, musste er sich eingestehen, dass es seit der Niederlage, die sie bei Canossa kassiert hatten, nur noch bergab gegangen war. Seine Kameraden und er waren mehr oder weniger nur noch damit beschäftigt, sich vor Mathildes Truppen in Sicherheit zu bringen, die immer mehr Zulauf hatten. Städte und Herren der Lombardei fielen in Scharen vom Kaiser ab. Ulrich von Eppenstein, der Patriarch von Aquileia, war einer der wenigen, die noch zu ihm hielten.

Ein kleiner Lichtblick hatte sich ergeben, als Heinrichs Schwiegermutter Adelheid, die Markgräfin von Turin und Susa, einem Ort am Fuß des Mont Cenis, vor kurzem gestorben war. Sie hatte in dem Gebiet zwischen Aostatal und Lombardei einen ausgedehnten Landbesitz hinterlassen, der Heinrichs Sohn und Nachfolger Konrad zustand. Aus diesem Grund hatte der Kaiser seinen Sohn vor kurzem nach Turin geschickt. Berthold hoffte inständig, dass Konrad das Erbteil rasch antreten würde. In diesem Gebiet befand sich nämlich nördlich von Susa ein Pass, auf dem sie wieder nach Deutschland gelangen könnten. Alle anderen Pässe über die Alpen, besonders die Veroneser Klause, waren von Herzog Welf von Bayern gesperrt worden. Es wurde täglich mit Konrads Rückkehr gerechnet.

Berthold ließ die Blicke wachsam über die Ebene schweifen, da bemerkte er, noch ganz klein am Horizont, einen einzelnen Reiter, der sich offenbar der Festung näherte. Der Ebersteiner machte die Posten am Tor durch Zuruf aufmerksam, dann ließ er den Blick wieder weit hinaus wandern. Angestrengt kniff er die Augen zusammen in dem vergeblichen Bemühen, seine Sehkraft noch mehr zu schärfen. Das Pferd war sehr schnell, die Konturen des Reiters nahmen rasch an Größe zu. Jetzt wurde deutlich, dass er keinen Helm trug. Aber um die individuellen Gesichtszüge zu unterscheiden, war die Entfernung noch zu groß. Berthold beschattete die Augen mit der Hand und starrte weiter mit höchster Konzentration auf die näherkommende Gestalt. Er war sich sicher, dass es sich nur um den Sohn des Kaisers handeln konnte, und erwartete, im nächsten Augenblick seine Gesichtszüge zu erkennen. Jetzt war der Reiter nahe genug! Berthold strengte seine Augen so an, dass er darüber einen Moment das Luftholen vergaß. Er fieberte darauf, die gute Nachricht als erster von der Brustwehr hinunter in den Hof zu verkünden. Es musste Konrad sein!

Endlich konnte der Ebersteiner das Gesicht genau sehen, aber zu seiner Enttäuschung kannte er es nicht. Bei dem Reiter handelte es sich nicht um Konrad, sondern um einen ihm völlig unbekannten Mann. Berthold sah, wie er die letzte Distanz zur Festung zurücklegte, sein Pferd am Tor zügelte und kurz mit den Torwächtern sprach. Dann lief einer der Soldaten in das einfache Wohngebäude, während der Reiter in den engen Hof hinein sprengte und dort vom Pferd sprang. Gleich darauf kam ihm der alte Kuno entgegengelaufen und führte ihn ins Gebäude hinein.

Berthold war alarmiert. Der alte Kuno konnte den Reiter nur zu Kaiser Heinrich geführt haben, der zurzeit in dem einfachen Wohntrakt logierte! Kuno, ein mittlerweile altgedienter Krieger, war seit Jahrzehnten für den Kaiser als Leibdiener und Vertrauter unentbehrlich. Sein Platz war an Heinrichs Seite oder vor seiner Tür, Tag und Nacht. Der Bote musste daher eine Nachricht von höchster Wichtigkeit überbracht haben, wenn er ohne jede Wartezeit sofort vorgelassen wurde. Berthold schickte ein Stoßgebet zum Himmel, dass es eine gute Nachricht von Konrad gewesen war.

Als der Ebersteiner nach einer Weile wieder in den Hof hinunter spähte, sah er Kuno vor dem Wohnhaus warten. Als der Bote wieder herauskam, sprach der alte Soldat eine Weile mit ihm, dann zeigte er mit dem ausgestreckten Finger auf das Küchengebäude, und der Fremde wandte sich dorthin. Berthold hätte Kuno zu gerne gefragt, welche Nachricht der Fremde überbracht hatte, aber er musste noch eine Weile auf dem Wehrgang bleiben, sein Dienst war noch nicht beendet.

Als Kuno in das Gebäude zurückkehrte, stand die Tür zu Heinrichs privaten Räumen halb offen. Das war ungewöhnlich. Der Alte klopfte pro forma an und trat dann unaufgefordert ein. Sein Herr saß vornübergebeugt mit verschränkten Händen auf seinem Armstuhl und schien in Gedanken versunken. Dann blickte er auf. Kuno konnte keine spezielle Regung in seinem Gesicht wahrnehmen, was ihn beunruhigte, ohne dass er auf Anhieb hätte sagen können, warum.

„Danke, Kuno", sagte der Kaiser. „Dein Dienst ist für heute beendet. Das muss ich erst überdenken. Schließ die Tür, wenn du hinaus gehst."

Kuno hätte gerne noch etwas gefragt, seine Dienste angeboten, etwas Gutes, Tröstliches gesagt, aber er wusste, dass sein Herr jetzt nicht dafür empfänglich war. Und außerdem: Was hätte er Gutes vorbringen können? In dieser Lage! Er wusste selbst nicht, was das hätte sein sollen! Was ihn einigermaßen beruhigte, war die Tatsache, dass Heinrich die schlechte Nachricht offenbar gelassen aufgenommen hatte. Seine Stimme schien fest, seine Miene gefasst. Oder doch nicht? Kuno meinte, seinen Herrn gut zu kennen. Aber in dem sonst so lebhaften und rasch sich wandelnden Gesichtsausdruck hatte er für Momente eine Leere gefunden, die er nicht gewohnt war. Der alte Diener zögerte. Als der Kaiser ihn jetzt mit zunehmender Ungeduld fixierte, weil er offensichtlich allein sein wollte, verneigte er sich und ging hinaus.

Kuno saß bereits eine Weile im Aufenthaltsraum der Offiziere vor einem Becher Wein und überlegte. Die Szene von vorhin ging ihm nicht aus dem Sinn. Wieder und wieder überlegte er, was ihn so daran gestört hatte. Der Kaiser hatte bis jetzt jede Nachricht verkraftet, auch wenn sie noch so schlecht gewesen war. Selten war Kuno jemandem begegnet, der so viele Schicksalsschläge hatte einstecken müssen und sich aus so vielen Widrigkeiten des Schicksals immer wieder emporgekämpft hatte mit einer fast übermenschlichen Zähigkeit. Daher, da war sich der alte Soldat fast sicher, würde sein Herr auch über diese Katastrophe irgendwie hinwegkommen. Seine erste Reaktion war ja auch sehr gefasst gewesen.

Er war gefasst gewesen! Die plötzliche Erkenntnis traf Kuno wie ein Schlag aus heiterem Himmel. Jetzt wusste er, was ihn die ganze Zeit so beunruhigt hatte! Heinrich hatte jede schlechte Nachricht verkraftet. Aber er war niemals gefasst gewesen! Im Gegenteil, jedes Mal, wenn er von einem neuen Unglück getroffen worden war, hatte er heftige Anklagen gegen seine Gegner vorgebracht, seine eigene Position leidenschaftlich verteidigt und seiner Empörung eine Weile lang freien Lauf gelassen. Erst dann war er zur Ruhe gekommen und hatte sich die Strategie überlegt, wie dem neuen Übel beizukommen sei.

Wenn Kuno sich zurückerinnerte, war es immer so gewesen: als der Papst ihn verfluchte, als die Fürsten ihn verrieten, als sich die Kräfte in Italien und Deutschland gemeinsam gegen ihn verschworen. Heinrich hatte kaum etwas ohne Emotion hingenommen. Nur vorhin hatte er keine Regung gezeigt. Obwohl ihn die furchtbarste Nachricht erreicht hatte, die man sich vorstellen konnte: Konrad, sein eigener Sohn und künftiger Nachfolger auf dem Thron, war zum Feind übergelaufen! Konrad hatte sich nicht wie verabredet nach Turin begeben, um seine Erbschaft anzutreten, sondern war zu Mathilde von Tuszien geflohen, der Verbündeten des Papstes, die mit dem römischen Oberhaupt paktierte, um den Kaiser ein für alle Mal zu vernichten!

Kuno hatte die Nachricht zuerst kaum glauben können. Konrad ein schäbiger Verräter! Konrad, den er vor sechzehn Jahren als Zweijährigen auf dem Weg nach Canossa durch das verschneite Gebirge getragen hatte! Konrad, der immer so überlegt und ruhig gewesen war! Vielleicht zu überlegt und zu ruhig?

Der alte Soldat mochte nicht weiter darüber nachdenken. Was auch immer Konrad bewogen haben mochte, seinen Vater im Stich zu lassen, auf Heinrich musste die Nachricht vernichtend gewirkt haben. Und doch schien es, als habe er keine Regung dafür übriggehabt! Oder hatte er sie diesmal nur nicht gezeigt? Kuno fühlte ein unbestimmtes Grauen in sich aufsteigen. Er sprang auf und rannte in den Wohntrakt hinüber. Er klopfte an Heinrichs Tür. Er klopfte noch einmal, aber es kam keine Antwort. Nach kurzem Zögern entschloss er sich, trotzdem einzutreten. Es war nicht möglich, die Tür war von innen verriegelt.

Nur Minuten später sprengten drei der engsten Vertrauten des Kaisers die Tür gewaltsam. Für einen Moment starrten sie wie gelähmt auf das unwirkliche Bild, das sich ihnen bot. Nur Kuno, der so etwas geahnt hatte, stieß einen unartikulierten Schrei aus und stürzte zu seinem Herrn, schlang ihm von hinten die Arme um den Leib und versuchte mit aller Kraft, ihn von der aus Bruchsteinen gemauerten Wand nach hinten wegzuzerren.

Jetzt kam auch Bewegung in die anderen Vasallen. Einer half Kuno dabei, den Kaiser daran zu hindern, sich nach vorn fallen zu lassen, die beiden anderen hielten ihm mit aller Kraft die Arme fest, um ihn an jeder weiteren Bewegung zu hindern, die hätte tödlich sein können. Der Griff seines Schwertes steckte in einer Mauernische, so dass die Klinge waagrecht aus der Wand ragte. Ungefähr in der Mitte war sie mit einem

Ledergürtel mehrfach umwickelt. Genau dort hielt Heinrich das Schwert, mit der Spitze gegen den Unterleib gedrückt, mit beiden Händen fest.

Als die Vasallen ihren Herrn schließlich mit vereinten Kräften von der Mauer wegzogen, fiel die Waffe klirrend zu Boden. Erst jetzt sah Kuno die Wunde in Heinrichs Gesicht. Es sah aus, als hätte er sich in dem Versuch, sich zu betäuben, den Kopf an den unebenen Bruchsteinen der Wand blutig geschlagen. Kuno wagte nicht daran zu denken, was sie erwartet hätte, wenn sie einen Augenblick später gekommen wären. Wie groß musste die Verzweiflung sein, die jemanden dazu bringen konnte, sich sein eigenes Schwert in den Unterleib zu stoßen? Kuno spürte, wie ihm die Tränen in die Augen schossen.

Der Kaiser schien benommen, als ihn die Vasallen zu seinem Armstuhl führten. Dann sanken sie vor ihm auf die Knie, küssten ihm die Hände und beschworen ihn mehrfach unter Tränen, sie und die anderen nicht allein im Feindesland zurückzulassen. Die drei Männer redeten mit dem Mut der Verzweiflung auf Heinrich ein. Er dürfe nicht aufgeben, müsse weiter kämpfen, sie wollten lieber für ihn sterben als sich ruhmlos der machtgierigen Mathilde und ihrem hinterhältigen Papst auszuliefern, um am Schluss in irgendeinem Kerker in Italien zu verrotten ohne die Hoffnung, Deutschland jemals wiederzusehen.

Schließlich trat Schweigen ein. Heinrich hatte die Augen geschlossen. Kuno gab den drei Soldaten einen Wink und bat sie leise, draußen zu warten. Er wusste, dass der Anfall vorüber war. Der äußersten Verzweiflung würde bald die nüchterne Überlegung folgen. So war es immer gewesen, er hätte es wissen müssen. Der alte Krieger machte sich schwere Vorwürfe. Dass er noch rechtzeitig hatte Hilfe holen können, war nur Gottes gnädigem Ratschluss zu verdanken, das war ihm klar.

Bevor er sich um seinen Herrn kümmerte, ging er hinaus und erklärte den drei Soldaten, warum das Vorgefallene niemals in der Öffentlichkeit bekannt werden dürfe. Es hätte nur Wasser auf die Mühlen von Heinrichs Feinden geleitet. Alle drei leisteten einen feierlichen Schwur, über diese Angelegenheit ewiges Stillschweigen zu bewahren.

Dennoch war einige Jahre später in einer Chronik von einem angeblichen Selbstmordversuch des Kaisers zu lesen. Aus welcher Quelle diese Information stammte, gab der Chronist allerdings nicht preis.

Der junge Berthold von Eberstein hatte die Untätigkeit in seinem Quartier nicht länger ertragen und sich von seinem Hauptmann die Erlaubnis zu einem Erkundungsgang erbeten. Immer weiter und weiter nach Nordosten hatten sie sich vor den unaufhaltsam vorwärtsdrängenden Heeren der Markgräfin Mathilde unter der Führung ihres Mannes Welf zurückziehen müssen.

Jetzt lag die zusammengeschmolzene Truppe des Kaisers in der Nähe von Verona, der Hauptstadt der gleichnamigen Markgrafschaft, die von Markgraf Heinrich von Eppenstein beherrscht wurde, einem Bruder des Patriarchen von Aquileia. Im Gebiet der Eppensteiner konnte sich der Kaiser einigermaßen sicher fühlen. Allerdings gab es von hier keinen Ausweg mehr. Eine Flucht über die Pässe im Norden und Osten war nicht möglich, da sie alle von Leuten des Welfen bewacht wurden. Im Westen grenzte Verona an die Markgrafschaft Tuszien, wo Markgräfin Mathilde, eine erklärte Feindin des Kaisers, das Sagen hatte.

Berthold wollte herausfinden, wie das Gebiet der Markgräfin bewacht war, und ob eventuell die Möglichkeit bestand, hier einen Durchbruch zu versuchen. In der unauffälligen Kleidung eines Pilgers wanderte er eine Strecke weit nach Süden in Richtung Mantua und hielt dabei die Augen unter der Kapuze offen. Wenn ihn jemand anhielt, würde er angeben, aus dem Herzogtum Kärnten zu stammen und nach Rom zu wollen. Dass er die Landessprache nicht beherrschte, würde bei dieser Erklärung niemanden misstrauisch machen.

Was der Ebersteiner allerdings auf seinem Weg erspähen konnte, war entmutigend und bestätigte alle anderen Nachrichten, die sie in den letzten Tagen erreicht hatten. Das Land wimmelte von feindlichen Soldaten, wahrscheinlich war auch die Bevölkerung angewiesen worden, das Auftauchen von Fremden sofort zu melden. Der Kaiser und seine schwachen militärischen Kräfte waren im Gebiet um Verona eingekesselt. Gegenwärtig und höchstwahrscheinlich auch in der nächsten Zeit würde es von dort kein Entrinnen geben.

Der Kaiser ertrug, so beurteilte es Berthold, die hoffnungslose Lage, zumindest nach außen hin, mit bewundernswerter Beherrschung. Was hätte ihn nach dem Verrat des eigenen Sohnes und Thronfolgers auch noch erschüttern sollen! Dass er sich mit seiner zweiten Ehefrau Adelheid nicht verstand, konnte der Ebersteiner verstehen. Er mochte sie auch nicht. Sie war zwar jung und von einer exotischen Schönheit, aber mit Heinrichs erster, 1087 verstorbener Frau Bertha wohl nicht vergleichbar. Auf jeden Fall war sie keine Person, die einem erheblich älteren Mann in einer hoffnungslosen Lage hätte Trost spenden können und wollen. Man munkelte von Untreue. Auf jeden Fall sprach die Art und Weise, wie der Kaiser sie behandelte, oder besser behandeln ließ, nicht für ein inniges Verhältnis. Schon seit längerer Zeit hielt er sie in Haft, wo sie, wie man sich erzählte, einige Male von seinen Soldaten auf sein Geheiß hin vergewaltigt worden sein sollte.

Als Berthold von seinem Aufklärungsgang ins Lager zurückkehrte, gab es unter den Mannschaften nur ein einziges Gesprächsthema: Heinrichs Ehefrau Adelheid war vor einigen Stunden aus der Haft entkommen! Berthold wunderte sich. Adelheid hatte sich doch mehrfach über die angeblich so unmenschlichen und grausamen Haftbedingungen beschwert! So grausam konnten sie aber nicht gewesen sein, dachte der Ebersteiner, sonst wäre ihr nie und nimmer die Flucht geglückt! Ein weiterer Umstand, den Berthold bei sich zu Ungunsten dieser merkwürdigen Adelheid verbuchte. Ihm persönlich tat es nicht leid, dass sie weg war.

Heinrichs Leibdiener Kuno machte sich Sorgen. Die Prinzessin aus Kiew war geflohen! Unglücklicherweise war nicht er für die Haftbedingungen verantwortlich gewesen! Wenn es nach ihm gegangen wäre, hätte er diese Frau mit Handschellen und einem eisernen Halsring an die Wand eines unterirdischen Verlieses gekettet! Sie war gar nicht zu vergleichen gewesen mit ihrer Vorgängerin, der kleinen Bertha! Ein Unterschied wie Tag und Nacht! Unglücklicherweise war Bertha, viel zu jung, vor sechs Jahren gestorben. Schon wenig mehr als ein Jahr später hatte sich der Kaiser mit der anderen verbunden, sie geheiratet und offiziell zur Kaiserin krönen lassen.

Adelheid, so hatte man sie in Deutschland genannt. In Wirklichkeit hieß sie Jewpraksija und war die Tochter des Großfürsten von Kiew. Kuno hatte verstanden, dass Heinrich von dieser Frau anfangs fasziniert gewesen war. Bildschön war sie gewesen, und fast zwanzig Jahre jünger als er selbst! Die Rolle der Kaiserin an der Seite eines mächtigen Mannes hatte ihr gefallen. Dass sie nur drei Jahre später ein reichlich bemessenes Unglück mit ihm teilen würde, damit hatte sie nicht gerechnet. Im Lager bei Verona gab es kein Hofleben, keinen Luxus, keine wedelnden Hofschranzen, keine Unterhaltung, eben nichts, was diese Frau sich von ihrer Stellung als Kaiserin erhofft hatte!

Wahrscheinlich hatte Adelheid-Jewpraksija ihre Lage und die Gefahren, die sich für sie daraus ergeben konnten, auch nicht richtig beurteilt. So vermutete jedenfalls Kuno. Kurz vor ihrer Heirat mit Heinrich war ihr erster Mann, Markgraf Heinrich von Stade, verstorben. Die Markgrafen von Stade spielten in Sachsen seit langem eine herausragende Rolle, da sie nicht nur im westlichen Sachsen zwischen Elbe und Weser, sondern auch im Osten begütert waren.

Kuno war klar, dass der Kaiser Adelheid-Jewpraksija nicht nur als Gemahlin, sondern auch als Garantin, beziehungsweise Geisel dafür betrachtete, dass sich die sächsischen Fürsten an den kurz vorher abgeschlossenen Friedensvertrag halten würden. Das hatten sie aber nicht getan, im Gegenteil, sie hatten vor kurzem wieder begonnen, mit den süddeutschen Fürsten zu konspirieren.

Als die Nachricht durch einen Brief des Bischofs von Bamberg nach Verona gelangt war, hatte Heinrich vor Wut geschäumt. Kuno erinnerte sich daran, wie er befohlen hatte, seine Geisel, die gleichzeitig seine Frau war, in einen Raum ohne Fenster zu führen und dort einzusperren. Bei der Ausführung dieses Befehls waren Heinrichs Soldaten nicht gerade zimperlich mit der völlig aufgelösten und jammernden Frau umgegangen. Auch wenn der kaiserliche Leibdiener der Jewpraksija nicht besonders zugetan war, diese Art der Entehrung hatte kaum ein Weib verdient. Dass sie den Kaiser nicht so lieben konnte, wie Bertha ihn geliebt hatte, dafür konnte sie nichts. Dass sie untreu gewesen war, konnte man bei ihrer Jugend vielleicht nicht ganz ausschließen. Kuno waren diesbezüglich zwar einige Gerüchte zu Ohren gekommen, die sich aber nie durch offenkundige Beweise hatten erhärten lassen.

Bei Heinrich hatte sich die grenzenlose Wut über die erneute Hinterlist der Fürsten und die Enttäuschung über die Lieblosigkeit der Frau vermischt. Auf jeden Fall war er unerbittlich geblieben und hatte auf seinem vermeintlichen Recht beharrt, den Verrat an der Geisel zu rächen, und zwar empfindlich zu rächen, wie er betonte.

Dass sie jetzt weg war, bedauerte niemand, am allerwenigsten Kuno. Aber dass sie im Lager der Feinde etwas über ihre Behandlung ausplaudern könnte, das machte nicht nur ihm Sorgen.

Piacenza, März 1095

Berthold von Eberstein stand in der Menge derer, die sich auf den Wiesen außerhalb der Stadt Piacenza im Gebiet der Markgräfin von Tuszien versammelt hatten. Es waren Tausende von Menschen, die hier zusammengeströmt waren, weil sie in keiner Kirche innerhalb der Stadtmauern Platz gefunden hätten. Daher hatte Papst Urban angeordnet, die Synode unter freiem Himmel abzuhalten. Berthold war bereits in den frühen Morgenstunden vor Ort gewesen und hatte sich einen Platz ganz in der Nähe der Tribüne gesichert.

Der Ebersteiner hatte sich auf dem Weg von Verona hierher als Deutscher in Diensten von Herzog Welf ausgegeben. Dadurch war es ihm möglich gewesen, die Strecke ohne Erregung von Verdacht auf einem schnellen Pferd zurückzulegen. Vor der Stadt hatte er dann die Kleidung gewechselt und war wieder zum Pilger geworden, jetzt mit dem Ziel, die Synode in Piacenza zu besuchen. Das Pferd hatte er auf einer Wiese an einem Bach angepflockt in der Hoffnung, es auf dem Rückweg unversehrt wieder vorzufinden.

Für Kaiser Heinrich war es wichtig, aus erster Hand zu erfahren, was der Papst als nächstes plante. Um das herauszufinden, war Berthold nach Piacenza geschickt worden.

Jetzt tat sich etwas an der Tribüne, die Menge geriet in Bewegung, Rufe wurden laut. Berthold blickte gespannt nach vorn. Das ziemlich hohe, von einem Baldachin überwölbte Holzgerüst war eigens für den Papst gebaut worden, so dass er selbst und alles, was sich um ihn herum abspielte, für die Menge gut zu sehen war. Von den vorderen Plätzen konnte man problemlos hören, was dort oben gesprochen wurde. Für die Zuschauer, die weiter entfernt waren, standen Geistliche auf dem Gerüst bereit, die in Rhetorik und Choralgesang geschult waren und abwechselnd, wenn es nötig werden sollte, jedes gesprochene Wort in einer weittragenden, feierlichen Lautstärke wiederholen konnten.

Berthold stellte sich auf die Zehenspitzen, um noch besser beobachten zu können, wie jetzt Papst Urban mit einer Schar von Klerikern die Tribüne bestieg. Der Papst trat ganz vorn ans Geländer, dem Publikum zugewandt. Er trug eine Albe aus fließendem weißem Seidenstoff und darüber einen weiten roten Mantel, der am Hals geschlossen war, dazu auf dem Kopf die dreieckige, goldbestickte Mitra. Die meisten seiner schwarz gekleideten Kleriker hatten zunächst im Hintergrund am rückwärtigen Geländer Stellung bezogen. Nur zwei von ihnen waren etwas weiter vorgetreten, so dass sie rechts und links des Papstes, aber nicht auf gleicher Höhe mit ihm, zu stehen kamen. Sie hielten Pergamentrollen in den Händen, die sie jetzt mit erhobenen Armen ein Stück weit vor ihren Gesichtern aufrollten.

Urban kannte die darin enthaltenen Texte, die auf höchstmögliche Wirkung bei den Gläubigen abzielten, vor allem auf die Erschütterung ihrer Herzen und die Erregung von Abscheu gegen die Feinde Christi. Er hatte jedes Wort genau ausgewählt, mehrfach geprüft und schließlich sorgfältig einstudiert. Der Papst selbst besaß eine weithin tragende Stimme von klarem, metallischem Klang. Um dennoch akustische Verständigungsschwierigkeiten möglichst zu vermindern, standen die beiden Vorleser bereit, die Worte des Pontifex, besonders wenn es um Gebete und Anrufungen ging, nochmals zu wiederholen.

Berthold beobachtete jetzt, wie einige Geistliche auf dem Gerüst herumgingen und dicke, auf der Plattform verteilte Kerzen auf hohen silbernen Leuchtern entzündeten. Als alle Lichter brannten, hob der Papst feierlich die Arme, und Berthold wurde gewahr, wie fast schlagartig um ihn herum eine gespannte Stille eintrat. Dieses ganze Spektakel, ging es dem Ebersteiner durch den Sinn, war zum größten Teil nur inszeniert worden, um den endgültigen Sieg des Papstes über den Kaiser und den Aufstieg Roms zum Haupt der Welt für alle sinnfällig in Szene zu setzen.

Papst Urban begann damit, gegen den von Heinrich eingesetzten Papst Clemens und dessen Anhänger, also auch den Kaiser selbst, erneut den Bannfluch zu schleudern. Die düstere Zeremonie wurde in erhabene Worte, flehentliche Anrufung von Heiligen und beschwörende Gebete an die Apostelfürsten gekleidet und von den Versammelten zum größten

Teil mit Genugtuung, vereinzelt aber auch mit Grauen aufgenommen. Den Ausschluss aus der Kirche betrachtete man allgemein als gerechte Strafe für Häretiker, der Ausschluss vom ewigen Leben und die immerwährende Preisgabe der Seele an die Mächte der Finsternis erfüllten viele mit Entsetzen.

Auch Berthold verfolgte die lange Formel des Bannfluchs mit so großer Konzentration, dass es, wie vielen anderen auch, seiner Aufmerksamkeit entging, wie drei weitere, in Kutten gehüllte Gestalten das Gerüst bestiegen.

Im weiteren Verlauf der Synode streifte man einer der Gestalten plötzlich die Kutte ab, und es kam eine weibliche Person zum Vorschein. Ein knöchellanges grobes Leinenhemd schlotterte um ihren Körper, ihr Haupt war unbedeckt und ihre Füße nackt. Zwei Kleriker führten sie nun in diesem Büßerhemd zwischen sich zum vorderen Rand der Estrade neben den Papst und drehten sie mit dem Gesicht zum Publikum. Berthold erstarrte, als er sie erkannte. Es war Adelheid-Jewpraksija!

Schon verkündete einer der Ausrufer ihren Namen und ihre Herkunft: Jewpraksija, genannt auch Praxedis oder Adelheid, Tochter von Wsewolod I. aus dem Geschlecht Ruriks, Großfürst von Kiew. Als sie dann weiter vorgestellt wurde als die verstoßene Gemahlin von Heinrich, der sich zu Unrecht Kaiser nannte, ging ein Raunen durch die Menge. Berthold konnte erkennen, wie der Frau jetzt die Tränen über die Wangen liefen und wie sie schniefen musste.

Dann ließen die Kleriker ihre Arme los, und sie stürzte zu Füßen des Papstes nieder. Zunächst küsste sie seine Füße, die in prächtig bestickten Schuhen steckten. Dann half ihr Papst Urban in einer theatralischen Geste des Erbarmens wieder auf die Füße und befragte sie darüber, ob sie irgendwelche Sünden vorbringen wolle. Die Frau nickte heftig und berichtete dann stockend über unerhörte und schändliche Akte der Unzucht, die sie durch ihren gegenwärtigen Ehemann habe erdulden müssen. Näher dazu befragt, gab sie an, von ihm so oft unter Zwang prostituiert worden zu sein, dass sie nicht wissen könne, von wem das Kind sei, das sie gerade erwarte. Aus der Menge ertönten entsetzte und empörte Aufschreie.

Auch Berthold war von Entsetzen gepackt. Dass die Misshandlungen so zahlreich und furchtbar gewesen waren, das hatte er nicht gedacht!

Oder hatte Adelheid-Jewpraksija nur maßlos übertrieben? Er wusste es nicht, aber die Wirkung der Geständnisse, die da auf offener Tribüne vor den Augen einer großen Menge vorgebracht wurden, war verheerend.

Schließlich brach der Papst die unsäglich peinliche Befragung ab und schlug das Kreuzzeichen über der reuigen Sünderin. Da sie all ihre schweren Verfehlungen nicht freiwillig, sondern unter Zwang begangen habe, so verkündete Urban, seien ihr die dafür anzuwendenden Kirchenstrafen erlassen. Der Ebersteiner vernahm deutlich, wie die Leute in seiner Umgebung erleichtert aufseufzten. Offenbar hatte die Vorstellung bei vielen Mitgefühl, ja sogar Mitleid erregt.

Nicht so bei Berthold. In seinen Augen war das eine ganz und gar unwürdige Vorstellung gewesen. Immerhin lebte die Frau noch! Und war trotz Büßerhemd und tränenverschmiertem Gesicht immer noch schön! Und zeigte darüber hinaus, jedenfalls soweit man sehen konnte, nicht das geringste Anzeichen körperlicher Beschädigung! Was ihr fehlte, dachte Berthold mit zunehmendem Ärger, war einfach der Stolz, sie taugte nicht zur Kaiserin! Es war offenbar, dass die Gegenseite sie als Werkzeug benutzt hatte, um das moralische Ansehen des Kaisers so weit wie möglich zu vernichten.

In der Folge wurden noch etliche andere Themen abgehandelt, aber Berthold konnte sich nicht mehr richtig konzentrieren und war froh, als die Synode für diesen Tag endlich zu Ende war. Die Menge löste sich nur langsam auf, stellenweise gab es zunächst einmal kein Durchkommen. Der Ebersteiner musste sich zusammenreißen, um die fromme Haltung des Pilgers zu wahren und niemanden unsanft wegzustoßen, der ihm im Wege stand. Er war es nicht gewohnt, wie ein Schaf in der Herde zu warten, aber hier war er dazu gezwungen, um keinen Verdacht zu erregen. Als er endlich die Stadt verlassen hatte, atmete er auf. In der Dämmerung fand er sein Pferd unversehrt vor, wechselte die Kleidung und machte sich sofort auf den Weg, um das letzte Licht des Tages noch auszunutzen.

Die Lage des Kaisers in Italien war noch verzweifelter geworden. Berthold war drauf und dran, die Hoffnung aufzugeben, Burg Eberstein jemals wiederzusehen.

Kreuzzug am Rhein

Michelbach, April 1096

Werinhard hatte den Bericht seines Bruders Cuno, des Domherrn von Straßburg, aufmerksam verfolgt, aber was er gehört hatte, konnte er nicht glauben – zunächst jedenfalls nicht. Gerne hätte er seine Frau Duda aus dem Gemach geschickt, aber es widerstrebte ihm, sie von allen wichtigen Dingen auszuschließen, vor allem, da sie seit dem Tod seiner Mutter Adelheid keine geeignete weibliche Ansprechpartnerin mehr auf Burg Michelbach hatte.

„Dein Gewährsmann muss sich irren", warf er jetzt stirnrunzelnd ein. „Emicho von Leiningen ist im Rheinland angesehen und wohlhabend", fasste er seinen eigenen Kenntnisstand zusammen. Schließlich stand sein eigener Bruder bei diesem Herrn in Diensten! Eberhard, der unstete Kämpfer, war im Lauf der Jahre des Friedens im Murgtal und der Gewöhnung an ein normales Leben überdrüssig geworden. Im Jahr des Herrn 1095 hatte ihn schließlich der Ruf des Kriegsherrn erreicht, bei dem er einst das Waffenhandwerk als Knappe erlernt hatte. In Erwartung neuer Herausforderungen und Abenteuer hatte er das alleinige Kommando über die Herrschaft Michelbach an Werinhard übergeben und sich auf den Weg zu Graf Emicho von Leiningen gemacht, der nicht weit von Worms residierte. Das, was Werinhard gerade von Cuno über diesen Menschen gehört hatte, entsprach sicher nicht der Wahrheit!

„Nach dem, was dieser Gewährsmann dir berichtet hat, müsste Emicho …" Werinhard vollendete den Satz nicht. Stattdessen gestikulierte er mit den Händen und suchte nach einem passenden Wort. Als er es nicht rasch genug fand, fiel ihm Cuno ins Wort.

„Sprich es nur aus, Bruder", zischte er mit verzerrtem Gesicht. „Er müsste geistesgestört sein!" Cuno schlug sich wie zur Bestätigung dieser Annahme mehrere Male mit der flachen Hand vor die Stirn. Dann sprang er auf und begann, ruhelos vor dem Tisch auf und ab zu laufen. „Was soll man sonst von jemandem halten, der behauptet, Jesus Christus sei ihm erschienen und habe ihn dazu aufgefordert, die Juden zu bekehren oder zu töten!“

Werinhard dachte an die Juden in Worms, die er kennengelernt hatte, besonders aber an Jakob und an Mirjam. „Warum will er sie denn so dringend bekehren?“, fragte er kopfschüttelnd.

„Warum?“ Cuno spie das Wort geradezu aus. Dann fuhr er sich mit der Hand über das Gesicht und zwang sich zur Ruhe. „Er behauptet, sie seien Anhänger des Antichristen! Und er fühlt sich von Gott dazu auserwählt, sie zu bekämpfen!“

Als Werinhard fragend zu ihm aufblickte, verschränkte Cuno die Hände auf dem Rücken und blieb stehen. „Das bedeutet…“, er biss sich auf die Unterlippe, bevor er fortfuhr. „Taufe oder Tod!“

Werinhard beschlich immer mehr ein ungutes Gefühl. Eberhard befand sich unter Emichos Gefolgsleuten und hatte ihm als Vasall sicher einen Treueeid geleistet. Wenn Emicho glaubte, etwas gegen Juden unternehmen zu müssen, dann würden die Judengemeinden in den Städten am Rhein seine ersten Opfer sein. Doch Werinhard war immer noch nicht davon überzeugt, dass die Informationsquelle seines Bruders Cuno auf verlässlichen Tatsachen beruhte.

„Das verstehe ich nicht, warum denn gerade jetzt?“, fragte er unwillig in der Hoffnung, sein Bruder würde ihm eine Antwort geben, die leicht zu entkräften war. Aber das Gegenteil war der Fall.

„Papst Urban hat eine Synode in Frankreich abgehalten“, erklärte Cuno. „Irgendwo im Norden von Paris“, setzte er erklärend hinzu. „Du weißt, dass das Kaiserreich von Konstantinopel schon seit langem von den Türken bedrängt wird. Ganz Kleinasien haben sie bereits besetzt und bedrohen die Pilger auf ihrem Weg in die Heilige Stadt, die sich ebenfalls in der Hand von Muslimen befindet. Urban hat auf der Synode zu einer bewaffneten Pilgerfahrt aufgerufen, um die besetzten Gebiete und natürlich Jerusalem vom Joch der Ungläubigen zu befreien.“ Cuno wartete, wie sein Bruder reagieren würde.

Werinhard hatte die Augen zusammengekniffen. Langsam begann er zu begreifen, allerdings in einer anderen Richtung, als sein Bruder erwartet hatte. „Wenn das wahr ist, was du sagst“, stieß er hervor, „dann ist dieser Papst ausgesprochen machtgierig und verantwortungslos!“

Cuno blickte seinen Bruder überrascht an, dann lächelte er freudlos. „So krass würde ich es nicht ausdrücken", gab er vage zur Antwort. „Auf jeden Fall kann Urban jetzt ungestört nach der Vormachtstellung in Europa greifen! Kaiser Heinrich kann ihn ja nicht mehr daran hindern!"

Nein, dachte Werinhard. *Das kann er nicht, da er ja bereits seit Jahren in Italien festsitzt und für die Welt praktisch tot ist.*

Niedergeschlagen ließ der Älteste der Michelbacher seine Blicke ziellos durch den Raum wandern. Seine leeren Augen füllten sich erst wieder mit Leben, als sie an der Gestalt seiner Frau hängenblieben. Einen Moment lang genoss er den Anblick und betrachtete sie, wie sie da in der Nische am Fenster saß und sich auf ihren Stickrahmen konzentrierte. Er wusste, dass sie, wie früher seine Mutter Adelheid, eine überzeugte Anhängerin der Kirchenreform war und seine Worte über Papst Urban wohl eher missbilligt hatte. Aber sollte sie diese Unterhaltung ruhig mit anhören! Umso eher würde sie seine Haltung verstehen. Dann riss er sich zusammen und kehrte zum ursprünglichen Gesprächsthema zurück.

„Warum will Emicho gegen die Juden in Deutschland ziehen, wenn der Papst zu einem Zug gegen die Ungläubigen in Kleinasien aufgerufen hat?", wollte er jetzt von seinem Bruder wissen.

„Nach Kleinasien will Emicho auch ziehen", erklärte Cuno. „Aber vorher will er die Ungläubigen bekämpfen, die hier im Reich sitzen, sozusagen vor seiner Nase!"

„Aber das hat der Papst doch gar nicht verlangt, oder?" Werinhard fragte nur vorsichtshalber, obwohl er sich die Antwort schon denken konnte.

Sein Bruder schüttelte den Kopf. „Natürlich nicht", erwiderte er energisch. „Das ist eine irrige Behauptung von einigen Wirrköpfen, die den Sinn der Papstpredigt verdreht haben."

Werinhard dachte nach. Jetzt war eine Gelegenheit, seinem Bruder die Frage zu stellen, die er schon lange hatte stellen wollen.

„Aber die Juden sind doch Ungläubige", beharrte er.

Der Domherr blickte ihn scharf an. „Sie sind in der Tat Ungläubige!", bestätigte er. „Aber sie sind das Volk des Alten Testaments. Deshalb hat der Kirchenvater Augustinus ausdrücklich verboten, sie zu misshandeln oder zu töten." Dann verengte er seine Augen. „Warum interessierst du dich so dafür?", erkundigte er sich misstrauisch.

Werinhard erzählte seinem Bruder von den Handelsleuten aus Worms, die er vor Jahren das Rheintal hinauf und dann über den neu angelegten Weiler Gernsbach bis nach Michelbach geführt hatte.

„Worms!", rief Kuno aus. „Wenn deine Judäer da noch leben, sollten sie sich vorsehen! Wie ich zuletzt gehört habe, ist dieser Emicho dabei, ein Heer zu sammeln, um gegen die dortigen Juden vorzugehen!"

Das ungute Gefühl, das Werinhard schon vor einer Weile befallen hatte, verstärkte sich zu einer düsteren Vorahnung.

„Wer schützt diese Leute?", wollte er wissen. Cuno zuckte mit den Schultern. „Kaiser Heinrich soll sie unter seinen Schutz gestellt haben."

„Aber Kaiser Heinrich ist nicht da!", stellte Werinhard fest, der jetzt in höchstem Grad alarmiert war.

„In diesem Fall sind seine Bischöfe für den Schutz der Israeliten verantwortlich", entgegnete sein Bruder.

„Und wenn die Bischöfe nicht genügend Militär haben?", kam es umgehend von Werinhard zurück. Es war eine rein rhetorische Frage. Dann sprang er von seinem Stuhl auf. Cuno blickte ihn an, und begriff im selben Moment, dass sein Bruder etwas plante.

„Ich gehe mit", rief er entschlossen, und als er sah, dass der Ältere den Kopf schütteln wollte, griff er zu dem Argument, von dem er meinte, dass es Werinhard überzeugen müsse, weil es ihm am meisten Sorgen bereitete: „Unser Bruder Eberhard ist unter dem Gefolge dieses irrsinnigen Emicho!"

Cuno hatte sich nicht getäuscht, Werinhard gab nach. „Wie du willst", meinte er kurz angebunden. „Wir reiten morgen früh. Kettenhemd, Helm, Schwert, und was du sonst noch brauchst, findest du in der Waffenkammer, du kennst dich ja aus." Dann war er schon zur Tür hinaus gesprungen. Cuno blieb mit Duda allein zurück.

Die junge Frau blickte aus dem Fenster, hinaus in die sinkende Abendsonne. Dann wandte sie den Kopf. „Sagt dem Pater Gereon von Rotenfels Bescheid", meinte sie nur. „Bitte! Vergesst es nicht! Ich glaube, ihm liegt etwas an diesen Leuten in Worms."

Cuno nickte seiner Schwägerin bestätigend zu. Sie bat für andere, ohne erkennbares eigenes Interesse, also völlig selbstlos! Ein plötzliches Gefühl der Verunsicherung und der Schuld überkam den Domherrn. Er selbst hatte eben auch an einen anderen gedacht, an seinen Bruder. Aber nur, um seine eigene Teilnahme an dem bevorstehenden Kriegszug zu gewährleisten. Cuno pflegte seine Beweggründe stets genau zu analysieren. Er hatte seinen eigenen Bruder Eberhard als Argument vorgeschoben, um das zu erreichen, was er wollte, nämlich das Priestergewand mit der Rüstung zu vertauschen mit der Aussicht, sich in einen Kampf zu stürzen.

Und wozu sollte dieser Kampf gut sein? Was Werinhard in erster Linie bezweckte, das war Cuno klar. Es ging um Eberhard und darum, ihn davor zu bewahren, sich im Gefolge eines verblendeten Anführers an massenhaften Zwangstaufen und Tötungen von Juden beteiligen zu müssen.

Aber fasste Werinhard darüber hinaus auch noch weitere Schutzmaßnahmen für die Judäer ins Auge? Konnte und durfte er das? Bei Abwesenheit des Kaisers war der Judenschutz Sache der Bischöfe. Gegen das Kreuzzugsheer des Emicho von Leiningen konnten die vergleichsweise wenigen Soldaten von Michelbach wohl kaum etwas ausrichten.

Plötzlich bemerkte Cuno, dass Duda ihm aufmunternd zulächelte. Sie schien vom Gefühl her erfasst zu haben, was Werinhard jetzt bewegte und zum Handeln trieb, und dass es richtig war. Er, Cuno, hatte es nur teilweise erkannt und war sich nicht im Klaren darüber, was richtig sein würde. Die Grenzen von Gut und Böse schienen zu verschwimmen. Nachdenklich verließ der Domherr den Raum.

Noch am selben Abend trafen Hezilo und Gereon aus Rotenfels ein. Werinhard, der sie durch einen Boten nach Michelbach hatte rufen lassen, setzte ihnen die Lage auseinander. Beide erkannten sofort die Gefahr, die den Judäern von Seiten des Emicho von Leiningen und seinem Heerhaufen erwachsen könnte.

Plötzlich sank Hezilo vor Werinhard aufs Knie und bat darum, ihm Waffen und ein Pferd zu geben, er wolle sich der Michelbacher Truppe anschließen. Nicht nur Gereon war von diesem Ansinnen völlig überrascht. Alle blickten ungläubig auf den alten Priester.

„Ich war nicht immer ein Mann der Kirche", räumte Hezilo leise ein. „Meine Berufung kam spät, und sie kam nach einer schmerzlichen Erfahrung", fuhr er stockend fort. Die Erinnerung schien ihm schwerzufallen. „Ich habe erlebt, was der Hass anrichten kann, glaubt es mir."

Gereon dachte an die blauen Flecken an seinem Arm. Jetzt wunderte er sich nicht mehr über den harten Griff des Paters.

„Ihr seid nicht mehr der Jüngste", warf Werinhard jetzt mit ernstem Gesicht ein. „Ihr werdet vielleicht nicht mehr zurückkommen."

„Dann soll es so sein", antwortete Hezilo ergeben. Werinhard erwiderte nichts.

Gereon fragte, ob es sicher sei, dass sich der erste Stoß gegen die Judenschaft von Worms richten würde.

In der folgenden Lagebesprechung, an der Werinhard, Cuno, Hauptmann Franko, einige der ihm unterstellten Leute, Hezilo und Gereon teilnahmen, kam man zu dem Schluss, dass sich das nicht voraussagen lasse. Daher beschloss man, zunächst nach Speyer zu reiten, um dort die Lage zu erkunden und danach das weitere Vorgehen festzulegen.

In Speyer würde man jemanden brauchen, der mit dem Bischof verhandeln könnte, warf Gereon jetzt ein. Diese Aufgabe würde er gerne übernehmen, bot er sich an. Werinhard wusste, dass der Priester im Reiten leicht würde mithalten können. Im Bischofspalast wäre es dann vielleicht wirklich günstiger, von einem Geistlichen vertreten zu werden, der nicht gerade Cuno von Michelbach hieß. Gereon atmete auf, als seine Teilnahme an diesem Unternehmen feststand.

Am Schluss gab es eine Enttäuschung für Franko, als sein Herr ihm eröffnete, dass jemand zurückbleiben müsse, um die Burg Michelbach und die Menschen im Herrschaftsbereich zu sichern. Schweren Herzens beugte sich der Hauptmann dem Willen seines Herrn. Gereon sah, wie der Blick Werinhards zu Hezilo wanderte. Die hellen Augen des Alten blickten ruhig und fest.

„Wenn Ihr es mir noch zutraut, Herr Werinhard, könnte ich das übernehmen – anstelle des Hauptmanns", schlug er vor. „Oder auch nur als einfacher Krieger unter dem Befehl eines anderen", setzte er einschränkend hinzu. „Ich bin alt, aber ich war einmal Hauptmann des Grafen im Nahegau."

Werinhard lächelte. „Gerne nehme ich Eure Hilfe in Anspruch, Pater Hezilo", meinte er. „Die Leute zu Eurer Unterstützung suchen wir gleich nachher aus."

Wieder musste Gereon das Geschick und die Menschenkenntnis Werinhards bewundern.

Es war bereits nach Mitternacht, als die letzten Vorbereitungen abgeschlossen waren. Im ersten Morgengrauen versammelten sich zwanzig Reiter auf der Rampe des Schildwegs, der zur Burg Michelbach hinaufführte. Frau Duda hatte zusammen mit dem Küchengesinde den Proviant vorbereitet, der auf einigen Packtieren verstaut war. Jetzt liefen die Mägde mit Körben zwischen den Pferden herum und reichten den Männern Wecken hinauf, die gerne angenommen wurden, da noch niemand etwas gegessen hatte. Nur unter Bauern war es üblich, das nächtliche Fasten so früh am Morgen zu brechen.

Werinhard beugte sich zu seiner Frau hinunter und nahm das weiche, noch warme Brot aus ihrer Hand. Der Michelbacher war bedrückt, es war ein Aufbruch unter düsteren Vorzeichen. Trotzdem musste er jetzt lächeln, als er zu Duda hinunterblickte. Die Verteilung des Brotes war ihre Idee gewesen, und es war eine gute Idee, wie er gerne zugab. Wenigstens beim Abschied etwas Aufmunterndes. Die Eheleute blickten sich an, beide versuchten, sich das Gesicht des anderen noch einmal einzuprägen, so fest, dass sie es nie vergessen könnten. Niemand wusste, was die Truppe am Rhein erwarten würde.

Speyer, Samstag, 3. Mai 1096

Werinhard und Franko hatten ihre Leute zu höchster Eile angetrieben. Zwei Tage waren sie geritten, hatten zwei Nächte in Scheunen verbracht, Wasser getrunken und sich von dem mitgeführten Proviant ernährt. Am dritten Tag sahen sie, bereits aus weiter Entfernung, den Dom von Speyer über die Ebene aufragen. Von Reisenden hatten sie erfahren, dass sich Graf Emicho auf der linken Rheinseite von Westen her auf die Stadt zubewegen würde. Daher machte die Michelbacher Truppe erst einmal auf der rechten Rheinseite Halt. Gereon und Franko wurden ausgewählt, die Lage zu sondieren.

Der Hauptmann steckte in einem Gewand Gereons. Zwei Geistliche würden im allgemeinen Gewühl nicht weiter auffallen. Als die beiden, nachdem sie sich von einer Fähre über den Rhein hatten rudern lassen, in die Nähe des Doms kamen, stellte sich heraus, dass Emichos Heerhaufen bereits am frühen Morgen in die Stadt eingedrungen war.

Überall wimmelte es von Soldaten. Obwohl diese Bezeichnung vielleicht nicht auf alle zutraf. Nur wenige Ritter erfüllten die Anforderungen, die normalerweise an Berufskämpfer gestellt wurden. Viele waren nur mangelhaft ausgerüstet und schlecht bewaffnet.

Jetzt waren die beiden am Dom angekommen. Auf der Nordseite des riesigen, momentan von Baugerüsten ummantelten Gotteshauses, lag in einiger Entfernung, direkt neben dem Querhaus, die Pfalz des Bischofs. Auf der nördlichen Schmalseite war sie durch den Hafen und die Stadtmauer geschützt, auf der Rückseite nach Osten hin durch einen weiteren Nebenarm des Rheins. Vor ihrer breit hin gelagerten, nach Westen gerichteten Hauptfassade erstreckte sich zwischen der Stadtmauer und dem nördlichen Seitenschiff des Doms ein weiter Platz, der gegenwärtig mit den Hütten der Dombauleute und Werkstätten der Handwerker vollgestellt war. Vor dem Zugang zu diesem Platz zwischen der Stadtmauer und dem Westwerk des Doms hatte eine Truppe von Soldaten einen Sperrriegel gebildet. Die Männer in ihren Kettenhemden, Kettenhauben und Helmen, bis an die Zähne bewaffnet und vor sich die Langschilde, boten einen martialischen Anblick.

In gehörigem Abstand hatte sich, vor dem nahen westlichen Hauptportal des Doms, eine große Menge zusammengeballt. Gereon schätzte, dass es sich um die Scharen Emichos, aber auch um normale Einwohner der Stadt handelte. Da viele den beiden vermeintlichen Klerikern bereitwillig Platz machten, konnten sie weiter nach vorn gelangen und hatten bald eine ziemlich gute Sicht auf das Hauptportal zum Dom. Dort stand ein hochgewachsener Mann im Priestergewand mit feierlich erhobenen Händen. Gereon erstarrte, dann stieß er Franko unauffällig in die Seite. Zuerst hatte er geglaubt, er müsse sich geirrt haben. Aber nach nochmaligem Hinsehen gab es keinen Zweifel mehr. Da vorn stand Wideradus, der Pater Wideradus, den sie von Michelbach her kannten und der einige Zeit nach dem rätselhaften Tod der Irmengard spurlos aus dem Tal verschwunden war. Jetzt begann er zu reden. Seine Stimme hallte weit tönend über den Platz, die Menge verstummte in atemloser Spannung.

„Höret und wachet, ihr Gläubigen im Herrn!", rief er, immer noch mit erhobenen Händen, den Zuhörern jetzt beschwörend zu. „Es scheint, dass die Tage dieser verderbten Welt gezählt sind! Überall breiten sich die Anhänger des Antichrist aus und ergreifen die Herrschaft!"

Ein guter Auftakt, um Panik zu verbreiten, dachte Gereon und horchte mit wachsender Empörung auf das, was der Prediger zu verkünden hatte. Je länger er sprach, desto mehr steigerte er sich in einen Rausch hinein, der bereits nach kurzer Zeit auf die Menge überzuspringen drohte. Als er von den Heiden sprach, die Kleinasien und die heiligen Stätten in Jerusalem besetzt hielten und die furchtbaren Gräuel beschrieb, die dort an den Christen verübt wurden, begann er zu geifern, beinahe so, als würde er sich in den Fängen eines unanständigen Traumes wälzen. Gereon war froh, dass vor ihnen noch etliche Reihen Zuhörer standen, so dass nicht zu befürchten war, dass dieser entsetzliche Mensch sie erkannte, trotz der glühenden Blicke, die er in die Menge warf.

Dann zeigte der Prediger mit ausgestrecktem Arm hinter sich in die Richtung, in der, von der Nordwestecke des Doms verborgen, das Gebäude der Bischofspfalz lag, und schlug einen halb fordernden, halb anklagenden Ton an. „Aber bevor wir nach Jerusalem aufbrechen, müssen wir hier das Notwendige tun!" Immer noch hielt er seinen rechten Arm nach hinten ausgestreckt, während er die Lautstärke seiner Stimme immer weiter steigerte, bis er die einzelnen Worte mit einem rauen Gebrüll ausspie.

„Dort drinnen sitzen sie, die Anhänger des Antichristen, die Ungläubigen, die Gottesmörder!", donnerte er. „Unbeschadet! Feist und hochmütig! Und lachen über euch! Und ihr, ihr lasst es zu!" Jetzt richtete er seinen Blick direkt auf die vordersten Zuschauer und beschrieb mit seinem Stab, den er in der Linken führte, eine weit ausholende, halbkreisförmige Bewegung von rechts nach links, als wolle er alle Anwesenden in seine Anklage miteinbeziehen. Die Menge wich zurück, erschrocken und gleichzeitig wie gebannt.

Dann machte der Prediger eine Pause und schlug, wahrscheinlich um seine Aussage als unumstößliche Wahrheit erscheinen zu lassen, einen gemäßigten Ton an: „Den Bischof haben sie gezwungen, sie in seiner Bischofspfalz aufzunehmen!" erklärte er scheinbar sachlich. Dann wies er wieder mit dem Arm anklagend nach hinten, und rief mit erhöhter Stimmgewalt in die Menge hinein: „Und sie haben den Bischof auch gezwungen, die Pfalz schwer zu bewachen, wie ihr ja selbst sehen könnt!"

Wieder trat eine trügerische Beruhigung ein. Der Prediger lies den Arm sinken und machte eine Pause, bevor die gutturale Gewalt seiner Stimme plötzlich losbrach, um seine tödliche Schlussfolgerung hinauszubrüllen: „So wie die Juden alle zwingen, das zu tun, was sie wollen!" Gereon vernahm, wie sich um ihn herum bejahende, ja begeisterte Rufe und Schreie der Zustimmung erhoben.

Sobald der Mönch in dieser Weise bestärkt wurde, die Zustimmung der Menge auf seiner Seite zu haben, begann er, sie hemmungslos aufzupeitschen.

„Elf von diesem Abschaum haben wir bereits getötet", heulte er triumphierend über die Köpfe hinweg.

Die Worte waren das Letzte, was Gereon von der Hetztirade aufschnappen konnte. Schon seit einer Weile hatte er begonnen, sich mit Franko möglichst unauffällig aus der Menschenansammlung zurückzuziehen. Kaum waren sie in gehörigem Abstand vom Dom, sahen sie einen weiteren Trupp Bewaffneter heranmarschieren, offensichtlich Männer des Bischofs. Mit gezogenen Schwertern hielten sie direkt auf die Menge vor dem Dom zu. Die Menschen mussten fürchten, zwischen den Soldaten, die den Platz vor der Pfalz absperrten, und den in ihrem Rücken heranrückenden Kriegern aufgerieben zu werden. Schreiend stob die Menge zu den Seiten hin auseinander. Innerhalb kürzester Zeit hatte sich der Platz vor dem Dom geleert. Auch der Prediger war verschwunden.

Gereon und Franko nutzten die Gelegenheit, um jetzt ungehindert zur Pfalz zu gelangen. Da Bischof Johannes den Priester von Rotenfels kannte, ließen die Bewacher Gereon und Franko nach Rückfrage passieren. In der Pfalz wurden sie dann sofort zum Bischof vorgelassen. Als Gereon seinen Begleiter im geistlichen Gewand als Gefolgsmann Werinhards von Michelbach vorstellte, machte der Oberhirte zwar ein säuerliches Gesicht, äußerte sich aber nicht weiter dazu.

Gereon legte dar, welche Bedenken die Michelbacher veranlasst hatten, ins Rheintal zu reiten. In Bezug auf seine eigene Stadt konnte sie der Bischof beruhigen. Ja, elf Mitglieder der jüdischen Gemeinde seien zu seinem großen Bedauern heute Vormittag von den einströmenden Horden Emichos beim Gottesdienst in der Synagoge massakriert worden, offenbar weil sie die Zwangstaufe verweigert hätten. Alle anderen

Judäer habe man aber in die Pfalz retten können, sie seien alle gut und sicher untergebracht.

Im Verlauf des Gesprächs erfuhren die beiden Kundschafter auch, dass die gut bewaffnete Truppe, deren Einsatz sie vorhin erlebt hatten, aus dem Kraichgau stammte und zu der in Sinsheim begüterten adligen Familie des Bischofs gehörte.

„Die Juden in meiner Stadt sind gut geschützt", stellte Bischof Johannes fest. „Meine Truppe und die Verstärkung aus dem Kraichgau werden jederzeit fertig mit Emichos zusammengewürfelten Scharen. Es sind nur wenige anständige Kämpfer in diesem Haufen", setzte er abschließend hinzu. „Und den Einwohnern meiner Stadt werde ich mit empfindlichen geistlichen und weltlichen Strafen drohen, wenn sie sich Übergriffe herausnehmen sollten!"

Gereon fasste den Bischof ins Auge. Er war nur ein paar Jahre älter als er selbst. Der alte Huzmann hatte sich nicht in seinem Nachfolger getäuscht. Auch Johannes war dem Kaiser immer treu geblieben. Dazu war er nüchtern denkend, entschlossen, und – natürlich – auch geschäftstüchtig. Der Neubau des Riesendoms verschlang schließlich Unsummen, zu denen auch die Kirche beitragen musste.

Als Gereon sich erkundigte, ob David Kalonymos noch lebe, nickte der Bischof. Gereon war überzeugt, dass der Schutz der jüdischen Gemeinde, über den Erhalt einer Anzahl betuchter und fleißiger Steuerzahler hinaus, für den Bischof nicht ohne finanzielle Vorteile bleiben würde.

„Und die Wormser Judenschaft?", fragte Gereon. Johannes zuckte mit den Schultern. „Da ist Bischof Eppo zuständig."

„Hat er auch so viele Soldaten wie Ihr, Exzellenz?", wollte Franko jetzt wissen.

„Nein", beschied Johannes kurz angebunden. „Er hat eigentlich momentan gar keine", korrigierte er sich. Dann blickte er Gereon fragend an. „Habt ihr jemanden in Worms, den ihr kennt?", wollte er wissen.

Gereon antwortete nicht sofort. Die Michelbacher Truppe wartete auf der anderen Seite des Rheins. Wenn sie rechtzeitig losreiten würden … Gereon verwarf den Gedanken sofort wieder. Werinhard würde zuerst nach Eberhard suchen wollen. Außerdem würden zwanzig Mann bei weitem nicht ausreichen, um den Palast des Bischofs in Worms gegen diese zahlenmäßig weit überlegenen, entfesselten Scharen zu halten.

Auf dem Weg nach Worms würde dem Emicho sicher noch viel mehr plünderungswütiges Gesindel zulaufen. Worms war bekannt für seine große Judengemeinde, fast jeder sechste Einwohner dort war ein Judäer.

Gereon wurde sich bewusst, dass der Bischof immer noch eine Antwort von ihm erwartete. Sollte er zugeben, dass er sich um die Gemeinde Sorgen machte? Er überlegte fieberhaft, aber es fiel ihm keine andere Erklärung ein. „Ja, Exzellenz", sagte er daher. „Einige Wormser Handelsleute sind mir bekannt."

„Dann betet für sie", erwiderte der Bischof lapidar. „Eppo wird ihnen nicht helfen können. Man kann nur hoffen, dass sich dieser Emicho mit der Zwangstaufe zufrieden gibt."

„Und wenn man diesem Emicho Geld anbietet?", wandte Gereon ein. Auch wenn es nur eine vage, ganz schwache Hoffnung war, er musste sie ausloten, alles in Betracht ziehen, nach jedem Strohhalm greifen.

Johannes hob erstaunt die Brauen. „Habt ihr etwa welches anzubieten?", fragte er kühl.

Da kam Gereon plötzlich ein Gedanke. „Nein, Exzellenz", erwiderte er wahrheitsgemäß. Dann nahm er seinen Mut zusammen und hoffte, der Bischof würde seinen Vorschlag nicht einfach kommentarlos übergehen. „Aber Ihr, Exzellenz, habt vielleicht etwas im Besitz Eurer Kirche, das mir, hm, vielleicht einen Kredit geben könnte?", fragte er, jedes Wort vorsichtig abwägend.

Der Bischof schwieg, sein noch junges und glattes Gesicht war vollkommen undurchdringlich. Es kam Gereon so vor, als musterte ihn der Geistliche von oben herab, so wie ein adliger Herr einen Bauern mustert. Die Hoffnung, die ihn eben noch erfüllt hatte, erlosch wie ein Funken in der Asche. Vielleicht hatte Johannes den Ring seines Vaters ja gar nicht mehr, vielleicht wollte er es auch nicht zugeben. Und der Kaiser würde wahrscheinlich nie mehr nach Deutschland zurückkehren. Gereon fühlte, wie sich die Niedergeschlagenheit in ihm ausbreitete, und senkte unbewusst den Kopf.

„Der Ring des Kaisers", hörte er den Bischof jetzt sagen und blickte überrascht auf. „Dieses Kleinod liegt seit vielen Jahren in unserem Domschatz, ebenso wie das dazugehörige Dokument", erklärte der Geistliche jetzt, immer noch unbewegt. Seine Lippen bildeten nur noch einen schmalen Strich. „Im Moment ist das alles natürlich gut verborgen vor diesen Barbaren da draußen“, stellte er verächtlich fest. Dann schaute er Gereon erneut durchdringend an. „Das wollt Ihr allen Ernstes opfern und herausgeben an Emicho von Leinigen?“ Der Bischof hatte einen strengen Ton angeschlagen. Gereon schluckte, neue Hoffnung keimte in ihm auf, dann nickte er.

Der Bischof hatte seinen fragenden Blick immer noch auf den Priester gerichtet, ließ sich aber Zeit mit der Antwort. Endlich hob er den Kopf und holte tief Luft. Die volle Würde seines Amtes schien jetzt von ihm auszustrahlen. Er sprach so, wie er es auch in anderen Dingen gewohnt war, wenn er sein abschließendes Urteil verkündete, mit dem er die Zweifelnden, Unentschlossenen und Widerwilligen seiner Autorität zu unterwerfen pflegte.

„Emicho von Leiningen ist geisteskrank“, stellte er unverblümt fest. „Es würde nichts nützen, ihn bestechen zu wollen.“ Dann setzte er noch hinzu: „Nichts, was wir ihm anbieten könnten, keine noch so große Geldsumme und kein Wertgegenstand, könnte mehr wert sein als das, was er aus den Juden von Worms herauspressen wird.“

Gereon fuhr sich mit den Händen mehrfach über das Gesicht, als wolle er die unerträgliche Anspannung loswerden, die ihn folterte. Er wusste, dass der Bischof Recht hatte, aber er lehnte die Erkenntnis ab, wollte sich nicht damit abfinden. Er dachte an Mirjam. Dem alten Jakob konnten sie Gott sei Dank nichts mehr tun, der lag schon seit zwei Jahren auf dem Friedhof außerhalb der Stadt. Aber Mirjam? Seine Mutter? Vielleicht war sie im Augenblick gar nicht in Worms? Er klammerte sich an diesen Gedanken, hin- und hergerissen zwischen Hoffnung und Verzweiflung. Hilfesuchend blickte er zu Bischof Johannes auf.

Der Geistliche erriet seine Gedanken. „In Speyer befindet sich im Augenblick kein Mitglied der Familie Kalonymos aus Worms“, stellte er nüchtern fest. „Das kann ich Euch versichern.“ Dann trat er nahe an Gereon heran, und als er jetzt sprach, fiel die Maske der kühlen Überlegenheit von ihm ab, und in seine Züge trat ein Mitgefühl, das der Priester ihm nicht zugetraut hatte und das ihn an den alten Bischof Huzmann erinnerte.

„Wenn Ihr meinen Rat hören wollt“, begann Johannes. „Haltet Euch fern von Worms! Ihr könnt dort nichts ausrichten!“

Gereon nickte mechanisch. Tief in seinem Inneren wusste er, dass der Bischof ihm wohl wollte und dass er ihm das einzig Richtige geraten hatte, aber er wollte jetzt nicht darüber nachdenken. Sein Kopf war so leer, dass es ihm schien, als könne er nie mehr einen klaren Entschluss fassen. Aber vielleicht brauchte er nur ein wenig zu warten, vielleicht würde sich noch irgendeine Möglichkeit ergeben, ein Ausweg, der sich in letzter Sekunde öffnen konnte, ein Schimmer der Hoffnung, den er noch nicht gesehen hatte, der noch nicht erschienen war! Noch blieb eine kleine Spanne Zeit, eine Gnadenfrist! Wieder begegnete er den Augen des Bischofs und erkannte eine Verlässlichkeit und Wärme darin, die er vorher nicht bemerkt hatte und die ihn ein wenig aufrichtete in seiner Angst.

„Wenn sie sich taufen lassen, wird ihnen wohl nichts geschehen“, bemerkte der Oberhirte jetzt. Gereon bedeckte die Augen mit einer Hand und stöhnte auf. Ja, sie hatten es in der Hand, sich zu retten. Aber er wusste es, es war so gewiss wie das flammende Menetekel an der Wand: Sie würden es nicht tun! Er fühlte, wie Franko ihn am Arm berührte. Er riss sich zusammen, sie mussten gehen. Werinhard würde sicher schon warten.

In tiefem Respekt bedankte er sich bei Bischof Johannes. Dann wurden sie von einer Wache hinausgeführt. In der beginnenden Dämmerung brannten bereits etliche Feuer in den Straßen, und man hörte die Männer Emichos lärmen. Sie riefen sich derbe Scherze zu und lachten kehlig. Manche grölten schon halb betrunken. Die geschulten Krieger waren offenbar nicht unter diesen undisziplinierten Horden. Aber auch sie würden kommen, um die Pfalz zu berennen. Die militärischen Kräfte des Bischofs, so hatte Franko ihm versichert, würden ausreichen, um das Gebäude mit all den Flüchtlingen darin zu halten. Und was die geistliche Autorität des Bischofs betraf, da war sich wiederum Gereon ganz sicher. Die meisten Stadtbewohner würden es nicht wagen, an Emichos Plünderungen teilzunehmen oder sich am Eigentum der Judäer zu vergreifen.

Gereon und Franko zogen die Kapuzen in die Stirn. Am Ufer fanden sie tatsächlich denselben Fährmann wieder, der sie schon heute Vormittag mitgenommen hatte. Nachdem sie ihn wie versprochen ordentlich belohnt hatten, gelangten sie ohne Zwischenfälle wieder auf die andere Seite des Rheins.

„Wir sollten die Pfalz belagern und einnehmen", schlug Eberhard von Michelbach vor und sah erwartungsvoll zu Emicho von Leiningen hinüber. Der Mann hatte ihn vor Jahrzehnten zum Knappen ausgebildet, jetzt hatte sich der Michelbacher seinem ehemaligen Lehrer als Gefolgsmann verpflichtet. Eberhard hoffte, durch die Eroberung der Pfalz den Bischof zu schädigen und seinem Bruder in Michelbach auf diese Weise noch mehr Freiraum für den Ausbau seiner Stellung im Murgtal zu verschaffen. Die Aktionen gegen die Juden interessierten den Michelbacher dabei weniger. Sie würden ja verschont werden, wenn sie sich taufen ließen. Wenn sie allerdings so verstockt auf ihrem Irrglauben beharrten wie diese elf Gemeindevorsteher heute Morgen, dann müssten sie eben die Konsequenzen tragen. Was kümmerten ihn die Ungläubigen?

Um vor Spionen sicher zu sein, hatte man beschlossen, den Kriegsrat außerhalb von Speyer abzuhalten. Emicho stand nun auf, langsam, bedächtig, wuchtig. Mit gespreizten Beinen, auf sein Schwert gestützt, musterte er seine Offiziere eine Weile aus tiefliegenden, glitzernden Augen. Dann befahl er, ihm einen Stock zu bringen. Dem, der ihn brachte, drückte er ohne große Umstände sein Schwert zum Halten in die Hand. Dann begann er, mit der Spitze des Stockes etwas zu seinen Füßen in den Sand zu kratzen. Es war ein Plan der Bischofspfalz. Als er fertig war, trat er zurück und machte seinen Hauptleuten ein Zeichen, sich die Zeichnung anzusehen. Nachdem er den Männern einige Zeit gelassen hatte, sich eine Meinung zu bilden, fragte er mit der ihm eigentümlichen, halb grollenden, halb schnarrenden Stimme: „Nun? Wo würdet ihr angreifen?"

Eberhard hatte sofort eine Lösung parat. „Wir schleichen uns im Norden der Pfalz durch den Hafen zwischen Fluss und Stadtmauer und greifen sie von der Rückseite an, also von Osten her." Emicho äußerte sich zunächst nicht, nach einer Weile nickte er langsam. „Guter Plan", urteilte er dann. „Könnte funktionieren." Er kniff die Augen zu Schlitzen zusammen.

„Mit wie vielen Verlusten hattest du dabei gerechnet?", wollte er jetzt von Eberhard wissen. Der zuckte die Schultern. „Eigentlich gar keine. Wir sind schneller drinnen, als die Bischöflichen davon Wind bekommen! Wenn dann ihre Truppen von vorn durch den Haupteingang ins Gebäude dringen wollen, werden Kräfte von uns sie an der Vorderfront attackieren und ihnen in den Rücken fallen." Der Michelbacher sah abwartend zu seinem Kriegsherrn hinüber, der wieder zu überlegen schien.

„Und was willst du mit der Besetzung des Gebäudes letztlich erreichen?", fragte der Graf jetzt. Eberhard sah überrascht auf. „Verzeiht, Herr Emicho", erwiderte er stirnrunzelnd. „Ihr hattet nach der Art des Angriffs gefragt."

„Und dein Plan hat mich nochmal nachdenken lassen", stellte Emicho jetzt fest. „Nicht alle unserer Soldaten sind geschulte Krieger. Wir haben zu viele Schlechtbewaffnete in unseren Reihen, die nicht effektiv genug kämpfen können. Daher fürchte ich, wird es bei deinem Plan doch Verluste geben."

Jetzt marschierte der Graf mit wuchtigen Schritten auf und ab, die Arme hinter dem Rücken verschränkt. Dann machte er Halt, stand da, gedrungen und breit, und ließ seinen glitzernden Blick durch die Reihen schweifen. „Die Verluste würden in keinem Verhältnis zu dem stehen, was wir gewinnen würden", verkündete er. „Erinnert euch an heute Morgen!", forderte er die Anwesenden auf. „Als wir versuchten, diese elf Verstockten durch die Taufe zu retten, floh der Rest von diesen Häretikern durch geheime Ausgänge auf die Straße und versammelte sich in der Bischofspfalz!"

Graf Emicho begann wieder, die Hände auf dem Rücken, mit wuchtigen Schritten auf und ab zu stampfen. Dann blieb er stehen und kam auf den entscheidenden Punkt. „Glaubt ihr", fragte er die Teilnehmer des Kriegsrates, die gespannt seinen Ausführungen lauschten. „Glaubt ihr allen Ernstes, dass diese Judäer etwas Nennenswertes von ihren Besitztümern mitnehmen konnten?"

Eberhard begann zu begreifen, worauf der Leininger hinauswollte. Die Pfalz war seiner Ansicht nach keiner Mühe wert, da es bei den dortigen Juden nichts zu holen gab. Die Kirchenschätze des Bischofs, falls dort welche vorhanden waren, durften sie aber nicht antasten. Schließlich waren sie gute Christen, darauf legte ihr Anführer großen Wert!

„Wir werden stattdessen das leere Judenviertel im Norden und die paar Judenhäuser nahe der Marktgasse durchkämmen und da alles mitnehmen, was von Wert ist", unterrichtete Emicho seine Zuhörer. „Wir werden viel Beute machen, aber keine Verluste haben", grollte er jetzt und ließ aus der Tiefe seiner Brust einen Laut hören, der an das Knurren eines Wolfshundes erinnerte. Als Eberhard zu ihm hinblickte, schien es ihm, als ob Emichos Augen jetzt noch mehr glitzerten.

Der Michelbacher überlegte: Auch eine Plünderung der Judenviertel würde dem Bischof schaden. Schließlich handelte es sich um seine potentesten Steuerzahler. Vielleicht konnte man tatsächlich auf die Einnahme der Bischofspfalz verzichten. Es würde sowieso nur auf die Tötung der dort untergebrachten Judäer hinauslaufen. Das pure Abschlachten von hilflosen Menschen, auch wenn es sich dabei um Ungläubige handeln sollte, lag dem Michelbacher nicht. Er wollte mit seinesgleichen kämpfen, das entsprach eher seiner Vorstellung von Ritterehre.

Die Plünderung wurde sofort ins Werk gesetzt. Eberhard war nicht direkt daran beteiligt. Er gehörte zu den Elitesoldaten, die der bischöflichen Truppe Einhalt gebieten sollten, falls diese versuchte, die Aktion zu verhindern. Allerdings zog der Bischof seine Männer nicht von der Pfalz ab, da ihm der Schutz der Menschen scheinbar wichtiger war als die Sicherung noch vorhandenen Eigentums in der Judenstadt.

Die Horden Emichos wüteten im Wohnviertel der Hebräer schlimmer als wilde Tiere. Sie zerschlugen und zerstörten Türen, Fenster und Treppen der Häuser, zerbrachen und durchwühlten Schränke und Truhen, verstreuten, was sie für wertlos befanden, trampelten darauf herum und besudelten es in sinnloser Wut. Und je weniger sie fanden, desto mehr wuchs ihre Feindschaft und ihr Abscheu. Offenbar hatten die Bewohner auf ihrer Flucht doch mehr mitgenommen, als man gehofft hatte. Ja, schlau und gerissen, so war die allgemeine Überzeugung, das waren sie schon immer gewesen, diese verfluchten Gottesleugner mit ihren ewig langen Bärten!

Die Plünderer fühlten sich betrogen und boshaft hintergangen. Zuerst hatten die Juden Jesus Christus getötet! Jetzt versuchten sie, die frommen Kreuzfahrer zu vernichten, indem sie ihnen nichts ließen, gar nichts von dem, was sie in langen Jahren der christlichen Bevölkerung abgepresst hatten, um in Luxus zu schwelgen! Dabei richtete sich die Hoffnung der vielen doch nur darauf, sich einen kleinen Teil dessen wiederzuholen, was früher durch die Geschäftemacherei dieser Elenden den christlichen Mitbrüdern geraubt worden war! Um die Kosten und Auslagen für den gerechten Kriegszug bezahlen zu können, den sie hier im Namen Gottes führten! Je weniger Beute zum Vorschein kam, desto mehr wuchsen Erbitterung und Enttäuschung.

Als Emichos Krieger in der anbrechenden Dunkelheit nach einem Stunden währenden Werk der Zerstörung zurück ins Lager strömten, war ihre vorwärts stürmende und triumphierende Energie gebrochen. Je fieberhafter sie gesucht hatten, desto weniger hatten sie gefunden. Müde und erschöpft ließen sie sich an ihren Lagerstätten nieder, mit einem lähmenden, dumpfen Groll im Herzen.

Auf diesen Moment hatte der Prediger gewartet, darauf hatte er sich vorbereitet. Jetzt war seine Stunde gekommen, jetzt musste er den Ermatteten neuen Mut einflößen, sie für die gerechte Sache neu entflammen! Wie ein großer schwarzer Raubvogel erhob er sich plötzlich wie aus dem Nichts mitten unter den lagernden Scharen. Bestrahlt vom Licht der zuckenden Feuer erhob er seine Arme und seinen Stab zum Nachthimmel. Als sich ihm die Blicke zuwandten, erhob er feierlich die Stimme. Er sprach ausführlich von den elf Verstockten, die sie heute Morgen ihrer gerechten Strafe zugeführt und zum Wohle der Christenheit vom Angesicht der Erde getilgt hatten. Wie geringfügig sei dagegen doch die Tatsache, betonte der Prediger, dass ihnen die geflohenen Juden nur so wenige Besitztümer übriggelassen hätten! Der entgangene Gewinn sei doch nichts, verglichen mit der Erfüllung ihrer Christenpflicht!

Die Feuer loderten und flackerten, ebenso wie die Herzen der Männer, die ihren Verlust allmählich vergaßen und sich weideten an der großen Rolle, die ihnen die Vorsehung als göttliches Werkzeug bei der Reinigung der Stadt Speyer zugewiesen hatte. Sie hingen an den Lippen des Predigers und sogen die Worte begierig ein. Sie durften, mussten diese Pest vernichten! Wer gegen die Ungläubigen das Kreuz nahm, dem würden alle Sünden erlassen werden! So hatte es, wie der Gottesmann ihnen ein ums andere Mal versicherte, Papst Urban auf dem Konzil in Frankreich verkündet!

„Werdet nicht schwach!" Der Weckruf tönte den Lauschenden in den Ohren. „Tötet jeden, der sich nicht taufen lässt!" Immer lauter und lauter erhob der Prediger seine Stimme, steigerte sich hinein in einen Taumel von Hass und Zorn, bis die Nacht widerhallte von der durch nichts zu erschütternden Gewissheit: „Gott will es!"

Wie im Rausch sprangen einige auf und schlossen sich dem Ruf an. „Gott will es! Gott will es!“, erscholl es aus allen Richtungen.

Der Prediger stand da wie entrückt, die Arme erhoben, die Augen geschlossen. In diesem Moment trat Graf Emicho hinzu. Breitbeinig und mächtig pflanzte er sich neben dem Geistlichen auf, die Hände auf den Knauf seines Schwertes gestützt, die glitzernden Augen auf die Menge gerichtet. Rasch kehrte wieder Ruhe ein.

„Ihr alle geht morgen nach Worms“, befahl er. „Der dortige Bischof hat gegenwärtig keine nennenswerten Truppen. Ihr werdet leichtes Spiel haben.“

„Warum nicht hier in Speyer erst die Pfalz einnehmen?“, schrie einer der Männer. „Ja, warum nicht erst die Pfalz erobern?“, pflichtete ihm ein anderer bei. „Es sind so viele Seelen darin, die gerettet oder vernichtet werden müssen!“ Fiebrig vor Tatendurst richteten sich die Blicke auf den Anführer.

„Die Pfalz ist nicht so schnell einzunehmen. Es kostet nur Zeit, und in dieser Zeit könnte der Wormser Bischof von irgendwoher doch noch Hilfe erhalten.“ Emicho machte eine Pause, um den Männern die Gelegenheit zu geben, das Gehörte zu verarbeiten. Er wartete auf Einwände, doch es kamen keine. Stattdessen sah er in eine Phalanx von erhitzten und fragenden Gesichtern. Dann erklärte er ihnen seinen Plan. Man müsse rasch in Worms sein, behauptete er, damit die Juden nicht aus der Stadt oder sonst wohin laufen würden. Man müsse so schnell wie möglich über sie kommen, wie ein mächtiger Sturmwind, wie die alles vertilgende Sintflut selbst. Nur so könnten sie, die Streiter des Herrn, diese armen Seelen durch die Taufe retten. Und nur so würde es ihnen gelingen, dafür die irdische Belohnung zu erhalten, indem sie den Ungläubigen keine Zeit ließen, ihre Habe in Sicherheit zu bringen.

Der Anführer gab dem Prediger ein Zeichen, die Erklärung in seinem Sinne zu bekräftigen. Bald waren auch die letzten Anzeichen von Ermüdung und Niedergeschlagenheit verschwunden und hatten einer steigenden Erregung Platz gemacht. Alle fieberten voller Ungeduld dem morgigen Tag entgegen. Viele beteten laut, überzeugt von der Gerechtigkeit ihres Vorhabens. Emicho ließ seinen glitzernden Blick über das zuckende nächtliche Feld schweifen, aus dem nun wieder die Rufe „Gott will es! Gott will es!“ aufstiegen.

Emicho fühlte tiefe Befriedigung. All diese Männer, gut oder schlecht bewaffnet, zerlumpt oder gut gekleidet, hoch oder niedrig, waren das Werkzeug, das ihm, Emicho von Leiningen, helfen würde, die göttliche Mission zu erfüllen, zu der er berufen war. Er selbst würde morgen früh mit der großen Masse des Heeres nach Worms marschieren, wo sie leicht mit den ungeschützten jüdischen Bewohnern fertigwerden würden. Die nichtjüdische Bevölkerung fürchtete der Anführer nicht. Die würde sich seinen Scharen eher noch anschließen, wie er vermutete. Die Pfalz hier in Speyer würde er dagegen durch eine Schar gut ausgerüsteter und geübter Berufskämpfer in Schach halten lassen, damit die bischöfliche Besatzung nicht auf die Idee käme, den Wormsern zu Hilfe zu eilen. Emicho stieß sein Schwert mit einem Grunzlaut in die Scheide und wandte sich ab.

Eberhard von Michelbach war dem Trupp zugeteilt, der die Soldaten des Speyerer Bischofs beschäftigen und am Ausrücken hindern sollte. Wie es aussah, waren die Bischöflichen um die Pfalz herum und im Gebäude selbst verteilt, um die darin befindlichen Juden zu schützen. Eberhard befand sich mit einigen Leuten auf der Rückseite der Pfalz im Osten, und zwar auf der anderen Seite des Rheinarms, der an Pfalz und Dom vorbeifloss. Durch zahlreiche Wachtfeuer gaben sie dem Feind zu verstehen, dass sie ihn von dieser Seite her genau unter Beobachtung hatten und nur auf eine Gelegenheit warteten, über den Fluss zu setzen und über die Pfalz herzufallen. Der größere Teil von Emichos Elitetrupp war im Westen stationiert, dort, wo die Straße sich in das große Areal vor der Pfalz öffnete. Gleichgültig, wohin sich die Bischöflichen wenden würden, Eberhard und seine Gefährten würden es bemerken. Emicho selbst würde morgen früh mit dem restlichen Heer nach Worms gehen.

Eberhard widerstrebte es, einen Feind zu belauern, ohne mit ihm zu kämpfen. Er hatte seinen Kriegsherrn soweit verstanden, dass die eigenen gut bewaffneten Krieger nicht im Kampf um die Speyerer Bischofspfalz verheizt werden sollten. Die Kräfte der Bischöflichen sollten nur durch die Präsenz der feindlichen Truppe verunsichert werden, damit sie den Juden in Worms nicht zu Hilfe eilten, bevor das Werk dort getan war. Das bedeutete, überlegte Eberhard, dass er selbst an der Aktion in Worms gar nicht teilnehmen würde, ebenso wie alle anderen, die für Speyer eingeteilt waren.

Dem Michelbacher gefiel dieser ganze Plan nicht. Er hoffte darauf, dass sich schließlich doch noch eine Gelegenheit ergeben würde, sich mit den Bischöflichen im ordentlichen Kampf zu messen und die Pfalz einzunehmen. Allerdings fragte er sich jetzt doch, welchen Sinn das haben würde. Wenn sie den Sitz des Bischofs erobert hätten, was sollten sie dann tun? Die dort befindlichen Juden taufen? Aber das hätte der Bischof ja schon längst selbst erledigen können. Die Juden auslöschen? Nach dem, was der Prediger erzählt hatte, war das die von Gott gewollte, gerechte Lösung. Was Eberhard aber noch mehr interessierte: Es war auch die Lösung, die den Bischof finanziell am meisten schädigen würde, und das lag doch eigentlich im Interesse der Michelbacher. Trotzdem störte Eberhard irgendetwas an dieser Lösung. Die Gedanken drehten sich wie ungeordnete Spiralen in seinem Kopf, ohne zu einem befriedigenden Ergebnis zu gelangen.

Der Michelbacher zog tief die Luft ein und seufzte ratlos. Die leise Annäherung des vermeintlichen Waffengefährten, der sich jetzt lautlos neben ihm niederließ, hatte er nicht bemerkt. Er drehte sich zu ihm hin und sah ihm dabei zu, wie er Helm und Kettenhaube abzog. Eberhard riss überrascht die Augen auf, als er seinen Bruder Werinhard erkannte.

„Was willst du hier?“, fragte er und dämpfte sofort die Stimme, um die Aufmerksamkeit des nächsten, in einiger Entfernung sitzenden Postens nicht zu wecken.

„Du musst mit mir kommen“, erklärte sein Bruder kurz angebunden im Flüsterton.

„Ich bin Vasall des Grafen Emicho“, entgegnete Eberhard. „Ich habe hier Pflichten.“

„Was willst du tun, wenn Emicho in Worms die jüdische Bevölkerung abgeschlachtet hat?“, wollte Werinhard wissen.

„Die Bischofspfalz hier in Speyer erobern!“, erwiderte Eberhard.

„Da wird keiner mitmachen. Das war nicht der Befehl Emichos“, hielt ihm Werinhard vor.

Eberhard nagte an seiner Unterlippe. Auch wenn es ihm schwerfiel, das einzusehen: Sein Bruder hatte Recht. Wenn Worms erledigt war, würde er seinem Kriegsherrn in die nächste Stadt folgen müssen, wahrscheinlich nach Mainz, wo sich ebenfalls eine große jüdische Gemeinde befand. Dieser Kriegszug würde ihn weit weg von ehrlichen Kämpfen und noch viel weiter weg von Michelbacher Interessen führen.

„Komm mit", hörte er Werinhard eindringlich flüstern. „Wir lagern nicht weit von hier."

Eberhard schüttelte langsam den Kopf. „Ich habe einen Treueeid geschworen", entgegnete er dann.

„Ja", bestätigte Werinhard. „Du hast Kaiser Heinrich einen Treueeid geschworen", stellte er fest. „Den Emicho von Leiningen jetzt mit Füßen tritt." Eberhard sah ihn verständnislos an. Werinhard war bewusst, dass er jetzt seine Worte gut wählen musste, um den Bruder zu überzeugen. Er beugte sich vertraulich zu ihm hin und senkte die Stimme nochmals ab, so dass die geraunten Worte nur die Ohren des Bruders erreichen konnten. „Frag mich jetzt nicht, woher ich das weiß, aber es ist wahr: Der Kaiser wird bald nach Deutschland zurückkehren", sagte er. „Vor seiner Abreise hat er alle Juden im Reich unter seinen Schutz gestellt. Du brichst deinen Treueschwur ihm gegenüber in dem Augenblick, in dem du diesen Schutz verletzt."

Werinhard schwindelte, er hatte alles auf eine Karte gesetzt. Es musste ihm einfach gelingen, den Bruder zu überzeugen. Jedes Mittel wäre ihm recht gewesen. Er wusste nicht, ob Heinrich zurückkehren würde, es war eine reine Behauptung gewesen. Aber er wusste, dass sein Bruder nichts über den Gehorsam und die Gefolgschaft stellen würde, die er dem Kaiser geschworen hatte. Dem Emicho war Eberhard nur gefolgt in einem Anfall von Abenteuerlust, verbunden mit der Vorstellung, dabei die Kirche von Speyer schädigen zu können.

Werinhard bezweifelte, ob sein Bruder die Lage, in der er sich befand, in vollem Umfang überblickte. Ob ihm klar war, dass er zum Handlanger bei der Ermordung wehrloser Menschen gemacht wurde. Werinhard dachte an Jakob, an den alten Juden, der ihm, einem nicht studierten, christlichen Ritter, zugetraut hatte, mit Gottes Hilfe zwischen Gut und Böse zu unterscheiden. Jetzt hatte er das Böse erkannt und musste für seinen Bruder mitdenken.

„Mein Pferd", begann Eberhard, doch Werinhard unterbrach ihn, bevor er ausreden konnte. „Lass es", murmelte er. „Wir haben ein anderes."

Eberhard wies auf eine Baumgruppe in etwas weiterer Entfernung vom Fluss hin. „Ich muss austreten“, meinte er und stand auf. Dann schlenderte er auf die Bäume zu und blickte sich wie zufällig um. Dem nächsten Posten war offenbar nichts aufgefallen. Werinhard fiel ein Stein vom Herzen, als der Bruder verschwunden war. Obwohl sein Körper bis zum Äußersten angespannt war, verharrte er unbeweglich. Wenn ihn jetzt einer von Emichos Leuten anrief oder zu ihm herüberkam, würden sie merken, dass er nicht dazugehörte. Auch wenn er sich eine passende Ausrede ausgedacht hatte, konnte es übel ausgehen. Vor allem würde es in diesem Fall schwer werden, gemeinsam mit dem Bruder von hier zu verschwinden.

Werinhard zog seine Kettenhaube und den Helm wieder auf. Dann legte er sich neben das Feuer und beobachtete die Umgebung. Die anderen Soldaten hatten es sich auf ihren Decken bequem gemacht, die Blicke auf die Pfalz am anderen Ufer gerichtet, wo Licht aus einigen Fenstern schimmerte. Die Nacht schien ruhig zu bleiben. Werinhard wartete noch eine ganze Weile, dann stand er auf und ging, so ruhig und selbstverständlich wie möglich, auf die Bäume im Hintergrund zu. Jeden Augenblick rechnete er damit, aufzufallen und angerufen zu werden. Aber es geschah nichts, er erreichte das Wäldchen und tauchte im Schatten der Bäume unter, wo sein Bruder bereits auf ihn wartete. Dann beschleunigten sie ihre Schritte und hasteten über die Ebene, bis sie auf Cuno, Franko und die übrigen Michelbacher trafen.

„Wo ist Gereon?“, fragte Werinhard nach einem kurzen Blick auf seine Leute. Franko schüttelte den Kopf. „Er ist nach Worms geritten“, meinte er mit gerunzelter Stirn. „Ließ sich nicht zurückhalten“, schob er bekümmert nach. Als er den entgeisterten Blick seines Herrn auffing, begann er, sich zu rechtfertigen. „Glaubt mir, Herr Werinhard! Ich wollte ihn aufhalten, aber es war nicht möglich!“

„Was hast du ihm gesagt?“, wollte der Michelbacher wissen.

„Alles“, versicherte Franko. „Dass er niemals rechtzeitig in Worms ankommen wird! Dass er allein gegen das Heer des Emicho überhaupt nichts ausrichten kann! Dass er in der Stadt, wenn er jemals dort ankommt, nur Leichenhaufen und Verwüstung vorfinden wird!“

Jetzt trat der Domherr Cuno auf seinen ältesten Bruder zu und legte ihm die Hand auf die Schulter. „Er hat uns verlassen, nachdem du zur

Bischofspfalz gegangen bist. Es ist so, wie Franko gesagt hat. Er ließ sich nicht davon abhalten."

Werinhard stand unbeweglich da, mit gesenktem Kopf, eine ganze Weile lang sagte er nichts. Dann richtete er sich auf und schaute in die Ferne, nach Norden. Cuno spürte, wie der Bruder im Inneren mit sich rang, wie er das Für und Wider gegeneinander abwog. Er konnte die Gedanken nachvollziehen, die im Kopf des anderen herumgingen. Dann kam der Befehl zum Aufsitzen, so wie er es erwartet hatte. Sein Bruder hatte sich entschieden.

Werinhard saß bereits auf seinem Pferd, als er das Wort noch einmal an seine Gefolgsleute richtete. „Betet für Gereon", sagte er, „und für diejenigen, die er hofft, in Worms lebend wiederzusehen." Dann wandte er sein Tier nach Süden. Über die Rheinebene fiel bereits das erste schwache Licht der Morgendämmerung. Die Michelbacher ließen ihre Tiere wegen des noch herrschenden Zwielichts im Schritt gehen. Eine ganze Weile ritten die drei Brüder so nebeneinander her, ohne ein Wort zu wechseln. Jeder war mit seinen eigenen Gedanken beschäftigt, bis Eberhard das Schweigen brach. „Sobald der Kaiser wieder in Deutschland ist, biete ich ihm erneut meine Dienste an", verkündete er im Brustton der Überzeugung.

Werinhard erschrak und überlegte sich bereits fieberhaft, was er antworten sollte. Da ergriff schon der Domherr das Wort. „Heinrich wird um jeden Krieger froh sein, der zu ihm stößt!", bekräftigte Cuno das soeben geäußerte Vorhaben. Werinhard war verwirrt. Woher wollte Cuno das wissen? Er selbst hatte seinen eigenen Bruder Eberhard vorhin in dieser Beziehung angelogen, um ihn dazu zu bewegen, die Truppe Emichos zu verlassen. Bevor er eine passende Frage stellen konnte, sprach Cuno schon weiter.

„Es ist mir unter dem Siegel der strengsten Verschwiegenheit aus dem Umfeld des Herzogs von Schwaben zugetragen worden, der wiederum mit dem Bayernherzog Welf verbündet ist", eröffnete Cuno seinen Brüdern, die links und rechts von ihm ritten und jetzt überrascht ihre Pferde enger an seines heran lenkten. „Die Koalition der süddeutschen Fürsten und der Lombarden bröckelt, Welf macht nicht mehr mit", fuhr der Domherr fort. „Sein junger Sohn hat die Ehe mit dieser uralten Mathilde aufgekündigt. Kein Wunder! Und jetzt will Mathilde dem Welfen ihre Güter nicht mehr vererben! Auch kein Wunder!"

Cuno lachte anzüglich, für einen Domherrn eigentlich zu anzüglich, wie Werinhard fand. „Mit anderen Worten: Die Alpenpässe sind wieder frei", stellte Cuno triumphierend fest. „Ich schätze, es vergeht kein Jahr, und Kaiser Heinrich hat zuerst Oberitalien, und dann Deutschland wieder im Griff!", lautete sein abschließendes Urteil.

Eberhard hatte Cunos Ausführungen mit zunehmender Genugtuung gelauscht. Dann beugte er sich im Sattel vor, um seinen Bruder Werinhard ins Blickfeld zu bekommen. „Ich denke, ich muss mich bei dir bedanken, Bruderherz", sagte er. „Du hast das richtige Argument vorgebracht, um mich von diesem gottlosen Haufen wegzulocken!"

Werinhard antwortete nicht. Er dachte an Jakob, an sein langes, faltiges Gesicht, das durch den Bart noch länger gewirkt hatte. Er dachte an den klugen und melancholischen Ausdruck seiner Augen unter den schweren Lidern, an die feine Ironie, die oft in seinen Zügen gelegen hatte, und die von einem Augenblick auf den anderen in tiefen Ernst hatte übergehen können. Er dachte an Jakobs Worte über die Gebote und an sein unerschütterliches Vertrauen auf Gott und die Vernunft. Er, Werinhard, hatte vorhin mit Absicht gelogen, und trotzdem unwillentlich die Wahrheit ausgesprochen. Der Michelbacher spürte, ohne es bis ins Letzte zu begreifen, dass er auf einem sehr schmalen Grat gewandelt war.

„Wie es eurem Gereon jetzt wohl geht?", fragte Eberhard in die nur vom Schnauben der Pferde und vom Hufgeklapper unterbrochene Stille hinein. „Der muss entweder verrückt oder tollkühn sein", konstatierte er in seiner unsensiblen Art. Werinhard zog bei diesen Worten unwillkürlich am Zügel, was sein Tier mit einem irritierten Wiehern quittierte. Cuno spürte die Spannung und versuchte zu glätten. „Ich sehe keine Gefahr für ihn. Er wird nur merken, dass er nichts ausrichten kann", mutmaßte er. Werinhard schwieg. Er hatte eine Entscheidung getroffen, eine Entscheidung für etwas Gutes. Eine Entscheidung, zu der er keine andere Alternative gesehen hatte. Und doch beschlich ihn das verzweifelte Gefühl, als sei diese Entscheidung falsch gewesen. Die Vernunft konnte nicht alles heilen.

Der Himmel war jetzt heller geworden, die Sicht ungehindert. Werinhard trieb sein Tier zu einer schnelleren Gangart an, und gab damit auch das Tempo für die anderen vor. Er sehnte sich nach Duda und ihrem Gottvertrauen.

Worms, Mai 1096

Endlich tauchte die Silhouette von Worms vor Gereon auf. Wie eine aufragende schwarze Masse zeichnete sich der Dom vor dem nächtlichen Himmel ab, der nur vom milchigen Mondlicht erhellt wurde. In den Türmen der Stadtmauer konnte der Priester einige schwache Lichter erkennen. Bald gurgelten zu seinen Füßen die dunklen Fluten eines Rheinarms. Heute würde er nicht mehr über den Fluss kommen, das war Gereon klar. Er ließ sein erschöpftes Tier saufen und grasen, er selbst hüllte sich in seine Decke und setzte sich, an einen Baumstamm gelehnt, so bequem wie möglich nieder. Beim ersten Morgengrauen wollte er nach einem Kahn Ausschau halten, der ihn auf die andere Seite bringen würde.

„Willst du wirklich da hinüber?", fragte ihn der erste Fährmann, den er am nächsten Morgen finden konnte. „Emicho von Leiningen ist mit seinem Heer in der Stadt", brummte der Schiffer. „Heute Morgen haben ihm die Einwohner die Tore geöffnet." Gereon war, als ob sein Herz aufhören wollte zu schlagen. Er war zu spät gekommen! Jetzt nur keine Betroffenheit zeigen! Dieser Mann durfte keinen Verdacht schöpfen. „Ich will nur über den Fluss, nicht in die Stadt", erklärte Gereon daher so unbeteiligt wie möglich. „Was will dieser Emicho überhaupt?", fragte er beiläufig, als ob es sich für ihn um eine Neuigkeit von geringfügigem Interesse handelte.

„Wenn du einen Rat willst, dann mach einen Bogen um die Nordstadt", riet ihm der Schiffer, sobald er im Kahn Platz genommen hatte. „Da wohnen viele Juden, und auf die hat es dieser Emicho abgesehen!"

„Warum sind die nicht vorher geflohen?", stellte Gereon sich unwissend. „Hat denn niemand gewusst, dass ein Heer von Kreuzfahrern in der Gegend unterwegs ist?", fragte er weiter in der Hoffnung, durch das Mitteilungsbedürfnis des Kahnführers weitere Einzelheiten zu erfahren, ohne durch gezielte Nachfragen Verdacht zu erregen.

„Die Wormser haben ihnen versprochen, sie zu beschützen", erklärte der Fährmann. „Das hat die eine Hälfte der Judäer dazu verleitet, in ihren Häusern zu bleiben. Die andere Hälfte ist in die Pfalz des Bischofs geflohen und hat sich da verbarrikadiert."

„Und der Bischof?", wollte Gereon wissen.

„Hat die Stadt schon verlassen", entgegnete der andere mit einem rauen Lachen. „Kein Vertrauen auf den lieben Herrgott!"

Mittlerweile hatten sie die kleine Insel passiert, die den Nebenarm abtrennte, und waren in den Hauptstrom hineingetrieben. Der Fährmann zog die Riemen in einem stetigen, kraftvollen Rhythmus gegen die starke Strömung, fand aber immer noch genug Luft, um die eine oder andere Bemerkung fallen zu lassen.

„Der Bischof ist zwar weg", keuchte er jetzt, als er sich beim Eintauchen der Ruder weit nach vorn in Richtung seines Fahrgasts beugen musste. „Aber die Belohnung für die Aufnahme der Juden in die Pfalz hat er sicher schon abkassiert."

Gereon blickte in die rasch dahinströmende, schwärzliche Flut, die links und rechts mit lautem Klatschen an die niedrige Bordwand schlug, und fühlte grenzenlose Niedergeschlagenheit in sich aufsteigen. Hatte Bischof Johannes von Speyer doch Recht gehabt? Wie sollte er hier etwas ausrichten? Wie sollte er seine Mutter finden? Würde er sich überhaupt bis zum Haus an der Stadtmauer durchschlagen können?

Als ihn der Fährmann am anderen Ufer absetzte, brauchte er eine Weile, um sein weiteres Vorgehen zu überlegen und die Hoffnungslosigkeit niederzukämpfen, die ihn zu überwältigen drohte. Nein, er hatte keinen Plan, das war ihm klar. Aber in dieser Lage gab es keinen Plan. Das hatte er von Anfang an gewusst. Deshalb war er auch erst losgeritten, nachdem Werinhard weggegangen war, um nach seinem Bruder zu suchen. Er war sich nicht sicher, was der Michelbacher getan hätte. Entweder er hätte ihn, Gereon, an seinem Vorhaben gewaltsam gehindert, oder er wäre mit ihm geritten. Beides hatte der Priester unbedingt vermeiden wollen. Besonders das Letztere. Es wäre Wahnsinn gewesen. Selbst wenn alle zwanzig Michelbacher mit nach Worms geritten wären – gegen das Heer Emichos könnten sie nichts bewirken und würden jetzt alle in einem sinnlosen Kampf sterben.

Gereon hatte immer noch keinen Plan, durch die Überlegung hatte er aber neuen Mut geschöpft. Er war auf jeden Fall entschlossen, die Stadt zu betreten und sein Glück zu versuchen. Die göttliche Vorsehung hatte ihn nicht umsonst bis hierher geführt. Vielleicht bot ihm sogar sein Priestergewand die Möglichkeit, irgendwie ins Geschehen einzugreifen. Er wusste, es würde sich eine Tür öffnen! Er durfte nicht aufgeben.

Im Haus des Kalonymos' an der Stadtmauer war die Familie versammelt. Mirjams Nichten saßen mit ihren Kindern auf den Sitzgelegenheiten des großen Raums im ersten Stock. Mirjam selbst stand am geöffneten Fenster und spähte hinaus. Die Männer hielten sich noch unten im Kontor auf. Aus der Ferne war Geschrei und Lärm zu hören, der immer näher kam. Einer der Säuglinge wachte auf. Die Mutter wiegte ihn auf ihren Armen, aber ohne Erfolg. Sie versuchte, ihm die Brust zu geben, aber auch das half nichts. Das Kind begann zu weinen, dann aus Leibeskräften zu schreien. Die beiden anderen Kleinkinder wachten davon auf, und es dauerte nicht lange, bis auch sie kläglich weinten, und dann alle im Chor herzhaft schrien. Zwei weitere, schon etwas ältere Kinder schmiegten sich mit ängstlichen Gesichtern an ihre Mütter.

Mirjam sperrte den Lärm aus, indem sie das Fenster schloss. Dann ging sie hinaus und kam nach einer Weile mit einem Tablett wieder herein, auf dem etliche kleine Leinensäckchen lagen.

„Ein paar Schnuller für die Kinder", meinte sie. Das Tablett ging herum, die Mütter nahmen sich davon und jede versuchte, ihrem immer noch oder schon wieder schreienden Säugling den Zipfel eines Säckchens in das verzerrte Mäulchen zu schieben. Nach einigen vergeblichen Versuchen nuckelten alle drei Säuglinge schmatzend und zufrieden, wobei sie ihre Mütter aus großen Augen anschauten. Ein paar von den Leinenbeutelchen waren noch übrig. Mirjam nahm selbst eins davon. Es hatte eine Farbe, die ein wenig von den anderen abwich, aber das fiel niemandem auf. Sie steckte sich ein Ende in den Mund und fing an zu lutschen. „Schmeckt tatsächlich gut", meinte sie fachmännisch und hielt den älteren Kindern je eines von den übrigen Säckchen hin. „Probiert mal", nickte sie ihnen ermunternd zu. „Da ist vom Rabbi geweihter Wein drin, damit euch die Taufe nichts anhaben kann!" Die Erklärung, besonders die Erwähnung von Wein, bestärkte die Kinder, dem Beispiel ihrer Verwandten zu folgen.

Wieder verging eine Weile bangen Wartens. Den Säuglingen waren inzwischen die Augen zugefallen. Auch die älteren Kinder waren eingeschlafen, kaum schienen sie noch zu atmen. Dann kamen die Männer von unten herauf, als letzter betrat Eliezer den Raum.

„Sie werden gleich hier sein", meinte er.

Die Frauen standen auf und legten die Kleinen, die wie leblos wirkten, auf den Sesseln ab. Dann gingen sie auf ihre Männer zu, und umarmten sie. Alle wussten, was jetzt kommen würde. Alle waren sich einig gewesen, nie und nimmer von ihrem Glauben abzufallen dadurch, dass sie sich taufen ließen.

Der Moment der äußersten Hingabe, des letzten Opfers war nun gekommen. Sie würden Abschied nehmen vom Liebsten, das sie hatten auf dieser Erde. Aber sie würden nicht allein gehen, und sie würden sich wiedersehen, das war die Wahrheit, auf die sie vertrauten, als sie einander umklammerten und einer den anderen an sich drückte.

Mirjam blickte auf Eliezer. „Höre Israel", erhob sie die Stimme und begann, langsam und konzentriert, das Glaubensbekenntnis zu beten. Sie betete es für ihre Liebsten, für ihr Volk und für ihn, dessen Geist und Hände jetzt stark sein mussten. Sie hatte noch nicht zu Ende gebetet, da waren die Erwachsenen um sie herum lautlos niedergesunken. Das blutige Schwert Eliezers war das Letzte, was Mirjam sah, bevor es dunkel um sie wurde.

Gereon hatte sich durch die Straßen von Worms bis nahe an den Dom heran gekämpft. Um ihn herum herrschte Chaos. Die meisten Menschen waren in Richtung Synagoge unterwegs, er ließ sich vom Strom mittreiben. Auf dem Synagogenvorplatz kam er nicht mehr weiter. Dicht gepackt verharrte die Menge, es gab kein Durchkommen mehr, weder ein Vor noch ein Zurück. Dann hörte er die Stimme, die sich gebieterisch aus dem Stimmengewirr erhob, feierlich-zeremoniell und gleichzeitig drohend, in einer Mischung aus dunkel-sonorem und metallischem Klang.

„Sprecht mir nach!" Hier machte die Stimme eine bedeutungsvolle Pause, bevor sie die erhabenen Worte aussprach, die alle mit einem Schlag zum Schweigen brachten. „Ich glaube an Gott, den Allmächtigen!" Aus wessen Mund die Worte kamen, konnte Gereon nicht sehen, aber er erkannte die Stimme! Die Stimme, die er erst vor kurzem noch in Speyer gehört hatte. Diese Stimme, die salbungsvoll und beschwörend, aber auch bedrohlich und unheilverkündend klingen konnte, ganz wie es den Absichten des Redners entsprach. Es war die Stimme des Predigers.

Gereon stellte sich auf die Fußspitzen, um einen Blick zu erhaschen. Zwischen den Köpfen der vor ihm Stehenden hindurch sah er das hohlwangige Gesicht des ehemaligen Priestermönchs von Michelbach, dessen Blick nach unten auf etwas gerichtet war, das Gereon von seinem Platz aus nicht sehen konnte.

„Was tut er da?“, fragte der Priester seinen Vordermann über dessen Schulter hinweg. Der wandte den Kopf halb um, zu mehr Bewegung reichte der Platz nicht. „Da werden ein paar Juden zwangsgetauft“, zischelte er zurück.

„Maul halten!“, verlangte da schon ein anderer ärgerlich in der Nähe. Die Menge war begierig, die Antworten zu hören, alles hielt den Atem an und lauschte. Jetzt hörte man sie, einige Stimmen, die im Chor die ersten Worte des christlichen Glaubensbekenntnisses nachsprachen, leiser als der Prediger sie vorgesprochen hatte, aber deutlich zu unterscheiden.

So ging es weiter. Der Prediger sprach die Worte vor, die vom Echo der Stimmen schwächer zurückgeworfen wurden. „Lauter, ihr Hunde!“, schrie irgendwo jemand aus der Menge, und wurde sofort von einigen anderen Rufern bestärkt. Gereon fühlte, wie um ihn herum der Unwille immer mehr anschwoll. „Und an den einen Herrn Jesus Christus, Gottes eingeborenen Sohn!“, erklang es jetzt dröhnend. Das Echo blieb eine Spur zu lange aus. Der Prediger wiederholte die Worte, alles wartete. Gereon meinte zu spüren, wie die steigende Wut der Menge sich in jedem Augenblick zu entladen drohte.

Da kam die Antwort, endlich! „Und an den einen Herrn Jesus Christus“, hörte man die Stimmen der Juden bestätigen. Die Menge johlte. Gereons Vordermann drehte noch einmal den Kopf und grinste hämisch: „Jetzt haben sie es endlich zugegeben!“, spuckte er in Gereons Richtung verächtlich aus.

Glücklicherweise interessierte der Rest der fragwürdigen Zeremonie das Publikum nur noch in geringerem Maße, so dass Gereon in dem sich auflösenden Haufen Gelegenheit fand, sich weiter in Richtung seines Ziels hin vorzuarbeiten. Dabei konnte er auch einen Blick auf die Gruppe der Zwangsgetauften werfen. Etwa zehn Männer und einige Frauen knieten mit gefalteten Händen auf dem Boden und boten ein erbärmliches Bild. Dem Priester schauderte, wenn er daran dachte, welches Schicksal sie erwartete.

Dann hatte er die Gasse erreicht, in der sich das Haus der Familie Kalonymos befand. Das erste, was er erkennen konnte, war ein Haufen lebloser Körper, der am Straßenrand aufgeschichtet war. Er ging näher heran. „Die sind alle hin“, hörte er jemanden neben sich sagen. Er drehte den Kopf, sein Blick fiel auf einen jungen Mann, offenbar einen Schmied. Die lederne Schürze war von dunklen Flecken besudelt, den Hammer hatte er locker über die Schulter gelegt. Er wirkte zufrieden, wie nach einem erfüllten Tagwerk.

„Die Leut‘ vom Emicho leisten ganze Arbeit“, erklärte er. „War Zeit, dass die hier wegkommen! Mit ihren schrägen Geschäften und ihrer komischen Religion hätten die uns sonst noch in Teufels Küche gebracht!“ Gereon hörte nur halb auf das abschätzige Geschwätz, seine Blicke irrten unwillkürlich die Straße entlang. Hinter der massigen Gestalt des Schmieds konnte er sehen, wie Soldaten weitere Leichen aus einer Türöffnung herauszogen, deren Türblatt fehlte.

„Wo willst du überhaupt hin?“, hörte er sein Gegenüber jetzt fragen. Gereon riss sich von dem alptraumhaften Bild der verwüsteten Gasse los und schaute dem Schmied direkt in die Augen. „Ich will mir das Geld zurückholen, das sie mir für mein Darlehen abgeknöpft haben“, behauptete er in einer plötzlichen Eingebung und kniff die Augen zusammen. Gott, was hatte er da von sich gegeben! Aber es war die einzige Möglichkeit, die ihm eingefallen war, um zum Haus des Kalonymos‘ zu kommen, ohne Verdacht zu erregen. Lüge, Verleumdung und Verrat! Und abermals krähte der Hahn, dachte der Priester bitter.

„Sag mir, wo es ist, ich führ dich hin“, bot der Schmied an. Gereon nickte grimmig. Als sie vor dem Haus angekommen waren, verwehrte ihnen ein Soldat den Zutritt. „Er will nur sein Geld zurück“, erklärte der Schmied und wies mit dem Daumen auf Gereon. „Haben wir schon alles eingesammelt“, winkte der Soldat ab. „Hier ist nichts mehr zu holen.

„Und die Bewohner?“, entfuhr es Gereon. „Was kümmert's dich“, fuhr der Soldat ihn an. „Hast du die gekannt?“

„Muss ich ja wohl, wenn ich mir bei denen Geld geliehen habe", gab der Angesprochene unwirsch zurück. Der Wachposten sah ihn mit plötzlichem Interesse an, dann zeigte er mit dem Finger auf ihn. „Du da, du kannst hinaufgehen. Dieser Hund hat zwei von unseren Leuten erwischt, vielleicht sind sie noch am Leben, und du bist ein Priester." Dann gab der Soldat den Weg für Gereon frei, den Schmied, der ihm auf dem Fuß folgen wollte, stieß er mit einem Fluch zurück.

Einige Soldaten, beladen mit silbernen Leuchtern, Schmuck und Wandbehängen, polterten gerade die Treppe hinunter. Gereon wartete, bis sie vorbei waren, dann eilte er die Treppe hinauf, immer zwei Stufen auf einmal nehmend. Die Tür zum großen Zimmer im ersten Stock war herausgeschlagen worden und lag zersplittert auf dem Treppenabsatz. Drinnen waren die Inhalte von Truhen und Schränken auf dem Fußboden verstreut und teilweise zertreten. Die Leichen einiger Bewohner hatte man unter die Fenster geschoben, offenbar in der Absicht, sie demnächst hinunter auf die Straße zu werfen.

Die beiden Soldaten, von denen der Posten unten vor der Tür gesprochen hatte, befanden sich dicht neben der Tür. Einer war von der Klinge in den Hals getroffen worden, das konnte Gereon sofort erkennen. Der andere lag ohne Lebenszeichen mit geschlossenen Augen auf dem Rücken. Gereons Augen irrten weiter durch den Raum. Einen dritten Mann hatte es mehr zur Zimmermitte hin getroffen, zusammengekrümmt lag er in einer riesigen Blutlache.

Während er noch versuchte, sich zu orientieren, streifte sein Blick noch einmal die Leichen unter den Fenstern. Gereon notierte mechanisch, dass es sich der Kleidung nach um Männer und Frauen handeln musste. Gleichzeitig hatte er das Gefühl, als ob irgendetwas mit ihnen nicht stimmte. Er trat näher heran, und das Blut gefror ihm in den Adern. Die Leiber waren nicht mehr vollständig, die Köpfe fehlten! Hektisch drehte sich der Priester um die eigene Achse. Da entdeckte er sie, hinter einem Stuhl zusammengeschoben. Er zwang sich dazu, die Augen nicht abzuwenden. Offenbar war bei allen der Kopf durch einen einzigen Schwerthieb sauber vom Rumpf getrennt worden. Er blickte nacheinander in die Gesichter. Es handelte sich um fünf Personen, zwei Männer und drei Frauen. Er kannte sie nicht, bis auf eine. Es war Mirjam, seine Mutter.

In einem ersten Impuls wich Gereon entsetzt zurück, und fiel dabei fast rückwärts über den Körper in der Zimmermitte. Der Priester schaute auf ihn hinunter und rüttelte ihn an der Schulter. Dabei drehte sich der Kopf etwas, und Gereon sah, dass die Augen gebrochen waren. Das blutverschmierte Gesicht erschien seltsam starr und ausdruckslos. Aber Gereon erkannte es. Vor ihm lag Eliezer.

„He, was machst du hier, Priester!", schnauzte ihn einer der Soldaten an, die gerade in das Zimmer hineintrampelten.

„Sollte nach den beiden da schauen", versetzte Gereon geistesgegenwärtig und zeigte auf die beiden Gepanzerten nahe der Tür, die ihre Position nicht geändert hatten und sich nicht regten. „Aber da ist nichts mehr zu machen, sie sind tot!" Wie zur Bestätigung zuckte er mit den Schultern und sah zu, dass er so unauffällig wie möglich wieder die Treppe hinunterkam. Hier konnte er nichts mehr tun, das war ihm klar.

Als er sich durch die Stadt hindurch zurück zum Flussufer schlug, traf Gereon überall auf die Karren, die Berge von Leichen in Richtung der Stadttore schafften. Es mussten Hunderte sein! Unterwegs wurde ihm schlecht, und er musste sich am Straßenrand übergeben. Dann glaubte er, vor Schwindel nicht mehr weiter zu können. Er lehnte sich an eine Hauswand und versuchte, die wieder aufsteigende Übelkeit zu unterdrücken.

Eine Frau wurde auf ihn aufmerksam und blieb vor ihm stehen. „Nää, so geht das nit, Vater!", redete sie ihn in einem merkwürdigen Dialekt an. „Vielleicht hilft es ja, wenn Ihr was esst", meinte sie mit Teilnahme in der Stimme. Dann zog sie ein Stück Brot aus ihrem Korb und reichte es ihm hin. Gereon nahm es mechanisch. Plötzlich spürte er, wie der Hunger in seinen Eingeweiden wühlte. Seit dem frühen Morgen hatte er nichts mehr gegessen. Er biss ein Stück ab und begann zu kauen. Die Frau reichte ihm noch eines.

„Danke", sagte er zu der Frau. „Es gibt so viel zu tun heute, dass ich nicht dazu gekommen bin, etwas zu essen", entschuldigte er seine erbärmliche Lage. Die Frau lachte und zwinkerte. „Ja, heute haben Hunderte dieser Ungläubigen ihr verdientes Ende gefunden", plapperte sie drauflos. „Jetzt werden sie vor die Stadt gefahren und dort verscharrt."

Gereon starrte die Frau an, die seinen Blick als Bekundung von Interesse missdeutete, und mit ihrem Geschwätz fortfuhr. „Die Hälfte ist in ihren Häusern geblieben, weil sie sich eingebildet haben, wir helfen ihnen, wenn die Soldaten kommen!" Sie zuckte die Achseln und zog die Mundwinkel herunter. „Aber warum sollten wir uns für die opfern?", fragte sie dann verächtlich. „Vor allem, wenn sie die Taufe ablehnen und sich zu gut für uns vorkommen!"

Die Frau blickte auf die vorübereilenden Menschen, hin und wieder grüßte sie jemanden. „He! Landolt!", rief sie plötzlich einen jungen Burschen an. Als der Gerufene seinen Namen hörte, blieb er stehen und schaute sich suchend um. Als er die Frau erkannte, lachte er und kämpfte sich gegen den Strom zu ihrem Standplatz an der Mauer durch.

„Mein Jüngster", stellte die Frau den Burschen vor. Gereons Blick fiel auf einen etwa fünfzehnjährigen kräftig gebauten Blondschopf, der ihn mit einem fragenden Ausdruck musterte. „Dem frommen Vater hier war schlecht geworden, da muss man als Christenmensch doch helfen", erklärte die Mutter. „Hast du gehört, wie es an der Stadtmauer steht?", fragte sie den Sohn und Gereon meinte, eine Mischung von Angst und Hoffnung bei ihr zu spüren.

Der Junge grinste. „Bei Kalonymos?", fragte er. Gereon horchte augenblicklich auf. „Ich glaube, wir brauchen uns keine Sorgen mehr zu machen", nickte der Blondschopf. „Die haben sich umgebracht. Der letzte von ihnen hat noch zwei von Emichos Leuten erschlagen, bevor es ihn selbst erwischt hat." Dann winkte er seiner Mutter und reihte sich wieder in den Strom der Passanten ein. „Gott sei Dank!", seufzte die Frau. „Wir müssen nichts mehr bezahlen!"

Gereon wusste nicht, was er antworten sollte, plötzlich wurde ihm wieder flau. Er drehte sich zur Wand und erbrach das Brot, das er eben gegessen hatte. Als er sich etwas erholt hatte und umdrehte, war die Frau verschwunden. Er fühlte sich vollkommen ausgelaugt, das einzige, was ihm in den Sinn kam, war, dass er so rasch wie möglich von hier weg musste. Er zwang sich weiterzugehen, einen Schritt nach dem anderen zu machen, ohne zu denken. Wie er aus der Stadt hinausgekommen war, daran konnte er sich später nicht mehr erinnern.

Eine Weile irrte er auf den Feldern umher, dann sank er unter einem Baum nieder. Es begann zu regnen. Am liebsten wäre er einfach liegen geblieben. Er wollte einschlafen, nichts mehr fühlen müssen und nicht mehr aufwachen. Aber da glomm unablässig ein Funke in ihm, der keine

Ruhe geben wollte. Auch wenn es sein größter Wunsch war – durfte er sich einfach aufgeben, nur um Ruhe zu haben vor dem, was er gesehen hatte? Seine Mutter, Eliezer, all die anderen – hatte er ein Recht sie zu vergessen? Oder musste er nicht vielmehr Zeugnis ablegen?

Wieder erschien der abgetrennte Kopf vor seinem inneren Auge. Das von den wirren Haaren umrahmte Gesicht mit den geschlossenen Augen. Der Halsstumpf. Gereon stöhnte, er versuchte, sich Mirjam, seine Mutter, vorzustellen, wie sie früher gewesen war. Aber es gelang ihm nicht, er konnte sich nicht an ihr Gesicht erinnern, immer wieder kehrte stattdessen das Bild des abgetrennten Kopfes zurück. Er wimmerte vor sich hin. Dann begann er zu beten, aber er konnte sich nicht konzentrieren. Sein Kopf sank wieder auf die Erde zurück, fiel ins nasse Gras. Seine Augen wollten sich gerade schließen, da erblickte er etwas Gelbes dicht vor sich am Boden, einen Löwenzahn.

Gereon musste lächeln. Vor ihm stieg ein Bild auf, das Bild einer Frau, die ihn an der Hand nahm, sich zu ihm hinunterbeugte und auf einen Löwenzahn vor ihm im Gras deutete. „So eine bescheidene, und doch so nützliche Pflanze“, hörte er sie sagen. Er hielt ihre Hand fest und ließ seine Augen zu der gelben Blume wandern, dann schaute er zu der Frau hoch, blickte in ihr herzförmiges, ganz leicht bräunliches Gesicht, das ihn so liebevoll anblickte, in dieses Gesicht mit dem weich geschwungenen, lächelnden Mund und den Augen, die wie in bläuliche Schatten eingebettet waren.

Der Traum beruhigte ihn, er wollte nicht aufwachen. Dann aber begannen die Augen der Frau sich zu verschleiern. Tränen quollen aus ihnen hervor und tropften auf sein Gesicht. Er blinzelte, fühlte sich so klein und hilflos, wusste nicht, wie er den Tränenstrom zum Versiegen bringen sollte. Der Regen, der jetzt in Strömen vom Himmel kam, rüttelte ihn wach. Er war vollkommen durchnässt und zitterte vor Kälte. Bevor er sich hochrappelte, blickte er vor sich ins Gras. Der Löwenzahn war immer noch da. Er würde sich an das Gesicht seiner Mutter erinnern können, irgendwann, das wusste er jetzt.

Gereon sah sich um. Bald würde die Dämmerung heraufziehen, es wurde Zeit, dass er zum Fluss kam. Es war, als ob der Fährmann auf ihn gewartet hätte. Der Priester stieg in den schwankenden Kahn, setzte sich und holte das Geldstück hervor, das er zu diesem Zweck in einem

Stoffbeutel an der Innenseite seines Gürtels verborgen hatte. In der Manteltasche fand er außerdem auch noch das zweite Stück Brot, das ihm diese Frau in der Stadt in guter Absicht aufgedrängt hatte. Er überwand sich und biss hinein, schmeckte den Sauerteig, und kaute so langsam wie möglich, um nur ja jeden Krümel im Mund unter Einwirkung des Speichels in diesen köstlichen Brei zu verwandeln und nichts durch zu rasches Hinunterschlingen zu vergeuden.

Am anderen Ufer fand er sein friedlich grasendes Pferd wieder vor und band es los. Es schnaubte und schnuffelte an ihm herum. Er schlang ihm die Arme um den Hals, und als er sie wieder löste, erkannte er sein Bild in einem der großen, langbewimperten und glänzenden Augen. Dann nahm er vorsichtig das weiche Maul in die Hände und drückte seine Wange daran. Als ihm der warme Atem des Tieres über das Gesicht blies, hatte er keine Kraft mehr, die Tränen zurückzuhalten. Während er das Salz auf den Lippen schmeckte und vom Schluchzen geschüttelt wurde, stießen ihn in geduldigen Versuchen immer wieder die samtigen Nüstern an. Herrgott! Es war nur ein Tier, ein vernunftloses Geschöpf, aber doch ein Geschöpf. Er streichelte ihm über das Fell und murmelte beruhigende Worte, von denen er nicht genau hätte sagen können, für wen sie gedacht waren. Dann wischte er sich die Tränen ab und stieg auf. Bei Einbruch der Dunkelheit kroch er in einen Heuschober und fiel in einen traumlosen Schlaf, aus dem ihn das Krähen eines Hahnes weckte.

Neue Herren im Murgtal

Speyer, Samstag, 15. Februar 1102

Gereon stand vor der mächtigen halbrunden Apsis des Doms von Speyer und schaute hinauf. Dort oben, an einer der schlanken äußeren Halbsäulen, war das Paradies in Stein gemeißelt worden. Ein Mann, der auf einem Löwen ritt und gleichzeitig seine Hand vertrauensvoll in den geöffneten Rachen einer mächtigen Schlange steckte, die sich aus dem Geäst eines Palmbaums nach unten wand. Zwei weitere Männer hielten mit ihren Armen die Köpfe von Löwen umschlungen, als wären es treue Haushunde.

Der Priester hatte diese Skulptur geliebt vom ersten Augenblick an, in dem er sie gesehen hatte. Sie war erst in den letzten Jahren mit dem aufwändigen Umbau des Domes entstanden. Vor seinem Aufenthalt in Speyer in diesem Jahr hatte er sie noch nie gesehen. Er bewunderte die Kunst der Steinmetze, die es dem Betrachter so leicht gemacht hatten, sich das Paradies vorzustellen.

Überhaupt liebte er alle die Kunstwerke, mit denen der Riesenbau nach dem Willen Kaiser Heinrichs in den letzten Jahren geschmückt worden war. Besonders sprach ihn dabei das Relief innen im Dom am Pfeiler der Kapelle im Nordquerarm an. Es zeigte den gewaltigen Simson, wie er, auf dem Rücken des Löwen hockend, das Tier tötet, indem er ihm mit bloßen Händen den Oberkiefer brutal nach hinten reißt.

Gereon konnte nicht anders, aber er sah in Simson eine Verkörperung des Kaisers und in dem Löwen mit dem aufgerissenen Rachen das unersättliche Maul einer machtgierig gewordenen Kirche. Hatte der Papst nicht diese schändliche Ehe zwischen dem jungen Welf und der alten Mathilde eingefädelt, nur um den Kaiser zu vernichten? Und hatte er nicht zu diesem unseligen Kreuzzug aufgerufen, in dessen Verlauf Abertausende hingeschlachtet worden waren und die Kreuzfahrer in Jerusalem ein Blutbad angerichtet hatten, über das man wahrscheinlich in tausend Jahren noch sprechen würde?

Heuchlerisch und verlogen! Das war der Anspruch der Kirche, nur auf das Geistliche ausgerichtet zu sein und darum von jedem weltlichen Einfluss frei bleiben zu müssen, zumindest in Gereons Augen. Die Kirche, oder besser ihre Vertreter, wollten Macht ausüben, zuerst über die Seelen der Menschen, dann über die Reiche der Könige. Gereon bewunderte Heinrich dafür, dass er sich nicht hatte irre machen lassen und es gewagt hatte, sich diesem Anspruch zu widersetzen. Und bis zu einem gewissen Punkt, da war sich der Priester sicher, war er siegreich geblieben. Gewiss, ganz hatte er den Löwen nicht vernichtet, die Bestie würde ihr Haupt immer wieder erheben. Aber es war doch ein Weg aufgezeigt worden, der Weg einer weltlichen Gewalt, die von der geistlichen unabhängig sein konnte und musste.

Seit über zwanzig Jahren befand sich der Kaiser nun im Kirchenbann! Gereon fragte sich manchmal, wie ein Mensch diese Ungewissheit bezüglich des eigenen Seelenheils ertragen konnte. Aber manchmal fragte er sich auch, auf welcher Seite das Seelenheil wohl mehr gefährdet war. Immerhin hatte Heinrich nach seiner Rückkehr aus Italien etliche Herren und Bischöfe empfindlich dafür bestraft, dass sie die Juden in ihrem Herrschaftsbereich nicht beschützt hatten. Nur bei Emicho von Leiningen war es ihm nicht möglich gewesen, da dieser sich auf einen Kreuzzug begeben hatte, von dem er, ohne das Heilige Land jemals erreicht zu haben, erst lange Zeit später abgerissen, gescheitert und zugrunde gerichtet wieder heimgekehrt war. Gereon war sich sicher: Die Wahrheit und die Gerechtigkeit konnten auch außerhalb der Kirche definiert werden.

Der Priester legte noch einmal den Kopf in den Nacken und blickte zum steinernen Paradies hinauf, das sich an der Apsis des riesigen Gotteshauses winzig und fast unerreichbar ausnahm. Er dachte an die Worte des Jesaja. Dem Volk war ein Licht in der Dunkelheit erschienen. Für ihn konnte damit nur ein Licht gemeint sein – das Licht der Vernunft.

Gereon lenkte seine Schritte zurück zur Bischofspfalz. In Kürze würde die Verhandlung vor dem Kaiser bezüglich der neuen Ordnung im Murgtal beginnen. Neben Bischof und Domkapitel würden zahlreiche Fürsten und Herren und auch sein Freund Werinhard mit seinen Brüdern Eberhard und Cuno von Michelbach anwesend sein.

Bischof Johannes und die Domherren waren zufrieden. Die Urkunde war gerade im großen Saal der Pfalz vor hochrangigen Zeugen verlesen, vom Kaiser unterzeichnet und mit dem kaiserlichen Siegel versehen worden. Jetzt war es also amtlich: Werinhard von Michelbach und seine Brüder hatten auf alle Herrschaftsrechte im Murgtal endgültig verzichtet, zwar nicht ganz freiwillig, aber unter ehrenvollen Bedingungen.

Der Anwalt der bischöflich-speyerischen Kanzlei hatte die Anklagepunkte gegen die Herren von Michelbach verlesen. Alle angeführten Rechtsverletzungen, darunter Besetzung speyerischer Ländereien, Entzug speyerischen Eigentums, unrechtmäßig erhobene Abgaben und Heranziehung der hörigen Bauern zu Frondiensten, waren durch Aktenvermerke der bischöflichen Kanzlei belegt worden.

Danach hatte der Anwalt Cunos, der inzwischen zum Bischof von Straßburg ernannt worden war, die Interessen der Herren von Michelbach vertreten und auf die jahrelange Wahrung von Frieden und Schutz der Bevölkerung im gesamten Murgtal hingewiesen.

Auch Gereon war vom Kaiser aufgefordert worden, eine Beurteilung der Rechtslage abzugeben. Natürlich musste sein Urteil zu Ungunsten der Michelbacher ausfallen, aber er unterließ es doch nicht, besonders auf die von Werinhard ausgeübte maßvolle Politik und seine Sorge für die Bevölkerung hinzuweisen.

Den Ausschlag hatte schließlich die Fürsorge Heinrichs für die von ihm besonders geliebte Domkirche von Speyer gegeben. Daher hatte er die Speyerer nicht nur in allen Besitztümern des Gutes Rotenfels im Sinne des gesamten Murgtals einschließlich der Seitentäler bestätigt, sondern auch wirksam dafür gesorgt, dass der Streit nie wieder aufflammen würde. Der Kaiser hatte den Michelbachern kurzerhand alles Land abgekauft, das sie rechtmäßig in der Region zu Eigen hatten. Dieser unbestrittene Michelbacher Grundbesitz umfasste, wie in der Urkunde vermerkt, die Dörfer Luidfridiswilri, Oberenwilri, Winkele, Eichelbach, Frierlinde Gesuendi, Hirtzbuhel, Elchisheim Merivelt, Bukinisheim und Odinkheim. Diese den Michelbachern zu einem großzügig bemessenen Preis abgekauften Orte schenkte der Kaiser hernach durch besagte Urkunde dem Bischof und dem Domkapitel von Speyer.

Die Brüder Michelbach hatten dieser Lösung zugestimmt. Cuno saß auf dem Bischofsthron von Straßburg. Eberhard war wieder in die

Dienste des Kaisers getreten und Werinhard wollte sich auf die Besitztümer zurückziehen, die seine Familie noch im Kraichgau um die Burg Steinsberg herum besaß.

Offen war die Frage geblieben, wer zukünftig die tatsächliche Herrschaft und die Wahrung von Sicherheit und Ordnung im Murgtal ausüben sollte. Doch da hatte es im Vorfeld bereits Besprechungen gegeben, die Vogtei in der Zukunft an das Geschlecht der Ebersteiner zu geben, das in der Region noch reicher war als die Michelbacher und Heinrich ebenfalls die Treue gehalten hatte.

Spät am Abend, als alle Besprechungen vorüber waren, ließ der Kaiser Gereon noch einmal zu sich rufen.

„Was wirst du jetzt machen?", fragte er ihn. Gereon überlegte, er wusste es noch nicht. Das Murgtal würde leer sein ohne Werinhard. Und Hezilo war vor einiger Zeit gestorben. Er blickte auf seinen Vater. Er zählte jetzt einundfünfzig Jahre, sah aber älter aus. Von den Nasenflügeln zu den Mundwinkeln zogen sich scharfe Falten, sein vom strähnigen Haar umrahmtes und vom bläulichen Bartwuchs verfärbtes Gesicht wirkte grob, unter den Augen hingen Tränensäcke. Nur die Augen selbst leuchteten noch immer wach und neugierig.

„Ich weiß noch nicht, Majestät", erwiderte Gereon. „Rotenfels hat im Moment nur mich als Priester. Und es kommen immer mehr Menschen in unser Tal."

Heinrich drehte eine Weile nachdenklich den Becher vor sich auf dem Tisch. „Du kannst jederzeit in meine Kanzlei eintreten, das weißt du", meinte er dann. „Ein Herrscher braucht gute Rechtsgelehrte mit gesundem Menschenverstand und Augenmaß, so wie dich." Dann lächelte er dünn. „Dieses Murgtal kann auch ohne dich auskommen, meinst du nicht?" Gereon sagte nichts, er dachte an Rotenfels und Cuppenheim, an Michelbach und Gernsbach, und an die vielen Erinnerungen, die ihn damit verbanden.

Aber vielleicht mussten irgendwann die alten Erinnerungen durch neue abgelöst und ergänzt werden? Gereon blickte auf seinen Vater und fragte sich, welche Erinnerung ihn wohl noch mit seinem inzwischen verstorbenen Sohn Konrad verbinden mochte, der ihn durch seinen

Verrat in Italien so schwer enttäuscht hatte und für den jetzt der jüngere Heinrich, der einzige noch verbliebene legitime Sohn des Kaisers, als Thronfolger eingetreten war.

„Wir könnten Bischof Johannes darum bitten, einen anderen Geistlichen hinzuschicken, vielleicht in diesem neuen Ort sogar eine Kapelle zu bauen", überlegte der Kaiser. Er schien nachzudenken, dann fragte er: „Wie hieß dieser Ort noch gleich? Gernsbach? Haben sie den nach dir genannt?" Gereon musste lachen und schüttelte den Kopf. Noch bevor er etwas antworten konnte, fuhr Heinrich fort.

„Merkwürdig, die Ähnlichkeit mit deinem Namen", bemerkte er dunkel. Gereon blickte seinen Vater fragend an. „Deine Mutter hat dir einen jüdischen Namen gegeben, der klang so ähnlich", erinnerte sich Heinrich. „Sie hat ihn nur einmal erwähnt. *Gerson.* So ähnlich hat es geklungen." Dann seufzte er schwer. „Das ist alles so lange her, die Erinnerung beginnt zu verschwimmen. Wenn ich versuche, mir manche Gesichter vorzustellen, dann kann ich mich oft nur noch an einzelne Züge erinnern." Bei diesen Worten wirkte das Gesicht des Kaisers gequält. „Wir werden verschwinden aus dem Gedächtnis der Welt, wie die einzelnen Menschen aus unserem", meinte er dann düster und lachte freudlos auf.

Gereon beugte sich vor und schüttelte energisch den Kopf. „Nein, Majestät!" Er legte all die Leidenschaft in seine Worte, deren er fähig war. „Die Welt schreitet voran, hin zu etwas Besserem! Und in diesem Besseren bewahrt sie das Gedächtnis von all denen, die jemals daran beteiligt waren!"

Erstaunt richtete der Kaiser seine Augen auf Gereon, dann lächelte er. „Du hast wieder zu lange vor dem Paradies und dem Löwen gegrübelt", stellte er fest. „Machen wir Schluss für heute!", entschied er dann müde. „Morgen zieht der Hof schon wieder weiter."

Gereon zögerte, der Kaiser blickte fragend auf. „Ist noch etwas?", wollte er wissen. Der Sohn trat an seinen Vater heran, kniete vor ihm nieder und streckte ihm die Arme entgegen. In der Höhlung seiner offenen Handflächen funkelten das Gold und der Stein. „Bischof Johannes hat ihn mir ausgehändigt", murmelte Gereon. „Jetzt bitte ich Euch, Majestät, Vater, nehmt ihn wieder an Euch! Die Person, die auf dem Ring verzeichnet ist, sagt mir nichts, aber Euch muss sie etwas bedeutet haben!"

Heinrich sah eine Weile auf Gereon herab. „Ja, ich habe dieses Juwel etliche Jahre getragen“, sprach er bedächtig. „Bis es einen anderen Zweck erfüllen sollte.“ Vorsichtig nahm er den Ring aus Gereons Händen, drehte ihn mehrfach in den Fingern und steckte ihn dann langsam auf den vierten Finger der rechten Hand. Immer noch hielt Gereon seine nun leeren Handflächen erhoben. Da ergriff der Kaiser die Hände seines Sohnes, faltete sie zusammen und umschloss sie fest mit seinen eigenen. „Ich denke du brauchst ihn nicht mehr“, meinte er nachdenklich. „Es gibt noch so viel zu tun, und ich bin nicht mehr jung.“ Sorgenvoll furchte sich seine Stirn, bevor sich seine Gesichtszüge plötzlich entspannten und er mit halb hilflosem, halb gutmütigem Spott feststellte: „Da brauche ich hin und wieder eine Entscheidungshilfe!“

Dann erhob sich der Kaiser. Aber bevor die Audienz endgültig beendet war, fügte er noch an: „Aber noch viel besser wäre es, du kämest in meine Kanzlei! Geschulte Rechtsgelehrte sind Mangelware! Überleg es dir!“

Gereon war ebenfalls aufgestanden. „Gebt mir noch eine kleine Weile, Majestät“, bat er. „Für die Menschen in meinem Tal“, fügte er erklärend hinzu. Die beiden Männer sahen sich an, aufgeräumt und in heiterem Einvernehmen. Beide wussten, diesmal würde es kein Abschied für lange sein.

Epilog

Kaiser Heinrich IV. starb am 7. August 1106 in Lüttich, wo er provisorisch bestattet wurde. Später stand sein Sarg jahrelang in der ungeweihten Afrakapelle des Speyerer Doms, bis es seinem Sohn und Nachfolger Heinrich V. gelang, seinen Vater vom Kirchenbann zu lösen und in der Grablege seiner Familie im Dom an der Seite seiner Großeltern, Eltern und seiner Frau Bertha beisetzen zu lassen.

Im Sommer des Jahres 1900 wurden die Gräber durch eine Grabungskommission des Bayerischen Staates geöffnet. Am 25. August fand man die Überreste Heinrichs IV. Am Ringfinger der rechten Hand befand sich ein massiv goldener Ring mit einer Filigranarbeit in der Form von drei Türmchen, von denen jedes eine Perle trug, während zwischen den Türmchen ein großer Saphir im Cabochon-Schliff glänzte. Man geht heute davon aus, dass dieser Ring bereits zu Lebzeiten getragen wurde. Wie er an die Hand des Kaisers kam, weiß man nicht. Über die Identität des in die Ringschiene eingravierten „ADELBERO EP(iscopu)S" herrscht ebenfalls Unklarheit. Der Ring gehört zum Speyerer Domschatz, der im Historischen Museum der Pfalz in Speyer zu sehen ist. Der hartnäckige und zähe Widerstand Heinrichs gegen den Machtanspruch der Kirche stand am Anfang einer Entwicklung, die im Laufe der Jahrhunderte schließlich zu einer Trennung von weltlichem und geistlichem Bereich führte und damit zu Lebensordnungen und Staatswesen, die sich auf die Vernunft gründen.

Die wichtigsten Personen

(Historisch nachweisbare Personen sind mit einem Stern versehen)

Heinrich IV.*

1050–1106; aus dem Geschlecht, das später als „Salier" bezeichnet wurde; zunächst König, ab 1084 Kaiser des römisch-deutschen Reiches. Seine im Buch geschilderten Lebensumstände beruhen auf historischen Tatsachen. Nach dem frühen Tod seines Vaters, Kaiser Heinrichs III., verlief seine Jugend problematisch. Er kam früh zur Regierung, wollte sich aus für die Zeitgenossen unverständlichen Gründen von seiner Frau Bertha scheiden lassen, litt mehrfach unter einer schweren Krankheit, musste sich im Investiturstreit mit Papst und Reichsfürsten auseinandersetzen, nahm die Juden im Reich in seinen Schutz, und saß entmachtet in Italien fest, während der Papst zum ersten Kreuzzug aufrief.

Bertha von Turin und Adelheid-Jewpraksija von Kiew*

Ehefrauen Heinrichs IV; Bertha (1051-1087, Tochter Ottos von Savoyen) und Heinrich hatten fünf Kinder, darunter Konrad und den späteren Kaiser Heinrich V. Nach Berthas Tod heiratete Heinrich 1089 Adelheid-Jewpraksija (um 1070-1109, Tochter des Großfürsten von Kiew); die Ehe scheiterte, Adelheid-Jewpraksija verließ Heinrich und kehrte nach Kiew zurück.

Udalrich von Godesheim*

Einer der engsten Berater und Freunde König Heinrichs; starb in Rom 1083 am Fieber.

Kuno*

Leibdiener Heinrichs.

Adalbero von Luxemburg*

Bischof von Metz 1047 bis 1072, enger Berater Kaiser Heinrichs III. (Vater Heinrichs IV.). Vermutlich war es Adalberos Bischofsring, der bei der Öffnung der Kaisergräber im Speyerer Dom an der Hand Heinrichs IV. gefunden wurde. Wie der Ring dorthin kam, ist ungeklärt.

Rüdiger Huzmann*

Bischof von Speyer 1074 bis 1090; treuer Anhänger Heinrichs IV. im Streit mit dem Papst; siedelte 1084 zum ersten Mal Juden in Speyer an.

Johannes*

Aus einem Grafenhaus im Kraichgau; Bischof von Speyer 1090 bis 1104; treuer Anhänger Heinrichs IV.; gewährte den Juden in der Verfolgung von 1096 Zuflucht in seiner Bischofspfalz.

Benno von Osnabrück*

Bischof von Osnabrück (1068–1088), Berater und Freund Heinrichs IV., Leiter der Domschule und Dombaumeister in Speyer.

Liemar von Hamburg-Bremen*

Erzbischof von Hamburg Bremen (1072–1101); Berater und Freund Heinrichs IV.

Anno von Köln, Siegfried von Mainz*

Erzbischöfe von Köln und Mainz, Gegenspieler Heinrichs IV.

Wilhelm von Hirsau*

1069–1091 Abt des Reformklosters Hirsau bei Calw; Anhänger des Papstes und Gegner Heinrichs IV.

Werinhard von Michelbach und seine Söhne Werinhard, Eberhard und Cuno*

Hohe Adlige; wollten ihre Herrschaft im Nordschwarzwald, speziell im Murgtal, ausdehnen; errichteten die erste, in Südwestdeutschland nachweisbare Adelsburg in Michelbach; lagen im Streit mit dem Domstift Speyer; wurden 1102 von Heinrich IV. durch Aufkauf ihrer Besitztümer dazu veranlasst, das Murgtal zu verlassen. Cuno war 1100 bis 1123 Bischof von Straßburg.

Berthold von Eberstein und seine Söhne Berthold und Eberhard*

Hohe Adlige; strebten eine Herrschaft im Murgtal und am Oberrhein an; werden im Schenkungsbuch des Priorates Reichenbach (heute Klosterreichenbach bei Baiersbronn) im Zusammenhang mit einem Rechtsakt im Jahr 1085 zum ersten Mal erwähnt.

Rudolf von Rheinfelden, Berthold von Zähringen, Otto von Northeim, Magnus von Sachsen, Welf von Bayern*

Herzöge, Gegenspieler Heinrichs IV.

Emicho von Leiningen*

Adliger mit Sitz in der Nähe von Worms. Initiator der Verfolgungen im Mai 1096, bei denen die Mitglieder der jüdischen Gemeinden von Speyer, Worms und Mainz zu Hunderten ermordet oder in den Selbstmord getrieben wurden.

Gereon

Absolvent der Domschule Speyer, Theologe, Rechtsgelehrter und Geistlicher im Murgtal.

Hezilo

Priester im Murgtal, Vorgesetzter Gereons.

Mirjam

Ärztin und Mitglied der jüdischen Gemeinde von Worms.

Jakob und Eliezer

Onkel und Neffe der Mirjam; Kaufleute und Fernhändler in Worms.

Franko

Hauptmann der Burgmannschaft von Michelbach; steigt vom abhängigen Bauern zum Gefolgsmann der Herren von Michelbach auf und veranschaulicht so die zeittypische Karriere eines Ministerialen.

Adelheid und Duda von Michelbach
Ehefrauen der Werinharde; vermutlich stammten diese Frauen aus der Familie der Grafen von Calw.

Wideradus
Priestermönch in Reichenbach und Michelbach, später in Diensten des Emicho von Leiningen.

Irmengard
Heilkundige und Geburtshelferin in Reichenbach und Rotenfels.

*

Politische Ereignisse und Schauplätze

Die im Buch geschilderten Ereignisse sind zum großen Teil in den historischen Quellen erwähnt und haben sich an den genannten Schauplätzen im Nordschwarzwald (Murgtal mit Reichenbach, Michelbach, Cuppenheim, Rotenfels), am Oberrhein (Speyer, Worms, Ladenburg), in Sachsen (Hersfeld) und in Italien (Mantua, Piacenza, Verona) abgespielt. Bei den für den dramatischen Handlungszusammenhang nötigen fiktiven Szenen wurden die historischen Gegebenheiten so weit wie möglich berücksichtigt.